스핑크스의 수수께끼는 인간의 존재를 위협했다.
지혜로운 오이디푸스는 이 위협을 물리쳤지만
그 결과는 운명의 비극을 뼛속까지 겪어 내는 것이었다.

존재의 근거가 되는 생각, 코기토는 앎에 근거를 둔 생각이다.
생각으로 엮어지지 않는 단순한 앎은 인식의 주체로서 사람을 키워주지 못하고
앎의 뒷받침을 받지 않는 생각은 세상과의 연결을 맺어주지 못한다.
코기토는 오늘을 열심히 살며 내일을 차분히 준비하려는 사람들과
합리적이고 진지한 생각을 나누고자 한다.
스핑크스의 질문에 정답을 서두르기보다,
왜 그런 질문을 하는 것인지 이해하고자 하는 책들이 코기토다.

일
이란 무엇인가

일이란 무엇인가
ⓒ 들녘, 2007

초판 1쇄 발행 2007년 1월 22일

지은이   알 지니
옮긴이   공보경
펴낸이   이정원

책임편집 김인경

펴낸곳   도서출판 들녘
등록일자 1987년 12월 12일
등록번호 10-156
주소   경기도 파주시 교하읍 문발리 출판문화정보산업단지 513-9
전화   마케팅 (031)955-7374 편집 (031)955-7381
팩시밀리 (031)955-7393
홈페이지 www.ddd21.co.kr

값은 뒤표지에 있습니다. 잘못된 책은 구입하신 곳에서 바꿔 드립니다.
ISBN 978-89-7527-531-9 (03320)

들녘코기토는 도서출판 들녘의 디비전입니다.

일이란 무엇인가

알 지니 지음 · 공보경 옮김

들녘 콩기롱

이 책은 인류에게 일이 무엇인지를 보여주는 박물관 같은 책이다. 일의 거의 모든 모습들이 스케치되어 있다. 고대 이집트인들은 일 년에 70일밖에 일하지 않았다. 고대 그리스인들에게 일은 노예들의 것이었고, 자유인들은 일 년에 50일 이상 축제 속에서 살았다. 고대 로마인들은 한술 더 떠서 연간 평균 175일을 축제기간으로 보냈다. 농노의 세기였던 중세 서양에서도 일 년의 1/3은 여가 시간이었다. 프랑스혁명 직전의 구체제인 앙시앵레짐하에서의 공식 휴일은 180일이었다. 산업혁명 이후 급기야 일은 일상의 대부분을 차지하게 되었다. 오늘날의 노동윤리는 산업혁명 이후에 생성되어 뿌리내리기 시작한 노동 인식에 바탕을 두고 있다.

한때 남자 혼자 일해서 가족을 벌어 먹일 수 있었던 때도 있었다. 그러나 이제는 맞벌이를 하지 않으면 한 가정을 꾸려가기 어렵게 되었다. 젊은 남자들 사이에서 다음과 같은 냉소적 경구가 회자된다. "남자들이여, 주변을 둘러보라. 예쁜 여자와 결혼하지 마라. 똑똑한 여자를 찾아라. 좋은 직업을 가질 확률이 높은 여자 말이다."

아무 쓸모도 없고 희망도 없는 노동에 시달리고 있다고 생각하는 사람들은 이 책을 보면 좋다. 자기 일을 찾지 못해 비참하다고 여기는 사람들도 이 책을 봐라. 그저 아무 생각 없이 사는 것이 가장 현명한 방법이라고 믿어야 하는 사람들도 이 책을 봐라. 고군분투해서 중산층이라는 신분을 얻어 내고, 그 신분을 자녀에게 물려주는 것 밖에는 아무것도 이룬 것이 없다고 생각하는 사람들도 이 책을 봐라. 내적인 삶과 아무 연관도 없는 일에 시달리는 사람들도 이 책을 봐라. 그렇다고 이 책을 통해 무슨 구원을 받을 생각은 하지 마라. 이 책은 그저 '일에 대한 역사박물관' 쯤 될 것으로 생각하라. 일과 관련하여 우리가 어쩌다 어찌어찌하여 이런 곳까지 흘러오게 되었는지에 대한 설명을 자세히 듣게 될 것에 만족하라.

이상하게 들릴지 모르지만 이 책의 매력은 잡다하고 복잡하다는 것이다. 사실 나는 '중첩적이고 다면적'이라는 말을 쓰고 싶었다. '중첩과 다면'이라는 단어가 더 정확한 표현인지는 모르지만 너무 점잔을 빼는 말이기 때문에 '잡다와 복잡'이라는 일상적이고 직접적인 유사 단어로 대치하는 것이 오해를 줄이는 일이라고 생각했다. 시간적으로 일에 대한 인식의 변천사를 보여줄 뿐 아니라, 한 공간에서 일이라는 피사체를 다양한 각도로 찍어 놓은 스냅 사진들을 보게 된다고 여기면 좋을 것이다. '일이라는 거시기'를 잘 이해하기 위해 별별 포즈로 이렇게도 찍고 저렇게도 찍어 놓은 아주 많은 장면들에 대한 설명을 듣다 보면, 매일의 품삯으로 여겨왔던 바로 그 일의 구석구석을 더듬어 볼 수 있다. 어쩔 수 없이 깨어 있는 날의 2/3를 쓰면서도 별 관심이 없었던 일의 은밀한 비밀을 찾아내고, 먹고사는 뻣뻣한 품삯에 지나지 않았던 일의 사연을 일일이 들어주는 즐거움이 있다.

구본형_변화경영전문가

| 차례 |

우리는 일의 세계에 너무 다가서 있어
일이 우리에게 어떤 식으로 영향을 미치는지에 대해서는 잘 모를 때가 있다.
_봅 블랙

누구나 일을 한다. 성인 대다수가 경험하는 것이 바로 일이다. 일하는 걸 좋아하는 이도 있고 죽을 만큼 싫어하는 이도 있지만, 일을 피해서 살 수 있는 사람은 거의 없다. 우리는 깨어 있는 시간의 3분의 2 정도를 일에 쏟아 붓고 있기 때문에 일을 통해 세상을 알고, 자기 존재를 세상에 알린다. 일은 자아정체성의 표시이며, 세상에 내 흔적을 남기는 수단이기도 하다. 우리는 일로써 존재하므로 일을 하지 않으면 존재하지 않는 것이다.

나는 늘 일이라는 주제를 머릿속에서 떨치지 못하고 살았다. 어린 시절, 아버지와 할아버지, 삼촌들이 오랜 시간 힘든 일을 하는 걸 보고 놀랐던 적이 있다. 어머니와 할머니, 숙모님들이 정규직이나 비정규직으로 근무하면서도, 집안을 안락하고 효율적으로 꾸려가기 위해 솜씨를 발휘하는 모습에 깊은 인상을 받기도 했다.

나는 1900년대 초반 미국으로 이민 와 고된 노동을 감내하며 끝끝내 살아남아 성공한 노동자 가정에서 태어났다. 우리 가족은 일을 소중하고도 명예로운 것으로 여겼다. 또한 일의 가치를 믿었고 높이 평가했다. 일이야말로 사회적 신분과 성공을 가늠하는 척도였다. 따라서 우리 가족에게 일이란 성인으로서 마땅히 해야 할 의무였다. 그래서 경제적으로 힘든 시기에 일자리를 잃더라도 크게 부끄러워할 필요는 없다고 보았다. 일하지 않는 것보다 게으름 떠는 걸 죄악시했던 까닭이다.

외할아버지는 80대 초반이 돼서야 어쩔 수 없이 건물관리인 일을 그만두셨다. 아버지와 삼촌은 칠순을 훨씬 넘기고도 계속 일을 하셨다. 사랑하는 대모님도 38년간 한 회사에서 근무하셨는데 만일 그 회사가 문을 닫지 않았더라면 계속 거기서 일을 하셨을 것이다. 어머니는 60대 중반에 은퇴하셨다. 내가 막내 아이를 돌봐달라고 간곡히 부탁했기 때문이었다. 남녀를 막론하고 우리 가족에게 일은 서로에 대한 사랑과 헌신의 증표가 되었다. 따라서 용감하게 책임을 수긍하고 감내하는 사람에게 일이란 자긍심의 원천이며 명예의 표시였다.

사람들을 방 안에 잡아두는 텔레비전과 에어컨이라는 물건이 나오기 훨씬 전, 시카고의 오래된 이탈리아인 동네에선 여름날 저녁이면 다들 집 밖에 나와 지냈다. 흐릿한 황혼의 햇살이 남아 있는 동안 남자 애들은 거리에서 야구를 했고 여자 애들은 보도에서 줄넘기를 했으며 어른들은 남자는 남자끼리 여자는 여자끼리 현관 계단에 모여 앉아 얘기를 나누었다. 그러다가 해가 지고 완전히 캄캄해지면, 아주 어린 애들은 잠자리에 들었다. 조금 더 큰애들은 저희들끼리 현관 앞에 앉아 있거나 어른들 틈에 끼어 앉곤 했다. 어른들과 함께 앉아 있을 땐 말씀을 흘려듣지 말고 반드시 귀 기울여 들어야 했다. 나는 종종 어른들 옆에 자리를 차지하곤 했는데, 대부분 여자들보다는 남자들 틈에 끼었다.

여자들은 화젯거리가 무궁무진했다. 일에 대한 얘기를 할 때도 일 자체보다는 직장 사람들에 대한 뒷얘기가 대부분이었다. 백화점 세일이나 에이앤피A&P의 커피값 인상, 저녁 식사로 무슨 요리를 만들었는지 누가 임신을 했으며 누가 아프고 누가 죽었는지 또 누가 곧 결혼할 예정인지에 대한 얘기도 오갔다. 시답잖은 얘기도 하고 제법 심각한 얘기들도 나눴는데, 어쨌든 저녁 내내 얘깃거리가 동나는 법이 없었다.

하지만 마을 남자들의 대화 주제는 대체로 두 가지뿐이었다. 스포츠와 일. 남자들 대부분이 이제 막 이민 온 사람들이거나 이민 1세대였기 때문에, 사실 스포츠에 대한 얘기도 그리 오래가지는 않았다. 남자들이 어렴풋이나마 알고 있는 스포츠는 고작 야구 정도였고, 그나마 신경을 쓰고 지켜보는 선수도 이탈리아인 선수에 국한되어 있었다. 그래서 남자들은 밤이면 밤마다 줄곧 일에 대한 얘기만 나눴다. 한탄과 불평, 분석, 비난의 말들이 쏟아져 나왔다. 자기가 하는 일에 대해 허풍을 떨면서 자랑을 하기도 하고, 자기 노고를 스스로 치하해가며 일에 대한 의무나 책임에 대해 복잡한 얘기를 반복해서 끄집어내기도 했다. 일하는 걸 좋아하든 싫어하든 간에, 그들에게 일은 삶의 중심이었고 누구와도 장시간 얘기를 나눌 수 있을 정도로 훤히 아는 유일한 분야이기도 했다.

나는 남자들이 하는 얘기에 매료됨과 동시에 두려움을 느끼기도 했다. 남자들은 내게 일이란 존엄한 것이며, 스스로 벌이를 해서 가족을 먹여 살릴 수 있다는 만족감과 뿌듯함을 느끼게 해주는 것이라고 가르쳐주었다. 또한 그들은 적어도 정직한 남자라면 아무리 보잘것없고 고역인 일이라 하더라도 온몸을 던져서 정직하게 1달러를 벌 수 있다면 그걸로 자랑스러워해야 한다는 가르침도 주었다. 비록 일이라는 것이 살면서 하지 않을 수 없는 의무라지만 일 때문에 지치거나 건강을 해칠 수도 있다는 것, 일이 명예로운 것이긴 하지만 그렇다고 모든 일이 명예와 의미, 충분한 돈을 제공해주는 것은 아니라는 사실도 가르쳐주었다. 내가 어떤 일을 했느냐가 아니라 일터에서 살아남았다는 것 자체가 명예롭다는 논지였다. 별로 재미가 없고 만족감을 주지 못하는 일이라고 해서 하지 않을 수도 없는 노릇이었다. 에이브러햄 링컨의 아버지가 링컨을 가르쳤듯이, 내 주변의 남자들은 내게 그렇게 가르쳤다. 열심히 일하되, 그 일을 반드시 사랑할 필요는 없다고. 그와 동시에 자기들의 마음에 들지 않았으면서도 어쩔 수 없이 생계를 위해 할 수밖에 없었던 그런 일들을 나보고는 하지 말라고 했다. 대신 학교에 가서 교육을 받음으로써 더 나은 일자리를 찾으라고, 내 영혼과 등뼈를 부숴놓거나 내 마음을 공허와 실망으로 채워버리는 일이 아닌 더 좋은 일을 찾으라고 했다.

나이를 먹으면서 나는 어렸을 때 이웃과 친척들이 들려준 교훈과 지혜가 이탈리아계 미국인 사회에서는 널리 통용되는 것이었음을 알게 되었다. '노동윤리'는 '신교도'와 '이민자'들을 모두 아우르는 미국 땅의 법이었다. 누구나 일을 해야 했다. 역설적으로 사람들은 신문의 부고란을 읽으며 삶에서 일이 얼마나 중요한가를 뼈저리게 느낀다. 사망자의 약력에는 고인故人이 생전에 종사했던 직업과 인척 관계가 적혀 있다. '지도적인 공익 변호사로 활동했던 조셉 도우 타계, 향년 72세. 유족으로는 부인 제인과 사랑하는 아이들이 있다.' 앙드레 말로는 이렇게 말했다. "인간은 그의 행동의 총체이며, 지금까지 해온 일과 당장 할 수 있는 일로 이루어진다. 그 외엔 아무것도 아니다."

나는 가족과 친구들의 경고를 늘 마음에 간직하고 살았다. 대학에 가서 열심히 공부했으며 여러 차례 첫 단추를 잘못 끼우는 실수를 범한 끝에, 내가 좋아하고 그 방면에 재능을 갖고 있다고 여겨지는 일을 겨우 찾아낼 수 있었다. 그런데 한창 경력을 쌓아갈 무렵 '남성 갱년기'

를 겪게 되었고, 교사와 작가로서 지니고 있던 일에 대한 열정과 만족감 등에 회의를 느끼기 시작했다. 나는 스스로를 치료하고 권태에서 벗어나고자 '일'이라는 보편적 주제를 놓고 심도 있는 연구 프로젝트를 진행했다. 더 많은 자료를 찾아 읽고 다수의 사람들을 인터뷰하며 직무 관찰을 하다 보니, 나는 내가 심기증 환자라는 확신을 갖게 되었다. 분명히 내 일에는 항상 탐탁지 않은 구석들이 있었다. 그랬다. 가끔은 내가 하는 일이 너무 지루하고 싫증이 났다. 하지만 연구 대상자들의 얘기를 듣다 보니, 내 불만은 그들의 불만에 비해 그리 집요하지도 적대적이지도 않다는 걸 알게 되었다.

연구 대상자들은 일터에서 가질 수밖에 없는 '우리 대對 그들'이라는 사고방식에 대해 불만을 토로했다. 그들은 부실한 관리 정책과 박봉, 보살핌을 받지 못하는 환경, 헌신, 계급과 줄서기에 대한 우려 등을 털어놓았다. 그들은 자기들이 맡고 있는 직무를 '지루하다', '억압적이다', '치사하다', '무기력하다', '인간을 소외시킨다'라는 말로 표현하고 있었다. 그들은 직장에서 보내는 하루하루를 반복적이고 의미가 없으며 고되기만 한 업무로 가득 차 있고 면제받을 희망이라곤 찾을 길이 없는 우울한 시간 또는 죽은 시간쯤으로 여겼다.

결국 나는 내가 그들에 비해 굉장히 운이 좋은 축에 속한다는 사실을 깨달았다. 내 직업도 문제가 한두 가지가 아니었지만, 그래도 나는 내 일을 사랑했고 계속하고 싶었다. 가끔은 일 때문에 지치고 숨이 막히기도 했지만, 일이 원망스럽거나 고되지는 않았다. 하지만 내가 인터뷰를 한 대부분의 사람들은 분명 나와는 사정이 달랐다.

이 프로젝트는 우리 부모 세대들이 지녔던 일에 대한 통념과 근로자로서의 내 경험 및 다른 사람들이 경험한 내용 간의 유사점과 차이점을 찾아내어 통합하고 분석해서 발전적인 방향을 제시하는 것을 목적으로 한다. 나는 왜 그토록 많은 사람들이 자기 일을 좋아하지 않는지, 왜 일을 돈벌이 수단으로만 여기면서 일을 통해 그들이 진정 원하고 필요로 하는 것—독창성, 존엄성, 목적, 강력한 자아정체성과 자존심 등—을 얻지 못한다고 치부하는지 알아내고자 했다.

이 책에서는 일이 우리에게 무엇을 해주는지 따져보면서 일에 관한 이야기를 풀어갈 것이다. 또한 일의 역사와 더불어 물리적 · 정신적 · 철학적 비용, 도전 과제 등도 살펴볼 것이다. 아울러 변화하는 일의 속성과 일의 미래에 관한 우울한 예측 의견도 검토할 것이다. 이 책을 쓴 목적은 일에 관한 변명이나 찬동을 하기 위해서가 아니며 절망적인 현상을 분석하기 위한 것도 아니다. 그저 우리가 살아 있는 시간의 대부분을 일로 소비하는 만큼, 일에 대한 가치를 재창조하고 일과 사람에 대한 다음 세 가지 학설을 상기해볼 필요가 있음을 강조하고 싶은 것이다.

1. 성인은 아이에게 놀이가 필요한 것과 똑같은 이유, 즉 인간으로서의 자아충족을 위해 일이 필요하다.
2. 일은 사람들이 원하고 필요로 하는 아이디어와 서비스, 상품을 생산해야 하며, 사회에 더 나은 사람을 배출하고 더 나은 삶을 영위하는 데 도움이 되어야 한다.
3. 일은 인류의 중요한 일부분이다.

이 책은 부정을 폭로하는 보고서나 딱딱한 철학서가 아니며 사회학적으로 검증된 경제 교과서도 아니다. 어찌 보면 일의 속성과 특징, 일이 우리 삶에 미치는 영향 등에 대한 광범위한 평론서나 이야기체로 서술된 명상록에 가깝다. 이 책을 저술하면서 철학과 문학, 통속심리학, 민속연구자료, 라디오, 텔레비전, 기타 언론보도자료를 비롯해 표준 학술서와 통계자료, 여론조사자료 등을 적극 활용했다. 또한 무수한 개별 면담과 비공식적인 여론 조사, 사적인 경험을 통해 자료를 수집했고 백 퍼센트 정확하거나 확실하지 않을 수 있는 추억에 의존하기도 했다.

마지막으로 나는 언제나 내 일을 좋아한다고 말해왔기 때문에 이 얘기를 꼭 털어놔야 할 것 같다. 나는 지금도 그렇고 예전부터 일중독자로 살았다. '일'이라는 주제로 책을 쓴 것만 보더라도, 내가 일중독자라는 사실을 여러분도 충분히 짐작할 수 있을 것이다. 하지만 나는 일에 대한 탐닉을 조절하기 위해 열심히 노력하고 있다(내 말이 말장난처럼 들릴 수도 있겠다). 역설적이게도 나는 이 프로젝트를 통해 내 일의 진가를 발견하고 내 직업을 더욱 좋아하게 되었다. 그래도 "사무실에서 좀더 시간을 보냈더라면!"이라는 말을 남기며 사무실 책상에서 죽음을 맞고 싶은 생각은 추호도 없다.

I

일이 당신을 말해준다 ✿

> 경력과 자아정체성은 서로 밀접하게 연관되어 있는 까닭에,
> 거의 동일한 개념으로 인식되고 있다.
> _더글러스 래비어

아서 밀러의 희곡 「세일즈맨의 죽음」 마지막 부분에는 주인공인 윌리 로만의 가족과 친구들이 그의 무덤 옆에 서서 작별 인사를 하며 고인의 성격과 유산을 곱씹어보는 장면이 나온다. 그들은 윌리를 몽상가이고 계획만 세워대며 터무니없는 소리나 잔뜩 늘어놓는 수다쟁이에, 큰 건수 하나만 터져주길 밤낮으로 노리는 사기꾼쯤으로 기억하고 있었다. 윌리는 허풍도 대단하고 나름대로 엄청난 꿈을 갖고 있었지만, 그의 능력은 그가 입 아프게 떠들어대는 아이디어를 뒷받침해줄 만한 수준이 아니었다. 가족과 친구들은 윌리를 패배자라고 규정했다. 더욱 안 좋은 건 윌리가 자신에게나 남들에게 자기가 패배자라는 걸 인정하려 하지 않았다는 거다. 그래서 윌리는 끝까지 허황된 미래를 꿈꾸고 계획을 세웠으며 외판원으로서 언젠가 크게 한 건 올려서 제대로 살아보겠다는 희망을 버리지 않았다.

윌리의 무덤가에 모여 선 사람들 가운데 윌리를 변호한 건, 그의 친구밖에 없었다. 윌리의 친구는 이렇게 말했다. "아무도…… 윌리를 비난해선 안 되네. 자네들이 이해하지 못하는 거야. 윌리는 외판원이었어. 외판원은 꿈을 가지게 마련이지. 그건 그의 직무 범위에 속해 있는 거였어." 웃고 수다를 떨며 사람들에게 반갑게 손을 내미는 행동이 윌리가 해야 하는 일이었다는 거다. 윌리가 하는 일은 바로 자신을 팔고 꿈과 아이디어를 팔고 상품을 파는 것이었다. 결국 윌리는 그의 일을 통해 만들어진 인간이었다.

아서 밀러의 희곡에 언급된 '그건 직무 범위에 속해 있다it comes with the territory'라는 구절은 이제 영어사전에 등재될 정도로 널리 사용하는 표현이 되었다. 이 말은 업무의 모든 부분을 받아들여 작업을 완성한다는 뜻을 내포하고 있다. 윌리 로먼은 자신이 선택한 직업에 아무런 소질이나 재능도 없었으며 그런 점을 깨닫지 못했으므로 멍청하게 패배했는지도 모르겠다. 하지만 결국 외판원이라는 직업이 윌리라는 인간을 빚어냈다. 윌리의 직업이 그의 내면에서 최고로 좋은 점과 나쁜 점을 끌어내어 윌리의 모습을 형성했다. 윈스턴 처칠의 말대로라면, 직업을 선택하고 정성을 들이는 건 우리들이지만 결국엔 우리의 직업이 우리를 만드는 것이다.

좋은 일이든 나쁜 일이든, 그 일을 좋아하든 싫어하든, 또 성공하든 실패하든 간에, 일은 삶의 중심이며 우리 자신과 살아가는 모습에 지대한 영향을 미친다. 어디서 사는지, 얼마나 잘사는지, 누구를 만나 교제하는지, 어디에서 무엇을 소비하고 구매하는지, 아이들을 어떻게 교육시키는지 등이 생활비를 벌어들이는 방식에 따라 결정된다.

그렇다고 일을 단순한 돈벌이 수단으로만 볼 수는 없다. 일은 돈을 버는 행위 자체가 아니라 돈도 벌 수 있는 자리를 의미한다. 일을 '특정한 업무나 프로젝트 달성을 위해 지력과 체력을 사용하는 것'이라고 간단히 정의할 수도 없다. 일은 내적인 삶과 자아발전에 대단히 중요한 역할을 하는 요인 중 하나이다. 우리는 일을 통해 생존할 수 있고 자아를 창조할 수 있다. 에버렛 C. 휴즈는 그의 유명한 글 「일과 자아」에서 일은 인간 성격 발달에 기본이 된다고 주장했다. 일은 삶에서 큰 비중을 차지하고 있으며 우리는 시간과 에너지를 일에 집중적으로 쏟아 붓는다. 그런 만큼 일은 수입을 가져다주는 수단이며, 자아정체성을 규정짓는 도구이고, 자기 자신과 남들의 눈에 자기가 어떤 사람으로 비칠 것인가를 결정짓는 틀이 된다. 휴즈는 하고 있는 일에 불만이 있고 심지어 싫어하기까지 한다 하더라도 선택한 직업에 따라 어떤 사람이라는 꼬리표가 붙기 때문에 일과 그 처리 방식을 알지 못한다면 한 인간을 이해할 수 없다고 단언했다.

오랜 시간이 지나면 자기가 하는 일이 즐거운지 짐스러운지, 창조적인지 절망적인지, 삶에 행복을 가져다주는지 좌절하게 만드는지 등을 알 수 있다. 어떤 식으로 살든 일하는 장소와 방식, 직무, 일터의 전반적인 분위기와 문화에 따라 삶의 모습이 달라진다. 일을 통해 성격이 형성되고 인간으로서 자아가 완성되는 것이다. 즉, 우리는 일터에서 자기 모습을 조금씩 만들어가며, 일로써 자아를 창조한다. 오래된 이탈리아 속담에 "무엇을 먹느냐에 따라 당신이라는 사람이 규정된다"라는 말이 있다. 이를 일에다가 적용하면 "무슨 일을 하느냐에 따라 당신이라는 사람이 규정된다"라고 말할 수 있겠다.

신학자 그레고리 바움은 "노동은 인간 자아형성의 축이다"라고 말했다. 우리는 일을 하면서 자아를 확립하고 인식한다. 일을 통해 우리가 무슨 일을 할 수 있는지 또는 할 수 없는지, 남들 눈에 내가 어떻게 비칠 것인지, 자기 자신을 어떤 식으로 보게 될 것인지를 알 수 있다. 일을 하면서 성공 가능성과 한계를 깨닫는 것이다. 일은 남들과 비교하여 자신을 측정할 수 있는 판단의 척도이다. 우리는 공동체 내에서 일을 통해 자신의 지위와 역할, 기능을 구축할 수 있다. 일은 삶의 조건을 결정지을 뿐만 아니라 생존을 위한 필요조건이기도 하다. 남자들은 옛날부터 이 점을 잘 알고 있었고 일을 자신의 운명으로 받아들였다. 마흔여덟 살 먹은 기계공은 이렇게 말했다. "남자란 가족을 부양하기 위해 깨어 있는 시간을 송두리째 일에 쏟아 부을 줄 알아야 한다. (너무 많은) 휴식 시간을 요구하거나 연장근무를 거절하는 남자는 게으르거나 무기력한 자이다." 점점 더 많은 여자들이 노동시장에 진출하게 되면서 여자들도 성인으로서 마땅히 알아야 할 근본적인 진리—직업이 없다는 건 월급이나 재산, 신분이 없는 것과 마찬가지라는 사실—에 직면하게 되었다.

사실 자아정체성의 방정식을 세우기 위해선 일 외에 유전형질이나 인종, 성별, 민족성, 성적 취향, 종교관, 가족 사항 같은 요소들도 고려해야 한다. 하지만 이 모든 요소들 중에서 성인으로 살면서 가장 흔히 경험하게 되는 게 바로 일이다. 우리는 일터에서 습득한 교훈을 바탕으로 개인 및 집단의 일원으로서의 자아와 가치관을 확립하게 된다. 어떤 일을 하느냐에 상관없이, 일은 자아를 확립시키기도 하고 볼썽사납게 변형시키기도 한다. 우리는 일을 통해 자기 자신을 만들어가기 때문에 좋은 쪽이든 나쁜 쪽이든 일이 한 인간을 형성시킨다는 점은 부인할 수 없는 사실이다. 우리는 일을 하면서 자신과 타인이 어떤 존재인지를 깨닫는다. 하지만 영국의 경제학자 E. F. 슈마허는 일이 인간 생활의 중심인 것은 분명하나 '일이 노동자에게 어떤 영향을 미치는가?'라는 질문은 거의 제기된 적이 없다고 지적했다. 노동자와 학자들은 특정 산업 부문에서 수행되는 직무의 장단점에 대해 정기적으로 토론을 벌이고 있으나, 일이 노동자의 정신과 성격에 미치는 전반적인 영향에 대해서는 대체로 언급하지 않고 있다.

카를 마르크스가 쓴 글은 대부분 자본주의 경제 시스템에 대한 비판과 부조리한 사회적 구조인 부르주아 사회에 대한 공격을 담고 있다. 마르크스는 자본주의가 자본의 통합, 권력 집중, 시장과 상품 매매의 지속적인 조작, 빈곤의 영속, '유산자有産者'의 '무산자無産者'에 대한 불균형적 지배 구조를 고착화시킨다고 여겼다. 마르크스는 일이 인간 형성의 주요 수단이 된다는 점을 전제하고 일이 개별 노동자의 성격과 자아정체성에 미치는 효과를 분석했는데, 사람들은 종종 이 내용을 간과하곤 한다. 마르크스는 공장 시스템이 노동자를 일로부터 분리하거나 소외시키고 있으며 개인적인 노동의 의미와 목적을 상실하게 만든다고 주장했다. 그리고 기계화된 '생산조건'(산업화)으로 인해 노동자들이 책임감과 창조성을 잃는다고 보았다. 마르크스의 분석 내용에 따르면, 자본 투자와 기계 장치, 산업공정, 그리고 제품이 사람보다 중요하게 취급되고 있었다. 산업자본가와 관리자들은 노동자들을 노동의 주체가 아닌 객체로 보았고, 생산공정에 필요한 물질 요소 중 하나로 취급했다. 계속해서 객체 취급을 당하다 보면 노동자들 역시 스스로를 객체로 여기게 된다. 그리고 자신이 본디 노동의 주체라는 사실을 영원히 깨닫지 못할 수도 있다.

초기 저서인 『독일 이데올로기』에서 마르크스는 개인 노동자를 이렇게 정의했다.

개인이 인생을 살아가는 모습이 바로 그 사람의 본질을 말해준다. (개인으로서) 사람의 본질은…… 그가 무엇을 생산하는지, 어떤 방법으로 생산하는지와 같은 생산 내용과 일치한다. 따라서 개인의 본질은 생산을 결정하는 물질적 조건에 따라 달라지는 것이다.

마르크스가 볼 때, 일하는 방식과 일을 통해 생산한 제품은 자아인식과 자유, 독립성뿐만 아니라 생각하는 방식과 내용에 반드시 영향을 미친다. 우리는 노동과정과 생산제품을 통해 자신이 어떤 존재인지를 점차적으로 알게 된다. 노동과정은 자아를 형성시키고 우리에게 자아의 본질에 대한 정보를 제공해준다. 즉, 우리는 노동을 통해 자아를 규정하고 자아를 인식한다. 마르크스의 견해에 따르면, 사람들은 자아의 본질을 완성하고 다듬기 위해 일이 필요하며 일을 통해 공동체의 역사와 개인적인 자아정체성을 구축해나간다.

일과 관련된 마르크스의 명제에 대한 반대 의견 중, 교황 요한 바오로 2세의 1981년 교서인 『인간의 노동에 대하여』를 주목할 만하다. 요한 바오로 2세의 말에 따르면, 노동은 인간이 에덴에서 추방되면서 받게 된 형벌 중 하나이지만 인간의 의미를 정의하고 삶의 지침을 제공하기도 한다. 이 교서에는 인간 세상이 고정된 것이 아니라 노동으로 만들어지는 변동적 '실제'라는 말이 나와 있다. 교서에 따르면 노동은 유익하고 즐길 만한 것이며 그런 의미에서 좋은 것이다. 즉, 노동은 인간의 존엄성을 표현하고 확대시킨다는 점에서 좋은 것이다. 사람은 일을 통해 자신의 필요에 따라 천성을 변화시킬 수 있고 성취감을 얻으며 '보다 인간답게' 살아갈 수 있다. 일이란 시간이라는 모래벌판 위에 남겨지는 족적이며 '인간의 징표'인 것이다.

지그문트 프로이트는 『문명과 불만』에서 인간의 공동생활은 '일하고자 하는 욕망'과 '사랑의 힘'이라는 두 가지 요소를 토대로 한다고 적고 있다. 프로이트는 인류 문명이 사랑Eros과 필요성Ananke의 열매라고 보았다. 사랑은 사람들을 하나로 묶어주고 성적인 쾌락과 행복을 추구하게 하며, 필요성은 사람들이 열심히 일을 해서 자아와 공동체를 유지하고 지킬 수 있게 만들어준다. 프로이트에 따르면, 사랑과 일은 '외부 세계를 더욱 잘 조정할 수 있게 하여…… 공동체 구성원의 수를 늘리는' 작용도 한다. 최소한 일은 인간이 '공동체 내에서 살아갈 수 있는 자리'를 확보해주는 것이다.

또한 일은 하루, 일주일, 월, 연을 기준으로 우리의 삶을 규칙적으로 만든다. 일이 없으면 하루하루의 시간이 뒤죽박죽으로 흘러갈 것이다. 일은 우리가 조직적이고 일상적이며 체계적으로 살 수 있게 해준다. 일은 치열한 경쟁 속에서 안전하게 자아를 표출할 수 있게 해주며 무엇보다도 제정신으로 살아갈 수 있게 한다. 이와 관련해 독일의 철학자 마르틴 하이데거는 "인간은 스스로 세운 계획의 산물이다"라고 말했다. 하이데거는 철학적인 암시를 통해, 인간은 프로젝트(일)와 미래로의 연결성을 통해 세상 속에서 '자아'를 확립하고 인정하게 된다고 말했다. 이 말은 사람이 그가 하는 일로써 규정된다는 뜻이다. 자아정체성은 주로 결단을 통한 행위나 성과물에 기반을 두고 확립된다. 우리는 프로젝트와 생산품, 업무를 통해 남들에게 자신을 알리며, 스스로를 인식하고 규정한다. 일을 하면서 성과를 내지 못한 사람은 자신을 완전한 인간으로 느낄 수가 없다. 주관적인 경험은 너무 산만하고 추상적이어서 자아정체성 확립에는 그다지 영향을 미치지 못한다. '느낀다'는 말은 '해냈다'는 말보다 개념적으로 명확하지 않다. 사람에게 살면서 '일'만큼 객관적으로 자아를 깨닫게 해주는 건 없다.

미국의 영화감독 엘리아 카잔이 살면서 뼈저리게 느낀 교훈 중 하나가 바로 '인간은 그가 하는 일 자체'라는 것이며, 자기가 하고 싶은 일을 하면서 벌이를 해야 멋진 삶을 살 수 있다는 거였다. 더글러스 라 비에라는 사회학자는 경력과 자아정체성은 밀접하게 관련되어 있으며 서로 동일한 의미를 갖는다고 주장했다. 사람들은 하는 일에 따라 정체성이 규정되며, 일은 인간이라는 존재의 모든 면에 영향을 미친다. 일을 하면서 일터에서 얻는 교훈은 우리가 삶에 적용하는 은유이자 세상을 이해하는 수단이 된다. 일은 우리에게 인생이 무엇인지를 알려주는 척도이며 방향을 지시해주는 지도책이다. 우리가 '어떤 유형의 인간'인지는 우리가 하는 일을 통해 규정된다. 사람들은 이 기준을 근거로 삼아 세상과 타인을 분석하고 평가한다. 일은 '우리가 무엇을 알고 있는지, 어떻게 알게 되는지, 선택 사항과 반응하고 대응하는 사항을 어떤식으로 선택하고 분류하는지'에 대해 한계를 짓는다. 일은 인간의 언어 사용 방식과 가치관, 우선순위 선정, 정치적 인식, 개인적이고 전문적으로 체득한 기술과 행동 양식에 영향을 미친다. 영국의 시인이며 소설가인 새뮤얼 버틀러는 그의 저서에서 이렇게 적고 있다. "문학이든 음악이든 그림이든 건축이든, 사람의 일은 언제나 그 일을 한 사람을 꼭 닮아 있다."

저널리스트이자 민속지民俗誌 학자인 코니 플레처는 베스트셀러인 그의 저서 『경찰이 아는 것』에서 다음과 같이 핵심적인 언급을 한 바 있다.

경찰들은 나나 여러분이 모르는 걸 알고 있다. 이 지식은 경찰들이 수년간 거리를 돌아다니며, 변덕스럽고 교활하고 혼란에 휩싸인 자들, 우스꽝스럽고 애처로우며 가끔은 바보 같기도 한 사회적, 경제적, 정신적으로 갖가지 수준의 인간들을 지켜보고 다루면서 자연스럽게 체득된 것으로 살인과 성범죄, 재산 범죄, 마약중독 등 온갖 범죄를 조사하는 가운데 얻게 된 부산물이다. 교통 담당 경찰은 정신병리학자보다 인간의 심리를 더욱 깊이 파악하고 있다. 살인이나 성범죄 담당 경찰은 도스토예프스키 정도는 돼야 짐작할 만한 인간의 내면까지 파악하고 있다.

온갖 종류의 일들이 여러 가지 방식으로 다양한 사람들에게 영향을 미치고 있다. 특히 인간의 '자화상'은 그 사람이 하는 일로부터 직간접적으로 영향을 받는다. 일을 통해 습득된 특성과 행동 양식 중에는 인생을 송두리째 바꿔놓을 만큼 엄청난 영향력을 갖고 있는 것도 있고, 비교적 소소한 영향을 주는 것도 있다. 다음에서는 우리 주변에서 흔히 볼 수 있는 몇 가지 '유형'의 특성에 관해 다뤄보기로 한다.

의사와 간호사는 막상 환자가 되면 몹시 다루기 어려운 사람들이다. 그리고 그들은 사랑하는 사람이나 가족들의 질병을 제대로 진단하지 못하는 편이다. 더구나 모든 병증에 대해 곧바로 최악의 시나리오를 떠올리는 습성이 있다. 반대로 응급실 담당 의사의 경우는 외상과 피를 너무 많이 목격하다 보니 흔한 질병이나 상처에는 무심하거나 하찮은 사안으로 대하기도 한다.

교사들, 특히 대학교수들은 어떤 질문에 대해서도 직접적인 답변을 잘 하지 못하는 것으로 정평이 나 있다. 윌리엄 제임스는 이런 현상을 가리켜 '박사 증후군─논의 중인 주제에 대해 온갖 자료를 인용하고 문서자료를 첨부하려고 하는 증세─이라고 칭했다. 설명하고 분석하고 사례를 제공하고 전례를 논박하는 능력은 교육과 학문에 종사하는 사람으로서 마땅히 갖춰야 할 요소이기는 하지만 교사나 교수가 질문에 대해 너무 장황하게 답변하다 보면 아무리 똑똑한 학생이라고 해도 호기심과 흥미를 상실할 수 있다.

회계사와 도서관 사서는 지나치게 세부 사항에 집착하고 규정과 조직 업무를 깔끔하게 처리해야 한다는 강박증을 갖고 있는 것으로 알려져 있다. 회계사나 사서 같은 직업은 순서를 중요시하고 정확하고 정밀해야 높은 업무 성과를 낼 수 있다. 하지만 이런 특성이 너무 심하게 나타나면 직업적으로나 개인적으로 생산성이 떨어질 수 있다.

정신병리학자와 심리학자의 경우 업무 자체가 대단히 추상적이고 뇌를 많이 써야 하는데다 주고객이 정신적으로 비정상적인 사람들이다 보니, 고객이 아닌 사람들을 대할 때도 자연스럽게 굴지 못하고 분석을 하려 드는 경향이 있다. 이런 특성을 가장 잘 보여주는 오래된 유머가 하나 있다. 심리학 교수 두 명이 연구실로 가는 길에 복도에서 서로 마주쳤는데, 한 명이 "안녕하시오!"라고 말하자, 상대편에서 "잘 지내셨소?"라고 대답하더란다. 그런데 두 사람은 각자 자기 연구실로 들어가면서 '흠…… 저 사람은 무슨 뜻으로 그런 말을 한 거지?' 하고 곰곰이 생각했다는 것이다.

마지막으로 육체노동으로 벌어먹고 사는 사람들의 특성에 대해 언급하겠다. 상인과 기능공, 건설 노무자들은 체력 이외에 나름대로의 지적 능력과 기술이 요구되는 일을 한다. 그들의 일에는 힘과 손재주, 끈기가 필요하다 보니, 이 일을 하는 노동자들은 종종 체력을 기준으로 자신과 타인을 판단하곤 한다(이 일에 여성 노동자들의 수가 그다지 많지 않은 것도 이런 특성 때문이다). 그들이 볼 때, 업무능력과 자아인식은 체력과 직접적으로 연관되어 있다. 그래서 블루칼라 노동자들은 거칠게 사는 걸 자랑스러워하며, 강철로 앞을 댄 특수 작업화를 신고 있는 자기들이야말로 그렇지 못한 자들보다 육체적으로나 도덕적으로 우월하다고 생각한다.

얼마 전에 나는 친척 결혼식에 참석했다. 그곳에서 제일 먼저 만난 사람이 바로 프랭크 삼촌이었다. 삼촌은 "여어, 대학생 꼬마. 잘 지냈니?"라고 말하며 다가와 내 손을 불끈 잡아쥐고 악수를 하면서 어깨를 여러 번 세차게 후려쳤다. 삼촌은 70대 중반의 나이였지만 주먹맛은 여전했다. 지금까지도 나를 '대학생 꼬마'라고 불러대니 짜증이 났다. 나는 욱신거리는 어깨를 주무르며 대답했다. "프랭크 삼촌, 좋아 보이시네요. 어디서 그렇게 그을리신 거예요? 골프를 너무 많이 치신 거 아녜요?" "아니, 내가 골프 싫어하는 거 알잖니. 이번 달에 몇 가지 일을 좀 하느라고." "일이오? 10년 전에 은퇴하셨잖아요?" "그랬지. 그냥 별로 어렵지 않은 일이라서 한 거야. 대문에서 현관까지 개인 도로 좀 깔아주고, 보도를 만들고, 콘크리트로 계단을 만들었지. 별거 아니었어." "프랭크 삼촌, 말도 안 돼요. 대체 무슨 일이에요? 돈이 필요하세요?" "아니, 전혀! 그런 게 아니야." "그럼 뭐죠? 왜 그런 일을 하신 거예요?" 삼촌은 미소를 지으며 내 손을 꽉 쥐고 자기 쪽으로 끌어당겼다. 그리고 한쪽 눈을 꿈쩍거리며 말했다. "내가 아직도 그 일을 할 수 있는지 알아보고 싶었어, 대학생 꼬마야. 알겠니? 내가 아직 그런 일을 할 수 있는지 알고 싶었던 것뿐이야."

　새뮤얼 버틀러가 말한 "일은…… 그 일을 하는 사람을 투영하는 자화상이다"라는 구절은 정신병리학자와 심리학자들이 '자아경계선'을 언급할 때 자주 사용하는 말이다. 자아의 균형이 잘 잡힌 사람들은 자아경계선의 윤곽과 한계가 분명하다. 그런 사람들은 온전하고 지속적인 성격을 갖고 있으며 '불분명한 자아경계선'으로 인해 고통을 받지 않는다. 일반적으로 자아경계선은 주로 일을 통해서 확립된다. 우리는 일을 통해 자신을 인식하고 외부 세계에 적응하며 살게 된다. 일은 삶의 리듬과 방향, 규정에 관한 '기대를 응집시킨 망'을 만들어내며, 우리는 그 망을 통해 자신이 뚜렷한 자아경계선 내에 머물러 있다는 걸 인식할 수 있다.

나는 의사다. / 나는 심장외과 전문의사다.

나는 변호사다. / 나는 우리 회사 독점금지분과의 소송전문가다.

나는 광고업계에 몸담고 있다. / 나는 레오 버넷 광고회사의 예술감독이다.

나는 교육자다. / 나는 MIT의 물리학 교수다.

나는 목수다. / 나는 진열장 제작자다.

위의 표현에서처럼 오른쪽이 왼쪽보다 자아경계선이 보다 뚜렷하다는 걸 알 수 있다. 스스로를 보다 명확하고 상세하게 인식할수록 보다 정확하게 자기 자신을 정의내릴 수 있다. 한 사람의 특성을 가장 뚜렷하게 나타낼 수 있는 것이 바로 기능과 일이다. 사회학자 로버트 칸은 그의 저서 『일과 건강』에서 직업과 자아정체성의 밀접한 연관성에 대해 다루었다. 그 내용을 일부 발췌하자면 다음과 같다.

사람들은 자신의 정체성을 확인하기 위해 흔히 '나는 누구인가?'라는 질문을 던지고, 이 질문에 대해 연장 제작공이라든가 프레스 기사, 타자수, 의사, 건설 노무자, 교사 같은 직업으로 답한다. 지금은 일을 하지 않는 사람이라도 예전에 했던 일이나 앞으로 하고 싶은 일을 기준으로 자기가 누구인지를 규정하며 '은퇴자'라든지 '백수'라는 말을 사용한다. 급료를 받지 않는 일은 그리 비중 있게 취급되지 않으며, 급료를 받는 일이야말로 중요하게 여겨진다. 유익한 일을 하고 있지만 급료를 받지 않는 사람들은 대부분 '나는 누구인가?'라는 질문에 자기비하적으로 답변하는 경향이 있다. 집에서 살림하고 아이들을 키우며 다양한 공동체 활동을 하는 여자가 있었는데, 그 여자는 자기를 소개하면서 지치고 부정확한 말투로 "그냥 가정주부죠"라고 말했다. 마찬가지로 어떤 남자도 은퇴한 후 잡다한 일을 하느라 바쁘게 지내면서도 "아, 은퇴했어요. 아무 일도 안 해요"라고 대답했다.

정신병리학자인 레오나드 페이긴은 사람의 성격은 그 사람이 하는 일과 직접적으로 관계가 있다고 보았다. 일은 외부 세계에 내가 누구인지를 말해주는 명함인 셈이다. 남자나 여자나 남들에게 자기를 설명할 때 자기가 하는 일을 들먹거린다. 칵테일파티에서 이리저리 걸어다니며 사람들이 자기소개하는 걸 엿듣는다고 가정해보자. 아마도 "안녕하세요. 내 이름은 봅이고요, 장로교 신자랍니다", "안녕하세요, 전 패티예요. 민주당에서 활동하고 있어요", "처음 뵙네요. 저는 피터이고 세 아이의 자랑스런 아버지입니다", "반갑습니다. 전 수잔이라고 해요. 사랑의 집짓기 활동을 하는 해비타트 운동본부를 지원하고 있어요" 같은 말은 들리지 않을 것이다. 이런 말이 나올 리가 만무하다. 근로자는 '이름, 지위, 신분증 번호', 즉 이름과 직업, 직함으로 자기 자신을 설명하게 마련이니까. 어느 정도 시간이 경과한 후에야 자기가 무엇을 좋아하며 어떤 것을 가치 있게 생각하는지, 일 외에 어떤 식으로 생활이 짜여져 있는지 등에 대해 털어놓게 된다. 남자들은 전통적으로 생계를 위해 돈을 버는 역할을 담당해왔기 때문에 '이름, 직업, 직함'이라는 자기표현 방식에 더욱 강하게 매여 있다.

시인이자 '남성 운동' 창시자인 로버트 블라이는 대부분의 남자들이 살면서 다른 무엇보다 일에 사로잡혀 있는 경우가 많다고 주장한다. 남자들한테는 일자리를 확보하는 것 자체가 중요한 일이다. 교양 있는 남자라면 공동체, 특히 남성 집단에서 나름의 지위를 갖고 살아가기 위해서는 일을 해야 한다. 더럽게 재미없고 지루한데다가 가족들과 시간을 보내지도 못하는 일을 하는 사람이라 해도, 일이 남자다운 삶의 기본 요소이며 남성 집단 내에서 사회적 서열을 정하는 데 중요한 조건이기 때문에 남자들은 늘 일에 대한 얘기를 입에 달고 살 수밖에 없다. 블라이의 결론에 따르면, 남자들은 지금껏 좋든 싫든 자신이 하는 일에 준해서 남성성을 평가받는다고 믿는다.

(남녀를 막론하고) 사람이 일을 통해 영향을 받고 신분이 규정되며 성격이 형성된다는 걸 알 수 있는 제일 쉬운 방법은 바로 그 반대의 경우를 생각해보는 것이다. 요즘 우리 주변에서 흔히 볼 수 있는 마흔여덟 살에 사업재설계, 사업규모축소, 5+5 조기은퇴계획(은퇴 후 연금수당을 계산할 때 현재 나이와 근무 기간에 각각 5년씩을 더해서 계산하는 방식. 가령, 30년간 근무한 50세 노동자는 근무 기간 35년, 나이 55세로 연금수당을 계산한다—옮긴이)으로 인해 일자리를 잃은 사람의 경우를 생각해보자. 일터에서 쫓겨나 마음의 의지처를 빼앗기고 앞으로 전망도 불투명한데 손에 쥔 거라곤 미지급청구서와 할부금뿐이고 가르쳐야 할 자식들까지 있는 사람은 갈수록 더 불안해지고 무기력해지면서 어쩔 수 없이 이렇게 자문하게 된다. '지금 나는 누구인가? 내가 지금까지 성취해놓은 것은 무엇인가? 내가 무슨 일을 할 수 있는가? 어떤 사람이 되고 싶은가?' 시카고 출신의 소설가이자 평론가인 조셉 엡스타인은 일자리를 빼앗긴 사람은 "틀림없이 자기혐오에 빠지게 된다"고 말한다. 정신분석학자 롤로 메이도 일자리를 잃은 사람들은 "급속도로 자기 자신을 냉대하기 시작한다"고 말했다. 그리고 프랑스의 소설가 알베르 카뮈는 일이 없으면 "인생이 남루해진다"고 말했다.

레오나드 페이긴의 말에 따르면, 일의 '정신병리학' 중 일부는 사람이 일자리를 잃었을 때 나타나는 성격장애와 행동장애에 관해 다루고 있다. 페이긴은 실업이 심각한 정신적·감정적 위기를 초래할 수 있다고 주장한다. 일이 자아정체성 확립과 자아의 지속성, 시간 인식, 대인관계에 영향을 미치기 때문에, 갑자기 일자리를 잃으면 갈피를 못 잡아 자아 개념과 시공간 개념이 흐트러지고 타인과의 관계도 원만하지 못하게 된다. 지금까지 일이 명함 구실을 해왔는데 이제 그 명함을 남들에게 내보일 수 없게 된 셈이기 때문이다. 일자리를 잃었다는 상실감은 자아 개념과 세상을 바라보는 가치관, 타인과의 관계에까지 영향을 미친다. 페이긴의 주장대로라면 일은 나다운 모습과 나답지 않은 모습을 구별해서 보여주고, 나의 역할 경계선을 드러내주며, 집단 및 계층 속에서 나의 신분을 결정짓는다. 실업은 개인적인 대인관계와 사회적·직업적 관계망의 품질과 투명도까지 바꿔놓는다. 일자리를 얻지 못하는 건 단순히 일을 통해 돈을 벌어 물건을 구매하지 못한다는 것 이상을 의미한다. 삶의 기본적이고 중요한 구성 원칙인 '자기 자신을 한 인간으로서 정의하고 존중할 수 있는 능력'을 상실하는 것이기 때문이다. 역사학자인 엘리엇 자크는 일과 자아정체성, 정신 건강의 관계에 대해 다음과 같이 요약했다.

생계를 위해 일을 하는 건 인간 생활의 기본적인 활동 중 하나이다. 만일 생계를 위협할 정도로 누군가를 옴짝달싹 못하게 만들어버리면, 그 사람은 자기 능력—판단을 내리고 구체적으로 결과물을 획득하는 능력—의 실체에 맞닥뜨리게 된다. 사람은 위와 같은 능력을 통해 자기 자신에 대해 정확한 평가를 내리고 외부 현실과 내적 인식 사이에서 끊임없이 조화를 추구하게 된다. ……요컨대 일은 인간의 물질적 욕구를 충족시키는 데 그치지 않는다. 보다 심도 있게 살펴보면, 사람은 일을 함으로써 제정신으로 살 수 있게 된다는 걸 알 수 있다.

E. F. 슈마허는 일이 '삶이라는 우주'의 일부라고 보았다. 인생은 학교, 즉 훈련의 장이기 때문에 우리는 일을 통해 보다 특별한 존재가 될

수 있다. 우리는 일을 필요로 하고, 일을 통해 성격을 형성시킨다. 또한 삶의 질은 우리가 하는 일의 품질에 따라 직접적으로 영향을 받는다. 철학자 아디나 슈워츠도 정신 건강을 위해서는 일이 필요하다고 주장하며, 슈마허와 의견을 같이하고 있다. 슈워츠는 이론적으로 사람들이 일터에서 기능을 익히고 연습을 하고 기술을 완성시키며, 목표 달성을 위해 필요한 행동을 이성적으로 선택하고 결정에 책임을 지고 선택 결과를 지켜보면서 배우고 성장할 수 있다고 보았다. 업무 과제를 위해 계획을 세우고 일정을 조정하며 목표를 추구하고 달성하는 과정에서 사람들은 솔선하여 지적 능력과 자율성을 발휘하며 성장하게 된다. 개인들은 이렇게 해서 학습된 업무 기능을 삶의 다른 차원에 적용시킬 수도 있다. 슈워츠는 직업이 있고 없음에 따라 삶의 질이 크게 달라진다고 보았다. 일의 복잡성, 개인의 타고난 지능과 재능, 일터에서 허용되는 재량과 자유의 정도 등이 모두 현재 우리의 모습과 밀접한 관련을 맺고 있으며, 앞으로 우리가 노동자와 개인으로서 어떤 사람이 될 것인지를 좌우한다.

일은 즉시 또는 장기적으로 우리의 삶과 성격에 영향을 미친다. 즉, 특정한 직무를 수행하면서 습득한 교훈 중 상당수가 경험으로 축적되어 향후 우리의 삶에 의식적, 잠재의식적으로 관여한다. 이는 정신병리학자인 로버트 J. 리프턴이 언급한 '지연된 스트레스'나 '전투에 참여한 군인들이 겪는 사후 스트레스 증후군'과 매우 비슷한 양상이다. 이런 경험들 중 일부는 우리에게 정보를 제공해주고 삶을 긍정적인 방향으로 이끌어주기도 하지만, 끊임없이 머릿속을 괴롭히며 몇 년 동안 부정적인 영향을 미치기도 한다. 각 직무는 나름의 경험과 기준, 속도, 세계관을 만들어낸다. 직무마다 개인의 삶에 관여하는 강도와 깊이, 기간이 다르지만 어쨌든 삶에 족적을 남긴다는 점에서는 매한가지이다. 리프턴의 말에 따르면, 전투 경험이 군인에게 영향을 미치듯이 전투 경험만큼 심한 정신적 충격은 아니겠지만 우리가 하는 일도 삶에 지대한 영향을 미친다.

서문에서 언급한 것처럼, 성인은 아이들에게 놀이가 필요한 것과 같은 이유, 즉 인간으로서의 자아충족을 위해 일이 필요하다. 불행하게도 이 명제는 '나쁜 직무'에 삶을 소비하고 있는 이들에게도 마찬가지로 적용된다. 명문장가인 스터즈 터켈의 표현대로라면 나쁜 직무란 '우리의 영혼에 비추어 너무도 보잘것없고', '별 볼일 없는' 일을 뜻한다. 이런 직무는 자부심이 결여되어 있고 체력적으로도 소모적이며 머리를 쓸 일도 없는 반복적이고 품위 없고 비천하고 하찮은 일이다. 별로 인정하고 싶지 않겠지만, 이런 종류의 직무도 사실은 현실을 살아가는 수단이며 서비스와 재화를 취득할 수 있는 방식이고 자아를 나타내는 표시이다. 자칭 프롤레타리아를 위한 철학자인 봅 블랙은 직업과 자아 정체성이 밀접하게 연관되어 있다는 명제에 동의한다. 그는 "당신은 당신이 하는 일로서 규정된다"라고 말했다. 문제는 '지긋지긋하고 멍청하고 단조로운 일을 하고 있다면 결국 당신은 지루하고 멍청하고 단조로운 인간이 되고 만다'는 점이다.

삶에서 일이 큰 비중을 차지하고 있기는 하지만, 대부분의 사람들은 자신이 하고 있는 일의 중요성에 관해 심사숙고하지 않는다. 일이란 그저…… 일일 뿐, 잠자고 먹고 즐기는 시간 사이의 간격을 지탱해주고 정당화하기 위해 필요한 활동에 불과하다. 그렇다고 삶에서 일을 쉽게 분리해낼 수도 없다. 신경심리학자인 월터 터브스의 말에 따르면, 우리가 일에 만족하지 못하고 일을 통해 원하고 필요한 것을 얻지 못할 경우 이런 불만이 사회생활과 가정생활로 흘러들어오지 않는다고 하더라도 우린 하루의 절반 이상을 불쾌한 기분으로 지내야만 한다. 중세 이탈리아의 신학자이며 철학자인 토마스 아퀴나스는 "일하는 기쁨이 없다면 즐거운 인생을 살 수 없다"고 말했다. 우리는 노동의 열매만 중시하고 노동 그 자체에는 가치를 두지 않는 사회에서 살고 있는 까닭에 일이 재화를 생산하는 기능 이외에 자아형성 기능도 한다는 사실을 깨닫지 못하고 지내왔다.

프랑스의 철학자이며 수학자인 르네 데카르트는 잘못 말했다. "나는 생각한다, 고로 존재한다"가 아니라 "나는 일한다, 고로 존재한다"가 더 적합한 말일 테니까. 우리에겐 일이 필요하며, 성인으로서 일을 통해 자아정체성을 확인하고 자기 자신을 확인하게 된다. 일은 내가 누구인지를 말해준다. 이 말이 옳다면, 일이 나를 형성시켜주는 것이기 때문에 우리는 먹고 살기 위해 일을 선택할 때 신중해야 한다. 최악의 경우, 일이 버거운 짐이 되거나 고역스런 생계 수단이 되고 만다. 하지만 최상의 경우, 일을 통해 자유를 누릴 수 있고 자아실현을 할 수도 있다. 어느 쪽이든 일이 우리 삶에서 빼놓을 수 없는 필수적이고 결정적인 요소임에는 분명하다.

2

일이란 무엇인가 ⚙

인간은 8시간 동안 줄기차게 먹거나 마실 수 없다.
하지만 일을 하면서 8시간을 버틸 수는 있다.
인간을 형성하고 비참하고 불행한 기분을 느끼게 만드는 것은 과연 무엇인가!
_윌리엄 포크너

일이라는 주제에 관해 내가 지금까지 들어본 가장 시적인 구절은 교황 피우스 11세의 "새가 날기 위해 태어난 것처럼 인간은 노동하기 위해 태어난다"라는 말일 것이다. 사회학자인 피터 버거는 "인간으로서 일을 한다는 것은 매우 복잡한 개념인 듯하다"라고 말했다. 전자는 은혜나 축복의 말처럼 들리지만, 후자는 무슨 보고서나 저주처럼 들린다. 아마도 진실은 그 둘 사이 어디쯤엔가 위치하고 있을 것이다.

우리들 대부분의 경우 일은 전적으로 비재량적인 활동이며 피할 수 없는 현실이다. 가장 나쁜 쪽으로 보자면, 일은 인간에게 운명적으로 부여된 사악한 형벌 혹은 피할 수 없는 무거운 짐이라 할 수 있다. 한편 좋게 생각하면 일은 인생에서 빼놓을 수 없는 어렵고도 큰 과제이므로 우리는 일을 한다는 사실을 당연시하든가 아니면 일의 중요성을 애써 외면하면서 살아야 한다.

사실, 우리들 중에서 일이라는 주제에 대해 완전히 중립적이거나 해야 할 말이 전혀 없는 사람은 없을 것이다. 다들 자기 나름의 의견을 갖고 있다. 이유는 간단하다. 일과 음식, 섹스는 성인이라면 누구나 경험하는 가장 흔한 행동 양식이기 때문이다. 음식과 섹스는 심미적 감각과 유용성에 의존하므로 자유재량에 따라 선택이 가능한 반면, 우리들 중 99퍼센트에게 일은 전적으로 비재량적인 문제인 것이다. 우린 일을 하지 않으면 안 된다. 달리 어떤 선택을 할 수 있겠는가?

성인의 삶에서 가장 큰 비중을 차지하는 것이 바로 일이다. 대략 열여덟 살부터 일흔 살까지 거의 모든 사람들은 일을 하며 인생을 소비한다. 잠자고 가족과 시간을 보내고 먹고 여가를 즐기는 등 일한 만큼 쉬며 소비할 수 있는 시간은 그다지 많지 않다. 좋든 싫든, 성공하든 실패하든, 명성을 얻든 불명예를 뒤집어쓰든, 우리는 그리스 신화의 시시포스처럼 낮 동안에 직무와 경력, 근로라고 하는 바위를 계속해서 위로 밀어 올려야 한다. 미국의 시인 오그던 내시는 "진저리나게 일하기 싫은 사람이라고 해도, 자신이 일하지 않고 살기에 충분한 돈을 벌려면 결국 일을 할 수밖에 없다"라고 했다. 그래서 우린 일을 해야 한다. 프랑스의 문장가이자 철학자인 볼테르가 지적한 대로, 운이 좋다면 일은 우리가 거대한 세 가지의 악惡—권태, 부도덕, 빈곤—에게 먹히지 않도록 지켜줄 것이다. 하지만 그건 어디까지나 운이 좋은 경우에 그렇다는 것뿐이다.

우리는 살면서 일을 통해 많은 경험을 축적하기 때문에 일에 대해 보편적으로 수용할 만한 명확한 정의를 내리기란 그리 쉽지 않다. 매튜 폭스는 그의 저서 『일의 재창조』에서 노동에 관해 깊이 있는 해석을 내놓고 있다. 그 내용을 일부 발췌하자면 다음과 같다.

일은 인간의 내면에 근거를 두고 있다. 우리는 일을 통해 영혼, 즉 내적 존재를 표현한다. 그렇기에 사람들은 일의 의미를 저마다 달리 해석한다. 일은 우리가 일터에서 영혼을 표현할 수 있는 도구이다. 또한 우리는 일을 통해 개인적인 상호 작용을 넘어 공동체 내에서 봉사한다는 차원으로 다른 사람들과 교류를 할 수 있다.

심술궂게도 철학자 버트런드 러셀은 일의 의미를 아래와 같이 정의했다.

일에는 두 가지 종류가 있다. 남의 명령을 받거나 바닥을 기다시피 하며 해야 하는 일, 그리고 남에게 이래라저래라 지시하는 일이 그것이다. 전자는 즐겁지도 않고 급료도 형편없지만, 후자는 재미있고 벌이도 상당히 좋다.

러셀이 규정한 일의 두 가지 정의는 교황 피우스 11세와 피터 버거의 견해와 밀접한 연관이 있지만, 노동 현상에 대해 그다지 깊은 통찰력을 보여주지 못하고 있다. 러셀이 말한 일의 두 가지 정의는 모두 일의 본질을 주관적인 가정에 국한했기 때문이다. '일'이라는 단어의 의미 자체를 보다 상식적인 시각에서 바라볼 필요가 있다.

가장 일반적인 의미로 볼 때, 일은 살기 위해 기본적인 필요조건을 갖추기 위해 혹은 특정한 생활양식을 유지하기 위해 우리가 필요로 하는 활동이라고 정의내릴 수 있다. 평론가인 테리 설리번의 주장에 따르면, 일은 종류를 막론하고 강제성이나 욕구를 근본적인 특징으로 한다. 즉, 일은 우리가 해야만 하는 것이거나 하고 싶어 하는 것이어야 한다. 따라서 강제성과 욕구를 핵심 요소로 갖추고 있는 일도 있고, 둘 중 하나만 갖고 있는 일도 있다. 가령 사람들은 살아가는 데 기본적으로 돈이 필요하기 때문에 돈을 벌기 위해 하는 근로 활동을 일이라고 지칭한다. 따라서 급료를 받는 활동에 대해서만 자신 있게 '일'이라고 규정할 수 있는 것이다. 일을 정의하는 데 주로 거론되는 노동과 돈의 상관관계는 대학교수, 시멘트공, 상원의원, 암살자 모두에게 적용된다. 하지만 이에 대해 설리번은 "나는 이번 주말에 집에서 할 일이 많다"라는 표현은 어쩔 거냐고 문제를 제기한다. 그 표현은 상식적으로 통용되는 것이며 사람들은 그 말이 "나는 하고 싶지도 않고 재미도 없지만 필요하니까 어쩔 수 없이 허드렛일을 좀 해야 한다"라는 뜻임을 익히 알고 있다. 일한 대가로 돈을 받지는 못하겠지만 분명히 집안일도 일은 일이다. 이처럼 급료를 벌기 위해 하는 일과 어쩔 수 없이 해야 하는 일상의 허드렛일 모두에 적용되는 요소가 바로 강제성이다.

한편 설리번은 '나는 내 일을 사랑한다'는 문장에 대해서는 어떻게 답할 것이냐고 묻는다. 좋아하는 활동을 하면서 급료까지 받을 때 그걸 일이라고 부를 수 있을까? 강제성 여부나 돈벌이에 관계없이 그저 하고 싶어서 하는 일인데도? 이에 대한 답은 '물론 그렇다'이다. 다만 사람들은 돈을 벌려고 하기 싫은 일도 억지로 하고 있기 때문에 전혀 달갑지도 않고 의무감으로 하는 작업만 일이라고 생각하는 것이다. 그렇기 때문에 돈을 받는 일은 무엇이든 당연히 재미가 없을 거라고 여긴다.

완전 무명으로 책 한 권 출판한 적이 없는 작가가 "나는 지금 작업 중인 소설에 완전히 빠져 있어"라고 기뻐하며 말할 경우, 우리는 대개 그 말뜻을 확실하게 이해할 수 있다. 장차 자기 책을 출판하게 될지 아니면 그냥 무명으로 끝날지 지금으로서는 알 수 없는 그 작가는 지금 자기 일에 대한 대가를 돈으로 환산받을 생각조차 하지 않고 있을지도 모르지만, 어쨌든 본인이 좋아하는 일을 즐겁게 하고 있고 아마 앞으로도 계속 그럴 것이다. 돈을 벌기 위해 억지로 해야 하는 강제적인 활동이라고 일의 정의를 내린다면, 설리번의 말대로 그 작가는 작업을 완료해야 한다는 욕구나 느낌 같은 또 다른 이유 때문에 억지로 참고 작업을 하는 거라고 볼 수도 있다. 하지만 상식적으로 작가나 예술가들이 주차할 곳이 없어서 울며 겨자 먹기로 차고를 청소하는 사람들이나 주택 할부금을 갚기 위해 어쩔 수 없이 일을 하러 가는 사람들처럼 오직 잘 먹고 잘살려고 작업을 한다고만은 볼 수 없지 않은가?

일은 돈이나 자기표현, 성취감 같은 내적 혹은 외적인 동기에서 부득이 하게 되는 활동이다. '그중 어떤 것이 가장 큰 동기인가, 누가 어떤 동기로 일을 하는가' 하는 식의 질문과는 전적으로 별개의 문제이다. 어쨌든 우리는 일을 해야만 한다. 운이 좋다면, 일을 하면서 기분도 좋아지고 보수도 넉넉하게 챙기며 행복한 기분까지 느낄 수 있을 것이다. 이 삼박자가 잘 결합될수록 우리는 일을 만족스런 활동으로 느끼게 된다.

조셉 엡스타인은 "일과 놀이를 구분할 필요 없이 일이 재미의 원천이고 재미가 일의 원천이 되는 소수의 사람들이야말로 우리들 중 운이 제일 좋은 자들이다"라고 말했다. 현재 우리가 겪는 경험과 역사의 교훈이 엡스타인의 주장을 더욱 강력하게 뒷받침해주고 있다. 일에는 늘 어느 정도 강제성이 뒤따른다. 개인적인 기쁨과 만족, 행복은 일이라는 개념과는 잘 어울리지 않는 것처럼 보이기도 한다. 우리 조상들은 일을 피할 수 있는 사람이 거의 없다는 것이 일의 제일 큰 문제라고까지 말했다. 〈시카고 트리뷴〉지의 칼럼니스트였던 고故 마이크 로이코는 칼럼에서 그의 분신인 슬래츠의 입을 빌려 일에 대한 '보통 사람들'의 생각을 정확하게 짚어냈다. 그 내용을 일부 발췌하자면 다음과 같다.

복권이 왜 그렇게 인기가 있다고 생각하는가? 정육공장에서 야간 근무조로 일하면서 받는 급료가 엄청나다면 누가 복권 따위를 사겠는가? 내가 몇 년 전에 언급한 바와 같이…… 사람들은 일단 당첨이 되면 부자가 되어 실컷 놀 수 있기 때문에 복권을 사는 것이다. 일이라는 것이 굉장히 좋은 활동이라면, 누가 우리한테 돈까지 줘가며 일을 시키겠는가?

일부 인류학자들의 학설에 따르면 원시 생존 사회에는 근로와 비근로의 구분이 없었다. 깨어 있는 시간이 곧 일하는 시간이었다. 당시 사람들은 태어나서 실컷 일을 하다가 죽는 식으로 인생을 살았다. 일은 삶의 법칙이었다. 프랭크 타넨바움은 자신의 저서 『노동의 철학』에서 현대 미국 노동자들과 관련된 명제를 다음과 같이 새로이 재확인했다.

이 나라는 피고용인의 국가가 되었다. 우리는 생계를 위해 타인에게 의존하며, 사람들은 대부분 급료에 전적으로 기대어 살고 있다. 만일 직업을 잃으면 다양한 사회보장제도를 통해 지급되는 구제금 이외엔 수입원이 전혀 없게 된다. 이처럼 수입원을 위해 대중이 타인에게 의존하는 것은 지금까지 전례가 없던 현상이다. 오늘날 우리 세대는 자기 인생의 태반을 남의 손에 맡기고 사는 셈이다.

결국 기본적으로 생존을 위해, 특히 안정적이고 편안하게 살기 위해 우리는 일을 해야 한다. 하지만 사람들이 진저리를 치면서도 일을 할 수밖에 없는 보다 근본적인 이유가 단순히 타인에게 매인 노동자로서 일을 피할 수 없기 때문만은 아니라는 걸 알아야 한다. 지난 25년간 백여 건 이상의 연구를 통해 입증된 바와 같이, 진짜 문제가 되는 것은 일 자체가 아니라 노동자에게 맡겨진 직무이다. 노동자들은 자기가 맡은 직무로 인해 육체적으로 힘들고 지겨우며 기가 빠지는데다가 심한 경우 인간적인 모욕 또는 하찮은 인간으로 취급받는다면서 끊임없이 불만을 토로한다. 일이란 그저 치사스럽고 기운을 소모시키며 인간을 기계로 만드는 것이라는 생각을 갖고 있는 요즘 사람들에게 스터즈 터켈의 저서 『노동』은 거의 성서로 여겨지고 있다. 그들은 이 책의 아무 페이지나 들춰봐도, '경제적 부자유'와 '품위 저하', '개인 소외', '사회적 권태'를 일으키는 다양한 이유 중 하나가 바로 일이라는 증거를 찾아볼 수 있다고 말한다. 『노동』의 도입부에는 터켈의 생각이 다음과 같이 극명하게 드러나 있다.

이 책에서는 일이라는 것이 본래 육체와 정신에 대한 폭력을 바탕으로 삼고 있음을 밝히고 있다. 일은 사고事故와 병폐, 주먹질, 시끄러운 말다툼의 주범이며, 개라도 걷어차야 할 만큼 화를 돋우고 신경까지 쇠약하게 만드는 원인이다. 일은 매일같이 모멸감을 느끼게 만드는 근원 그 이상도 그 이하도 아니다. 우리들 대부분은 일을 하면서 상처를 입어도 계속 앞으로 나아가야 하기 때문에 하루하루를 살아간다는 것은 굉장한 승리를 거두는 셈이다.

널리 알려진 신화 속에서 일이 대체로 부정적으로 인식되고 있음을 이해하려면 길고 복잡한 역사를 알아야 한다. 일을 어쩔 수 없기 때문에 해야 하는 '부정적인 필요수단'으로 여기는 것은 일work이라는 단어의 다양한 어원과도 부분적으로 관계가 있는 것 같다. 고대 그리스어로 노동labor을 의미하는 ponos는 '슬픔'이라는 뜻을 갖고 있다. 현대 그리스어에서도 ponos의 파생어인 ponei는 고통과 상처를 의미한다. 라틴어로 일을 의미하는 단어 labor는 '고통이 수반되는 극도의 노력'이라는 뜻이다. 20세기 대표적인 여류 철학자인 한나 아렌트의 말에 따르면, 라틴어로 labor(노동)는 labare(짐을 진 채 비틀거리며 걷다)와 어원적으로 뿌리를 같이하며 '수고, 고뇌, 곤란'이라는 의미를 내포한다고 했다. 프랑스어인 travailles는 예전에 사용되었던 labourer를 대신하는 단어로 '매우 부담스러운 과제'라는 뜻을 갖고 있다. 프랑스어 travailles는 라틴어 tripalium에 뿌리를 두고 있는데, tripalium은 원래 로마군이 사용했던 고문 도구의 일종으로 '세 개의 말뚝'을 가리키는 말이며 '슬픔과 고통'을 뜻한다. 또한 중세 독일어로 노동이라는 뜻을 지닌 arbeit는 '시련, 박해, 역경, 곤경'으로 해석된다.

한편 매튜 폭스는 직무job라는 단어가 부정적인 의미를 내포하게 된 과정에 대해서 설명했다. job은 중세 영어 단어인 gobbe에서 파생된 것으로, gobbe는 '덩어리'를 의미하며 지금은 사어가 된 단어 jobbe는 '작은 조각'을 의미한다. 새뮤얼 존슨은 그가 저술한 18세기 영어사전에서 job을 '좀스럽고 시시한 일, 요행수로 얻어 걸리는 일'로 정의했다. 20세기로 접어들 무렵, 뉴욕 시의 의류 상가 지역에서는 jobwork라는 단어가 업계에서 제일 저급한 일이면서 급료도 가장 낮은 '삯일'을 의미했다. 마지막으로 occupation(직업)이라는 단어는 라틴어 occupare에서 파생된 단어인데 '소유하다' 또는 '소유물을 움켜잡다'라는 적대적인 태도와 의미를 내포한다.

일이 고통이나 권태와 어원적으로 관계가 있다는 걸 밝히기 위해, 그 반대의 뜻을 지닌 '여가leisure' '아마추어amateur' '기분전환diversion'

같은 단어의 어원을 살펴보자. leisure는 라틴어인 licere에 뿌리를 두고 있으며, licere가 '허용 받음'이라는 뜻을 가지고 있는 만큼, leisure는 체계적으로 정비되지 않은 자유 시간을 의미한다. 옥스퍼드 영어사전에서는 leisure를 '마음대로 쓸 수 있는 시간'이라고 정의내리고 있다. 캐나다의 건축가·교수·작가인 비톨트 립신스키는 여가와 비노동 시간을 소비하는 방식에 관한 그의 집중 평론 「주말을 기다리며」에서, "G. K. 체스터턴의 말에 따르면 여가는 세 가지 각기 다른 의미를 갖고 있다"고 지적한다. 즉, 여가는 '첫째, 무언가를 할 수 있도록 허락 받는다는 의미. 둘째, 무엇이든 해도 된다는 허락을 받는다는 의미. 셋째, (아마도 제일 흔치 않은 의미일 테지만) 아무것도 하지 않아도 된다는 허락을 받는다는 의미'를 갖는다는 것이다. 체스터턴도 인정했다시피 첫 번째 의미―일 외에 다른 걸 할 수 있는 것―가 여가의 뜻으로 가장 널리 사용된다. 두 번째 의미―여가 시간을 이용해서 하고 싶은 대로 하는 자유―는 보통 창조적이고 돈이 많이 드는 활동에 국한된다. 체스터턴은 세 번째 의미에 제일 큰 비중을 두었고, 진정한 형태의 여가란 빈둥거리는 것, 즉 '아무것도 하지 않는 고귀한 행위'라고 보았다.

정신병리학자인 레오나드 페이긴의 말에 따르면, 통제는 일과 여가를 심리적으로 구별해주는 중요한 장치이다. 실제로는 그렇지 않더라도 자기 자신이 스스로의 행동에 남보다 더 큰 통제력을 갖는 것이 여가의 주된 특성인 만큼, 여가는 자유 시간 혹은 비노동 시간을 이용해서 하고 싶은 일을 하는 것이라고 정의내릴 수 있다. 페이긴은 일이 자율성과 통제를 완전히 상실시키지는 않지만 일을 하는 동안은 제멋대로 굴 수도 없으며 일에는 반드시 목적이 수반되기 마련이라고 지적한다. 일터에서의 활동은 구조화되고 목표 지향적이며 대개 타인의 감독과 감시를 받는다. 페이긴은 일을 하면서 일시적이기는 하나 다른 행동

주체에 대해 통제권을 행사할 때도 있다고 말한다. 표면상 개인은 금전적 수입을 얻기 위해 자아통제권을 희생당해도 감수하는 것이며 그렇게 해서 얻어진 수입으로 비노동 시간에 대한 통제권을 얻는다. 이 문제에 대해서만큼은 '여가는 내 시간이며, 일은 남의 시간'이라는 세간의 통념을 그대로 적용시킬 수 있다.

아마추어amateur라는 단어의 어원은 '사랑하다', 즉 '자기가 좋아하는 활동을 하다', '의무감에 매이지 않고 활동하다', '애호가로서 혹은 비전문가적인 입장에서 활동하다'라는 뜻을 지닌 라틴어 amare이다. 그리고 기분전환diversion은 '무언가 다른 활동을 할 수 있는 능력', '다른 곳에 관심을 돌림'이라는 뜻을 갖고 있다. 글자 그대로 해석하자면 diversion은 '경로나 목적에서 벗어나다'라는 의미이고, '반대 방향으로 돌다'라는 뜻을 가진 라틴어 divetire에 뿌리를 두고 있다. 또한 기분전환은 '휴양과 오락, 위락을 즐기며 업무 걱정에서 벗어나는 것'을 뜻한다. 현대 이탈리아어인 divertise는 흔히 '평소에 하던 활동에서 벗어나 색다른 무언가를 한다'는 뜻으로 사용된다. divertise는 휴가를 뜻하는 이탈리아어 vacanza와 동일어로 사용된다. vacanza는 '일시적으로 일을 멈추다'라는 뜻이 있으며, '텅 비어 있고 점유하지 않다'는 뜻을 지닌 라틴어 vacare에서 비롯된 단어이다.

일찍이 아리스토텔레스는 반대 의미를 생각해보면 핵심을 파악할 수 있다고 말했다. 여기서도 어원을 통해 핵심이 명확하게 드러나는 걸 알 수 있었다. 여가, 아마추어, 기분전환은 모두 '정지된 시간, 선택, 자유, 자기재량, 자신만을 위해 몰두하는 개인적인 활동'을 의미한다. 반면 일은 '강제적인 시간, 필수적인 시간, 부담거리, 의무, 강제로 부여된 업무'라는 뜻을 지닌다.

오랜 옛날부터 일을 '부정적이고 천한' 활동으로 인식하는 가치관이 존재했다. 성경을 보더라도 원래 에덴동산에서는 일이라는 개념이 존재하지 않았다. 그래서 고된 노동은 에덴에서 추방된 인간에게 내려진 하나님의 저주를 상징했다. 에덴에서 쫓겨난 후 일은 인간에게 없어서는 안 될 활동으로 자리 잡았다. 창세기에는 인간이 죄악으로 인해 저주를 받게 되는 과정이 생생하게 묘사되어 있다. "이제 땅이 너 때문에 저주를 받을 것이다. 너는 죽는 날까지 수고를 하여야만, 땅에서 나는 것을 먹을 수 있을 것이다. ……너는 흙에서 나왔으니 흙으로 돌아갈 것이다. 그때까지, 너는 얼굴에 땀을 흘려야 낟알을 먹을 수 있을 것이다." 영국의 시인이자 사상가인 존 밀턴이 지적한 대로 인간은 '최초의 불복종'으로 말미암아 일이라는 저주를 받게 된 것이다.

전통적으로 유대교에서는 일을 인간의 죄악으로 인해 운명 지워진 '단조롭고 고된 활동'이라고 여긴다. 즉, 일은 인간이 죗값을 치르고 메시아의 도래를 준비하기 위한 속죄 방식이다. 전도서에서는 일이 '무거운 멍에'이며 '감내하기 어려운 것'이라고 한탄하며 언급했다. 초기 기독교에서는 일을 하나님이 내린 형벌로 인식했고, 노동의 성과물을 한층 더 빈곤한 사람들과 나눔으로써 구원을 받을 수 있다고 보았다. 사랑을 베푸는 수단이 된다는 의미에서 일은 은혜의 근원이기도 했다. 하지만 일은 그 자체로는 결코 고귀해질 수 없으며, 정화나 사랑, 혹은 속죄의 도구로 활용해야 했다.

대부분의 육체노동을 노예들에게 맡겼던 고대 그리스인들은 일이란 정신을 야만스럽게 만들고 예의범절에 맞지 않는 행동을 하게 만드는 것으로 여겼다. 그리스인들은 일을 저주, 고된 노동, 심장에 무리를 주는 활동으로 간주했다. 그리스의 철학자이며 전기작가인 플루타르코스는 페리클레스에 대해 기술한 장에서, 고귀한 자들은 조각가의 걸작을 감상할 뿐 직접 망치나 끌을 들고 먼지와 땀, 때에 절고 싶어 하지 않기 때문에 태생이 고귀하지 못한 남자들만이 조각가인 페이디아스처럼 되기를 원한다고 했다. 그리스인들은 일이 사람을 노예로 만들어 타인의 의지에 종속시키며 영혼을 타락시킨다고 보았다. 그들에게 일은 이성적인 사고를 막아 궁극적인 삶의 목표를 찾지 못하게 하는 방해물에 불과했다. 일은 그 자체가 목적이 아니며 더 높은 목표를 향해 자유로이 나아가기 위한 수단이었다. 아리스토텔레스는 전쟁의 목표가 평화이듯이, 일의 목표는 여가라고 단언했다. 여가는 강제성이나 이득을 얻고자 하는 욕구, 철학적 진실을 궁구하는 작업에서 벗어나 자유로이 즐길 수 있는 활동을 의미했다. 아리스토텔레스는 육체노동을 굳이 감내해야 할 필요가 없다고 여겼기 때문에 평생 일을 하지 않았고, 자기가 여가를 즐기기 위해 타인을 노예로 삼는 행위를 그르다고 보지 않았다.

일이 삶에 필요한 활동으로 간주되기 시작한 것은 13세기부터였다. 토마스 아퀴나스는 자신과 타인에게 봉사하기 위해서는 재능을 활용해야 한다고 보았고, 이를 가리켜 '청지기 노릇'이라고 칭했다. 청지기 노릇을 이행하다 보면 기능을 습득하고 사랑의 의무를 실천하며 창조주에게 경의를 표할 수 있다고 여긴 것이다. 학문적인 관점에서 볼 때, 일은 개인적인 구원 수단일 뿐만 아니라 천부적인 권리이자 의무이며 유일하게 합법적인 사회적 기반이며 재산과 이득의 근원이었다. 하지만 실생활에서 일이란 하나님과의 대면을 준비하는 영적인 일에 비해 덜 중요한 것으로 취급되었다. 즉, 하나님에 대한 묵상만이 우리의 삶을 구원해줄 수 있으며 실제 노동에는 자체적인 목적이 없다고 보았다.

일이 사적인 활동과 삶의 방편으로서 비중 있게 취급되기 시작한 때는 르네상스와 종교개혁 기간이었다. 이 기간 동안 사람들은 실제 업무의 귀천에 관계없이 적어도 이론적으로는 일을 긍정적인 개념으로 받아들였다. 대부분의 역사학자들은 노동윤리의 뿌리가 독일의 종교개혁가인 마르틴 루터에게서 비롯되었다고 보고 있다. 루터는 사람마다 하나님의 부름을 받아 세속의 '소명'을 맡게 된다고 주장했는데, 그 소명이 바로 오늘날의 직업이나 경력에 해당된다. 루터는 각각의 소명은 모두 삶에 필요한 것이므로 어느 소명이 다른 소명보다 더 필요하다거나 더 은혜롭다는 것은 있을 수 없으며 모든 소명은 하나님 앞에서 동등하다고 단언했다. 루터는 "하나님을 가장 잘 섬길 수 있는 방법은 자기 몫의 일을 완벽하게 해내는 것"이라고 말했고, 일은 하나님을 섬기는 방식 중의 하나라고 했다. 따라서 하나님이 보시기에 합당한 삶은 바로 자신의 소명에 충실한 인생이었다. 그러나 루터는 하나님이 이따금씩 그럭저럭 일을 잘 해내는 것 이상을 요구한다고 말했다. 즉, 맡은 일과 예배를 일관성 있고 조직적으로 잘 수행해야 했다.

16세기에 장 칼뱅은 루터가 주장한 내용을 보다 확장시키고 체계적으로 제도화했다. 칼뱅은 일이란 하나님의 뜻이니, 아무리 지루하고 '고역스런 노역'이라도 하나님을 기쁘게 하기 위해 해야 한다고 주장했다. 칼뱅은 사람들에게 '예정설'(인간의 구원 여부는 하나님이 미리 정해놓았다는 교리-옮긴이)을 설파했다. 그는 하나님이 구원하기로 예정한 사람은 그 증거로 자제력을 지니고 있으며 성실하고 근면하다고 했다. 따라서 하나님은 선택한 사람의 사업이 번창하게 만들어주신다고 주장했다. '번창한다'거나 '성공한다'는 것은 현세에서 부와 행복을 누리는 동시에 영적으로도 구원을 받는다는 걸 의미했다. 따라서 성공이란 '구원받기로 예정된 사람'이라는 표시였다. 칼뱅은 간접적이기는 하지만 일, 신성神性과 물질적인 성공, 안락함 간의 연관성을 드러내는 이론적 근거를 제시했던 것이다.

막스 베버는 『개신교 윤리와 자본주의 정신』에서 영국을 비롯한 유럽의 곳곳에서 개신교와 자본주의가 동시에 발생했다는 점을 주목하고 있다. 베버는 개신교에서 주장하는 내용이 대부분 자본주의 활동을 장려하는 것이라고 보았다. 가령 종교개혁가들은 사람마다 개별적으로 하나님에게 심판을 받으며, 심판은 한 사람이 일생 동안 한 일, 즉 '소명'에 근거를 두고 이루어진다는 학설을 설파했다. 또한, 그들은 한 사람이 맡은 바 '소명'을 수행한 결과물인 돈을 불필요한 곳에 어리석게 소비해서는 안 된다고 가르쳤다. 베버의 학설에 따르면, 이런 식의 가르침을 통해 고된 노동과 자기 수양, 금욕, 업적을 중시하는 삶이 널리 장려되었다고 한다. 이런 식의 윤리관에 힘입어, 개인사업가들은 축적한 자금을 사치품을 사들이는 데 쓰는 대신 자기 사업 운영에 이용하기 시작했다.

노동분석가인 마이클 체링턴의 주장에 따르면, 노동윤리는 일반적으로 다음과 같은 신념 중 하나 이상을 포함한다.

1. 사람들은 육체적으로 고된 노동을 하며 살아야 한다는 도덕적이고 종교적인 의무감을 갖고 있다. 올바르게 살 수 있는 유일한 방법은 힘든 노동과 노력을 통해 단조로운 일을 가치 있는 행위로 평가하고, 육체적인 쾌락과 향락은 피하며, 조직적이고 엄격하게 금욕하며 사는 것이다.
2. 남녀 구분 없이 누구나 일터에서 오랜 시간을 보내야 하며, 개인적인 여흥이나 여가에는 거의 혹은 전혀 시간을 할애하지 말아야 한다.
3. 노동자는 출석률이 좋아야 하고, 결근이나 지각을 거의 하지 말아야 한다.
4. 노동자들은 자기 일에 자부심을 갖고 제대로 수행해야 한다.
5. 노동자들은 경제적으로 높은 이익을 발생시켜야 하며, 다량의 재화와 서비스를 생산해야 한다.

6. 피고용인들은 자신의 직업과 회사, 업무 집단에 헌신하고 충성을 다해야 한다.

7. 노동자들은 성과 위주로 업무를 진행해야 하며 작업 증진과 향상을 위해 끊임없이 노력해야 한다. 명망 있고 타인의 존경을 받는 높은 지위의 직무를 담당하는 것은 '좋은' 사람임을 나타내는 중요한 표시이다.

8. 사람들은 정직하게 일해서 부를 획득하고, 절약하며 현명하게 투자해서 그 부를 유지해야 한다. 검소하게 생활해야 하고 사치와 낭비를 피해야 한다.

베버는 노동윤리란 생계를 위해 필요한 수준 그 이상으로 일에 전념하는 것이라고 보았다. 즉, '단지 물질적인 안락함이나 부를 얻기 위한 수단이 아니라 일 그 자체를 가치 있는 것으로 보는 확신'을 노동윤리라고 여겼다. 성과물에 관계없이 일은 그 자체로 좋은 활동이고 신앙심과 의무, 헌신적 사랑을 나타내는 증표였다.

신대륙의 뉴잉글랜드로 이주한 청교도들은 종교개혁 및 칼뱅주의의 이론적인 직계 후손으로 꼽힌다. 칼뱅은 달란트 비유(마태복음 25장)를 인용하여 "여러분은 육신이나 죄악을 위해서가 아니라 하나님을 위해 풍족해질 수 있도록 일하십시오"라고 말하며, 청교도들에게 번창하라고 격려해주었다. 칼뱅 외에도 수많은 성직자들이 아메리카 대륙에서 일의 복음을 설파했다. 영국 퀘이커교 지도자이며 신대륙의 개척자인 윌리엄 펜도 퀘이커 교도들에게 "근면은 유익하고 칭찬받을 만한 미덕이다. ······절약도 인생에서 매우 쓸모 있는 중요한 미덕이다. ······1페니를 절약하면 1페니를 버는 셈이라는 속담도 있지 않은가"라고 말했다.

미국에서 노동윤리를 현실적으로 해석하여 세상 사람들에게 널리 알린 사람은 바로 벤저민 프랭클린이다. 프랭클린은 그의 다양한 저서에서, 부는 미덕의 결과물이며 품성을 나타내주는 것이라고 여러 차례 언급했다. 또한 그는 『자서전』에서 '절제, 침묵, 질서, 결단력, 절약, 근면, 성실, 정의, 중용, 청결, 평정, 순결, 겸손'과 같은 이상적인 특징들로 노동윤리의 의미를 규정하기도 했다. 프랭클린에게 이르러 노동윤리는 '하나님을 숭배하는 직접적인 방식'에서 '개인의 품성을 고양하고 타인에게 자선을 행함으로써 하나님에게 예배를 드리는 간접적인 방식'으로 새로이 정의되었다. 청교도들과는 달리 프랭클린은 하나님의 영광을 위해서가 아니라 자기 자신을 위해서 일을 하는 것이라고 말했다. 즉, '신은 스스로 돕는 자를 돕는다'고 했다. 그럼에도 당시 사람들은 여전히 고된 노동을 개인적인 성공과 사회적 유용성을 획득하기 위한 유일한 방식으로 여겼다.

19세기에 미국의 개신교 윤리는 명칭만 세 차례 바뀌었을 뿐, 내용에는 전혀 변화가 없었다. 즉, 명칭은 개신교 윤리, 청교도 윤리, 노동윤리, 이민자 윤리 등 여러 가지였지만, 고된 노동은 여전히 그 자체로 선한 것이며 생존의 유일한 방편이자 성공 가능성을 열어주는 수단이었다.

저명한 노동역사학자인 다니엘 로저스는 노동윤리의 주요 전제는 일을 도덕적인 삶의 중추 역할로 본다는 것이라고 말했다. 로저스는 "일은 경제적 희소성의 원칙이 적용되는 세상에서 인간을 쓸모 있게 만들어준다. 일은 남에게 빚지지 않게 해주고 게으름을 떨려는 유혹도 물리쳐주며 합당한 부와 지위를 얻을 수 있게 해주고 물질적인 세상에서 정신과 기능 면으로도 나름의 족적을 남기게 해준다"라고 말했다. 노동윤리는 다양한 방법으로 개인의 존재를 확고히 다져주며, 사람은 일을 통해 자아의 가치를 높일 수 있다.

19세기에 이르자 이런 식의 노동윤리에 대해 처음으로 불만이 터져 나오기 시작했다. 불평의 목소리를 높인 것은 교회나 피고용인, 노동자들이 아니라 바로 예술가들이었다. 찰스 디킨스의 소설과 게르하르트 하우프트만이 1892년에 쓴 가내수공업에 관한 희곡 「직조공들」 등이 인기를 끌기 시작하면서 20세기 중반부터는 더욱 큰소리로 불평하기 시작했다. 그전까지는 노동윤리가 전적으로 우세하여 당연한 사회적 가치로 받아들여지는 분위기였다.

미국의 사회학자 C. 라이트 밀은 "노동의 복음은 미국의 역사적 전통과 미국이라는 국가의 이미지, 다른 국가들이 미국에 대해 떠올리는 이미지를 대표하는 핵심적인 개념이었다"라고 지적했다. 풍부한 천연자원과 인적 자원, 일을 숭상하는 풍조 덕분에 미국은 물질적으로 성공을 거둘 수 있었다. 게다가 근면한 노동자들이 필요했기 때문에 정부기관과 교육기관은 하나같이 노동의 가치를 소리 높여 찬양했다. 루터에서 프랭클린, 호레이셔 앨저에 이르는 동안, 노동자들은 인쇄물과 설교, 독본 등을 통해 근로에 대한 훈계와 주문을 계속해서 받아들였다. 모든 일은 가치가 있고 훌륭한 것이었다. 누구나 일을 제대로 진행해서 완료하면 보상을 받았고, 반대로 일을 회피하면 퇴보와 파멸을 맞았다.

뉴욕 대학 교수인 다니엘 얀켈로비치는 그의 저서 『새로운 규칙: 거꾸로 가는 세상에서 자기완성을 추구하며』에서 제2차 세계대전 이후부터 개신교의 노동윤리는 핵가족의 '주고받는 계약'과 비슷한 형태로 재구성되고 있다고 지적했다.

나는 고되지만 충실하고 확고부동하게 일한다. 나는 좌절감을 목구멍으로 삼기고 내가 하고 싶은 일을 하려는 충동을 억누르며 해야 할 일을 한다. 나는 나를 최우선으로 내세우지 않으며, 다른 사람들이 요구하는 바를 나 자신의 요구보다 우선시한다. 나는 많은 것을 내어주기 때문에 그만큼 보상 받을 자격이 있다. 내 생활은 나날이 수준이 높아지고, 나는 헌신적인 배우자와 훌륭한 자식들과 더불어 가정생활을 영위한다. 나와 내 아내가 나이 들고 자식들의 보살핌이 필요하게 되면 자식들이 우리를 돌봐주겠지만, 아마도 그럴 필요는 없을 것 같다. 나는 멋진 가정과 괜찮은 직업을 갖고 있고, 친구들과 이웃들에게 존경을 받고 있으며, 내 인생에서 무언가를 이루었다는 성취감도 느낀다. 마지막으로 나는 미국인으로서 세계 최고 국가의 시민이라는 점을 특히 자랑스럽게 여기고 있다.

얀켈로비치는 이런 식의 계약이 어디에 근거를 두고 있든, 얼마나 정확한 것이든, 전후 미국 사회의 목표를 지탱하는 데에 노동이 중요한 역할을 해왔다는 점은 부인할 수 없다고 말했다. 노동은 아메리칸 드림의 기저에 자리 잡고 있는 개념이었다. 옳고 그름에 관계없이, '주고받는 계약'은 오랫동안 수백만 명의 미국인들이 계속해서 일을 하도록 이끌어주고 도와주는 역할을 했다. 1980년대 중반, 노동윤리에 대한 사회적 이해가 또다시 변화하기 시작했다. 일이라는 미덕이 애플파이로 대표되는 미국적인 가치, 모성, 국기 같은 가치관 속에 여전히 남아 있기는 했지만, 베이비붐 세대들이 나이가 들고 X세대로 불리는 그들의 자녀들이 자라면서 일을 삶의 중심에 놓던 가치관이 점차 달라지기 시작했다.

〈시카고 트리뷴 매거진〉에 실린 어느 기사에 따르면, 1960년대 이후 직업전선에 뛰어든 전후 세대들은 그들의 부모와 조부모 세대의 노동자들보다 직업에 대한 만족도가 낮은 것으로 나타났다. 즉, 18세에서 49세 사이의 노동자들의 경우 4명 중 1명만이 자기 직업에 대해 완전히 만족한 반면, 보다 나이가 많은 노동자들의 경우 직업 만족도가 그 배에 달했다(43퍼센트). 최근에 실시된 로퍼 여론조사 기관의 조사 결과에 따르면, 인생에서 일과 여가 중 어느 쪽을 더 중요하게 생각하느냐는 질문에 대해, 노동자의 36퍼센트만이 일이라고 답했고 41퍼센트는 여가라고 답했다고 한다.

전미자동차노조 회장이었던 더글러스 프레이저는 일에 대한 사람들의 태도가 크게 달라졌다는 사실을 거리낌없이 인정하고 있다. "신세대들은 아버지나 할아버지 세대보다 휴가에 더 많은 관심을 쏟고 있다. 가족들과 함께 보다 풍족한 삶을 살고 오락을 즐길 수 있는 시간을 더 많이 확보하려 하며, 사교 활동에 더 많이 시간을 할애하는 등…… 이전 세대와는 〔생각하는〕 가치관이 다른 듯하다."

랭던 존스는 베이비붐 세대에 대한 그의 기념비적인 책『크나큰 기대』에서 이전 세대는 노동윤리와 조화로운 노력, 자기희생, 보상지연(나중에 받을 더 큰 보상을 위해 당장의 보상을 무시할 줄 아는 개인의 능력—옮긴이), 충성심 등의 가치를 믿고 따랐지만, 요즘 노동자들은 직무에 시달리며 '진정한 자아'를 부정하고 싶어 하지 않는다고 주장한다.

그동안 업계의 동향을 죽 지켜봐온 사람이라면 '일보다 자아를 추구하려는 경향이 나타난 근원적인 이유가 전혀 불가사의하거나 복잡하지 않다는 걸 잘 알 것이다. 기업이 감량경영과 경영합리화, 단순파산을 차례로 경험하는 시대에, 고된 노동과 자기희생, 충성의 대가가 무엇이냐는 문제는 사람들에게 현실적으로 다가왔고 도덕적으로도 논쟁의 대상이 되었다. 제2차 세계대전에 참전했던 아버지와 할아버지 세대들은 전장에서 돌아와 대학을 졸업하고 취업을 하거나 곧장 노동시장에 합류했고, 가부장적이고 확고부동한 고용계약을 맺었으며, 열심히 일하고 회사에 충성하면 자동적으로 성과를 거둘 것이라고 생각했다. 그들이 맺은 고용계약의 내용은 주로 이러했다. "말썽을 일으키지 않고 당신의 시간과 재능을 헌신적으로 우리에게 제공한다면, 우리는 당신에게 알맞은 월급과 안정적인 경력, 장기간의 일자리를 보장해줄 것이다." 얼마 전 '경기가 좋았던 시절'엔 '회사인간'이 되어도 괜찮다고 여길 만한 분명한 이유—종신고용 보장—가 있었다.

하지만 이제 사정이 달라졌다. 취업을 하거나 대학을 졸업해도 종신고용은커녕 사회에서 제대로 된 출발점조차 확보하기가 힘들어졌다. 변호사들도 일거리가 없어 허덕였다. 금융 전공자와 공인회계사들은 부지기수로 폐업을 선언했다. 의사의 수는 계속해서 늘었지만 그들 역시 경영학 석사학위를 따고 의사 노릇을 걷어치웠다. 연장과 염료 제작자들은 작업의 컴퓨터화로 인해 일자리를 잃었다. 헌신적인 교사들조차 경력을 쌓던 도중에 해고를 당했다. 온갖 절망적인 예측이 난무하는 가운데, 노동부 장관이었던 로버트 라이히는 계속적인 기술혁신과 세계 경제의 변화 추세로 인해 가까운 미래엔 일반 노동자들이 평생 3~5가지 경력과 7~15가지의 직업을 전전할 것이라고 전망했다. 이런 상황에서 개신교 노동윤리가 쇠퇴하기 시작했고 고용인과 피고용인이 서로에 대해 영구적이고 절대적인 충성심과 헌신을 기대하지 않게 된 것은 당연하지 않은가?

전통적인 노동윤리를 대신해 일부 비평가들의 주장에 힘입어 개인적 노동윤리 및 '연쇄적 충성윤리'라는 사상이 모습을 드러냈다. 새로 등장한 개인적 노동윤리는 노동이란 좋은 것이고 필요한 것이기는 하지만 개인은 회사보다도 자기 자신을 위해 일해야 한다고 주장했다. 즉, 성공해서 지위를 얻고 인정받고 싶으면 개인적으로 열심히 일을 하면

된다. 하지만 이런 헌신과 고된 노력은 개인의 이익을 도모하기 위한 것이지, 회사의 가치와 목적을 달성하기 위한 것이 아니다.

최근 '새로운 노동자층에 속하는 이들' 중 하나가 내게 말했다. "제 노력 덕분에 회사가 잘 되어나간다면, 좋은 일입니다. 다만 제가 일하는 동기는 개인적이고 다분히 이기적입니다. 남부럽지 않게 살고 싶어서 업무를 잘 해내려는 것뿐입니다. 잘살려면 돈이 필요하니까, 그래서 일하는 거죠."

연쇄적 충성 역시, 개인적 노동윤리와 마찬가지로 일터가 아닌 자기 자신에 대한 충성심을 제일 중요하게 여긴다. 우선 자신의 기능과 직업에 충실하다 보면, 자연히 일터에서도 충실하게 일을 하게 된다. 또 다른 '새로운 노동자'는 이렇게 말했다. "나는 시간을 투자해서 업무를 수행하고, 거래 동향과 네트워크의 흐름을 읽으며, 이력서를 계속해서 갱신한다. 여러분도 그렇게 해야 한다. 내일 일자리를 잃더라도 내가 지닌 기능과 직업, 경력, 미래를 잃어서는 안 되기 때문이다." 연쇄적 충성은 제한적이고 일시적인 개념이다. 또한 보상관계에 기반을 두고 있기 때문에 보답 없는 사랑과는 달리 무언가를 받으려면 반드시 내 쪽에서 무언가를 먼저 제시해야 하고, 상호 이득이 있는 동안에만 관계가 지속된다.

최근 미국으로 이민 온 사람들의 마음과 정신, 노동 속에 개신교 노동윤리의 이데올로기가 전혀 손상되지 않은 채 살아 숨쉰다는 것은 그리 놀랄 만한 일이 아니다. 새로 미국에 도착한 이민자들은 예전 이민자 세대와 마찬가지로 전통적인 노동윤리를 고수한다. 19세기에 인류 역사상 제일 규모가 큰 인구 이동이 발생했다. 3천만 명 이상의 유럽인들이 고국을 떠나 신대륙 미국에 정착하기 시작했고, 이런 식의 인구 이동은 20세기까지 계속되었다. 1940년대에 미국으로 이민 온 사람들 중 70퍼센트는 유럽인들이었다. 하지만 1992년 무렵부터 이민자 수와 출신 국가 양상이 크게 바뀌었다. 최근 미국은 매년 70만에서 90만 명 정도의 이민자들을 합법적으로 받아들이고 있으며, 그 외에 30만 명 정도의 불법이민자들도 흡수하고 있다. 요즘 유럽에서 온 이민자들의 비율은 15퍼센트 정도에 불과하다. 최근 미국으로 이민 온 사람들 중 44퍼센트는 라틴 아메리카와 카리브해 제도 출신이고, 37퍼센트는 아시아 출신이다. 그러나 출신국에 관계없이 새 이민자들은 먼저 정착한 이민자들과 여러 가지 면에서 공통점을 갖고 있다. 첫째, 이민자들은 과거에도 그랬지만 지금도 경제적인 이유로 미국에 온다. "빵이 있는 곳에 국가가 있다"라는 말처럼. 아마도 이민자들은 대부분 경제적인 이유 때문에 미국에 왔을 것이다. 둘째, 이민자 집단은 스스로 내린 결정에 따라 인생을 새로 시작하려는 사람들이다. 그들은 타고난 낙천주의자는 아니지만, 다들 자기 꿈을 추구할 용기 정도는 갖고 있는 사람들이다. 마지막으로, 이민자들은 대부분 고된 노동을 통해 구원과 보상을 받게 될 것이라는 믿음을 갖고 있다. 이 믿음은 최초로 미국에 정착한 청교도 조상들의 전통적인 신념과 일맥상통한다. 즉, '일자리를 얻어 열심히, 제대로 일을 잘 한다면 형편은 계속해서 전보다 더욱 좋아질 것이다.' 이민자들은 노력하면 더 나은 미래를 보장받을 수 있다는 생각에, 그리고 무엇보다도 자녀들의 미래를 위해서 열심히 일한다.

다양한 형태의 노동윤리에는 신화와 현실이 모두 깃들어 있다. 19세기 철학자인 조르주 소렐이 말한 대로 신화는 그 존재 이유만 분명하다면 진실성은 그다지 중요하지 않다. 실제로 어떤 이들은 고된 노동을 통해 점점 앞으로 나아간다. 일반적으로 노동윤리는 일하지 않으면 굶어 죽을 수밖에 없는, 물자가 부족하고 궁핍한 시대의 산물이다. 일에 도덕적 가치를 부여해서 일의 부정적인 측면까지 감내하게 만드는 것이다. 역사 속에서 일의 개념이 어떻게 달라졌는지를 추적하려 해도 기록이 모순되고 한쪽으로 치우쳐 있기 십상이어서 쉽지가 않다. 바버라 터치먼은 저서 『희미한 거울』에서 고대사회의 역사 자료는 귀족과 지식계급이 남긴 기록이 대부분이라고 말한다. 하층계급이 일상적으로 어떤 경험을 하고 살았으며 당시 주요 사건에 대해 어떤 생각을 하고 어떤 느낌을 받았는지에 관해서는 거의 기록으로 전해지는 것이 없다. 오늘날 우리가 보유하고 있는 기록은 그저 아리스토텔레스나 아퀴나스, 칼뱅, 조나단 에드워즈의 철학적 고찰에 관한 것들뿐이다. 따라서 기록에 남아 있는 '일의 존엄성'에 대한 내용도 사실은 노동 계층이 아닌, 중류 계층에 관한 것이다.

하지만 나는 여기서 '개신교 노동윤리가 노동자들의 노력을 극대화해서 소유주의 자본과 소득을 높이려는 이데올로기적 속임수에 불과하다'라는 부정적이고 냉소적인 관점을 수용하고 싶지는 않다. 어느 노동 전문 변호사는 화가 잔뜩 나서 내게 이렇게 말한 적이 있다. "노동윤리는 경영자들이 노동자들에게서 마지막 땀 한 방울까지 쥐어짜기 위해 지껄이는 허튼 소리일 뿐입니다! 의무라고요? 헌신이오? 업무를 잘 이행하는 데서 존엄성을 찾는다고요? '프라이로 해 드릴까요, 손님?'이란 말이나 하는 직종에서 무슨 존엄성을 찾는단 말입니까?" 나는 차라리 역사적으로 볼 때, 개신교 노동윤리는 노동의 고역스러움과 불가피성을 호도하려는 목적으로 사용됐다고 생각한다. 노동윤리 신화의 전반적인 효과 중 일부는 노동자를 불가피한 상황에 적응시키기 위한 것이었다. 즉, 노동윤리 신화는 노동을 찬미하고 합법화하며 노동자들이 계속해서 노력하게 만들고, 현실 속에서 일의 야만성을 잊게 하기 위해 노동에 목적론적 방향성—목표와 계획—을 부여했다. 최악의 경우 버트런드 러셀이 언급한 대로, "노동윤리는…… 여가 없는 삶을 받아들이도록 사람들을 속이는 장치"였을 수도 있다.

　노동문화역사학자인 허버트 굿맨의 말에 따르면, 과거 미국인들 대부분이 개신교 노동윤리를 지지하며 내세웠던 가상의 편의성에 대해 의문을 제기한 역사학자는 최근까지도 거의 없었다. 그러나 굿맨은 오늘날 우리가 생각하는 것과는 달리 노동윤리가 미국의 사회구조 속에 생각보다 깊이 뿌리박혀 있지는 않다는 점을 여러 명의 유명한 미국인들이 밝혀냈다고 주장한다. 즉, 알렉산더 해밀턴과 벤저민 프랭클린 같은 이들은 노동자들이 노동윤리라는 미덕을 갖추지 못한 것은 아닐까 싶어 일말의 우려를 나타냈다. 해밀턴이 신생 공화국의 산업화 계획을 제안했을 때, 그의 친구는 "만일 하나님이 노동자들을 위해 성인을 보내지 않거나 노동자들을 이끌어줄 천사를 보내주지 않는다면, 그 계획을 성공적으로 이행하기 어려울 수도 있다"고 평했다. 프랭클린도 마찬가지로 노동자들에 대해 우려했다. 프랭클린은 1768년에 실시된 빈민구제책을 비난하면서 영국 노동자들에겐 정기적으로 일하는 습관이 결여되어 있다고 한탄했다. "노동자들은 성월요일(19세기 노동자들은 토요일 오후부터 신나게 놀기 시작해서 월요일에도 쉬고, 화요일에도 거의 일을 하지 않았다. 그러다가 수요일부터 금요일까지 그 주의 목표 달성을 위해 정신없이 격렬하게 작업을 했다. 이런 업무 습관을 성월요일과 성화요일의 관행이라고 한다-옮긴이)을 일요일처럼 꼬박꼬박 지키고 있다. 차이가 있다면 돈을 거의 들이지 않고 교회에서 시간을 보내는 대신, 선술집에서 비싼 돈을 들여가며 시간을 낭비하고 있다는 점이다." 프랭클린은 구빈원을 폐쇄하면, 노동자들이 '성월요일과 성화요일'을 '더 이상 휴일처럼 보내지 않을 것'이라고 믿었다.

　요컨대 해밀턴과 프랭클린은 노동 가치관의 결여를 안타깝게 여겼던 것이다. 그들은 신생 국가에서 노동 관행이 생산적인 방향으로 형성될 수 있도록 노동자들에게 특정한 신화나 믿음을 심어줘야 한다고 보았다. 그 결과 그들의 노고는 어느 정도 성공을 거두었다.

온갖 수식어를 다 갖다 붙여가며 노동을 미화해도, 일반 노동자들에게 노동은 그저 참고 해내야 하는 업무일 뿐이다. 노동운동가인 거스 타일러는 "노동윤리에는 두 가지 종류가 있다. 감독자의 노동윤리와 피감독자의 노동윤리가 바로 그것이다"라고 말했다. 타일러는 노동자들이 엄밀히 말해 노동윤리에 반대하는 것은 아니라고 주장하며, "그러나 노동자들은 윤리적 의무로서의 일이라는 개념에 대해서는 별로 관심이 없다. 노동조합원들 입장에서 보면 노동은 반드시 필요한 것이므로 일부러 노동을 정당화시킬 목적으로 신학적인 학설까지 들먹이며 노동의 가치 체계를 정립시켜야 할 필요를 느끼지 못하는 것이다. 미국의 노동조합원들이 지닌 윤리를 제일 잘 표현해주는 말은 아마도 '정당한 하루 노동에 대한 정당한 임금 지불'이라는 오래된 표어일 것이다"라고 말했다. 따라서 노동조합원들은 "우리는 살기 위해 일하는가 아니면 일하기 위해 사는가?"라는 막스 베버의 질문에 대해 거리낌없이 "우리는 살기 위해 일한다"라고 대답하게 된다.

최근 다니엘 벨, 클라크 커, 로버트 스트라우스, 줄리엣 쇼어, 다니엘 얀켈로비치 같은 학자들은 일과 노동자에 대한 평가를 통해 대부분의 노동자들이 오랫동안 품고 있던 의심—지겹고 힘든 일은 기품이 있기는커녕 문화적 영웅이나 역할 모델을 탄생시키지도 못한다—이 사실이라는 결론을 내렸다. 고된 노동은 인간 존재의 기본 특징이며, 인간의 의무이다. 그리고 일은 반드시 필요한 활동이기도 하다. 일을 통해 가끔씩 붉은 무공훈장이나 적어도 회색 무공훈장을 받을 수 있겠지만, 기본적으로 일은 인간 존재의 필요조건이며 목적 달성의 수단이다. 엘

모어 레너드의 형사 미스터리 소설에 나오는 어느 등장인물은 "일이 즐길 만한 것이라면, 부자들이 모두 차지해버리고 당신한테 돌아갈 몫은 없을 것이다"라고 말했다.

조셉 엡스타인은 개신교 노동윤리가 오늘날 역사적 기원이나 신학적인 목적, 경제적 의도와 관계없이 거의 경멸적인 뜻으로 사용되고 있다고 보았다. 사회비평가인 마이클 해링턴은 개신교 노동윤리가 자체적으로 어떤 가치를 갖고 있든 간에 "인간은 고된 노동을 수행하고 절약을 실천함으로써…… 이웃과 하나님의 눈을 통해 자신의 가치를 평가받는다"는 개념에 의존한다고 말했다.

지그문트 프로이트는 문제를 가장 잘 요약하고 있다.

> 사람들은 일을 행복에 이르는 길로 여기지 않고 있다. 그래서 다른 만족할 만한 거리를 찾을 때와는 달리 굳이 일을 찾아 하려고 애쓰지 않는다. 대부분의 사람들은 필요하니까 해야 한다는 식의 압박감에 시달리며 일을 한다.

살면서 하는 일은 대부분 재미없고 즐겁지도 않으며 뚜렷한 목적이나 특징이 없다. 너무도 많은 이들이 여전히 일을 '아담이 받은 저주'로 여기고 있으며, 일에서의 해방을 은혜와 축복으로 간주한다. 이처럼 일에 대한 사람들의 혐오는 쉽게 해결할 수 없는 문제로 대두되고 있다.

3

직종은 중요하지 않다 ⚙

> 우리는 육체노동을 저주받은 것이라 여기지 않는다.
> 인간이 할 수 있는 고차원적 기능이며 삶의 기반이자
> 인간에게 허락된 가장 고귀한 행위이기 때문이다.
> 따라서 남자라면 마땅히 육체노동을 자랑스럽게 여겨야 한다.
> _데이비드 벤구리온

　교황과 시인, 정신병리학자, 철학자, 인도의 석학들이 다같이 동의하
는 명제가 있으니, 바로 '인간만이 일을 하므로 일은 인간의 징표'라는
것이다. 일은 인간의 역사와 물리적 성과를 구성하고 개인의 사생활과
성격을 형성하는 역할을 한다. 우리들 중, 일과 전혀 관련이 없는 사람
은 아무도 없다. 우리는 맡은 일에 따라 평가받고 인정받으며 그에 걸
맞은 사회적 지위를 부여받는다. 미국의 총노동인구는 1억 2천9백만
명이 넘는다. 이 엄청난 수의 노동자 집단은 약 2만 5천 가지의 직종에
서 정규직으로 근무하고 있다. 이런 직종에 종사하는 사람들은 대부분
수입과 교육, 생활수준, 생활양식이 엇비슷하지만, 관습적으로 직업에
따라 사회적 계급이 정해진다.
　전통적으로 사회적 계급과 지위를 구분하는 가장 흔한 방법은 블루
칼라와 화이트칼라의 이분법이었다. 그러다가 1970년대에는 여성들이

갑자기 노동시장에 유입되기 시작하면서 핑크칼라(생계를 꾸려나가기 위해 일터에 뛰어든 여성 노동자를 지칭한다. 자아성취를 위해 일하는 커리어 우먼과는 거리가 멀다-옮긴이) 노동자라는 말이 일시적으로 회자되기도 했다. 하지만 핑크칼라라는 용어는 철학적이고 현실적인 여러 가지 이유로 곧 사라져버렸다. 그 이유는 첫째, 업무 내용이라든지 블루칼라/화이트칼라 노동자의 전형적인 특징을 고려하지 않은 채 모든 여성을 하나의 분류 항목 내에 포함시켜 버렸기 때문이다. 둘째, 지금도 그렇지만 여성 노동자가 전체 노동자 수의 46퍼센트나 차지함에도 여성을 노동시장에 대한 임시 참여자로 규정하여 파트타임 노동자나 단기 노동자, 비주류 집단, 임시 미숙련 인력으로만 취급했기 때문이다. 셋째, 남녀평등의 표현법을 중시하는 시대에 핑크칼라라는 용어는 부적절하고 성차별적인 표현으로 여겼기 때문이다.

블루칼라에는 교양이 낮은 사람들이라는 부정적인 의미가 담겨 있었다. 블루칼라 노동자들은 흔히 손과 몸을 움직여가며 땀 흘려 일해야 하는 육체노동자로 인식되었다. 블루칼라 직종에는 농부, 벽돌공, 화물 운반자, 공장 조립 라인 노동자, 상인 등이 속해 있었다. 평생 건설노무자와 공장노동자, 수위 일을 번갈아가며 하셨던 내 할아버지는 예전에 "블루칼라인 남자는 손에 못이 박이도록 일하기 때문에 하루 일과가 끝날 무렵이면 몸에서 고약한 냄새가 나서 집으로 가는 버스를 타기 전에 옷을 갈아입어야 한단다. 옷을 갈아입을 필요 없이 출근할 때 입었던 복장 그대로 퇴근하는 사람들은 영업 사원이거나 상급자, 아니면 회사 소유주지"라고 내게 말씀하셨다.

모든 전형의 이면에는 예외가 존재한다. 블루칼라 노동자의 범주에는 공항의 수하물 운반자, 전차의 차장, 호텔이나 클럽의 사환, 요리사, 바텐더, 호텔 여급, 미용사, 표 판매인, 극장 안내인 등 유니폼을 착용하는 직종도 포함되어 있다. 그렇지만 블루칼라는 전형적인 육체노동자들이 대다수를 차지한다. 블루칼라의 업무는 고되고 때로는 위험하며 지긋지긋한데다가 대부분의 경우 머리를 쓸 필요도 없는 반복적인 작업이다. 1950년대 중반에 인기를 끌었던 테네시 어니 포드의 「16톤」이라는 노래는 블루칼라 노동자들의 전형적인 모습을 그대로 그려내고 있다. 이 노래는 석탄 채굴과 광부에 대한 것인데, 광부들의 노력과 결의를 찬양하고 열악한 작업환경과 가공할 업무량을 비판하는 내용으로 구성되어 있다. 마지막 부분에 가서는 "근육과 피, 가죽과 뼈, 약한 마음과 강한 등"이라는 후렴구를 합창하며 끝을 맺는다.

반면 화이트칼라 노동자들은 줄곧 혹은 정기적으로 육체노동을 해야 할 필요가 없다. 즉, 옷에 흙을 묻히거나 땀을 뻘뻘 흘릴 필요가 없는 직종이기 때문에 화이트칼라라 부르는 것이다. 한편 파란색, 즉 블루칼라는 사무실 밖에서 행해지는 현장 업무를 뜻한다. 그리고 화이트칼라 업무에는 근력보다 주로 머리를 써야 하고 일정 수준의 교육과 훈련이 필요한 전문직과 관리직, 사무직, 경영직 등이 포함된다. 화이트칼라 직무는 정보와 대인접촉, 합리적인 대화와 밀접한 관계가 있으며, 특히 오늘날에는 컴퓨터 활용능력이 화이트칼라의 중요한 업무 요소로 꼽힌다.

화이트칼라 노동자들은 전통적으로 블루칼라 노동자들에 비해 사회적인 지위도 높고 삶에 대한 만족도도 높다. 월급이 많다는 것 외에, 화이트칼라 업무는 육체노동보다 훨씬 매력적이고 도전적이며 복잡하고 창조적인 것으로 여겨진다. 'clerk'(성직자 혹은 회사의 사원이라는 뜻-옮긴이)라는 직함의 어원은 화이트칼라 노동자들이 사회적으로 우월한 위치를 차지하고 있다는 점을 단적으로 드러낸다. clerk는 라틴어인 clerics(us)에서 파생한 단어로, '성직자' 혹은 '부름 받은 자'라는 뜻을 갖고 있다. 중세 시대에는 읽고 쓰고 계산할 줄 아는 사람을 뜻하기도 했는데, 사제가 되려면 무엇보다 성서와 신학을 이해하고 공부해야 했기 때문이다. 따라서 clerics는 성직자로서의 우월한 위치와 '읽고 쓸 줄 아는' 능력 때문에 귀족과 농부를 포함한 평신도와 구분되었다. 오랫동안 사람들은 화이트칼라 노동자들의 삶이 블루칼라 노동자들의 삶에 비해 육체적으로도 수월하고 지적인 만족감도 더 높다고 보았다. 미국의 저명한 칼럼니스트이며 유머 작가인 데이브 베리는 글쓰기와 작가 노릇에 대한 인터뷰에서 "현실적으로 업무에 대한 개념이 상당히 많이 바뀌었다. 컴퓨터 덕분에 내 인생이 아주 수월해졌다. 내 일은 돈을 벌기 위해 집을 나서거나 정장을 차려 입을 필요가 없는 유일한 직업이기 때문이다"라고 말했다.

금세기를 전후해서 화이트칼라 노동자들의 비중은 전체 노동인구의 20퍼센트도 채 되지 않았다. 그런데 1979년 〈유에스 뉴스 앤 월드 리포트〉에 실린 기사에 따르면, 미국 역사상 처음으로 미국 노동자들의 절반이 화이트칼라 직종에 종사하는 것으로 드러났다.

하버드 대학교 교수이며 사회학자인 다니엘 벨은 화이트칼라 노동자들의 급속한 증가가 산업 기반 경제에서 탈공업화 사회로 진보하는 시대적 흐름과 때를 같이하고 있다고 보았다. 산업혁명의 전성기였던 19세기에는 사회가 도구 기반 생산 시스템에서 기계 기반 생산 시스템으로 변모했다. 기계의 등장으로 사람들은 현대적인 '규모의 경제'의 혜택을 받게 되었지만, 기계를 계속해서 작동시키고 지원하려면 어마어마한 수의 산업 노동자들이 투입되어야 했다. 집약적이고 지속적인 노동력이 있어야 이처럼 강력한 기능을 지닌 기계들을 운영할 수가 있었기 때문이다. 산업적인 필요성과 유용성으로 인해 조립 라인 직무가 전형적인 도시 노동의 모습으로 자리 잡게 되었다. 벨의 주장에 따르면,

1920년대 벼락경기와 연이은 불황, 1930년대 경제 재건 부진, 1940년대 전시 경제, 1950년대 소비재 수요의 폭발적인 증가가 있은 후, 마침내 우리 사회는 상품 위주의 경제 체제에서 인적 서비스와 지식에 기반을 둔 경제 체제로 옮겨갈 수 있었다고 한다. 이러한 탈공업화 경제를 유지하기 위해 많은 노동자들이 필요했으며, 노동자의 업무 내용과 업무 필요 요건도 크게 달라졌다. 기능과 체력은 이제 더 이상 업무에 중요한 자격조건이 될 수 없으며, 일자리를 얻으려면 정보 전달력과 데이터 조작력, 인간 관리 기술을 갖춰야만 했다.

경제학자이자 미래학자인 제러미 리프킨은 우리가 최소한 두 번의 거대한 산업혁명으로 변모된 세상에 살고 있다는 다니엘 벨의 주장에 동의하고 있다. 첫 번째 산업혁명 시기에는 광석 채굴과 직물 생산, 전에는 수공업으로 만들었던 다양한 제품의 제조를 위해 증기의 힘을 이용했다. 두 번째 산업혁명 시기에는, 석유가 석탄을 대신하게 되었고, 전기가 엔진을 작동시키고 도시에 불을 밝히며 즉각적인 의사 전달을 가능하게 하는 새로운 에너지원으로 사용되기 시작했다. 두 번째 산업혁명이 진행되는 동안, 경제 운영 측면에서 천연 동력과 기계가 점점 더 인간의 노동을 대신하게 된 것이다.

리프킨은 오늘날 우리가 육체노동에 대한 필요성이 더욱 줄어든, 또 다른 산업혁명의 시기에 살고 있다고 주장한다. 즉, '정보화 시대'의 기술 발달과 계속적인 진보로 인해 세 번째 산업혁명에 박차가 가해지고 있다는 것이다. 정교한 컴퓨터, 로봇공학, 원거리 통신, 기타 최첨단 기술로 일의 종류와 노동자의 유형, 일터의 모습이 계속해서 바뀌고 있다. 화이트칼라와 블루칼라라는 오래된 직종 구분법은 앞으로도 계속 존재하겠지만, 정보화 시대의 신기술로 인해 우리 사회의 경제 기반 유지를 위해 필요한 노동자들의 수는 급속히 줄어들 것이다.

뉴화이트칼라, 즉 지식노동자들은 곧 현재 화이트칼라 노동인구의 상위 20퍼센트를 차지하게 될 것이다. 블루칼라 노동자의 미래는 더욱 큰 위협을 받고 있는데, 앞으로는 지금의 블루칼라 노동인구 중 17퍼센트 미만이 필요할 뿐 나머지는 불필요한 노동력이 될 것이며, 향후 20년간 10년에 5퍼센트씩 그 비율은 지속적으로 감소할 것이기 때문이다. 얼마 지나지 않아 화이트칼라 지식 노동자들은 도시 노동자의 새로운 전형이 될 것이며, 노동인구의 절대다수를 차지하게 될 것이다. 리프킨의 주장대로라면, 앞으로는 블루칼라냐 화이트칼라냐가 중요한 것이 아니라 직업을 보유할 수 있느냐 없느냐가 더 중요한 문제가 될 것이라고 한다.

블루칼라 노동자와 화이트칼라 노동자를 구분하는 방식은 오랫동안 인류 문화의 중요한 일부분으로 취급되어 왔지만, 그다지 정확하지도 않고 정보로서의 가치도 없다. 노동인구에 대한 이분법적인 설명은 계층과 사회적 지위, 풍요, 직업 만족도를 판단하는 데 더 이상 도움이 되지 않는다. 이제 블루칼라와 화이트칼라의 전형적인 몇 가지 특성만으로 분석을 계속할 수밖에 없다.

우선 수많은 전문가들(업무 수행을 위해 전문적인 훈련을 받은 사람들)은 그들의 사회적 서열이 굉장히 높음에도 일괄적으로 화이트칼라 노동자 군에 포함되어야 한다는 사실에 대해 불쾌감을 느끼고 있다. 변호사, 의사, 치과의사, 간호사, 대학교수, 교사, 도서관 사서, 사무직원, 사회복지사, 음악가, 경찰, 직업 군인은 자신들을 '노동자'라고 여기지 않을 때가 많다. 오히려 그들은 자신들의 일을 봉사나 사회적 기능, 사회에 대한 책무로 보고 있으며, 사회에 대한 공헌이나 기여로 여길 때도 가끔 있다. 그들은 자기가 하는 역할과 직업을 소명이나 생활양식, 다른 무언가를 위한 혹은 타인을 위한 헌신으로 보고 있다. 일반적으로 그들은 자기가 하는 일이 가치 있다고 믿으며 즐겁게 일하고 일을 통해 타인에게 영향을 미치는 방식에 대해 민감하게 반응한다. 전문가들이 일을 하면서 상당히 많은 월급을 받고 있는 것도 사실이지만, 그들 중 일부는 일을 하는 주된 동기가 우선 일 자체를 즐기기 때문이며 타인을 위해 봉사할 수 있는 기회로 여기기 때문이라고 주장한다. 어느 설문조사에서 무작위로 선정된 전문가 집단에게 "하루가 26시간이라면, 추가로 생긴 2시간을 어떻게 쓰겠습니까?"라는 질문을 던졌더니, 대학교수 세 명 중 두 명, 그리고 변호사 네 명 중 한 명이 나머지 2시간을 직업과 관련된 일을 하는 데 쓰겠다고 대답했는데, 이는 대단히 흥미로운 결과가 아닐 수 없다. 이와는 달리, 비전문직 노동자들에게 똑같은 질문을 던졌을 때 20명 중 1명만 일과 관련된 활동에 그 시간을 쓰겠다고 대답했다.

이런 진부한 직종 분류법 대신에 토니 마조치는 보다 설득력 있는 구분법을 제시하고 있다. 미국 석유·화학·원자력 노동조합의 부회장을 역임하고 클린턴 행정부의 노동 부문 자문역을 지낸 토니 마조치는 블루칼라와 화이트칼라로 노동자를 구분하는 것은 부자연스럽고 근거도 박약하며 사회학적으로 오해의 소지가 다분하다고 말한다. 마조치는 자본주의 경제 체제하의 일터에서는 상급자 및 소유주와 노동자라는 구분만이 존재할 뿐이라고 주장한다. 수많은 블루칼라와 화이트칼라 노동자들이 중산층으로서 여러 가지 혜택을 누리고 있지만, 대다수 노동자들은 여전히 경제적으로 하류 계층에 속해 있다는 것이다. 가령 1994년 미국 통계조사국의 통계자료에 따르면, 정규직 노동자의 20퍼센트는 4인 가족 기준으로 책정된 연간 최저생계비 13,500달러를 밑도는 소득을 얻는다고 한다. 전문직 화이트칼라 노동자들조차 재정적으로 위태로운 지경에 처해 있다. 이에 대해 어느 미혼모 노동자는 "나는 수년간 열심히 일했는데 사정은 나아지지 않고 있어요. ……급료를 한 번만 못 받아도 사는 집에서 쫓겨날 지경입니다"라고 말했다.

마조치는 이런 상황에 대해 역사적으로 오래된 용어이지만 지금은 거의 사용되지 않는 '노동자 계급'이라는 말을 써가며 의견을 제시하고 있다. 고정급과 시급을 막론하고 급료를 벌기 위해서 일을 하며, 경영진에 속하지 않고(업무에서 약간의 감독 책임을 지는 사람은 제외), 사업체를 소유하지 않은 사람은 노동자 계급에 포함된다. 노동자 계급의 구성원은 저축액이나 가족 재산이 많지 않고 자기 집을 갖고 있기는 하되 수익성 있는 부동산은 소유하지 못한 자이다. 그들은 달리 돈을 벌 도리가 없고 생계를 유지하려면 정기적으로 월급을 받아야 하기 때문에 어쩔 수 없이 타인을 위해 일을 해야 한다. 노동자 계급에 속한다는 것은 개인의 교육수준이나, 소득수준, 블루칼라인가 화이트칼라인가의 여부와는 관계가 없다. 노동자 계급에는 자영업을 하지 않는 미숙련 노동자와 고기능 전문직 노동자 모두 포함된다. 급료를 받는 사람이라면 업무나 직책, 직종에 관계없이 노동자 계층에 속한다.

저널리스트이자 매사추세츠 대학교의 정치인구학자인 랄프 화이트헤드는 일터에서의 직종 구분에 대해 또 다른 해석을 내놓고 있다. 화이트헤드는 마조치와 마찬가지로, 블루칼라와 화이트칼라라는 직종 구분이 현대 노동 인력의 현실을 정확하게 반영하지 못하고 있다고 본다. 화이트헤드는 전문직과 노동직의 중간쯤에 탈공업화 경제가 낳은 새로운 직업군인 '엷은 블루칼라', 즉 '뉴칼라 계급'의 노동자들이 존재한다고 말한다. 뉴칼라 노동자란 성인이 되어 일자리를 갖게 된 베이비붐 세대를 지칭하는 것이다. 뉴칼라 노동자의 수는 2천2백만 명이 넘고 나이는 2000년을 기준으로 서른셋에서 쉰두 살 정도이며 연간 2만 5

천~4만 5천 달러 정도를 번다. 그들 중 55퍼센트는 고등교육을 받았지만, 대부분 대학에서 배운 것이 현재 맡고 있는 업무와는 직접적인 관련이 없다고 여긴다. 뉴칼라 노동자들은 전통적인 블루칼라 계급—젊음을 열망하지도 않고 사회적·경제적으로 높은 전문가적 지위를 차지하고 싶어 하지도 않는 자들—의 충실한 후계자(여피족Yuppies, 혹은 그들의 나이를 감안해서 중년middle-aged의 도시형 전문가인 머피족Muppies이라고 부르는 게 더 정확할 듯싶다)로서, 상인이 되고 싶어 하지 않으며 현대 경제 체제의 서비스 부문에 종사하지도 않는다.

뉴칼라에는 다양한 종류의 직종이 포함되어 있다. 가령 컴퓨터 수리공, 패스트푸드 레스토랑 매니저, 소매 점포 운영자, 유치원·탁아소 교사, 리무진 운전사, 여행사 직원, 임원 보조직원, 트럭 배차원, 창고 관리인, 치과 위생사, 보험 사정인, 부동산 감정사로 일하는 사람들이 뉴칼라 노동자에 해당된다. 이런 직종은 대부분 블루칼라와 화이트칼라 직업의 표준 모델에 딱 맞지 않고, 그 둘을 섞어 놓아야 비로소 맞아떨어지는 특징을 갖고 있다. 예를 들어 맥도날드를 운영하려면 직원을 감독하고 조직하는 기능이 있어야 하고, 일손이 부족할 경우 손수 튀김 기계를 쓸 줄도 알아야 한다. 컴퓨터와 복사기 기술자는 양복을 입고 서류 가방을 들고 사무실을 방문하는데, 그 가방 안에는 연장이 들어 있다. 그 기술자가 주로 하는 일은 일반 수리공이 하는 일과 다름이 없지만, 새로운 경제 체제에서 일을 하려면 컴퓨터와 복잡한 전자공학도 알아야 한다.

화이트헤드의 말에 따르면, 최근에 새로이 인식된 뉴칼라 노동자 계급은 사회학적인 차원에서 현실과 관계없이 만들어진 개념이 아니다. 뉴칼라 노동자들은 선거민의 13~18퍼센트를 차지하며, 연간 소비액이 4천억 달러를 초과한다. 이들은 개별적으로는 별다른 권력이나 지위를 갖고 있지 않지만, 집단적으로는 베이비붐 세대의 3분의 1을 차지하며 미국이라는 국가에 미치는 잠재적인 영향력이 어마어마하다. 따라서 사회과학자들은 뉴칼라 노동자들에 대해 더욱 자세히 알고 싶어 한다. 광고업자와 판매전문가들 역시 뉴칼라 계급의 생활양식과 꿈, 자금력에 대해 알아내려고 애쓰고 있다. 정치가들은 뉴칼라 노동자들을 향후 지역 선거와 전국 선거 결과를 좌지우지할 수 있는 새로운 '핵심 계층'으로 보고 있다. 전문직과 노동직의 중간쯤에 위치한 뉴칼라 노동자는 중요하게 취급받는 계층이 된 것이다.

전통적으로 블루칼라 노동자와 화이트칼라 노동자를 구분하는 또 다른 요소가 바로 소득수준이다. 오랫동안 블루칼라 노동자들은 화이트칼라 노동자들에 비해 대체로 소득이 낮은 것으로 여겨졌다. 물론 전문 상인 같은 블루칼라 노동자는 하급 사무직원으로 일하는 화이트칼라 노동자보다 돈을 훨씬 더 많이 벌지만 말이다. 대체로 화이트칼라 노동자들이 블루칼라 노동자들보다 재정적으로 풍족하다고 여겼기 때문에, 급료의 차이가 두 집단의 계층적 지위와 생활양식을 구분 짓는 주된 기준이 되었다. 이런 식의 구분법은 예전에도 그리 정확하지 않았는데, 지금은 그 정확성이 더 떨어진다. 최근 미국 통계조사국은 가구마다 노동자의 유형과 수를 고려하지 않고 소득에 따라서만 계층을 구분한―구체적으로 말하자면, 가족들의 수입을 모두 합친 소득액―일련의 통계 분석 결과를 발표했다. 이런 식의 '소득액에 따른 계층 분류'는 우리들 대부분이 직종에 관계없이 노동자 계급에 속해 있다고 하는 토니 마조치의 주장을 부분적으로나마 뒷받침해주고 있다.

미국 통계조사국에 따르면, 연간 소득이 25,000~100,000달러 정도인 5천3백만 가구가 미국의 중산층을 구성한다고 한다. 이는 소득이 있는 가구 전체의 53.8퍼센트에 해당하는데, 나머지 40.3퍼센트는 소득이 그보다 적고, 그보다 소득이 높은 가구는 5.8퍼센트에 불과하다. 중산층 가구들 중 연간 소득 25,000~35,000달러, 35,000~50,000달러, 50,000~75,000달러, 75,000~99,000달러인 가구는 각각 14.7퍼센트, 16.3퍼센트, 16.1퍼센트, 6.7퍼센트이다. 중산층 소득 수준 이하인 가구 중, 연간 소득 수준이 15,000~25,000인 가구는 16.9퍼센트이고, 15,000달러 미만인 가구는 23.4퍼센트이다.

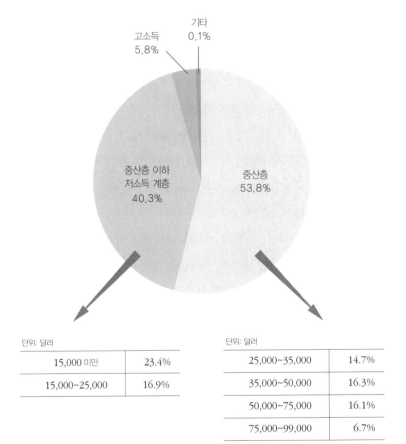

단위: 달러

15,000 미만	23.4%
15,000~25,000	16.9%

단위: 달러

25,000~35,000	14.7%
35,000~50,000	16.3%
50,000~75,000	16.1%
75,000~99,000	6.7%

[소득액에 따른 계층 분류]

미국 통계조사국과 〈뉴스위크〉지는 각각 조사 결과와 관련된 기사에서, 노동 가구 중 상당한 비율(다섯 가구 중 세 가구꼴)이 중산층에 속한다는 사실을 널리 공표하고 있다. 또한 이들은 연간 소득액이 25,000달러 미만인 40.3퍼센트의 가구에 대해 다루면서 노동 가구 중 23.4퍼센트가 최저생계비(13,500달러) 혹은 그보다 약간 높은 액수를 벌어들이고 있을 뿐이라는 충격적인 통계자료를 언급하고 있다. 그러나 연간 소득이 100,000달러 혹은 그 이상인 5.8퍼센트의 가구에 대해서는 아무런 문제 제기도 하지 않는다(그 이상의 금액이라는 것이 정확히 어느 정도인지에 대해서는 꼬집어 말할 수가 없다).

중산층으로 분류되는 가구의 범위가 너무 넓다는 것도 문제이다. 중산층으로 분류된 집단의 통계 수치는 충분히 비판과 논란의 여지가 있다. '일 년에 3만 달러를 벌면 정말 중산층에 낄 자격이 생기는 것일까? 여기에는 가족 구성원이 몇 명인가? 가족들 중 몇 명이나 일을 하고 있는가? 정규직인가 비정규직인가? 집이 시골에 있나 도시에 있나?' 같은 다양한 변수가 작용한다.

4~6인으로 구성되는 도시의 가구를 예로 들자면, 가족들 중 2명이 정규직으로 일해서 연간 총소득이 세금을 제하고 3만 달러인 경우 재정적으로나 심적으로 중산층처럼 살기란 쉽지 않은 일이다. 시카고 대학교 문화다원주의 연구센터 소장인 윌리엄 맥크리디가 말한 대로라면, 전통적으로 어느 정도의 재산을 소유하고 재정적으로도 안정된 생활을 누리는 계층이 바로 중산층이다. 그러나 내 생각엔, '재정적으로도 안정된 생활'을 해야 중산층이라는 가설은 현실적으로 맞지 않는 것 같다. 도시에 거주하며 연간 소득액이 5만 달러인 4인 가족이라도, 소득에서 할부금과 자녀교육비, 차량유지비 등을 제하고 나면 중산층으로 살기가 쉽지 않다. 그렇다고 가난에 찌든 것으로 여겨지거나 동정을

받을 정도는 아니다. 그들은 사는 방식을 선택할 수 있고 편안하게 삶을 영위하지만, 재정적인 근심 없이 풍족하게 살지는 못한다. 미국 통계조사국의 통계자료만으로는 파악할 수 없는 여러 가지 핵심 요소들이 있다. 우선 다음과 같은 질문에 답해보아야 한다.

─ 한 가구의 전체 소득을 구성하는 요소는 무엇인가?
─ 중산층으로 살려면 가족 구성원들 중 몇 명이나 일을 해야 하는가?
─ 전통적인 가족 구성 방식을 감안할 경우, 남편은 정규직으로 일하고 있는가?
─ 아내는 정규직으로 일하는가?
─ 장모/시어머니가 받는 사회보장연금도 가구 총소득으로 계산되는가?
─ 예전 배우자에게서 받는 자녀 양육비도 가구 총소득의 일부인가?

성인 두 명이 일하고 할머니와 아이들이 매년 연금이나 양육비를 받는 가구라면, 소득의 구성 내용면에서는 중산층이라고 할 수 없지만 그럭저럭 중산층처럼 살 수도 있을 것이다.

미국 통계조사국이 발표한 통계자료에서 가장 중요한 내용은, 무조건 화이트칼라 노동자들을 중산층으로 분류하고 블루칼라 노동자들을 하류층으로 뭉뚱그려 넣을 수 없다는 것이다. 중산층의 지위를 얻는 기준을 연봉 2만 5천 달러로 정할 경우, 전보다 더 많은 사람들이 중산층에 해당되겠지만, 전통적으로 중산층으로 여겨졌던 여러 직종을 살펴보건대 소득수준이 그 정도에 미치지 못하는 경우가 많기 때문이다. 예를 들어 '평범'하고 '엘리트'인 노동자들 대부분이 현재 중산층으로 분류되고 있다. 나는 가족구성원 중에서 혼자 일을 하거나 아니면 4명 미

만이 일을 하는 지역민, 도시민, 비조합원, 독립 상인들을 대상으로 약
식 조사를 실시했고, 그 결과 다음과 같은 가구별 소득 자료를 획득하
게 되었다. 일 년 내내 쉬지 않고 일주일에 40시간씩 일을 한다고 가정
하면, 소형가전 수리공은 시간당 15~17달러를 벌기 때문에 연수입은
최소한 31,200달러가 된다. 마무리 작업 담당 목수는 시간당 24~30
달러, 즉 일 년에 49,120달러를 번다. 배관공과 전기 기사, 기계공(내가
엘리트 노동자라고 칭한 직종들)은 한 시간에 35~50달러의 수고비를 받
으므로, 연간 72,800달러의 소득을 올린다.

한편, 전통적으로 중산층의 지위를 확보할 수 있는 것으로 여겨졌던
여러 가지 화이트칼라 직종의 소득은 중산층 소득 기준의 최하한선에
도 미치지 못하고 있다. 인사 담당 임원, 고용 관련 기관 직원, 대학의
취업 알선 부서 직원들과 여러 차례 인터뷰를 실시한 결과, 나는 은행
원과 일반 관리직 노동자들의 소득이 시간당 7~10달러, 즉 연봉
14,560~20,800달러에 불과하고, 노련한 소매 판매 직원과 일반 비서
들의 소득은 시간당 8~12달러, 최대 연소득은 24,960달러이며, 노련
한 워드 프로세서 담당자들은 시간당 7.45~10.92달러를 벌어 연소
득이 15,500~22,750달러이고, 텔레마케팅 판매원의 소득은 시간당
8.29~10.22달러, 즉 연봉 17,250~21,250달러라는 것을 알게 되었
다. 나는 그 인터뷰를 통해 초등학교 및 고등학교 교사, 그리고 경영학
을 전공했거나 회계학 학위를 갖고 있는 사람들을 포함해서 대다수의
대학 졸업생들이 받는 초봉이 연간 23,500~28,500달러라는 것도 알
수 있었다. 이에 비해 석사 학위를 보유한 임상사회복지사의 초봉은 연
간 약 19,500달러로, 시간당 소득이 9.38달러에 불과했다. 사회복지사
들 대부분이 재정적으로 궁핍한 조직의 건강 프로그램에서 일을 하고
있기 때문에 그들이 연봉 25,000달러, 즉 시간당 12.02달러를 벌게 되

기까지는 7년 이상이 걸린다.

마지막으로 우리가 전통적으로 블루칼라 노동자와 화이트칼라 노동자를 구분하는 요소로 생각했던 것은 바로 업무 만족도이다. 앞에서도 간단히 언급한 바와 같이, 사람들은 화이트칼라 노동자들이 블루칼라 노동자들보다 당연히 업무 만족도가 더 높을 거라고 여겼다. 예전에는 블루칼라 노동자들이 일 때문에 울부짖고 한탄을 하는 경우가 많았기 때문이다.

1950년대 중반부터 사회학자와 산업심리학자들은 노동자들이 업무와 어떤 식으로 관련되어 있는지, 일에 대해 어떻게 생각하는지, 일이 그들의 사생활과 인생관, 세계관에 어떤 영향을 미치는지에 대해 알아내고 분석하기 위해 일터(주로 작업 현장)를 불시에 방문하곤 했다. 그리고 여러 차례 조사와 연구를 실시했는데 그 결과는 대부분 놀라울 정도로 비슷했다. 블루칼라 노동자들이 생산해내는 서비스와 재화는 가치가 있는 것으로써 사람들이 필요로 하고 원하는 것이었으나, 노동자들은 대부분 자신의 일에 만족하지 못했다. 블루칼라 노동자들은 이른바 '블루칼라 우울증'이라고 알려진 증세를 나타내며, 자신들이 억지로 하고 있는 일에 대해 재미없고 도전적이지도 않은데다가 자극도 없고 비창조적이라며 욕을 해댔다. 그들은 일 때문에 덫에라도 걸린 기분이며 따분하고 자존심도 상한다고 주장했다. 어느 노동자는 "우리들이 찾는 것은 단순한 업무가 아니라 소명이다. 우리는…… 내면을 표현하기엔 너무도 보잘것없는 일을 하고 있다. 이것은 사람들의 그릇에 비해 턱없이 작다"라고 말하기도 했다.

스탠리 시쇼어와 J. 태드 배노우는 그들이 저술한 유명한 글에서 업무에 불만을 갖고 있는 것은 단지 블루칼라 노동자뿐만이 아니라고 주장했다. 즉, 그들은 직종을 막론하고 노동자라면 누구나 '블루칼라 우울증'에 걸릴 소지가 있지만, 블루칼라 노동자들의 경우 그 증세가 조금 더 과장되게 나타나는 것뿐이라고 했다. 화이트칼라 노동자들도 나름대로 우울하다. 일이 재미없고 도전적이지도 않고 독창성도 없다는 한탄은 블루칼라 노동자들의 전유물이 아니라는 뜻이다. 이제는 관리자와 노동자, 사무 관리직원과 기계공이 모두 다들 자신의 별 볼일 없는 직업에 대해 슬퍼하는 소리를 들을 수가 있다. 결국 업무가 반복적이고 융통성이 없으며 몹시 지루하다는 점에서, 컴퓨터 단말기에 데이터를 입력하는 일이나 드릴 프레스를 쓰거나 조립 라인에서 볼트 나사를 조이는 일이나 크게 다를 바 없는 것이다. 그러나 시쇼어와 배노우는 관리자와 노동자 간의 '계층적 간격'은 여전히 존재한다고 단언한다. 일반적으로 사무직원과 시급 직원, 정부 일꾼에 비해 관리자의 직무 만족도는 높은 편이지만, 관리자와 피고용인을 명확하게 구별해주는 차이점이 점점 더 모호해지고 있을 뿐이다. 회사의 상급자로 일을 하건 일반 직원으로 일을 하건, 모든 직무에는 그 나름의 문제가 있게 마련이다. 하루 종일 사무실에서 깔끔하게 일을 하는 사람이라고 해서 조립 라인 노동자보다 반드시 경제적으로 부유한 것은 아니다. 모든 일에는 다툼과 괴로운 일, 골칫거리가 있기 때문이다.

블루칼라, 화이트칼라, 뉴칼라 같은 구분은 그다지 중요하지 않다. 노동자의 셔츠 깃 색깔은 아무래도 상관없다. 그것이 사회적 계급과 월급을 기준으로 노동 인력을 구분하는 필요충분조건이 아니기 때문이다. 험악한 업무와 낮은 급료는 블루칼라 노동자들의 것이며 급료가 넉넉한 이른바 좋은 직무는 화이트칼라 노동자들의 것이라는 등식은 더이상 성립될 수 없다. 통계조사국의 월급 통계자료를 보면, 노동자를 구분하기 위해 한때 유용하게 사용되었던 사회적 지표인 칼라 색깔은 이제 예전과는 달리, 노동자의 자아인식이나 업무 만족도와 아무런 관련이 없는 것으로 나타났다. 업무 만족도가 어느 정도인지를 알기 위해서는 월급 이외에 노동자의 특성과 재능, 잠재력을 보여주는 작업장의 세부 사항을 살펴보아야 한다. 즉, 우리는 일터의 모든 면—작업 과정과 생산품, 개인—을 면밀하게 관찰해야 한다.

4

좋은 업무 vs. 나쁜 업무 ⚙

보수도 좋고 희망도 주는 직업이 좋은 직업이다.
_제임스 볼드윈

우리는 의무적으로 일을 한다. 두려움과 필요성 때문에 일은 삶의 필수적인 요소가 된 것이다. 하지만 우리가 일을 하는 것은 자아를 표현하고 남들에게 인정받고 창조성을 발휘하며 동료의식을 느끼고 삶에서 만족감과 의미를 찾기 위해서이기도 하다. 일은 인간 심리와 성격 발달에 두 가지 기능을 한다. 즉, 일은 존재의 필요성에 대한 대답인 동시에 우리가 누구인지 어디에 어떻게 소속되어 있는지를 알게 해준다. 하버드 대학교의 기술 · 공공정책 · 인간발달 프로그램의 소장 마이클 맥코비는 이렇게 말한다.

일은 우리를 현실 세계와 연결시켜주는 역할을 하며, 우리는 일을 통해 자신의 아이디어와 비전의 현실적인 적용 가능성 여부를 판단할 수 있게 된다. 우리는 일을 하면서 재능을 연마하고 충동을 다스리는 법을 배운다. 자신의 잠재력을 깨닫기 위해서는 무엇보다 사회와 관련되는 방식을 이해해야 한다. 우리는 사회에서 자기를 필요로 한다는 느낌을 받고 싶어 한다. 그러려면 금전적으로든, 유/무형적으로든, 문화적으로든 타인에게 평가를 받아야 한다. 개인의 존엄성과 자존심은 타인이 내가 하는 일을 어떻게 보느냐에 따라 좌우된다. 일을 하지 않으면 퇴보하고 만다. 그러므로 일을 해야 한다!

일은 자신을 규정하고 평가하는 주요 기준이기 때문에, 일의 종류와 업무 만족도에 따라 삶의 질이 달라진다. 미국의 심리학자이자 철학자인 에이브러햄 매슬로는 자존심과 업무 만족은 기본적으로 밀접한 연관을 갖고 있다고 주장한다. 그는 "가치 있고 좋은 일을 하고 있는지에 따라 건전하고 안정적으로 자존심(자긍심과 영향력, 중요성 등)을 지킬 수 있는지 여부가 결정된다"고 말했다. 스스로를 쓸모 있고 필요한 인간이라 여기고 업무에 만족하는 사람은 자신을 중요하게 여기고 삶의 여러 부분에 대해 보다 큰 만족감을 느낄 수 있다. 매슬로는 참된 행복감을 느끼는 사람은 바로 "자신이 중요하다고 생각하는(했던) 일을 (만족스럽게) 잘 해내고 있는" 사람이라고 말했다.

가치 있는 일을 하고 있다는 생각이 들 때에만 자존심이 충족되고 자기만족을 느낄 수 있다. 반대로 머리를 쓸 필요 없는 단순반복적인 일을 억지로 하다 보면 결국 자신이 인생의 실패자라는 생각을 할 수밖에 없다. 매슬로는 '껌 공장이나 (조립 라인의 반복 작업 등) 겉만 뻔지르르한 (지루하고 멍청한 제품을 만드는) 광고 회사, 싸구려 가구 공장'에서 일을 하면, 누구든 자신에 대한 긍지와 만족감을 느낄 수 없을 것이라고 주장한다. 업무에 만족하고 자존심을 지키면서 살려면 참된 성취감을 느낄 수 있어야 한다. 바보 같은 업무를 아무리 잘 수행해봤자 자존심을 높일 수도 개인적인 성과를 낼 수도 없으므로 당연히 성취감은 느껴지지 않는다. 매슬로는 자존심과 자기만족 차원에서 간단히 결론을 내리고 있다. "가치가 없는 일을 잘 할 필요는 없다!"라고.

유감스럽게도 일반 통념과 사회학적 조사를 통해 밝혀진 바에 따르면, 많은 노동자들이 '진정한 성취감'과 '만족감'을 느끼지 못하고 '건강하고 안정적인 자아를 개발할 가능성'도 박탈당한 채 어쩔 수 없이 업무에 매여 있다. 이들에게 일은 삶을 발전시킬 기회가 아니라 그저 감내해야 할 장애물일 뿐이다. 어떤 이들은 다른 대안도 없고 어쩔 수 없으니 나름대로 만족하려 애쓴다고 말한다. 만족감이 아니라 생존이 일의 목적이 되고만 것이다. 세계대공황(1929~1939년까지 북미와 유럽을 중심으로 전 세계 산업 지역에서 광범위하게 지속된 경기침체—옮긴이)에서 '살아남은' 어떤 분이 일전에 내게 이런 말을 한 적이 있었다. "업무 만족이라고요? 아니, 지금 농담하는 겁니까? 일자리가 있다는 것만으로도 만족해야죠!"

1970년대 말 뉴저지의 껌 공장이 문을 닫자 가장 슬퍼한 것은 선적을 위해 화물 상자를 포장하던 노동자들이었다. 그들은 주로 중부 유럽에서 온 이민 1세대로 대부분 20년 넘게 그 공장에서 일했다. 그들은 함께 점심을 먹고 생일을 축하했으며 위기가 있을 때마다 서로를 지탱해주었다. 그리고 일을 하면서 동료들을 통해 마음의 안정과 동지의식을 느낄 수 있었다. 매슬로가 정의내린 대로라면 그들이 일을 통해 얻은 것은 '자아실현'이 아니었다. 다만 자기 일에 대해 약간의 만족감을 느끼고 욕구를 충족시킬 수 있었던 것에 불과했다.

'업무 만족과 좋은 업무를 구성하는 요소'라는 주제는 관련 도표도 상당히 다양하고 논쟁의 여지도 많은 분야이다. 우리는 사회과학자들의 조사 및 통계자료, 일반 통념과 철학적 분석 내용도 살펴보았다. 양쪽 중 어느 하나도 소홀히 다루지 않으려고 애를 썼다.

〈기업윤리저널〉의 편집자 알렉스 미캘러스는 인간의 행복과 만족감은 명확하게 정의내리기 어렵고 '진부한 문구'나 '현자의 지혜'를 빌려 규정할 수도 없다고 말한다. 그는 철학자들끼리도 이 부분에 대해서는 의견의 합의를 보지 못하고 있다고 지적한다. 어떤 철학자들은 고결한 인생을 사는 데서 행복이 비롯된다고 주장하는 반면, 또 다른 철학자들은 자기가 하고 싶은 일만 하고 살아야 행복할 수 있다고 단언한다. 진리를 깨닫는 시점부터 행복을 얻는다고 말하는 사람도 있고, 안락한 환상 속에서 행복을 느낀다고 하는 사람도 있다. 타인을 행복하게 만들면 나도 행복할 수 있다고 하는 사람도 있고, 자신의 안녕에 몰두할 때 행복하다고 말하는 사람도 있다. 미캘러스는 행복에 관해 서로 모순되는 이십여 가지 의견을 예로 들면서 "우리는 철학자나 판에 박힌 문구에 의존해서는 안 된다. 현상으로부터 진실을, 추정으로부터 현실을 가려내기 위해 신중하게 조사할 필요가 있다. 아마도 진리는 그 중간 어디쯤엔가 존재할 것이기 때문이다"라고 결론을 내리고 있다.

인생과 노동은 밀접하게 연관되어 있다. 일은 인간 조건의 일부이다. 우리는 개인으로서, 집단으로서 살아남기 위해 일을 해야 한다. 인류의 역사와 진보는 그동안 쏟아 부은 노력에 의해 측정된다. 우리들 대부분은 일에 관해 직접 많은 것을 경험하고 지식을 쌓아가고 있다. 따라서 노동자들은 너 나 할 것 없이 자기만의 통찰력으로 현상을 바라보고 신중하게 상황을 숙고해야 한다.

1970년대와 1980년대에는 업무에 대한 노동자의 만족감과 행복을 측정하기 위해 수천 건의 여론 조사가 행해졌다. 그리고 조사 결과를 통합하여 유익한 정보를 끄집어낼 수 있었다. 즉, 다양한 조사를 실시한 결과, 업무 내용이 풍부하고 노동자들이 정책 결정 과정에도 참여하며 일을 통해 개인적으로 자기개발을 할 수 있고 근무 시간 자유선택제로 노동자가 스스로 업무 목표를 정할 수 있는 경우는 업무 만족도가 높게 나타났다. 반면에 업무 역할이 애매모호하고 역할 충돌이 발생하며 이직률이 높을수록 업무 만족도가 낮다는 결론이 나왔다. 또한 집안일만 하는 여자들보다 직장에서 일하는 여자들이 삶에 대한 만족도가 훨씬 높은 것으로 나타났다. 이러한 조사 결과는 노동자가 무엇을 원하는지, 좋은 일터가 되기 위한 필요조건이 무엇인지에 대해 말해주는 귀중한 자료이다.

그럼에도 변수가 워낙 많다 보니 업무 만족을 규정하기가 쉽지 않다. 임상심리학자인 존 쉘은 궁극적으로 '행위자'와 '성과물'에 따라 업무 만족도가 달라진다고 보았다. 일에서 만족감을 느끼기 위해 제일 중요한 요소는 직무에 대한 노동자의 적합성, 즉 성격 유형론이다. 성격 유형론은 카를 융이 최초로 사용한 개념으로 기질과 재능에 따른 성격 유형의 분류 방식이며 일터에 적용이 가능하다. 존 쉘의 주장에 따르면, 성격 유형론 같은 접근법은 성격이 특정한 업무 기능 및 요구, 개인과 일반적인 환경 자극의 관계에 영향을 미친다는 점을 전제로 한다. 가령 오랫동안 마음속으로 생각을 거듭한 다음 일을 처리하는 성격 때문에 결정 속도가 느린 사람의 경우, 그 사람이 남들보다 결론을 내리는 데 시간이 오래 걸린다고 해서 그가 남들보다 덜 똑똑하다고 볼 수는 없다. 또한 사고방식이 내향적인데다가 건망증이 있고 주의가 산만한 사람은 특히 스트레스가 많이 쌓이는 상황일 때 성격적 특성이 더욱 두드러지는데 그렇다고 해서 그런 점을 비난해서는 안 된다. 업무의 필요조건이 개인의 성격 유형 및 습관적 행동 양식과 잘 맞아떨어질 경우, 생산성은 크게 높아질 수 있기 때문이다.

존 쉑의 주장에 따르면 재능과 기질만으로 개인의 운명이 결정되는 것은 아니지만 개인의 능력은 업무에서의 성공 여부와 업무 적합성 여부에 직접적으로 영향을 미친다. 현실적으로 환경적인 요인과 생물학적인 유형은 개인의 잠재력에 한계를 그어주는 역할을 한다. '성격 유형'과 '일터의 요구조건'이 '잘 맞아떨어지면' 근로자는 업무에서 만족을 느낄 수 있다. 피고용인과 고용인이 모두 업무에서 만족을 느끼도록하려면 해당 업무에 필요한 재능을 갖춘 사람을 적재적소에 배치해야한다. 사람과 업무가 예전보다 더 조화를 잘 이룬다고 해서 반드시 다들 만족하리라는 보장은 없지만, 맞지 않는 업무에 배치받은 사람이 일에서 만족감을 얻기 힘든 것도 사실이다. 훈련과 기술을 통해 일에서 약간의 성공은 거둘 수 있겠지만 성공과 성취감이 반드시 개인적인 만족으로 이어지는 것은 아니다. 직위와 관계없이 개인이 일에서 만족감을 느끼려면 가급적 적성에 맞는 업무를 맡아야 한다.

나는 예전에 일 년 정도 대도시의 병원 응급실에서 간병인으로 근무한 적이 있었다. 그곳에서 일하는 동안 온갖 부상자들을 보았다. 넘어진 사람, 요리하다가 칼에 벤 사람, 총에 맞은 사람, 뾰족한 것에 찔린사람, 자동차 사고로 온몸이 망가지다시피 한 사람 등. 백인과 흑인, 남녀노소를 막론하고 다들 두려움에 떨며 고통스러워했다. 나는 냉정하지 못한 성격 탓에 그 업무를 감당하기가 힘들었다. 환자들의 상처와눈물, 두려움이 고스란히 내게 전해져왔기 때문이다.

팀마다 간병인이 배치되었다. 각 팀은 간병인 둘, 간호사 넷, 의사 하나로 구성되었다. 내가 정기적으로 배치받아 일했던 팀의 의사는 지금까지 본 중에서 제일 냉정하고 침착한 사람 중의 하나였다. 이곳저곳이찢어지고 부러지고 동맥에서 피가 솟는 환자들이 다급하게 응급실 문을 밀치고 들어와도 그 의사는 전혀 당황하지 않았다. 그저 친절하고 효율적으로 눈앞의 환자를 치료할 뿐이었다.

병원에서 근무 기간이 끝나갈 무렵인 어느 날 아침, 나는 그 의사에게 참 대단하신 분이라고 감탄의 말을 전했다. 그러자 그는 "충분히 훈련을 받았고 내 성격이 원래 그래서 그렇습니다"라고 대답했다. 자기는 늘 집중해서 일하고 세부 사항에 쉽게 빠져드는 성격이라고 했다. 워낙 세밀한 부분을 다루는 걸 좋아하다 보니 아버지의 권유로 의대에 들어온 후에도 의대에서 다루는 세부 항목을 굉장히 재밌어했다고 한다. 단지 사람들, 특히 환자들을 다루는 걸 싫어했기 때문에 응급진료간호를 전공으로 선택했다고 했다. 응급진료간호 담당 의사는 다른 전공의에 비해 환자들과 서로 영향을 주고받을 기회가 적기 때문이었다. 그는 그저 눈앞에 닥친 문제만 처리해서 담당 의사에게 환자를 보내면 되었다. 그는 "나는 일을 통해 게임을 하는 법을 터득했습니다"라고 말했다. 그는 환자들을 풀어내야 할 문제나 퍼즐로 생각했다. 그는 이렇게 말하면서 말을 맺었다. "나는 일을 잘하고 있기는 하지만, 특별히 좋아하지는 않습니다."

윌리엄 제임스는 그의 책 『믿으려는 의지』에서 사람은 통제할 수 없는 다양한 변수에 따라 삶에 만족할 수도 있고 그렇지 않을 수도 있지만 결국 만족 여부는 '인생을 사는 자기 자신'에게 달려 있다고 말한다.

일이라는 척도가 업무와 사고방식의 특성에 영향을 미치는 것은 사실이지만, 누구나 자기 일에 대해서는 나름의 통찰력이나 흥미, 애호 여부 등 저마다 다른 의견을 갖기 때문이다. 지금 하는 일을 통해 향후 어떤 사람이 될지 결정되듯이, 어떤 잠재력을 갖고 있느냐에 따라 장차 어떤 일을 하며 살게 될 것인지가 정해진다. 자신이 가진 재능과 기질이 특정한 업무에 잘 맞는 상태에서 그 업무를 수행하는 사람은 그렇지 않은 사람들에 비해 만족스런 삶을 살 가능성이 높고 생산성도 더 높을 것이다.

업무별로 적합한 성격 유형 여부를 따지는 과정에서 문제가 되는 것은 바로 업무상의 긍지와 사회적 지위이다. 아무리 자기 적성에 잘 맞는 일이라고 해도 사람들이 기피하는 업무가 있기 마련이다. '천한' 직업도 사회에 다 필요한 것이라는 등 변명 따위를 늘어놓고 싶지는 않지만, 내 생각엔 알베르트 슈바이처의 "사람은 자신의 능력으로 감당할 수 있는 일만 해낼 수 있다. 그러나 매일 그 일을 한다는 것은, 밤에는 자고 다음날 또다시 그 일을 해야 한다는 걸 의미한다"라는 말이 백번 옳다고 본다. 소크라테스도 말한 것처럼 '너 자신을 알면' 직업상의 행복을 누릴 가능성도 높아진다. 존 쉘의 주장대로, 맞지 않는 업무에 직원을 잘못 배치하면 그 직원의 업무 성취도와 심리적인 안녕 상태에도 부정적인 영향을 미치게 된다. 결국 업무에서 만족감을 얻으려면 업무, 근로자, 일터 간에 섬세한 균형이 잘 잡혀 있어야 한다.

업무 만족이라는 애매모호한 목표에 관해서 생각해볼 때, 한 가지 확실한 점은 '상당히 많은 노동자들, 그리고 점점 더 많은 노동자들이 자기 일에 만족하지 못하고 행복감도 느끼지 못한다'는 것이다. 예전부터 많은 노동자들은 시간과 에너지를 일에 빼앗기고 있음에도 필요한 걸 얻지 못한다고 여겼다. 1974년 다니엘 얀켈로비치는 전국을 대상으로 한 여론 조사를 통해 미국 남자 5명 중 1명만이 경제적 심리적으로 업무에 만족하고 있다고 주장했다. 1979년 미시간 대학교에서 발표한 남녀 설문 조사 보고서에 따르면, 당시 노동자들의 업무 불만은 지난 10년간의 수치 중 최고조에 달했다. 즉, 설문 조사에 응한 노동자들 중 60퍼센트는 새로운 업무를 맡고 싶어 했고, 39퍼센트는 자신의 능력에 비해 급료를 적게 받고 있다고 여겼으며, 36퍼센트는 자기가 남다른 기능을 보유하고 있다고 생각했다. 자신의 능력이 직무에 비해 월등하다고 여긴 노동자가 36퍼센트, 휴가 기간을 더 늘려주길 원하는 비율은 55퍼센트에 달했다.

1987년에 실시된 전국적인 규모의 여론 조사에서 미국인 노동자들은 4명 중 1명꼴로 일하면서 불행하다고 느낀다는 결과가 나왔다. 1987년에 실시된 또 다른 설문 조사에서는 설문에 응한 중간관리자 중 3분의 1이 직장을 옮기고 싶어 하는 것으로 드러났다. 1991년 도널드 L. 캔터와 필립 머비스는 1,115명의 미국인 근로자들을 대상으로 설문 조사를 실시했고, 응답자의 72퍼센트가 현재 업무에 만족하지 못한다는 것을 밝혀냈다. 1992년에 3,571명의 관리자를 대상으로 실시한 조사에서는 '모든 점을 감안할 때 현재 업무를 수행하면서 행복하다고 느끼는가?'라는 질문에 응답자의 33퍼센트가 '아니오'라고 대답했다. 1994년 2천 명의 근로자들을 대상으로 실시된 여론 조사에서, 4명 중 1명꼴로 직무에 만족하지 못한다는 것이 밝혀졌다. 이는 2천7백만 명 이상의 미국인 근로자들이 일터에서 행복을 느끼지 못한다는 걸 뜻한다.

경력관리전문가인 톰 웰치는 우리들 중 자기가 하는 일을 좋아하고 그 안에서 행복을 찾을 수 있는 사람은 겨우 15퍼센트에 불과하다는 다소 비관적인 주장을 펼쳤다. 웰치는 전체 노동 인력의 85퍼센트가 자신의 업무에 대해 약간의 불만에서부터 깊은 혐오감에 이르기까지 정도는 다르지만 부정적인 생각을 갖고 있다고 보았다. 웰치는 은퇴자들을 대상으로 한 설문 조사에서 응답자의 80퍼센트가 '살면서 제일 후회가 되는 것은 무엇인가?'라는 질문에 '내가 좋아하지도 않는 업무나 경력을 계속 붙들고 있었던 것'이라는 대답을 했다고 말했다.

1997년 〈지큐 매거진〉은 일에 대한 남성들의 태도와 기대감에 대해 전국적인 규모로 심층 여론 조사를 의뢰했다. 응답자의 55.1퍼센트는 일을 하면서 제일 중요한 요소로 업무에 대한 만족과 충실성을 꼽았다. 그리고 25.3퍼센트는 업무 만족과는 상관없이 노동력 제공에만 관심이 있다고 응답했다. 여가를 즐기기 위해 충분한 돈을 버는 것이 업무 만족보다 더 중요하다고 답한 응답자는 19퍼센트 미만이었다. 대체로 응답자들에게 개인적·직업적 만족감은 매우 중요한 요소로 작용했고, 응답자 중 65퍼센트는 하고 싶은 일을 할 수만 있다면 현재 일터에서 더 적게 일하고 더 낮은 급료를 받는 것도 신중히 검토해보겠다고 대답했다. 남자들이 일을 하는 목표가 개인적으로 경력을 쌓고 만족감을 얻는 것이라 해도, 현실은 그들이 기대하는 바와 크게 다르다. 응답자 중 58.4퍼센트는 앞으로도 지금 하고 있는 업무 혹은 분야에서 계속 일하고 싶다고 답했지만, 48.7퍼센트는 일이 재미도 없고 만족감을 주지도 못한다고 말했다. 자기 일에 대해, 응답자들 중 47.7퍼센트는 독창적이지 않다고 했고, 46.3퍼센트는 도전성이 결여되어 있다고 했으며, 42.8퍼센트는 새로운 것을 배울 기회가 없다고 답했다.

요컨대 현재 수많은 근로자들은 일이 재미도 없고 만족스럽지도 않다고 주장하고 있는 것이다. 업무가 급료를 받는 수단이라는 실리주의적인 기능 이외에 아무런 의무나 가치도 없다고 여기는 근로자들이 점점 더 늘어나고 있다. 그들은 나쁜 업무라는 덫에 걸렸다는 느낌이라고 말한다. E. F. 슈마허의 말을 빌리면 '나쁜 업무'에 발목을 잡힌 것처럼 살고 있다고 생각하는 것이다.

나쁜 업무란 기계적이고 부자연스러우며 마음이 끌리지 않고 자신의 잠재적 능력 중에서 최소한의 부분만을 사용해도 업무 수행이 가능한 일을 뜻한다. 나쁜 업무를 수행하는 근로자는 대부분 도전할 가치도 없고 자기완성을 촉진시키지도 않으며 자기개발의 기회도 전무하고 진선미眞善美 중 어느 요소도 들어 있지 않은 일에 업무 시간을 소요하게 된다.

슈마허는 현대의 노동 생활에서 가장 암울한 점은 오싹할 정도로 많은 수의 남녀가 내적인 삶과 아무런 연관도 없는 일, 그들에게 정신적으로 아무런 의미도 없는 일을 하도록 운명 지워져 있다는 사실이라고 말했다. 나쁜 업무는 개인에게 지금보다 나은 사람이 될 기회를 주지 않으며, 아름다움과 기쁨을 느낄 기회를 박탈하고, 자신과 타인에게 보탬이 되는 일을 하고 있다는 생각이 들지 않게 만든다. 너무도 많은 이들에게, 일은 완수해야 하는 의무지만 자아를 발전시켜주지는 않는 '지루한 것'으로 인식되고 있다. 1970년대 초 〈라이프〉 지에는 스물다섯 살짜리 자동차 공장 노동자에 대한 기사가 실렸다. 제너럴 모터스에 근무하는 그 노동자가 하는 일이란 매우 단순했다. 그는 자동차가 라인을 따라 내려오면 자동차의 도어 프레임에 앞 유리를 끼워 넣었다. 그러면 잠시 후 다른 노동자가 앞 유리 조립 공정으로 작업을 연결시켰다. 회사가 그럭저럭 잘나갔기 때문에, 그는 하루에 8~10시간, 월요일부터 금요일까지 똑같은 작업을 수행했고, 종종 토요일에도 6~8시간씩 초과근무를 했다. 그는 벌써 4년째 똑같은 작업을 해오고 있었다. 회사에서 받는 급료와 혜택도 괜찮은 편이었고, 십 년쯤 지나면 고참이 되어 라인에서 더 나은 일을 맡을 수도 있을 터였다. 다만 문제는 그때까지 참고 견딜 수 있느냐는 것이었다.

그는 라인에서 매일 혼자서 일해야 했다. 제일 가까운 곳에 있는 동료는 자동차 반대편에서 왼쪽 앞 유리를 끼워 넣는 작업을 맡고 있었는데, 라인의 소음 때문에 서로 얘기를 할 수도 없었다. 하루 세 번 10분씩 휴식을 취하고 45분간 점심을 먹을 때를 빼고는 그는 늘 혼자였고 다른 사람과 접촉할 기회가 전혀 없었다. 그 노동자에게 하루를 견디는 비결은 그저 '지루한 시간'을 견디며 일 외에는 아무 생각도 하지 않는 것이었다. 리듬을 타고 로봇이 되어야만 했다. 딴생각을 하거나 작업에 주의를 기울이지 않으면 굉장히 위험한 상황이 닥칠 수도 있었다. 유리를 잘못 끼우면 라인을 멈춰야 했고, 유리를 깨뜨려 베일 수도 있었다. 제너럴 모터스 트럭 조립 공장에서 일하는 노동자이자 블루칼라 저널리스트이며 『탱크승무원』의 저자인 벤 햄퍼가 말한 것처럼, 그 라인 근무자는 제정신으로 살아남기 위해서는 절대로 시계를 쳐다보지 말아야 한다는 걸 곧 깨닫게 되었다. 시계를 쳐다보면, 레이먼드 카버가 '늪에 빠진 듯 옴짝달싹 못하는 지루한 시간'이라 불렀던 근무 시간이 더욱 느리게 흘러가는 것처럼 느껴졌기 때문이다. 햄퍼는 그럴 경우 '단조로움 때문에 더욱 지치게 된다'고 말했다. 그렇게 되면 신경이 온통 날카로워지고 실수를 할 수도 있다. 근무자는 풀이 죽은 채로 매일 지긋지긋한 근무 시간을 견뎌나가는 수밖에 없다.

위에서 언급한 라인 근무자와 벤 햄퍼처럼, 많은 노동자들이 업무의 목적은 생산성 향상과 개인적 성장이 아니라 생존일 뿐이라고 여기고 있다. 그들은 자신의 직무가 내적 자아와는 아무런 관련도 없으며, 긍정적인 의미를 갖고 있지도 않다고 생각한다. 그 생각은 틀리지 않다. 일터에서 느끼는 좌절감이 마약중독이나 의기소침, 허탈감, 폭력의 형태로 표출되는 경우가 잦기 때문이다.

스터즈 터켈의 저서 『노동』에 언급된 인터뷰 내용을 보면, 오늘날 많은 이들에게 일은 가급적 멀리 떨어뜨려 놓고 싶은 이질적인 존재임이 드러나 있다. 그 인터뷰에서 어느 노동자는 이렇게 말하고 있다. "바보가 아닌 이상 일에 대해서는 생각하지도 말하지도 않습니다. 야구라든 가 간밤에 술에 취했던 것, 섹스를 했는지 여부가 주로 관심거리죠. 일 이 좋아서 미치겠는 사람은 100명 중 1명밖에 없을 겁니다."

슈마허는 나쁜 업무는 근로자를 자아와 일에서 소외시킨다고 주장한 다. 별로 가치가 없는 일을 하고 있거나 지나치게 요구 사항이 많고 창 의성이나 달리 생각할 여지, 자유재량, 성취감 등이 배제된 업무를 강 요받는 근무자는 자연히 자아와 일로부터 소외당하게 된다. 슈마허는 카를 마르크스가 말한 소외에 관한 내용을 다음과 같이 인용하고 있다.

무엇이 노동으로부터의 소외를 유발하는가? 노동이 노동자와 무관하 고 노동자의 성격에 맞지 않는 경우, 노동자는 일을 통해 자아를 충족 시킬 수 없으며 자아를 부정하게 되고 잘 살고 있다는 느낌이 아니라 비참한 기분을 느끼게 되며 정신적·육체적 에너지를 자유로이 발달 시킬 수 없고, 체력이 소진하여 정신 건강도 나빠지게 된다. ……물 리적인 강제력이 없다고 역병을 피하듯 일을 피한다면, 그 노동자는 일로부터 소외되어 있는 것이다.

슈마허와 마르크스는 단순반복적인 업무를 수행하는 노동자들 대부 분이 일에 별 재미를 느끼지 못해도 적당히 수행하고는 있다고 주장한 다. 본래 가치 있는 일이 아니라도 급료와 업무의 안정성만 보장된다면 어느 정도 만족감을 느낄 수는 있다는 뜻이다. 사회학자인 조지 스트라 우스가 판에 박힌 블루칼라 업무를 수행하는 어느 노동자와 가졌던 인 터뷰에서 이런 미묘한 만족감이 극명하게 드러난다. 그 노동자는 스트 라우스에게 "나는 아주 괜찮은 일을 하고 있습니다"라고 말했다. 스트 라우스가 "무엇 때문에 괜찮은 일이라고 생각하시는 겁니까?"라고 묻자 그 노동자는 다소 당황하며 이렇게 대답했다.

오해하지 마세요. '좋은 업무'라고 말한 적은 없습니다. 그저 괜찮은 일이라는 거죠. 나 같은 사람이 기대할 만한 수준에서는 그럭저럭 나쁘지 않은 편입니다. 현장주임이 간섭도 하지 않는데다가 급료도 적당합니다. 하지만 좋은 업무라고는 할 수 없을 것 같습니다. 좋을 것도 없지만 뭐 그렇다고 나쁠 것도 없죠.

스트라우스는 이런 태도를 '노동자의 무관심'이라고 칭한다. 노동자는 기대수준이 높지 않고, 급료 때문에, 혹은 자신이 얻을 수 있는 한계 내에서 제일 좋은 업무이기 때문에 묵묵히 업무를 받아들이고 수행한다. 혹여 불행할 수도 있겠지만, 그 불행은 그럭저럭 견딜 만한 수준이므로 업무와 관련된 문제가 발생하지는 않는다.

사회학자인 로버트 칸은, 노동자들 대부분이 아예 일을 하지 않거나 부정적인 요소를 감수하며 일을 하는 두 가지 중에서 선택할 수밖에 없다고 말한다. 이런 상황에서 사람들은 일을 하는 쪽을 선택하게 되며 일에 대해 대충 만족한다고 생각해버리는 것이다. 어떤 노동자들은 일을 순전히 돈벌이 수단 또는 다른 목적을 달성하기 위한 수단으로 여기면서 업무에 적응하고 있다. 스트라우스는 상당히 많은 노동자들이 장차 정말로 좋아하는 일을 하기 위해 지금 당장은 급료가 높으면서도 지긋지긋한 일을 택해서 하고 있다고 지적한다. 많은 이들이 이처럼 일과 타협하면서 싫어도 참아가며 살고 있다.

교황 요한 바오로 2세는 교서 『인간의 노동에 대하여』에서 사람들은 일을 통해 '고귀함을 얻을 수 있어야' 하며 '고귀함이 저하되는' 경험을 해서는 안 된다고 말했다. 이는 좋은 업무에 관해 슈마허가 했던 말과 비슷하다. 슈마허는 "좋은 업무란 생산자를 고귀하게 만들어주며 제품의 품격도 높여준다"라고 말했다. 슈마허는 좋은 업무는 '인생이라는 대학'이 제공하는 경험 중 하나라고 보았다. 일은 삶에서 느낄 수 있는 즐거움 중 하나이며 인격의 성숙을 위해 필요한 요소이지만, 무의미한 업무는 삶의 안녕을 해치는 작용을 한다. 슈마허의 말은 고대 그리스인들이 정의 내렸던 '행복'의 개념—훌륭한 성과를 내기 위해 온 힘을 다할 수 있게 만드는 것이야말로 좋은 직무—과 비슷하다.

사실 좋은 직무는 난해하거나 불확실하지 않은, 의미 있는 직무를 뜻한다. W. H. 오든은 의미 있는 직무의 세 가지 요건에 대해, '성격이 일과 잘 맞아야 하고, 과로를 하도록 강요받아서도 안 되며, 성공적으로 업무 수행이 가능한 것'이라고 말했다. 인구통계학자이며 여론조사가인 다니엘 얀켈로비치의 말에 따르면, 대부분의 사람들에게 의미 있는 일이란 자신이 관여하여 성심을 다할 수 있는 일, 도전 과제를 통해 능력을 키워나갈 수 있는 일, 정책 결정 과정에 참여할 수 있는 일이라고 한다. 사회학자 로버트 칸은 의미 있는 일을 일컬어 '인간주의적인 일'이라 칭했고, 직무의 인간화란 직무를 성인이 수행하기에 보다 적합한 것으로 만드는 과정이라고 정의했다.

1) 일은 노동자에게 손해를 끼치거나 품격을 저하시키거나 모멸감을 느끼게 하거나 기운을 소진시키거나 멍청이로 만들거나 지속적으로 지루하게 만들어서는 안 된다.
2) 일은 노동자의 흥미를 끌어야 하며 노동자를 만족시켜야 한다.
3) 일은 노동자가 지니고 있는 소중한 기능과 능력을 상당 부분 이끌어내야 하며 노동자가 다른 기능과 능력을 획득할 수 있도록 기회

를 제공해야 한다.

4) 일은 노동자가—남편 혹은 아내, 부모, 시민, 친구로서—감당해야 할 삶의 주요 역할을 수행하는 데에 흥미를 잃지 않고 능력을 키울 수 있도록 해주어야 한다.

5) 일은 노동자가 용인할 수 있는 방식으로, 생계를 벌기 위한 수단이라는 목적을 충족시켜주어야 한다.

1973년 미국 보건교육후생부 장관에게 제출된 특별 보고서인 「미국의 노동」에는 이런 구절이 나온다. "직무를 의미 있게 만들기 위해서는, 노동자에게 업무를 완전히 파악하는 데서 비롯되는 성취감을 느끼게 하고 사회에서 가치 있는 존재로 취급받고 있다는 기분이 들게 하여 자존심을 높여주어야 한다."

요컨대 의미 있는 직무란 노동자가 재미를 느끼면서 스스로 박차를 가할 수 있는 일, 업무 활동을 스스로 제어하고 있다는 느낌이 들게 하는 일이다. 즉, 개인 노동자의 재능과 성격에 잘 맞는 일이어야 하며, 두려움이나 강제가 아니라 성취감이라는 동기에서 비롯되는 일이어야 한다는 것이다. 무엇보다도 윤리학자 퍼트리샤 워레인이 지적한 대로, 의미 있는 직무 수행을 위해서는 노동자가 자기 일에 필요한 정보를 갖추고 있어야 한다. 정보가 없이는 지적인 근거를 바탕으로 직무 결정을 내릴 수 없기 때문이다. 워레인은 사업 결정에 관여하게 되면 차차 일을 즐길 수 있게 되므로 노동자가 직무를 의미 있는 것으로 받아들이게 하기 위해서는 노동자가 정책 결정 과정에 어느 정도 관여하게 해야 한다고 말한다.

경영윤리학자인 노먼 E. 보이는 이윤 추구가 사업에서 중요하고 필요한 조건이기는 하지만 모든 사업과 기업이 추구해야 할 주요 목적은 직원들에게 의미 있는 일거리를 제공하는 것이라고 주장한다.

가치 있는 일을 가리켜 유익하고 도전적이며 개인의 자율성을 보장하
는 일이라고 정의할 때, 나는 모든 사람이 가치 있는 일을 해야 한다고
생각하며 이를 심리학적 진리로 여기고 있다. 또한 의미 있는 일을 제
공하는 것이 재화와 서비스를 생산하는 것보다 더 중요하다고 본다.
사람은 산업 시스템을 통해 생산되는 상품 대부분이 없어도 살 수 있
으며 심각한 심리적 상처를 입지도 않는다. 그러나 의미 있는 일을 할
수 없으면 심리적으로 큰 상처를 받게 된다. 그러므로 나는 기업이 직
원에게 보다 주의를 기울이는 것이 도덕적으로…… 중요하다고 주장
하는 바이다.

직원은 고용주의 목적 달성을 위한 수단으로 취급될 수도 없고, 그렇
게 취급되어서도 안 된다. 인간의 노동력을 수익최대화라는 경제법칙
에 따라 처리할 수만은 없다. 직원은 생산 과정의 도구로 여겨져서는
안 되며, 인간과 생산의 기타 비인간적인 요소들을 구분하지 못하는 시
스템은 도덕적으로 결함이 있다고 봐야 한다. 고전적인 베스트셀러
『초우량기업의 조건』의 저자 토마스 피터스와 로버트 워터먼과 마찬가
지로, 노먼 E. 보이는 일은 목적을 위한 수단이며 목적 그 자체여야 한
다고 말한다. 즉, 일터에서 제일 관심을 기울여야 할 부분은 '어떻게 해
야 사람들이 일을 가장 잘하게 만들 수 있는가?' 하는 것이 아니라 '어
떻게 해야 사람들이 직무를 통해 능력을 최대한으로 발휘하도록 할 수
있는가?'인 것이다.

노먼 E. 보이는 직원에게 초점을 맞추고 의미 있는 업무를 제공하면
도덕적으로 기업을 운영할 수 있다고 주장한다. 게다가 직원들에게 신

경을 쓰면 기업은 그만큼 고객들에게 우수한 품질의 제품과 서비스를 제공할 수 있고, 더욱 큰 이윤을 남길 수 있다. 즉, '직원들에게 잘 대해 주면 사업도 잘 굴러간다.'

보이의 동료 경영윤리학자인 조안 B. 시울라는 보이가 주장하는 내용에 대해 대부분 동의하지 않지만 '회사는 업무를 재설계하고 의미 있는 일을 창출해야 할 도덕적 책임이 있다'는 보이의 결론에 대해서는 원칙적으로 찬성한다. 시울라는 직원들이 다들 재미있게 일을 하고 있는 회사인 경우, 그 회사는 직원들이 일터 밖에서도 일 때문에 방해를 받지 않고 만족스러운 삶을 살아갈 수 있도록 편의를 도모해줄 방법을 추구한다고 주장한다. 사람은 누구나 의미 있게 인생을 살아갈 권리가 있으므로 회사가 직원들에게 의미 있는 직무를 제공하는 것이 도덕적인 행위라는 것이다. 알베르 카뮈는 인간의 조건에 관한 우화적 에세이 『시시포스의 신화』에서 이렇게 말하고 있다.

신들은 시시포스를 무게 때문에 밀려 내려오는 바위를 계속해서 산꼭대기까지 굴려 올리는 형벌에 처했다. 아무 쓸모도 없고 희망도 없는 노동보다 더 끔찍한 벌은 없으리라 생각했기 때문이었다.

노동자들의 육체적 건강 상태를 살펴보면, 인생에서 좋은 업무 혹은 의미 있는 업무가 반드시 필요하다는 걸 알 수 있다. 업무에서 쌓인 스트레스가 알코올중독이나 마약중독, 육체적 질병, 심장 질환, 궤양까지 일으킬 수 있다는 사실은 익히 알려져 있다. 판에 박힌 지긋지긋한 일이 노동자에게 미치는 영향은 일단 기준이 모호하기 때문인지 측정하기가 쉽지 않다. 연구 보고서에 따르면 매일 똑같은 일을 하는 사람들 중에 나름대로 즐겁고 단란한 가정생활을 꾸려 가는 사람도 많다고 하지만, 사실 그런 사람들은 진정한 행복감을 느끼지 못하고 살 확률이 매우 높다. 통계자료에 따르면 지루한 저기능 업무를 하는 사람은 일을 쉬고 있는 동안에도 삶에 만족감을 느끼지 못하는 것으로 나타났다. 철학자 아디나 슈워츠의 주장대로라면 이러한 연구 결과들은 흥미로운 업무가 정신 건강에 필요한 요건이라는 것을 말해준다. 아서 콘하우저의 유명한 저서 『산업노동자의 정신건강』에도 다음과 같은 내용이 나와 있다.

> 공장 일, 특히 판에 박힌 생산 업무는 노동자의 야망과 독창력, 삶의 목적을 이루려는 의지를 말살시킨다. ……이런 식으로 정신 건강이 나빠진 노동자들은 여러 가지 욕구가 위축되고 창의성이 사라지며 목표가 위축되고 노력도 덜 하게 되어 삶이 공허해지고 일 외적인 부분, 즉 인생의 절반에서 의미를 찾을 수밖에 없다.

디트로이트의 자동차 공장에서 일하는 노동자를 대상으로 조사를 실시한 결과, 콘하우저는 일터에서의 정신 건강은 업무 만족과 마찬가지로 노동자의 지위에 따라 달라진다는 결론을 내렸다. 즉, 그는 "공장에서 종류도 다양하고 책임감도 부여되는 숙련 업무에 비해 숙련도가 떨어지고 책임감도 적으며 단조로운 업무를 수행하는 노동자들의 정신 건강이 나쁘게 나타났다"라고 말했다. 특히 자신의 능력을 발휘할 기회가 없다고 생각하는 노동자들일수록 정신 건강 상태가 좋지 않았다. 이는 보다 다양하고 책임감 있고 도전적인 업무가 노동자의 아이디어와 기능을 발달시키고 활용할 수 있는 기회를 주는 데 비해, 낮은 직급의 업무는 노동자를 성장시키고 자아를 충족시키기는커녕 자존심을 꺾고 낙담하게 만들며 자신이 하는 일이 헛된 짓에 불과하다는 생각, 자신이 실패자이며 열등한 존재라는 생각을 하게 만든다는 걸 뜻한다.

사람들이 좋은 업무를 원하고 필요로 한다는 주장을 강력하게 뒷받침해주는 또 다른 이론으로는, '의미 있는 업무'와 '직장에서의 만족감'이라는 두 부문에서 선구적인 연구자 중 하나로 알려져 있는 임상심리학자 프레드릭 허즈버그의 이론을 들 수 있다.

허즈버그는 연구를 통해 직무에 대한 만족과 불만족은 동일 선상에서 다뤄질 문제가 아니며 서로 차원을 달리하는 것이라고 결론 내렸다. 허즈버그는 노동자가 일을 하게 되는 동기에는 두 가지가 있다고 보았다. 첫째는 외적인 요인, 즉 불만이 표출되지 않게 막아주지만 노동자를 성장시켜주지도 않는 쟁점과 활동이며, 둘째는 내적인 요인, 즉 노동자가 성장하고 앞으로 나아갈 수 있도록 직접 자극하는 요소이다. 노동자가 회사 정책이나 무능력한 관리자, 불만스런 업무 환경 같은 외적인 요인으로 인해 직무에 대해 불만을 갖게 되는 경우가 종종 있다. 이런 불만은 급료 인상, 부차적인 이득 상승, 보다 나은 업무 환경 제공, 관리자를 대상으로 한 대인관계 훈련, 회사 정책 개선 같은 '깔끔한 조치들'을 통해 어느 정도 감소될 수 있다. 그러나 이런 조치만으로는 노동자들을 만족시킬 수 없다. 노동자들이 진정한 만족감을 느끼려면 성취감, 성과 달성, 책임감, 도전적인 업무 과제 제공 같은 내적인 요인이 수반되어야 한다. 직무에 대한 만족은 직무의 기능과 관련되어 있는 반면, 불만족은 직무의 전반적인 환경에 기반을 두고 있다. 허즈버그는 노동자가 직무에 만족해야만 생산성이 향상될 수 있다고 본다. 노동자들이 일에 만족하지 못하면 근무 의욕이 떨어지고 결근을 하게 되는데, 단순히 노동자들이 불만을 품지 않게 만든다고 해서 업무 동기나 생산성이 높아지는 것은 아니다. 따라서 기존의 깔끔한 외적 개선 조치는 좀더 참을 만한 업무 환경을 만들 수 있을지는 모르나 업무에 대한 동기부여나 생산성 향상을 초래하지는 않는다. 동기부여와 생산성 향상을 위해서는 직무 내용을 한층 더 풍요롭게 하여 노동자들에게 흥미를 유발하고 자기가 하는 일이 중요하다는 인식을 심어줄 수 있어야 한다.

결국 노동자들이 원하는 것은 크게 다르지 않다(다들 좋은 직무를 맡아 하고 싶어 한다!). 로버트 칸의 말에 따르면, 성배聖杯처럼 소중한 직무라 함은 일반적으로 다음과 같이 정의된다.

> 재미가 있고, 내 나름의 능력을 개발할 수 있게 해주며, 수행한 업무 성과를 내가 직접 볼 수 있게 해주는 일이다. 그리고 내가 업무에 대해 충분한 정보를 보유하고 있고 주변에서 제대로 도움을 얻고 장비를 받아 쓸 수 있으며 업무를 완료할 수 있는 자유재량권을 누릴 수 있는 일이다. 또한 유능한 관리자가 있고 내 책임 한계가 분명하게 규정되어 있는 일, 우호적이고 서로 도움을 주는 동료들이 있고 급료도 괜찮은 수준이며 고용 안정성도 보장되어 있는 일이다.

유감스럽게도 세세한 부분까지 나름의 의미를 갖고 있고 자랑스럽게 생각할 만하며 스스로 통제가 가능하고 생계를 벌기에 부족함이 없으며 배울 점도 있는 업무를 매일 하고 있는 사람은 극소수에 불과하다.

좋은 업무라는 것은 다분히 이상적이며 주변에서 찾아보기 힘들다. 아마도 우리들 대부분은 자신이 하는 일 안에서 좋은 점을 찾는 식으로 현실과 타협하며 살아갈 것이다. 그러므로 '삶을 표현하는 방식이 그 사람을 말해준다'라는 마르크스의 금언으로 결론을 내릴 수밖에 없다. 개인은 자신에게 좋은 업무를 찾아내야 하고, 사회는 개인에게 좋은 업무를 창출해주어야 한다. 교육자이며 평론가인 조셉 엡스타인은 좋은 업무와 균형 잡힌 성격이라는 어려운 쟁점을 다음과 같이 잘 요약해냈다.

세상에는 살기 위해 일하는 사람과 일하기 위해 사는 사람, 두 부류가
존재한다는 생각이 가끔씩 든다. 이 말은 흑백논리적으로 이것 아니
면 저것, 모 아니면 도라는 식으로 들릴 수도 있겠다. 하지만 내 경험
에 비추어볼 때, 제일 비참한 사람들은 바로 자기 일을 찾지 못한 이들
이다. 예술가적인 기질을 타고났으나 예술적인 일거리를 찾지 못한
사람, 선구자이되 따르는 이가 없는 사람, 생각이 깊으나 깊게 생각할
문제가 없는 사람 말이다. 반면 자기 일을 찾은 사람들은 일터에서 매
우 존엄하고 훌륭하게 비춰진다. 웨일스 출신 작가인 리스 데이비스
는 그의 단편소설에서 "멋들어지게 트럼펫을 부는 사람의 모습은 아
주 장관이다"라고 썼다. 남녀를 막론하고 자기가 좋아하는 일을 하고
있는 사람의 모습은 멋지게 보이게 마련이다.

5

일에 대한 새로운 철학 ⚙

의미 없는 일은 죽음과도 같다.
_매튜 폭스

일은 사람을 형성시키고 규정한다. 그러므로 사람은 누구나 자아실현에 저해되지 않고 도움을 주는 일을 해야 할 필요가 있다. 즉, 사람은 돈이 될 뿐만 아니라 의미도 있는 직무, 제품과 인간에게 존엄성을 더해주는 직무, 노동자와 그들의 삶을 더욱 공고하게 연계시켜주는 직무, '생산 과정이 생산 결과만큼 중요하고 가치 있는' 직무를 필요로 한다. 노동자에게 필요한 세 가지 사항, 즉 '몸과 마음과 영혼'을 충족시켜주는 직무 말이다. 하지만 주변에서 이런 직무를 찾기는 쉽지 않다. 신학자 매튜 폭스는 우리들 대부분이 "내가 하는 직무는 너무 별 볼일 없어! 아무런 의미도 없는 일이야"라고 외치고 있다고 말한다. 많은 사람들에게, 일은 호기심이나 깊은 열정을 자극하지도 않고, 진리를 내포하고 있지도 않은 활동이다. 일은 의미 없는 중노동이고 목적 없이 땀만 흘리게 만들며 즐겁지도 않은 의무이고 실컷 고생을 하고도 아무것도 배우지 못하는 허튼짓에 불과하다. 무엇보다도 일에 존엄성과 미래에 대한 희망이 결여되어 있다는 게 제일 큰 문제이다. 일에서 존엄성과 희망을 찾을 수 없는데 어떻게 존엄하고 희망에 찬 삶을 살겠는가.

슈마허의 주장에 따르면, 생산자는 노동자의 '권한'과 '참여'에 관해 어떤 약속을 했든지 간에, 오직 생산의 '효율성'을 추구할 뿐이라고 한다. 실제로 노동은 노동자의 요구에 맞춰져 있지 않으며 오히려 노동자가 일의 요구에 순응해야 한다. 일이 요구하는 대로 따르다 보면 노동자들의 발달이 저해되고, 그렇다 보니 노동은 '불쾌하지만 어쩔 수 없이 해야 하는 활동'으로 전락하고 만다. 오늘날의 일터는 노동자의 신체를 보호하는 것에서만큼은 진보했지만, 노동자의 정신과 영혼에 가해지는 잠재적인 해악에 관해서는 별다른 주의를 기울이지 않고 있다.

일터의 '방정식'에는 노동자의 요구와 열망이 빠져 있다. 스터즈 터켈이 말한 대로, 일이 "매일 생활비를 벌 수 있고 의미를 발견하는 활동일 때, 현금을 버는 수단인 동시에 남들에게 인정받을 수 있는 활동일 때, 무기력하지 않고 놀랍고 재미있는 활동일 때, 월요일부터 금요일까지의 시간이 죽음과도 같다는 느낌이 들지 않는 활동일 때" 일은 노동자에게 가장 큰 의미를 갖게 된다. 일반 통념에 따르면 적어도 부분적으로, 인간은 도구를 사용하는 인간homo faber으로 규정된다. 즉, 인간은 행위자이며, 노동자이다. 도구를 사용하는 인간으로서 우리는 좋은 직무를 맡아 할 자격이 있다. 돈과 고용 안정성만으로는 좋은 직무의 요건을 충족시킬 수 없다.

슈마허의 주장에 따르면, 일은 인간 생활에 중요한 세 가지 기본 기능을 충족시켜야 한다. 첫째, 일은 생존에 필요한 재화와 서비스를 제공해야 한다. 둘째, 일은 노동자의 재능과 능력을 활용하고 개발할 수 있는 기회를 주어야 한다. 셋째, 일은 타인과의 협동을 통해 공동체를 구축시켜줘야 한다.

슈마허가 말한 일의 세 가지 기능 중에서 우리들 대다수의 생활에 적용되고 있는 것은 첫 번째 기능뿐이다. 많은 이들에게 '일은 그저 돈을 벌기 위한 수단'에 불과하다. 우리들 중 대다수는 노동을 팔아 번 돈으로 별도의 사생활을 즐기느라 여념이 없다. 직무 만족이라는 개념도 일을 벗어나서 개인적인 삶을 즐기기에 충분한 수입을 올릴 수 있는 일거리를 찾아내는 정도로 축소되었다. 사람들은 대부분 덫에 걸린 듯한 기분으로 일을 한다. 13세기 독일의 신비주의자인 마이스터 에크하르트의 말을 빌리면, 우리는 '아무런 이유 없는 일' 혹은 비전 없는 일에 얽매여 살아가고 있다.

일에서 의미와 비전을 찾지 못하는 근본적인 이유는 노동자들이 최종 제품을 비롯해서 일의 전반적인 목적 달성에 참여하는 경우가 거의 없기 때문이다. 이처럼 노동자와 노동이 단절되어 있는 것은 현대 산업 자본주의의 특성 — 아담 스미스가 주장했던 노동분업 — 때문이다. 스미스는 그의 저서 『국부론』에서 핀 제조공장을 방문했던 일에 대해 적고 있다. 공장에는 직원이 단 열 명뿐이었는데 직원들은 핀 제조와 관련된 18개의 과정 중 각각 한두 개의 공정에만 관여하고 있었다.

직원 하나가 철사를 두들겨 늘이면, 다른 직원이 그것을 펴고, 세 번째 직원이 자르고, 네 번째 직원이 뾰족하게 갈고, 다섯 번째 직원은 핀 머리를 붙일 수 있도록 철사 뒷부분을 갈아준다. 두세 개의 별도 작업을 통해 핀 머리를 제작한다. 그리고 별도로 작업한 핀 머리를 핀 몸통에 붙인다. 또 다른 직원이 핀을 표백한다. 핀을 판매하는 일은 다른 직원이 맡는다. ……이런 식으로 직원 열 명이 하루에 만들어내는 핀의 개수는 최대 4만 8천 개 정도이다. ……하지만 만일 직원들이 따로 독립적으로 일을 한다면…… 하루에 스무 개도 채 못 만들 것이고 어쩌면 하루에 한 개도 못 만들 수 있다. 분업으로 인해 생산제품의 수량이 크게 증가하는 것은 세 가지 이유 때문이다. 첫째, 각 노동자의 솜씨가 점차 좋아지기 때문이고, 둘째, 작업 공정 중 한 공정에서 또 다른 공정으로 넘어갈 때 소요되는 시간이 절약되기 때문이며, 셋째, 투자를 통해 여러 가지 기계를 들여옴으로써 생산을 촉진시키고 불필요한 노동을 줄여 노동자 한 명이 다양한 직무를 수행할 수 있기 때문이다.

스미스는 핀 공장의 사례에서 보듯, '노동분업'이 국가적, 개인적으로 효율성과 부를 창출할 수 있다고 여겼다. 생산성이 높아지면 노동자들의 소득도 늘어날 것이고, 그렇게 되면 '(노동자들이) 단일한 목표에 관심을 두게 되므로' 생산성은 더욱 높아질 것이라고 본 것이다.

백 년 이상 지속된 산업혁명이 끝나갈 무렵, 프레드릭 윈즐로 테일러는 스미스의 노동분업론을 더욱 확대시킨 이론을 만들어냈다. 20세기 초에 기계공 겸 공학자로 일했던 테일러는 일터에 과학적인 방법을 적용시켰다. 그는 업무의 구성 요소를 진행 순서에 따라 나누고, 각 작업을 수행하는 데 최선의 방법을 찾아 최대한 효율적으로 직무를 재설계하여 순서대로 진행시키면 직무의 생산성을 향상시킬 수 있다고 보았다. 경영학 교수인 로버트 A. 러셀은 테일러의 이론이 효과적인 생산 경영에 공헌한 바를 다음과 같이 요약했다.

1. 업무와 관련해 구식의 전통적인 방식을 대체할 법적·과학적 원칙을 개발함.

2. 과학적으로 노동자를 선별하고 훈련시킴.

3. 노동자가 요구를 표현할 수 있도록 대우를 해주고 기회를 제공하여 과학과 숙련 노동자를 결합시킴.

4. 노동자 측과 경영진 측으로 업무를 양분하여, 양측이 총체적으로 업무 협조를 할 수 있도록 함.

테일러는 자신의 이론이 모두에게 이익이 될 것으로 보았다. 그는 직무의 요구, 노동자의 능력, 모두에게 이익이 되는 성과물을 결합시켜 업무 수행과 관련된 '최고의 방식'을 찾아내려 했다. 테일러는 그의 유명한 저서 『과학적 관리법』에서 모든 직무의 목적은 '피고용자의 최대 번영과 고용자의 최대 이익을 모두 확보하는 것'이라고 주장했다. 즉, 앞으로 나아가기 위해선 양쪽의 요구가 모두 충족되어야 한다는 뜻이다.

현재 악명 높은 '(시간과 작업 능률의 상호 관계에 대한) 시간 동작 연구'는 바로 이 테일러의 연구로부터 파생된 것이다. 시간 동작 연구란 노동자의 움직임을 합리화하고 성과를 높이기 위해 업무를 세분하여 극도로 단순하게 만든다. 즉, 작업을 의미 있게 만드는 대신, 노동의 효율성을 높임으로써 임금을 인상시켜 노동자들에게 혜택을 주겠다는 의도인 것이다. 산업심리학자인 프랭크 길브레스와 릴리언 길브레스 부부는 시간 동작 연구를 장애인 근로자의 요구에 적용시키는 데 성공했지만, 일터를 '인간적'으로 만들고자 했던 테일러의 노력에 대해서는 공학자가 기계를 조작하는 것처럼 노동자들을 조작하기 위한 시도일 뿐이라고 여겼다.

기업 리엔지니어링의 세계적인 석학 마이클 해머와 제임스 챔피는 아담 스미스의 전형적인 핀 공장 사례와 테일러가 창안한 과학적 관리법의 유산이 현대적인 일터의 모형 구축에 한몫을 했다고 주장한다. 그들의 주장 내용은 다음과 같다.

오늘날 항공사와 제강공장, 회계법인, 컴퓨터 칩 제조업체는 아담 스미스가 주장한 핵심 개념인 노동의 분업 혹은 전문화, 그에 따른 업무의 단편화를 기반으로 사업을 운영하고 있다. 조직의 규모가 클수록 노동이 보다 전문화되어 있고, 세세한 부분까지 업무가 분화되어 있다. 이 규칙은 제조업 관련 직무에만 해당되는 것이 아니다. 예를 들어 보험회사에서도 표준화된 업무 라인에 따라 별도로 직원을 할당하여 업무를 진행시키고 있다. 한 직원이 정해진 양식에 따라 작업을 진행하면, 다음 라인에 있는 직원이 그 양식을 받아서 후속 과정을 진행하는 식이다. 이 노동자들은 혼자서는 직무를 완료할 수 없고, 그저 단편적인 과제를 수행할 뿐이다.

안타깝지만 슈마허의 말대로 이러한 노동 모형은 제품과 생산자의 가치를 높여주지 못한다. 일을 진행하는 과정이 자아정체성과 세계관에 영향을 미치기 때문에, 스미스와 테일러가 주장하는 방식을 일터에 적용시킬 경우—스미스도 암시한 바와 같이—자기가 무엇을 하는지 왜 그 일을 하는지에 대해서 아무 생각이 없는 무기력한 노동자를 양산하게 된다.

아담 스미스는 『국부론』에서 편 공장의 업무 배치 방식을 높게 평가하고 있지만, '젊은이의 교육'이라는 또 다른 장에서는 그러한 '생산 방식'이 노동자를 비인간화시킨다는 취지의 언급을 하고 있다.

노동의 분업 과정에서 노동으로 먹고 사는 신체 건강한 사람들은 대부분 고용과 동시에 종류도 몇 가지 없고 단순하기 짝이 없는 업무 한두 가지를 맡아 진행하게 된다. 사람들은 일반적으로 고용되어 일을 하는 과정에서 업무를 배우게 된다. 평생 단순 작업을 하며 사는 사람은 자신이 아는 바를 발휘할 기회를 얻지 못한다. ……그러다 보니 자연히 열심히 업무를 수행할 필요도 없게 되고, 끝없이 멍청하고 무식한 사람이 되어버리고 만다. 정신이 무감각해지면 이성적인 대화에 즐겨 참여하지 못하게 되고, 관대하고 고귀하고 섬세한 감정을 수용하지 못하게 되며, 개인 생활에서 수행해야 할 일반적인 의무 사항에 대해서도 올바른 판단을 내리지 못하게 된다. ……그렇게 되면 신체 활동도 저하되고 원래 자기에게 할당된 단편적인 업무 이외의 일에 대해서는 꾸준한 노력을 발휘하지도 못하게 된다.

일이 인간의 생활과 존재, 미래 그 자체라고 할 때, 지긋지긋한 일을 하며 사는 사람은 대체 어떤 유형의 인간이 되겠는가?

뉴턴의 세계 모형과 인간 본성의 철학은 역사적, 이데올로기적으로 스미스와 테일러의 견해를 뒷받침해주고 부분적으로나마 설명을 해주고 있다. 아이작 뉴턴 경은 우주를 주로 기계에 비유하고 있다. 현실은 기계와 마찬가지로 여러 가지 부품으로 이루어져 있으며 이 부품들이 상호 작용하는 방식에 따라 우리가 알고 있는 세상이 유지된다는 것이다. 기계와 마찬가지로 자연은 수학 법칙의 지배를 받고 있으며, 최고의 공학자이자 수학자인 신神은 영원불멸의 수학 법칙을 만들어서 세상에 적용시켰다. 인류는 이러한 법칙을 배우고 우주의 역학을 예측하며 부분적으로 제어하기 위해 과학적인 추론 과정을 수행한다. 뉴턴의 기계론적 세계관에서는 인간을 시스템이라는 톱니바퀴의 톱니처럼 교체 및 교환이 가능한 존재로 생각한다. 우리는 시스템에 순응하고 규칙을 지키는 한 어떤 직무든 수행할 수가 있다. 뉴턴의 우주론에서는 세계를 기계로, 인류는 그 기계의 부품으로 보고 있다. 개인은 시스템이 요구하는 바에 따라 재정비 혹은 리프로그래밍 될 수 있고 교체도 가능하다.

문화역사학자인 시어도어 로작은 뉴턴의 모형이 오늘날 상거래 세계에서 여전히 이상적인 모형으로 적용되고 있으며 우리들은 그 모형의 명령에 따라 움직이고 있다고 보았다.

> 산업주의는 대량생산과 대중매체, 대중마케팅이라는 자연을 압도하는 비정상적인 힘을 얻기 위해 대량화를 요구한다. 우리가 살고 있는 복잡한 세계 경제 체제는 수백만 개의 소소하고 개인적인 행동, 즉 다른 기계를 아우르는 거대한 기계 속에서 톱니바퀴의 일부로 역할을 수행하는 사람들의 자발적인 의향, 즉 심리적인 항복에 기반을 두고 있다. 사람들은 효율적인 협동 작업을 위해 스스로를 미리 조립된 개체로 만들어내야 하는 것이다.

로작은 산업주의의 요구와 자연에 대한 기계론적인 관점에서 벗어날 수 없기 때문에 애초에 이 사회에 좋은 업무라는 것은 존재할 수 없다고 단언한다. 그러므로 생산이 우리의 유일한 목표가 된다. 욕망, 보다 큰 목표, 사랑, 매력…… 이런 것들은 일하는 데 필수 불가결한 요소가 아니다. 기계는 아름다움을 존중하거나 가치를 두지 않으며, 오직 유용성과 효율성을 중시할 뿐이다.

당장 눈앞에 닥친 문제에 대해 보다 분명하게 생각을 전개시켜 보자. 문제는 일 자체가 아니다. 일은 늘 삶의 중심이었다. 사는 것은 곧 일하는 것이다. 우리는 살기 위해, 일이 필요한 현실을 받아들이는 동시에 외부에서 부과된 부자연스런 짐으로 생각한다. 우리는 지루하고 잔인하며 공허하기만 한 업무에 저항한다. 어느 노동자는 "나는 가족을 부양하기 위해서 일할 뿐, 걸음을 멈추고 내가 그 일을 좋아하는지를 자문하는 짓은 하지 않는다"라고 말했다. 이 문제를 가장 잘 표현한 것은 시인이자 농부인 웬델 베리이다. 베리는 "모든 일은 단조로운 요소를 내포하고 있는데, 문제는 그 일이 의미 있는 일인지 아닌지의 여부이다"라고 말했다.

여론 조사 결과에 따르면 사람들은 기회가 닿는 한 대체로 일을 하고 싶어 한다. 미시간 대학교 사회조사센터의 사회학자 낸시 모스와 로버트 와이스는 1955년에 4백 명 이상을 조사 대상으로 한 연구 결과를 발표했다. 그들은 조사 대상자들에게 "일하지 않아도 편안하게 살 수 있을 정도로 많은 돈을 우연히 상속받는다면, 그래도 일을 할 생각인가?"라고 물었다. 전체 응답자의 80퍼센트가 '그렇다'라고 대답했는데, 그렇다고 대답한 사람들 중 전문직과 하급 화이트칼라 노동자들(86퍼센트)의 비율이 블루칼라 노동자들(76퍼센트)에 비해 약간 더 높았다.

여러 연구 기관에서 일정한 시간 간격을 두고 조사 내용을 보다 확대하면서(조사 대상자의 수를 늘리고 여성도 포함시키는 등) 일에 대한 설문 조사를 여러 차례 실시했다. 후속 여론 조사 결과는 처음에 실시했던 조사 결과를 더욱 강력하게 뒷받침해주었다. 즉, 금전적으로 충분히 여유가 생겨도 계속 일을 하겠다고 답한 응답자의 비율은 연도별로 67.4퍼센트 (1969년, 미시간 대학교), 71.5퍼센트 (1977년, 미시간 대학교), 73퍼센트 (1974년, 얀켈로비치), 75퍼센트 (1978년, 미시간 대학교)로 늘어났다.

1983년 켄터키 대학교의 연구원들은 위와 동일한 주제에 대해 전국의 7,281명의 성인들을 대상으로 여론 조사를 실시했다. 그 결과, 조사 대상자 중 남성의 74퍼센트, 여성의 64퍼센트는 계속해서 일을 할 것

이라고 대답했다. 결혼한 남녀의 경우 여성보다 남성이 일을 계속하고
자 하는 경향이 더욱 강하게 나타났고, 아직 독신인 남녀는 거의 똑같
은 비율로 일을 계속하겠다는 의지를 보여주었다. 나이가 좀더 어리고
보다 양질의 교육을 받았으며 보다 명망 있는 직업을 보유한 응답자들
은 그들보다 나이도 많고 교육 수준도 낮은 응답자들에 비해 일을 계속
하려는 경향이 더욱 강하게 나타났다. 결론적으로 각 집단 구성원 중
대다수는 계속해서 일을 하겠다는 의지를 보였다.

　1987년 8개 국가의 1만 5천 명을 대상으로 한 여론 조사서인『일의
의미』는 다음과 같은 결과를 내놓았다. 응답자의 86퍼센트가 남은 평
생 동안 일을 하지 않아도 편안하게 살 수 있을 만큼의 돈을 갖게 된다
고 하더라도 계속해서 일을 하겠다고 응답했다. 또한 8개 국가의 조사
대상자들에게 인생의 다섯 가지 요소(가족, 일, 공동체, 종교, 여가) 중에
서 제일 중요한 항목이 무엇이냐고 물었을 때, 39. 5퍼센트가 가족을,
26. 5퍼센트는 일을 제일 중요한 요소로 꼽았다. 〈지큐 매거진〉에서 실
시한 1997년 설문 조사에 따르면, 인터뷰에 응한 남자들 중 55.1퍼센
트는 자기 일에 만족한다고 응답했고, 58. 4퍼센트는 지금 하는 일을
앞으로도 계속 하고 싶다고 답했다.

　이처럼 가상의 행동을 전제로 하는 설문 조사 외에, 우리는 최근 수
백만 달러짜리 로또 복권에 당첨된 사람들을 대상으로 현실적인 선택
문제에 대한 조사 분석을 진행했다. 이 운 좋은 사람들 중 대부분은 복
권 당첨을 영원히 일에서 해방될 수 있는 해방구로 여겼지만, 그들 중
상당히 많은 수의 사람들이 적어도 당첨 초기의 기자회견에서는 지금
하는 직무를 고수하겠다거나 앞으로도 계속 일을 하겠다는 의지를 표
명했다. 그들은 앞으로 '더 나은' 삶을 살 계획이지만 현재 하고 있는
일을 좋아한다, 혹은 달리 무슨 일을 해야 할지 모르겠다, 다른 일은 하

고 싶지 않다는 식으로 답변했다.

특정한 직무에 대한 태도와 전반적인 일에 대한 태도에는 큰 차이가 있다. 1973년에 작성된 「미국의 노동」이라는 보고서에 기재된, '모든 걸 새로 시작할 수 있다면 어떤 유형의 일을 해보고 싶은가?'라는 질문에 대한 응답 내용을 보면 일에 대한 불만족을 가장 잘 파악할 수 있다. 특히 화이트칼라 노동자를 중심으로 한 단면 조사에서 앞으로도 지금 하고 있는 것과 똑같은 일을 선택하고 싶다고 응답한 비율은 43퍼센트에 불과했고, 블루칼라 노동자들 중 다시 한 번 기회가 주어져도 지금과 똑같은 종류의 일을 하겠다고 답한 비율은 겨우 24퍼센트였다. 미시간 대학교에서 시간 차를 두고 세 차례에 걸쳐 실시한 조사 내용에 따르면, 대체로 일에 대한 동기부여는 높은 편이지만 지금 하는 일을 계속 하고 싶어 하는 사람들의 비율은 계속해서 줄어들고 있었다.

	1969년	1973년	1977년
지금 하고 있는 일을 계속 하겠다	48.2%	43.7%	38.1%
은퇴 후 전혀 일을 하지 않을 작정이다	6.4%	4.6%	1.9%
지금 하고 있는 일 말고 다른 일을 하고 싶다	44.4%	51.7%	60.0%

위 통계가 다소 오래된 것이고 이런 종류의 조사로는 최근 자료가 없지만, 위 통계자료는 요즘 세태에도 유효하게 적용될 수 있으리라 생각된다. 즉, '사람들은 일하고 싶어 하지만 자기 직무를 좋아하지는 않는다'는 것이다. 〈지큐 매거진〉의 설문 조사 자료에 따르면, 응답자 중 현재 직무에 만족한다고 답한 비율은 55.1퍼센트였고, 그들 중 자기들이 정말로 하고 싶은 일을 하면서 돈도 벌 수 있다면 현재 하는 일의 업무 시간을 줄이거나 급료를 더 적게 받아도 무방하다고 응답한 비율은 65퍼센트였다. 또한 73퍼센트는 일을 그만두고 자기 사업을 운영하고 싶

다고 대답했고, 그중 40.9퍼센트는 자기 직업은 단순한 돈벌이 수단이고 다른 직무로 옮겨가기 위한 방편일 뿐이라고 말했다. 이러한 통계자료는 '사람들은 일하고자 하는 의지는 있지만 반드시 지금 하고 있는 직무를 계속하고 싶어 하지는 않는다'라는 명제를 뒷받침해주고 있다.

게다가 1990년 이래로 나는 남자 친구들과 동료들을 대상으로 그들의 경력과 일에 대해 비공식적인 조사를 실시했다(나는 일부러 조사 대상자를 남성에 국한시켰는데, 1940년대에 태어난 내 나이 또래의 여자들은 결혼을 할 때까지 전혀 직업을 갖지 않거나 결혼을 하면서 일을 그만두는 경우가 대부분이었기 때문이다). 총 150명의 조사 대상자들은 모두 남성이며 나이는 45세 이상, 근무 기간은 최소한 20년 이상이었다. 그들 중 75퍼센트는 대학 교육을 받았다. 80퍼센트는 스스로를 전문가라고 여겼고(즉, 자신은 단순한 직무가 아닌 전문적인 직업을 수행하고 있다고 여겼다) 그들 중 85퍼센트는 일생 동안 한 분야에서만 일을 해온 사람들이었다. 그리고 전체 응답자 중 90퍼센트가 백인이며, 그들은 모두 스스로를 '안락한 중산층'이라고 여겼다. 모두들 자기 일에 대해 대체로 긍정적으로 얘기하는 편이었지만, 공통적으로 세 가지 불만을 품고 있었다. 기진맥진한 증세, 탈진, 환멸/실망이 바로 그것이었다.

기진맥진한 증세는 그들의 나이가 많고 다양한 직무를 수행하면서 여러 가지 어려움에 부딪치기 때문인 것으로 보였다. 다들 정도는 다르지만 피곤하고 에너지가 모자란다고 말했다. 자기 일을 정말 좋아한다고 말하는 사람들도 이제는 예전과는 달리 체력이 많이 떨어졌다고 한탄했다. 그들 중 한 사람은 "나는 어느 누구에게도 지지 않고 일을 할 수 있지만, 밤에 집에 오면 완전히 녹초가 되어 버립니다. 요기를 하고, 텔레비전을 좀 보다가 밤 열 시 전에 잠자리에 들죠. 안 그러면 내일 제대로 일을 할 수 없으니까요."

그리고 탈진은 일에 대한 열망과 헌신 때문이라기보다 그들의 나이와 업무 시간 때문인 듯했다. 극도의 피로를 호소하는 사람들은 대부분 '업무를 너무 많이 너무 오랫동안 하고 있다', '무디어진다', '집중이 잘 되지 않는다'고 말했다. 오랫동안 고등학교 교사로 재직한 한 남성은 이렇게 말했다. "32년간 교사 노릇을 했습니다. 하루에 다섯 차례 수업을 진행하고, 1년이면 여름학교를 제외하고 아홉 달을 일합니다. 오해는 하지 말아주세요, 나도 교육이 중요하다고 생각하는 사람이고, 아이들을 무척 아낍니다. ……그래도 좀 질렸어요. 더 이상 일을 좋아할 수가 없고, 이미 증세가 나타나고 있습니다. 9월이 싫어지기 시작하고 있으니까요. 신입생도 싫고, 라틴어 입문도 지긋지긋합니다. '미국은 아름답다, 미국은 나의 조국이다'라는 라틴어 문장을 계속 더 반복하다 보면, 나는 아주 멍청이가 되어버릴 겁니다! 생각해보세요. 쇼를 낮에 한 번 저녁에 두 번, 이렇게 일주일 내내 하면서 계속 예리한 감각을 유지할 수 있는 사람은 없습니다. 아무렴요!"

어느 직무를 수행하든 기진맥진한 증세와 탈진은 피할 수 없다. 결국 피로는 노동에 자연스럽게 수반되는 것이기 때문이다. 그러나 내 개인적인 조사 대상자들이 토로하는 제일 큰 불만은 바로 일에 대한 환멸 혹은 실망이었다. 즉, 일을 하고는 싶은데 지금 하고 있는 일을 항상 좋아할 수는 없다는 것이다.

조사 대상자들 중 55퍼센트는 자신이 선택한 일을 하면서도 즐겁지 않다고 했고, 다른 일을 해보고 싶다는 생각을 갖고 있었다. 특히 범죄자 전문 변호사는, 법을 다루는 일을 좋아하기는 하지만 자신이 선택한 법률 분과에 대해서는 후회막급이라고 했다. "나는 유죄라고 생각하는 사람들을 정말 많이 풀어주었습니다. 게임은 정의가 아니라 증거 위주이고, 나는 게임을 잘했기 때문에 수익도 괜찮은 편이었죠. 지금도 일을 계속 하고는 있지만, 하고 싶어서 하는 건 아닙니다." 어느 성공한 외판원은 자기 경력을 더욱 신랄하게 비판했다. "돈 말고, 내가 성취한 게 대체 뭐랍니까? 중요한 뭔가를 이룬 게 있나요? 회사에서 정해놓은 기준 이외에 다른 누군가에게 보탬이 되는 일을 한 게 있습니까? 일이 너무 지루해서 아주 미쳐버릴 지경입니다!"

중년 남성들이 지쳐서 투정부리는 소리쯤으로 들릴지도 모르겠지만, 이런 식의 불만은 다른 집단에서도 공통적으로 발견되는 것이다. 그들은 대부분 열심히 일을 해왔지만 자신들은 세상에 아무런 영향도 미치지 못했다고 여겼다. 그리고 현재 하고 있는 일 덕택에 안전한 교외 지역에서 안락하게 살고 있는 것은 사실이지만, 일이 영구적인 사회적 가치를 실현시켜주지는 못했다고 보았다. 저널리스트이자 문화비평가인 바버라 에렌라이히의 『추락의 두려움』에 언급된 명제대로, 이 남자들은 고군분투해서 중산층이라는 신분을 얻고 그 신분을 자녀들에게 착실히 물려주었지만, 그 외엔 아무것도 이룬 것이 없다고 생각했다.

놀랍게도 그들 중에서 지금 하는 일 외에 달리 하고 싶은 일은 무엇이냐는 질문에 대해 정확하게 답변하는 이는 거의 없었다. 하지만 이상적으로 생각해보았을 때 자신의 직무에 깃들어 있기를 바라는 특성이 있으면 열거해보라고 하자, 그들은 만장일치로 '자극, 그리고 타인의 안녕에 대한 적극적인 공헌'이라는 두 가지 요소를 꼽았다. 심리학자인 오토 랑크가 말한 것처럼, 그들은 사람들에게 '좋은 영향을 미칠 수 있는' 일을 하고 싶어 했다. 그들 중 대다수는 썩 괜찮은 사회적 지위와 금전적인 안정을 누리고 있었지만, 자기가 이룬 성공은 기껏해야 상처뿐인 승리라고 여겼다. 직무에 마음이 끌리지 않는 것은 그 직무가 추잡한 성격을 띠고 있어서가 아니다. 일을 하면서 가끔은 공허해서 견딜 수 없을 정도로 괴롭기 때문이다.

범죄 전문 정신병리학자인 파크 다이츠는 그의 TV 다큐멘터리「살인 나인 투 파이브」에서 전체 미국인 중 10퍼센트가 치료를 요할 정도의 우울증을 앓고 있으며, 사회적 권태감이 발생하는 주된 원인 중 하나가 노동자들이 자신의 직무를 지루하게 여기기 때문이라고 주장했다. 노동자들이 겪는 불만과 의기소침은 흔히 높은 결근율과 낮은 직무성과, 고의적 업무방해, 약물 남용, 직무 중 대인관계 위축 등으로 표출된다. 그러나 동료 직원들을 향한 폭력과 신체 상해 등으로 표출되는 비율도 점차 높아지고 있다.

미국에서는 1994년 3월 말부터 4월 초까지 열흘간, 전국적으로 여러 건의 직장 내 폭력 사태가 발생했다. 가령 불만을 품은 페덱스 사 소속 비행기 조종사 한 명이 비행 중인 DC-10 조종실에서 동료 조종사 셋을 망치로 공격하여 심각한 부상을 입혔고 그 바람에 비행기가 거의 추락 직전에까지 이르렀다. 시카고 교외에서는 소규모 공장의 구매 담당자가 사무 절차에 반발하며 상관을 칼로 찔러 죽인 사건도 있었다. 그리고 노스캐롤라이나 주의 어느 섬유광학 실험실에서는 여성 관리자와 논쟁을 벌이다가 자리를 박차고 나온 기술자가 다시 공장으로 되돌아가서 반자동권총을 꺼내 난사한 사건이 발생했는데, 그 기술자는 두 명을 다치게 하고 두 명을 죽인 다음 자살했다.

미국 국립직업안전 및 건강연구소 측에 따르면, 1980년대 후반과 1990년대 초반에 미국 전역의 우체국에서 총격과 살인 사건이 가장 빈번하게 발생했다. 특이하게도 대부분의 총격 사건의 발생 경위가 매우 비슷한 것으로 밝혀졌다. 어느 날 아무런 경고나 뚜렷한 동기도 없이 출근한 우체국 직원이 총을 꺼내어 동료들과 고객들을 향해 마구 쏘아대는 식이었다. 범인은 특별히 누군가를 목표물로 삼지도 않았고 재수없게 걸려 든 구경꾼을 가려내지도 않았다. 범인이 사방에 총을 쏜 후 스스로 총을 겨누어 자살한 건수는 전체 사건 중 절반 정도였고, 나머지 절반의 범인들은 조용히 사건 현장을 떠나 집으로 돌아가 경찰이 오기를 기다리고 있거나 아니면 직접 경찰서에 자수하러 갔다.

이런 사건들은 대중들을 두려움에 떨게 만들었으며, 한편 각종 우스갯소리의 소재가 되기도 했다. 가령 "우체국 직원 창구에 방탄유리가 설치되어 있는 이유는 뭘까? 직원들로부터 고객을 보호하기 위해서지!"라는 식의 농담이 회자되었다. 그리고 '우체국에 가다going postal'라는 표현이 속어적으로 '총을 쏴대다', '자제력을 잃다', '미친 듯이 화를 내다'라는 의미를 갖게 되었다. 잠깐 동안이지만 우체국 Postal이라는 컴퓨터 총격 게임까지 유행했다!

현재 미국의 경우 일터에서 살해당하는 사람들의 수는 매년 천 명이 넘으며, 이 수치는 1980년의 연평균 건수보다 32퍼센트나 더 많은 것이다. 살인은 여성들이 직장에서 사망하는 원인 중 첫 번째, 남성의 직장 사망 원인 중 세 번째(남성의 경우 첫 번째 원인은 기계로 인한 사고, 두 번째는 운전 중에 발생하는 사고)로 꼽히고 있다. 직장에 강도가 들어 살인이 일어나는 건수도 많지만 잔뜩 화가 난 배우자나 연인이 상대방의 직장까지 쫓아와서 일을 벌이거나 불만을 품은 동료나 고객이 일터로 찾아와 살인을 저지르는 건수가 점점 늘어나고 있다.

1993년 노스웨스턴 내셔널 생명보험회사에서 실시한 조사 결과에 따르면, 2백만 명 이상의 근로자들이 매년 일터에서 물리적인 공격을 받고 있으며, 6백만 명 이상이 폭력에 준하는 위협을 받고 있다. 이러한 위협과 공격은 '비서의 책상 위에 익명의 구애 편지를 놓는 행위부터 남자 화장실 벽에 변을 칠해놓는 행위, 최고경영자의 집에 죽이겠다는 위협의 편지를 보내는 행위, 모두 죽여 버리겠다고 말하며 관리자에게 어떤 총을 쏠지에 대해서까지 구체적으로 언급하는 근로자의 행위

등 모든 범위'에 걸쳐 있다. 시카고에 소재한 전미작업환경안전기관의 소장 조셉 키니는 "요즘은 직장 내 폭력 사건 중, 고용주 혹은 예전 고용주를 표적으로 삼는 폭력 사건이 급속도로 늘어나고 있다"라는 내용의 보고서를 발표했다.(1996년 미국 국립직업안전 및 건강연구소에서는 연평균 20명 정도의 미국인 노동자들이 직장에서 살해당하고 1만 8천 명 정도가 급습을 받는다고 보고했다. 그러나 이 통계 수치에는 일반 대중이 저지른 사건만 포함되어 있고 동료 근로자가 저지른 사건은 제외되어 있다. 가장 빈번하게 폭력에 노출되는 직종은 택시 운전사나 자가용 운전사, 군郡보안관이나 법원의 정리廷吏, 형사, 주유소 직원, 경비원인 것으로 나타났다.)

이 분야의 전문가들은 다양하지만 공통적인 몇 가지 원인으로 인해 직장에서 폭력 사건이 계속해서 증가한다고 보고 있다. 어떤 이들은 지난 10년간 지속된 기업 다운사이징과 반복적인 일시해고로 노동자들이 품게 된 두려움과 불확실성, 자신은 조직에 없어도 되는 존재가 아닐까 하는 자괴감이 사건의 원인이라고 생각한다. 현장 근로자와 경영진의 월급 격차가 점점 더 벌어지고 있는 것을 폭력 사태의 주된 원인으로 꼽는 이들도 있다. 그리고 덫에 걸린 듯 옴짝달싹 못하는 상황에서 초과근무를 하는 근로자들이 더 이상 자기 일을 견딜 수 없게 되어 숨 막히는 상황 속에서 자신의 의지를 폭력을 통해 표출하는 것이며 이런 행위는 객관적으로 볼 때는 이성적이지 않으나 범인의 입장에서는 논리적일 수 있다고 보는 의견이 대다수를 차지하고 있다. 근로자들의 불만이 모조리 폭력으로 표출되지는 않지만, 폭력 사건의 빈도가 높아지고 있다는 것은 근로자들이 불만을 품고 자포자기하는 경우가 많다는 것을 보여준다.

상황은 간단하다. 존엄성이 결여된 직무를 하다 보면 근로자는 스스로를 존엄한 존재로 여길 수 없다. 유머작가인 개리슨 케일러의 말을 인용하자면, 일의 필요성과 기쁨을 모두 누릴 수 있는 인간은 거의 없으며 일은 고되기만 한 노역인 것이다. 단조롭고 힘든 일은 근로자의 내면에 침투하여 업무 수행의 목적을 상실하게 만든다. 그럴 경우 우리는 자기가 하는 일이 타인의 일과 요구에 어떤 식으로 연결되어 공헌하고 있는지를 깨닫지 못하게 된다. 목적이 없으면, 일을 즐기기보다는 그저 참고 견디며 살게 된다. 1997년 월슨 교육재단의 보고서에 따르면, 오늘날 피고용인의 80퍼센트는 '작업을 활발하게 수행하지 않거나' 자신의 직무에 관여하고 공헌하는 걸 최대한 꺼리고 '일에 에너지를 소비하고 싶어 하지 않는' 경향이 있다.

모든 일은 고생스럽기 마련이다. 일이 늘 즐거울 수만은 없다. 어떤 일에나 힘든 요소는 있다. 그러나 일은 우리가 세상에 존재한다는 걸 말해주는 증거이며 자아정체성을 구축시켜주는 수단인 만큼, 그저 억지로 참고 견디는 그 무엇이 되어서는 안 된다. 일은 삶을 유지시켜주고 더욱 풍요롭게 해주는 활동이어야 한다. 즉, 일이 얼마나 힘든가가 아니라, 일이 삶에 의미를 부여할 수 있는 것인가가 문제이다.

매튜 폭스는 일에 대한 새로운 철학 혹은 비전이 필요하다고 주장한다. 즉, 일의 고됨과 의미를 구별할 수 있게 해줄 비전, 일을 필요조건이며 특권이라고 인식하는 견해, 인간이 일을 필요로 한다는 것을 인정하고 그에 대한 대답을 제시하는 입장 말이다. 폭스는 신학적인 용어까지 써가며, 현대 자본주의의 발달로 종말론적 노동관('일'은 예수 그리스도로부터 말미암은 종말론적인 새로운 질서 회복의 수단이기 때문에, 인간은 노동을 통해 하나님 나라에 참여할 수 있다는 논리-옮긴이)의 결여가 초래되었다고 강력하게 주장한다. 개인적으로 노동을 통해 얻을 수 있는 즉시적인 이득 이외에, 우리에겐 직무 목표도 없고 장차 보다 큰 대의를 위해 인류에게 공헌할 수 있다는 희망도 없다. 따라서 우리는 일을 정의하고 창조하며 보완하는 방식을 바꿔야 하며, 궁극적으로 '우리가 왜, 누구를 위해 일을 하는지'를 깨달아야 한다.

폭스의 주장대로 인간 사회는 감정적으로, 지적으로 뉴턴의 기계론적 우주 모형과 밀접한 연관을 맺고 있다. 노동자는 경제라는 기계의 부속품으로서, 맡은 바 기능을 책임지고 수행한다. 하지만 단순히 직무를 수행하고 기능을 다하는 것만으로는 자신이 전체의 일부, 즉 공동체의 일부라는 생각이 들지 않는다. 우리는 언제든지 교체가 가능한 부품으로 취급되고 있기 때문에 공동체 안에서 늘 타인과 경쟁을 해야 한다. 우리에게 일은 고립되어 있고 실리적이며 개인의 감정이 섞이지 않은 활동이다. 우리는 토마스 홉스의 말처럼 '만인의 만인에 대한 투쟁' 상태에서 살아가고 있기 때문에 유기적인 상호 관계 속에서 인생과 일을 올바르게 파악하기 어렵다. 사업 혹은 직무의 성패에 관심을 쏟더라도, 일에서의 성공이 나의 개인적인 필요에 어떤 식으로 영향을 미칠 것인가에 제한해서 관심을 둔다. 우리는 '필요하지만 달갑지는 않은', 일이라는 활동을 통해 그저 개인의 편협한 안녕만을 추구할 뿐이다. 우리가 하는 일에는 사회적인 책무를 다한다거나 공동체에 헌신한다는 식의 개념이 내재되어 있지 않은 것이다.

폭스는 뉴턴의 모형이 아담 스미스가 주장한 '시장의 보이지 않는 손' 이론과 양립될 수 있다고 단언한다. 스미스는 인생과 시장이 본질적으로 서로 연결되어 있다는 걸 감안할 때 우리는 모두 자기 의지로 자신의 이익을 추구하게 마련이며 그에 따라 의도하지 않아도 자연스럽게 타인의 이익과 안녕을 고양시키게 된다고 보았다. 하지만 폭스가 지적한 것처럼, 보이지 않는 손이 베풀어주는 이익에 대한 스미스의 믿음은 안타깝게도 잘못된 것이었다. 스미스의 이론은 이제·소외된 인간에 대한 책임 문제, 민간 기업가 정신, 맹렬한 경쟁적 개인주의를 정당화하는 데 이용되고 있을 뿐이다.

보수파 경제학자이며 전 백악관 연설 원고 작성가인 조지 길더는 공동체라는 것이 비슷한 생각을 가진 이기주의적인 개인들의 집합체에 지나지 않는다고 보았다. 결국 개인과 공동체 간에는 민감하고 복잡한 긴장감이 흐르게 된다. 공동체는 개인의 안녕과 목표 성취에 필요한 도구이자 동시에 장애물이다. 우리는 타인을 필요로 하지만, 타인이라는 존재와 그들이 요구하는 바, 그들의 권리는 우리를 압박하고 제한한다. 그래서 성공하기 위해서는 공동체의 요구 사항은 어느 정도 묵살해버려야 한다. 윤리는 우리에게 최소한의 페어플레이 기준을 준수해야 한다고 요구하지만, 성공하기 위해서는 타인과 계속해서 적대적인 관계로 지낼 수밖에 없다. 길더는 공동체가 부와 안녕을 동시에 양산할 수는 없다고 보았다. 민간 기업가들만이 스미스가 말한, 간접적으로 '최대 다수의 최대 행복'을 창출하는 보이지 않는 손의 기제를 만들어낼 수 있다. 길더는, 위험을 감수하고 고된 노동을 하며 맹렬한 경쟁심에 불타는 개인이 양산하는 부의 '적하 효과'(trickle-down effect, 넘쳐흐르는 물이 바닥을 적시는 것처럼 대기업이나 고소득층 등 선도 부문의 경제 효과가 높아지면 중소기업이나 저소득층 등 낙후 부문에도 혜택이 돌아가 총체적으로 경기가 활성화되는 효과-옮긴이)야말로 자유방임의 경제 시스템을 추진시키는 촉매제라고 주장한다.

유감스럽게도 폭스는 사람들이 고된 노동과 개인의 성취를 높이 평가하는 이유는 공동체보다 개인의 권리를 더 우선시하기 때문이며, 사람들에게 성공이란 늘 치열한 경쟁이 수반되는 제로섬 게임(승자의 득점과 패자의 실점의 합계가 0이 되는 게임. 이 게임에서는 승자의 득점이 패자의 실점과 관계가 있기 때문에 심한 경쟁이 유발되는 경향이 있다-옮긴이)일 뿐이라며 한탄했다. 폭스는 제대로 된 일은 우리가 필요로 하는 바를 채워줄 뿐만 아니라 공동체 내에서 타인과 조화를 이룰 수 있게 해준다고 주장한다. 우리에게 필요한 것은 자기 자신 이외에 타인의 요구와 논쟁점을 고려할 수 있는 노동관이다.

일은 미래에 관한 것이다. 따라서 일은 나 자신과 업무 범위를 초월하여 꿈을 이루고, 약속을 이행하며, 신비를 이해하는 활동이다. 이럴 경우 일은 종말론적 노동의 양상을 띠게 된다. 좋은 직무는 희망을 이야기하고, 우리 자신과 타인에게 희망을 갖게 한다.

폭스는 우리가 인간이기 때문에 어쩔 수 없이 일에 불만도 품고 싫어하기도 하는 것이라고 보았다. 일을 인생에서 떼어놓을 수 없다고 전제할 때, 공동체에 대한 공헌은 깊이 있고 의미와 목적이 있는 삶을 살기 위해 반드시 필요한 요소이다. 일이란 단순히 벌이가 좋은 직업을 찾아서 수행하는 것에 국한되지 않는다. 의미 있는 일을 하다 보면 아주 친밀한 관계는 아니더라도 타인과 계속해서 접촉하게 되고, 공동체에 봉사하며 지속적으로 상호 작용을 하게 된다. 이러한 요소를 최소한이라도 충족시켜주지 못한다면 일은 그저 '재미없고 힘들기만 한 활동'으로 전락하고 만다.

마이클 러너는 그의 저서 『의미의 정치학』에서 공동체는 우리 인생의 배경에 불과한 것도 아니며, 그렇다고 장애물도 아니라고 여러 차례 강조하고 있다. 공동체는 인간이 살아가기 위해 반드시 필요한 조건이다. 우리는 그저 끼리끼리 모여 있기만 하면 되는 짐승의 무리가 아니며, 아리스토텔레스의 말대로 육체적·심리적 안녕을 타인에게 의존하는 '사회적 동물'인 것이다. 누구나 죽을 때를 제외하고는 완전히 혼자인 순간은 없다. 자아정체성과 고유성도 부분적으로나마 나를 타인과

견주어 봄으로써 깨달을 수 있는 개념이다. 인간이란 타인과 더불어 살아가는 존재인 까닭이다.

공동체주의의 대표자라고 할 수 있는 아미타이 에치오니는 유감스럽게도 서구인들은 개인의 권리를 공동체의 권리보다 맹목적으로 우선시해왔다고 말한다. 우리는 개인도 중요하지만 개인이 존재하기 위해서는 공동체가 필요하다는 개념을 잊고 말았다. 공동체는 '나름의 이익을 추구하는 개인의 집합체' 이상이며, 행복이란 단순히 '물건 하나를 더 구매한다고 얻어지는 것'도 아니다. 우리는 공동체가 공동의 이해관계를 바탕으로 한다는 것과 집단적인 삶의 질은 개인적인 삶의 질과 직결된다는 것을 잊어버렸다. 정신병리학자이자 철학자인 빅터 프랭클은 모든 사람이 일을 통해 '계속해서 의미를 찾으려 하는' 주된 이유는, 누구나 살면서 노력을 통해 타인의 삶을 변화시키고자 하는 욕구가 있기 때문이며, 이렇게 하지 못할 경우 인간으로서 품격이 저하된다고 생각하기 때문이라고 보았다. 우리들 중 자신이 보다 큰 대의를 실현하고 있다고 여기는 사람은 거의 없으며, 급료를 받는 데만 신경을 쓰면서 금전적인 안정에 휘둘리는 경우가 대부분이다. 이럴 경우 노동은 무언가를 얻고 구매하기 위한 활동으로 그 의미가 축소되어 버린다. 우리는 더 이상 창조하고 공헌하기 위해 일하는 것이 아니라, 소비하기 위해서 일하는 존재가 되고 만다.

일은 우리 내면의 신성과 악마성을 모두 일깨울 수 있으며 우리를 창조의 최정점에 이르게 할 수도 있고 절망에 빠져 허우적대게 만들 수도 있다. 모든 것은 행위자, 일의 성과, 일을 하는 이유에 달려 있다. 일은 우리에게 공동체 전체에 공헌할 수 있는 기회를 부여한다. 나쁜 업무는 반복적이고 노동자의 발전을 저해하며 노동자 개인이나 상품, 공동체에 별다른 공헌을 하지 않고, 오히려 노동자를 자아와 타인으로부터 소외시킨다. 그 결과 분노와 절망, 폭력을 낳는다. 반면에 좋은 업무는 인간적인 특성을 갖고 있어 노동자들에게 신뢰를 주며, 노동자와 상품, 공동체에 공헌한다. 만족감을 느끼게 해주고 일하는 도중에 필요한 노고를 견딜 수 있는 힘을 준다. 폭스는 카를 마르크스와 교황 요한 바오로 2세의 의견에 동의하며, 좋은 업무는 개인에게 인생이 단순한 실재가 아니라 지속적이고 창조적인 예술품이라는 걸 깨닫게 해준다. 개인의 직무가 사생활을 형성시키듯이 집단의 노동은 그 집단의 삶의 모습을 이루어간다. 우리는 일을 통해 개인 생활과 인류의 운명을 함께 만들어나가고 있는 것이다. 우리는 노동자인 동시에 세계 시민이며, 세계의 창조자이다.

나 역시 폭스와 마찬가지로, 우리에게 필요한 것은 '생활에 필요한 생계수단이며 동시에 노동관과 인생관을 분리시키지 않고 공동체적 요구와 개인적 요구의 일치를 추구하는 일의 비전'이라는 것을 잘 알고 있다. 우리에겐 '돈이 노동의 주된 이유가 되지 않고 돈이 부도덕한 결과를 정당화시키지도 않는 가치 체계가 필요하다. 우리는 다음과 같은 존 아담스의 유명한 교훈을 새겨들어야 할 것이다.

내 아들들이 자유로이 수학과 철학을 공부할 수 있도록 하기 위해 나는 정치와 전쟁을 배워야 한다. 내 아들들은 그 자식들이 그림과 시, 음악, 건축, 조각, 태피스트리, 자기 공예를 배울 권리를 갖게 하기 위해 수학과 철학, 지리학, 박물학, 선박 공학을 배워야 한다.

여기에 제시된 교육 모형은 의사들이 받는 가르침과 비슷한 형식이다. 즉, '배우고, 행하고, 가르치고─전수하라'는 것이다.

6

일만 있고 윤리는 없다 ◉

인간이 직무를 소유한다고 보는 것은 현상을 제대로 파악하지 못한 것이다.
직무가 인간을 소유하는 것이기 때문이다.
_제임스 굴드 커즌스

19세기 말에 진행된 미국 노동운동의 주요 목표는 단순 명료했다. 즉, '8시간을 노동하고 8시간을 쉬며, 8시간을 자유재량으로 쓸 수 있게 해달라'는 것이었다. 20세기에 들어와 이 목표는 얼마간 특정 산업 부문의 일부 노동자들이 실현했다. 그러나 대부분의 미국인들에게 주당 40시간 근무는 오래전에 잊혀진 추억이거나 여전히 계속해서 추구하는 꿈이다. 나라 전체로 볼 때 우리는 과거 어느 때보다도 더 오랜 시간을 일하고 있다. 하버드 대학교 교수이며 경제학자인 줄리엣 B. 쇼어의 말에 따르면, 기술적 진보와 산업화로 인해 노동시간은 더욱 늘어났고 '여가 시간은 줄어들었다.'

일의 역사를 조사해보면 개인과 사회가 일에 바치는 시간에 관한 놀라운 통계자료를 발견할 수 있다. 사람들은 흔히 원시인들이 끝없는 노동에 시달리며 살았을 거라고 추측한다. 그런데 쇼어는 원시적 생계 경제 속에서 사는 사람들은 거의 일을 하지 않았다는 것을 밝혀냈다. 가령 파푸아뉴기니의 카파우쿠 족은 이틀 연속으로 일하는 법이 없고, 아프리카의 부시먼도 하루에 6시간 이상, 일주일에 절반 이상을 일하지 않는다. 오스트레일리아의 원주민과 남대서양의 샌드위치 제도 사람들 역시 하루에 4시간 이상은 일하지 않는다.

지중해 분지와 초창기 서부 유럽인들의 생활상을 보더라도 그들이 최소한의 시간밖에 일하지 않았다는 것을 알 수 있다. 고대 이집트인들은 연간 70일 정도밖에 일하지 않았는데, 이는 평균적으로 6일에 하루만 일을 한 셈이었다. 고대 그리스와 로마에서도 일하지 않는 시간이 굉장히 많았다. 고대 아테네인들은 연간 50~60회 정도 여러 날에 걸쳐 축제를 벌였고, 타렌툼 같은 일부 그리스 도시국가의 경우, 다른 도시국가들보다 축제 횟수가 3배 이상 많았다. 고대 그리스의 달력을 보면, 355일 중 109일은 '재판이나 정치적인 일을 하지 않도록 법적으로 금지'된 날이었다. 4세기 중반까지 공적인 축제 기간은 연간 175일 정도였고, 이는 고대 로마 근로자들이 깨어 있는 시간 중 평균 3분의 1밖에 일을 하지 않았다는 것을 보여준다(이 수치는 자유민의 경우에만 해당되는 것이며, 노예 노동자의 근로 시간은 반영되지 않았다. 노예들의 노동시간까지 감안하여 자유민과 노예의 노동일수를 합해 평균을 내면, 그 결과는 분명 다르게 나올 것이다).

중세 시대에 교회에서는 고대 로마의 여러 가지 종교 의식일과 휴일을 기독교 성일聖日 및 축제일로 흡수했다. 주일과 크리스마스, 부활절, 특정한 성인聖人들의 날, 축제, 그리고 그 사이에 계절 축제와 정치적 축제, 결혼축하연과 기념철야제 등이 있었다는 걸 감안하면 중세 영국에서는 연간 3분의 1 정도가 여가 시간이었다. 프랑스의 앙시앵 레짐(ancien régime, 프랑스 혁명 전의 구체제-옮긴이) 당시에는 공식적인 연간 휴일이 180일이었고, 스페인에서는 휴일과 성축일의 일수를 모두 합하면 1년 중 5개월 이상이나 되었다. 유럽 전체를 통틀어 추수기를 제외하면 농부들이 일주일에 일하는 시간은 20시간도 되지 않았다.

중세 시대나 고대 그리스, 로마 시대에 살았던 평범한 사람들은 안락하고 재미있고 특별히 풍요로운 삶을 살지는 않았지만 시간적으로는 여유가 있었다. 당시 삶의 리듬과 시간은 기후와 작물 재배 시기, 식품 공급, 영양 섭취, 사회적 관습, 정치적 전통, 교회의 칙령에 따라 정해졌으며, 일이 중심이 되거나 일로써 측정되지는 않았다. 노동자들은 간혹 등이 휠 정도로 힘들게 일을 하기도 했지만, 오늘날의 일반적인 통념처럼 일출부터 일몰까지 죽도록 일만 한 것은 아니었다. 시장체제와 산업혁명이 완전히 꽃을 피운 후에야 사람들은 드라콘(기원전 7세기 말에 살았던 아테네의 입법가-옮긴이) 식의 엄격하고 규칙적인 일정에 맞춰 일하기 시작했고, 깨어 있는 시간의 대부분을 일에 쏟아 붓게 되었다. 인류학자인 마샬 살린스의 말에 따르면, 사람들이 '고된 노동으로 점철된 삶'을 살게 만든 것은 바로 시장체제였다.

유럽과 미국에서 산업혁명이 진행되었던 18세기와 19세기에 사람들은 인류 역사상 가장 길고 고달픈 노동을 경험하게 되었다. 자본주의 체제는 사람들에게 일을 해야 할 필요성이 점점 줄어들 것이라고 지속적으로 주장했으나, 이러한 주장은 자본주의 배양기 동안에는 적용되지 않았다. 쇼어의 주장에 따르면 18, 19세기 전까지 사람들은 계절에 맞춰 간헐적으로만 일을 하면 그만이었지만 자본주의가 도래한 후 사람들은 갑자기 연간 52주, 일주일에 6일, 즉 주당 70~80시간을 쉴 새 없이 일해야 했다. 자본주의 체제하에서 노동시간이 가장 길었던 때에는 중세 시대에 비해 200~300퍼센트나 더 오래 일을 해야 했다.

산업혁명의 탄생에 관한 찰스 디킨스의 소설은 당시의 현실을 있는 그대로 묘사하고 있다. 디킨스는 19세기 중반에 쓴 『올리버 트위스트』 『데이비드 카퍼필드』 『황폐한 집』 『고된 시기』 등의 소설에서 암울하고 지저분하며 석탄으로 오염된데다가 과잉노동인구로 붐비는 영국의 도시들을 그려냈다. 당시 남녀 노동자들은 필사적으로 일자리에 매달렸기 때문에 결국 비도덕적인 고용주의 처분대로 따를 수밖에 없었고 당시의 제한된 기술로 인해 고통스럽게 일을 해야 했다. 말을 대체한 인간의 노동력으로 굴러가는 노동 착취 업소와 공장에서 남녀노소 할 것 없이 다들 어마어마하게 오랜 시간 동안 일을 했다. 근무환경은 열악했고 위험했으며 급료도 낮았고 혜택은 전무했다. 노동자들은 밤이 되면 하루 14시간 일하느라 탈진한 몸을 이끌고 그나마 근무지보다 조금은 깨끗하고 그나마 안전하다고 할 수 있는 누추한 거처로 돌아왔다. 디킨스는 매일 아침 노동자들을 잠에서 깨워 일터로 내보내는 원동력이 사회적인 안전망의 부재, 개인 저축 부족, 공장 문 밖에 줄을 지어 서 있는 수많은 실업자들에게 자기 자리를 빼앗길지도 모른다는 두려움이었다고 말한다.

당시 미국 뉴욕의 근무환경도 런던과 마찬가지로 복잡하고 너저분했다. 뉴욕의 5개 독립구에 위치한 노동 착취 업소와 공장에는 어둡고 통풍도 잘 안 되는 환경에서 시간당 겨우 몇 푼을 벌기 위해 장시간 미친 듯이 빠르게 일하는 노동자들로 가득했다. 대부분 맨해튼 남부에 위치한 의류 취급 점포와 공장들은 노동자들의 노동력을 가장 악랄하게 착취하는 것으로 악명이 높았다. 그런 곳에서 일하는 사람들은 대부분 성인 여성과 소녀들이었는데, 그들은 근무지에서 꼼짝도 못하고 쉬는 시간도 없이 천을 자르고 꿰매는 지긋지긋한 작업을 하루에 꼬박 16시간 동안 계속해야 했다. 이런 식으로 노동자를 다루는 관습으로 인해 결국 1911년 3월 25일 트라이앵글 셔트웨이스트 사 화재사건이 발생하고 말았다. 비상구도 하나밖에 없고 화재 피난 장치도 없는 작업장에서 꼼짝 못하고 갇혀 있던 145명의 노동자들은 18분간 지속된 화재로 목숨을 잃었다.

그처럼 노동자들을 학대하고 근무지에 안전장치도 갖춰놓지 않았음에도 공장과 점포들은 굳건히 살아남아 나날이 번창했다. 계속해서 앨리스 섬(미국 뉴욕 만灣에 있는 작은 섬으로 옛 이민국 시설 소재지-옮긴이)을 통해 이민자들이 유입되어 노동력이 고갈되지 않았기 때문이었다. 노동자들 입장에서는 노동과 탈진, 빈곤의 악순환이 끝없이 계속되었다.

인구밀도가 높은 뉴욕시 독립구 북쪽에 위치한 매사추세츠와 뉴햄프셔, 버몬트의 푸른 언덕에는 노동 착취 산업 시설이 더 많이 자리 잡고 있었다. 뉴잉글랜드의 직물공장들은 숨 막히는 노동 기준으로 악명을 떨쳤다. 일반적으로 이런 공장에서는 부근의 작은 마을과 시골에서 온 십대 소녀와 젊은 여자들을 고용했는데, 직원들을 유급노동자라기보다는 연한年限계약노동자(17~18세기 식민 시대에 미국으로 건너간 외국인 노동자-옮긴이)로 취급했다. 여성 노동자들의 삶은 '회사'의 명령에 의해 전적으로 좌지우지되었다. 노동자의 삶 구석구석을 규제하는 규칙들—근무 시간, 거주 방식, 식사와 휴식 시간, 취침 점호, 즐길 수 있는 오락의 형태, 강제적인 교회 출석, 법원 고소 절차—이 엄격하게 시행되었다. 노동이론가인 데이비드 유잉은 19세기에 '피고용인의 권리'라는 것은 피고용인이 고용인의 강압적인 요구를 묵묵히 참아냄으로써 일자리를 보유할 수 있는 권리를 얻는 것에 지나지 않는다고 말했다.

주디스 로스너는 역사소설 『에멀린』에서 뉴잉글랜드의 '극악무도한' 공장에서 일하는 노동자들의 삶을 상세하고 설득력 있게 그려내고 있다. 1939년 미국 매사추세츠 주의 로얼 시를 배경으로 하는 이 소설은 농장을 하는 집에서 살던 에미 모셔가 열네 살 생일을 맞기도 전에 가족을 부양하기 위해 면직공장에 취직하면서 벌어지는 이야기를 담고 있다. 면직공장에서는 식사 제공과 신변 보호, 정직한 일에 알맞은 급료, '즐거운 작업 시간'이라는 문구를 내걸며 광고를 낸다. 하지만 에미가 공장에서 받은 주급 2달러에서 방값과 식대를 제하고 나니 55센트밖에 남지 않아 집에 제대로 돈을 부쳐줄 수가 없다. 이 소설에는 공장 노동자의 생활과 근무조건이 현실적으로 묘사되어 있는데, 근로자 기숙사는 스파르타식으로 운영되어 엄격하기가 말할 수도 없을 지경이고, 근무 자체도 몹시 고되다. 에미는 당시 도시의 공장에서와는 달리 현장감독자에게 괴롭힘을 당하거나 근무 중에 육체적인 위험에 노출되지는 않는다. 근무 시간은 오전 5시부터 저녁 7시까지고 일주일에 6일 근무제다. 장시간 반복되는 노동으로 몸에도 이상이 생긴다. 다리가 경직되고 발바닥의 움푹 들어간 부분이 붓는데다가 발가락도 얼얼하고 목과 어깨는 수시로 욱신거리고 쑤신다.

하지만 심리적인 상처가 제일 크다. 푼돈은 벌 수 있었지만 일에서 벗어날 수 있을 정도로 충분한 급료를 벌지 못하기 때문에 에미와 동료들은 곧 희망을 잃고 만다. 탈진할 때까지 참고 일을 함에도 늘 부채에 시달린다. 그저 참고 견디고 살아남는 것뿐이다. 행복보다는 극기가 유일한 목표다. 에미보다 경험이 많고 통찰력 있는 감독자 중 하나는 "그냥 아무 생각도 하지 마. 그게 최선이야. 일도 능력껏만 하고, 가급적 생각을 하지 마"라고 말한다.

사람들은 업튼 싱클레어의 비리폭로소설 『정글』을 통해 제멋대로 날뛰는 산업주의의 육체적 · 심리적 만행을 생생하게 접하게 되었다. 이 소설의 배경은 1900~1904년의 시카고 도살장 혹은 '육류가공공장'이다. 이 소설은 지금도 일종의 '선전소설'로 인정받고 있다. 싱클레어는

'잘 먹고 잘사는 뚱보들'을 위해 노동을 해야 했던 남자와 여자, 어린이들의 삶과 근무환경을 생생하게 묘사하여 아무것도 모르고 있던 대중들에게 충격을 주고 분노를 촉발시켰다. 이 소설은 자본의 소수독점, 포로처럼 착취당하는 이민 노동자들, 노예와 다를 바 없는 노동자들의 삶, 아동 노동자 학대, 위험한 근무환경, 비위생적인 식품 생산 방식, 정부 부패 등의 문제점을 꼬집고, 싱클레어의 해석에 따르면 빈곤과 절망으로 인해 개인이 술과 매춘, 범죄를 저지르며 어쩔 수 없이 타락해가는 과정을 조명하고 있다.

싱클레어는 구속받지 않는 자본주의는 결국 노동자들을 노예로 만들수밖에 없다는 사회학적인 믿음과 깊은 확신에 기반을 두고 분명한 사실에 기초하여 『정글』을 썼다. 이 소설에는 도살장의 '도살' 작업현장에서 시급 17. 5달러를 받으며 새벽부터 황혼까지 비인간적인 속도로 일하는 남성 노동자들이 등장한다. 그리고 긴 탁자 앞에 서거나 앉아서 고기를 손질하고 소시지를 만들고 깡통을 칠하며 시급 9~10센트를 받고 하루에 12~16시간을 일하는 여자들도 나온다. 특히 시급 5센트에 휴식도 없이 장시간 구역질나고 위험한 일을 하는 아이들에 대한 얘기는 독자들에게 큰 충격을 주었다.

이 소설에서 제일 눈길을 사로잡는 장면은, 아동 노동자에게 볼로냐 소시지 조리용 대형 통 위에 걸쳐 놓은 널빤지 위를 걸어 다니게 한 당시의 노동관습에 대한 부분이었다. 아이들은 널빤지 위에서 앞뒤로 걸어 다니며 길고 넓적한 국자로 부글부글 끓는 고기죽을 계속해서 젓는 일을 했다. 가끔 후끈 올라오는 열기에 놀라거나 너무 오랫동안 일을 해서 기진맥진한 아이들이 미끄러져서 통 안에 빠지는 일도 있었는데, 아이 하나가 없어졌다는 것을 알고도 그애를 구해내거나 조리를 멈추고 통을 비우는 짓 따위는 하지 않았다. 볼로냐 소시지 생산과정은 끊임없이 이어졌고, 새로 다른 아이를 데려와 계속해서 널빤지 위를 걷게 했다.

싱클레어는 '욕심 많은 고용주'를 위해 일하는 노동자들이 당하는 가장 큰 사회적 권리 침해로 일터에서 안전을 보장받지 못한다는 점과 노동자학대 및 임의교체라는 고용주의 고의적인 정책에 감히 저항할 수도 없었다는 점을 들었다. 싱클레어는 당시 도살장 일을 수행한 것은 비숙련 노동자들이었다고 주장했다. 급료가 높은 일거리와 그렇지 않은 일거리를 구분하는 유일한 기준은 힘과 작업 속도였다. 노동자들은 힘차고 빠르게 일을 수행해야만 일자리를 부지할 수 있었다. 어떤 이유로든 다치거나 아프거나 결근하면 일터에서 쫓겨나야 했다. 이런 정책을 통해 생산 시설 소유주들은 노동과 부채 비용을 통제할 수 있었고 신선하고 건강한 일꾼들을 계속해서 공급받아가며 생산할당량을 채울 수 있었다.

싱클레어는 미국 사회와 경제를 전반적으로 재편성하고자 했다. 그는 자본주의 체제하에서 노동계급이 노예처럼 다루어지는 현실에 대한 유일한 대안으로 미국 내에 사회주의를 진척시키고자 했다. 그는 생산수단을 공동 소유로 돌려야만 노동계급도 존엄성과 자유, 정의를 누릴 수 있다고 보았다. 하지만 그의 소설 『정글』은 원래 의도와는 달리 정육포장공장과 식용수육생산시설의 비위생적인 면에 대해 대중과 의회의 관심을 불러일으켰다. 이 소설이 출간된 지 6개월째 되던 1906년 1월에는 순수식의약품법과 쇠고기검사법이 정식 법규로 성립되었다. 일부 학자들은 싱클레어의 『정글』 덕분에 1916년 주州간 아동노동법과 1938년 미국공정근로기준법이 의회에서 통과될 수 있었다고 보기도 한다. 그러나 『정글』의 제일 큰 업적은 노동자들을 생산수단 및 비용으로 취급할 경우 일터가 얼마나 끔찍한 곳이 되는가를 드러낸 것이라 하겠다. 싱클레어는 "어쨌든 동산 노예 제도하에서는 부도덕이 만연할 수밖에 없다"라고 쓰고 있다.

다수의 노동경제학자들은 싱클레어의 사회주의적인 견해를 받아들이지는 않고 있지만, 저임금과 계속적인 근무 시간 연장을 통한 노동착취가 19세기 자본산업주의 구조의 고유한 특성이라는 싱클레어의 주장에 대해서는 상당 부분 지지를 표명하고 있다.

노동조합운동에서는 싱클레어가 제안했던 것과 동일한 여러 가지 변혁을 이루고자 했으나, 자본주의와 산업주의를 포기하는 대신, 개선하려 했다. 1일 8시간 근무를 쟁취하기 위한 노동조합운동은 일찍이 남북전쟁 때부터 시작되었다. 이 운동의 목적은 노동시간의 계속적인 연장을 막고 최저생존급료만 지급하는 고용주의 노동착취를 극복하는 것이었다. 하지만 노동조합운동은 상업계의 지도자급 인사들과 의회의 강력한 반발에 부딪쳤고, 따라서 1일 8시간 근무제도를 쟁취하는 데에만 50년 이상이 소요되었다.

종교적인 믿음이 시민 생활의 여러 부문에 중요한 역할을 하던 시절, 업계 지도자들은 일주일에 대부분, 장시간 노동을 강요하면서 그에 대한 이론적 근거로 성경 구절을 인용했다. 그들은 '얼굴에 땀을 흘려야 낟알을 먹을 수 있을 것이다'(창세기 3장 19절), '일하기 싫어하는 사람은 먹지도 말라'(데살로니가 후서 3장 10절), '손이 게으른 사람은 가난하게 되고, 손이 부지런한 사람은 부유하게 된다'(잠언 10장 4절), '무슨 일을 하든지 사람에게 하듯이 하지 말고 주님께 하듯이 진심으로 하라'(골로새서 3장 23절) 같은 구절을 읊어댔다. 그리고 쉬는 날에 대해서는 적선이라도 베풀듯이 '너희는 엿새 동안 모든 일을 힘써 하여라. 그러나 이렛날은 너희 주 하나님의 안식일이니 너희는 어떤 일도 해서는 안 된다'(출애굽기 20장 9~10절)라는 구절을 갖다붙였다.

초기 자본주의자들은 사람들에게 과거 미국 땅을 개척한 청교도적인 태도를 가져야 한다고 주장했다. 그들은 조나단 에드워즈의 말을 인용하며, 미국이 '언덕 위의 횃불'처럼 번영할 수 있도록 혹은 미국이라는 나라가 그 우월성을 만방에 보여줄 수 있도록 '충실한 기독교의 병사들이 되라', 혹은 '애써 일하며 수고를 아끼지 말라'는 식으로 노동계급을 구슬렸다. 또한 고되고 힘든 노동이란 집단의 성공과 개인의 진보를 위해 치러야 할 대가임을 정당화하기 위해 존 D. 록펠러의 유명한 (혹은 악명높은) '미국산 붉은 장미'라는 비유(록펠러는 미국산 붉은 장미가 자라나는 어린 싹의 일부를 희생시키고 나서야 찬란하고 도도하게 피어난다고 말했다-옮긴이)를 이용했다.

1880년대 후반 산업계의 지도자급 인사들은 노동조합과 이민자 집단에 반대하며 말투에서부터 정치적인 색채를 더욱 강하게 띠기 시작했다. 업계에서 점점 세력이 커져가고 있던 보수주의를 더욱 촉진시킨 것은 1886년 5월 4일 발생한 시카고 헤이마켓 광장 폭탄 사건이었다. 폭탄 사건이 있기 전날, 경찰은 하루 8시간 노동시행을 요구하며 파업 중이던 독립노조원들에게 총을 쏘고 곤봉을 휘둘렀다. 일단의 무정부주의자들은 경찰의 잔혹한 처사에 항의하며 5월 4일 헤이마켓 광장에서 집회를 열었다. 연설이 끝나갈 무렵 이백 명 가량의 경찰들이 그곳에 도착하여 운집한 사람들에게 해산을 명령했다. 동시에 폭탄이 터지면서 그 자리에서 경찰 한 명이 죽고 여러 명이 치명적인 부상을 입었다. 경찰은 노동자들에게 총을 쏘기 시작했다. 그 결과 시위 중이던 수많은 노동자들이 죽거나 다쳤고, 경찰관 몇 명도 자기네끼리 쏜 총에 맞는 사고를 당했다.

이에 전국적으로 노동조합을 비난하고 몰아붙이는 분위기가 조성되었다. 이어진 광란 속에서 고용주들은 노동시간 단축 요구는 미국의 상황과 맞지 않고 국가의 장래 재정 상태에 위협이 되는 것이라면서, 대부분의 노동조합 활동을 격렬히 비난했다. 시카고에서 체포된 노동자 8명 중 일부는 최근에 미국으로 이민 온 자들이었는데, 그들이 국제노동운동에 연관되어 있다는 설도 돌았다. 폭탄 사건을 저지른 것으로 드러난 사람들은 '독사', '외국인 배신자'라는 비난을 받았다. 증거가 매우 불충분했음에도 이 사람들은 유죄 판결을 받았고, 그들 중 4명은 사형, 나머지는 금고형을 받았다.

생산시설 소유주들이 노동조합을 그토록 강하게 비난한 또 다른 이유는 당시 유럽의 가톨릭 노동운동이 미국 노동운동에 침투하기 시작한데다가 1891년 교황 레오 13세의 교서 『노동 조건에 관하여』가 발표되었기 때문이었다.

레오 13세는 정의와 사랑이라는 사회적 명제가 산업화 시대의 경제적 긴급성으로 인해 국제적으로 유린당했다고 주장했다. 그의 교서에는 인간의 노동이 경제적인 성과만으로 측정될 수 없다는 내용이 적혀 있다. 노동의 목적은 생산품의 가치가 아닌 노동자의 안녕인 것이다. 부와 자본은 모두 노동에서 비롯되는 것이므로, 노동은 본래 부와 자본보다 우월하다. 게다가 노동과 자본은 모두 경제적 상호의존을 통해 서로 동등하게 이익을 취할 권리가 있다.

레오 13세는 '국가의 부는 노동자의 노동에서 비롯된다'며 노동의 수고로움이야말로 자본이 추구해야 할 최종적인 목적이라고 말했다. 이후 수십 년 동안 즉위한 다른 교황들과 마찬가지로 레오 13세는 땅에서 나는 물자를 취득하는 것이 인간의 기본적인 권리임을 사람들이 잊어버렸다며 우려를 표했다. 그는 누구나 일이 필요하고 일할 권리가 있기 때문에 우리는 '노동자의 존엄성'과 '노동의 존귀함'을 깨달아야 한다, 자본보다 '노동을 우선시'하는 태도야말로 '사회적 도의'를 세우는 첫걸음이다, 따라서 인간 존엄성의 수호자인 교회는 침해당하고 있는 노동자들의 권리에 주의를 기울여야 한다고 주장했다.

예상대로 미국의 업계 지도자들은 레오 13세의 전언을 경제 활동의 원칙으로 받아들이지 않았다. 오히려 그들은 레오 13세의 교서에 사회주의와 국제가톨릭주의가 스며들어 있고, '맹렬한 경쟁적 개인주의'와 미국의 기업가 정신을 직접적으로 위협하는 요소 등이 깃들어 있다고 비난했다. 그들은 '보다 많은 사람들에게 최대의 선善'을 실현시켜주는 한 미국의 자본주의는 분명히 기독교적이라고 주장하며, 어떤 경제 시스템도 '모든 이들에게 동등한 이익과 성과'를 보장해주지는 못한다고 못 박았다.

사회적 정의에 대한 경영자 측의 관점을 제일 정확하게 보여주는 시장의 '신학'은 바로 허버트 스펜서의 사회진화론이었다. 역사학자 사무엘 엘리엇 모리슨의 말에 따르면, 영국의 사회과학자인 스펜서는 찰스 다윈의 생물학적 진화이론을 사회적·경제적 삶에 적용시켰고, 그 결과 '미국인 사업가들은 자유방임주의를 독단적으로 주장'하게 되었다. 스펜서는 간단명료하게 사회적 문제에 대한 답을 내놓았는데, 생물학에서와 마찬가지로 사업의 성공도 업계의 간부들이 좋아하는 '적자생존'의 원칙에 근거하여 가늠해야 한다는 것이었다.

스펜서의 '약탈적 자본주의' 이론은 '정글의 법칙'을 있는 그대로 인간 사회에 적용시킨 것이다. 생활에서든 경제에서든, 약자는 중도에서 쓰러지고 강자는 계속해서 앞으로 나아간다. 스펜서는 "최고의 완벽성과 최고의 행복은 계속해서 진화하는 투쟁의 산물이므로, 그런 상황을 바꾸려는 시도는 불가피하게 발전을 저해하게 된다"라고 썼다. 스펜서는 '자연의 법칙'에 의해 꼭대기까지 올라선 '상류계급'이 미국 경제를 지배한다고 보았고, 그렇기 때문에 '미국인들은 과거 어느 때보다도 화려한 문명을 건설할 수 있을 것'이라고 전망했다.

사회적 다윈주의는 산업계 지도층의 구미에 잘 맞았다. 그들의 행동에 대한 이론적 근거가 되어주었기 때문이다. 노동자들에 대한 심한 학대도 진보를 위한 경쟁의 불가피한 부산물로 취급할 수 있었다. 이런 상황에서 개혁을 요구하는 노동자들의 목소리는 작아질 수밖에 없었지만 결코 소멸되지는 않았다.

오랫동안 꾸준히 투쟁을 한 끝에, 20세기 초반부터는 일주일에 6일이라는 장시간 근무 형태가 달라지기 시작했다. 줄리엣 쇼어는 비록 일주일에 40시간 근무라는 이상적인 수치에는 미치지 못하지만 20세기 초반에 얼마간 미국 노동 인력의 인구특성과 근무 시간이 '일시적으로 변동'된 적이 있다고 말한다. 즉, 1830년에 노동자의 평균 근무 시간은 하루 12시간 이상이었으나, 1910년에는 노동자의 수는 늘어난 반면 노동시간은 하루에 9시간밖에 되지 않았던 것이다.

노동조합의 요구에 따라 변화가 초래되기도 했지만, 대체로 고용주들이 근무 시간을 변경시킨 것은 사실 자기 이익을 도모하기 위함이었다. 기계도 생산성을 최대로 높이려면 휴식과 수리, 재정비가 필요했다. 주기적인 일시 휴업과 근무일 단축도 사람보다는 기계를 위한 것이었다. 포드 자동차의 창업자이며 철저한 반反노조주의자인 헨리 포드가 실시한 정책도 근무 시간 단축이 이타주의적인 동기와는 아무 관계가 없다는 것을 보여준다.

1914년 포드는 향후 수십 년의 산업 생산 및 노동 제반 상황을 뒤바꿀 만한 혁신적인 정책을 도입했다. 그는 프레드릭 윈즐로 테일러의 일반 원칙을 미시간 주 하일랜드 파크의 자동차 공장에 적용시키며 자동

컨베이어 벨트를 설치했다. 그 벨트는 노동자에게 일감을 가져다주는 역할을 했기 때문에 이론적으로는 작업의 효율성과 생산성을 높인 것이지만, 사실 노동자들은 인력의 잉여성, 자율성 결여, 컨베이어 벨트의 빠른 속도에 잘 적응하지 못했다. 그 결과, 포드의 자동차 공장에서는 결근과 지각이 잦아지고 이직률이 높아졌다. 그에 대한 조정책으로 포드는 각 노동자의 삶의 질과 포드 자동차 제품의 품질을 모두 향상시켜줄 두 가지 정책을 실시했다. 첫째, 일일 교대 근무 시간 기준을 9시간에서 8시간으로 줄였다. 둘째, 급료를 하루 5달러로 인상시켰다. 이런 식으로 변화를 주자 사람들은 다른 공장보다 포드 자동차 공장에서 일하는 것을 더 선호하게 되었다. 당시 다른 공장에서는 노동자들에게 하루에 2달러씩 지급하고 있었다. 포드의 정책은 정확히 말해 노동자들을 업무에 헌신하게 만든 것도 아니었고 노동자들에게 특정한 권한을 부여(당시 경영학에서는 통용되지 않던 용어)한 것도 아니었다. 그저 노동자들에게 회사 측에 감사하는 마음을 갖게 하고 일자리를 놓치면 안 되겠다는 생각이 들게 만들어 효율성을 높인 것이었다. 1926년 포드는 노동자들에게 또 다른 당근을 내밀었다. 토요일을 공장 휴무일로 정한 것이었다.

포드의 자발적인 개혁 정책은 노동운동 세력의 지지를 얻었고 타 업계의 모범으로 추앙받았다. 그러나 사실 포드가 그러한 정책을 시행한 동기는 노동자를 생산자인 동시에 소비자로 간주했기 때문이었다. 즉, 급료를 인상하고 여가 시간을 늘리면 자동차 판매를 비롯한 소비가 더욱 활성화될 것이라는 생각이었다. 동시대에 살았으며 폭스바겐을 발명하기도 했던 페르디난드 포르셰처럼. 포드는 '국민차'—평균적인 급료를 받는 일반 노동자들이 주말 소풍이나 유람 여행에서 쓸 수 있도록 큰 부담 없이 구입할 수 있는 차—를 생산하기 시작했다. 포드는 솔선해서 노동자들의 급료를 높여주고 여가 시간을 늘려줌으로써 다른 업계에서도 그 흐름을 따라오도록 만들었다. 포드는 단순한 자동차 발명가가 아니라 자본주의 경제 시스템의 핵심 요소인 '계속적인 생산과 소비'를 꿰뚫는 통찰력을 지닌 사업가였다. 사실 포드는 친親노동 정책을 실시함으로써 사업을 더욱 촉진시킨 셈이었다.

미국 전역에서 하루 8시간, 5일제 근무가 대규모로 시행되기 시작한 것은 이타주의나 적극적 행동주의, 번영주의 때문이 아니라 역설적으로 경제 대공황 때문이었다. 그 이유는 명백했다. 동일 근무량을 놓고 노동자 1인당 근무 시간을 줄이면 더 많은 사람들을 고용할 수 있었고 그만큼 실업률을 낮출 수 있었다. 그들은 모두 생산과 소비 사이에 자본주의적 평형이 유지되기를 바랐다. 뉴딜 정책과 1938년 공정근로기준법에서는 최대 노동시간을 일주일에 40시간으로 규정했지만, 제2차 세계대전 중에는 전시 생산 체제라는 역사적 필요성에 따라 근무 시간이 오히려 하루 10시간으로 늘어났고 필요한 경우 토요일에도 근무를 하게 되었다.

제2차 세계대전이 끝나고 미국은 '황금기'에 돌입했다. 미국은 서방 세계의 지도국이자 군사 강대국, 거대 산업국으로 떠올랐다. 이 시기에 기회를 잡기 위해 노동자들도 장시간 근무를 마다하지 않았다. 기나긴 대공황과 전쟁 기간을 거쳐 살아남은 미국인들은 이제까지 누리지 못했던 '정상'적인 혜택, 즉 집과 자동차, 서비스, 기계, 온갖 종류의 장비 등을 갈구하게 되었다. 그 결과 전쟁이 끝난 후 사람들은 돈과 재화를 획득하기 위해 전보다 더 오랫동안 근무하게 되었다.

1948년 미국 노동통계국의 계산에 따르면, 당시 미국의 정규직 노동자들 중 13퍼센트가 일주일에 49시간 이상을 근무했다. 40시간은 가장 알맞은 근무 시간이라기보다는 기준 시간이었다. 1949년 당시의 1

주 노동시간은 20세기 초와 크게 다르지 않았지만, 주당 노동일수가 예전과 크게 달라졌다. 제2차 세계대전 후, 사람들은 일주일에 6일 혹은 5.5일 근무를 꺼리게 되었다. 그 결과 미국인들의 생활 속에 5일 근무 2일 주말 제도가 자리를 잡게 되었다.

지금은 전부 다 그런 것은 아니지만 정규직으로 일하는 1억 2천9백만 명의 미국인들 중 대부분이 연간 52번의 토·일 주말, 즉 126일을 쉬며 추가로 11~12일간의 공휴일과 개인 휴일, 2주 휴가를 누리며 산다. 이 정도로 휴가를 즐길 수 있다면 그럭저럭 괜찮은 삶이라고도 볼 수 있겠지만, 사람들이 매주 일에 쏟아 붓는 시간을 염두에 둔다면 그렇지도 않다. 토크쇼, 라디오 및 텔레비전 논평, 대중 평론, 학술 기사 등에서 자주 거론되는 통계자료에 따르면, 블루칼라와 화이트칼라 노동자들은 현재 출퇴근 시간을 제외하고 주당 평균 47~49시간을 근무한다. 또한 일련의 통계자료를 보면 보통 우리가 알고 있는 것보다 일일 근무 시간이 길다는 것을 알 수 있다. 작가 알리 러셀 혹스차일드는 남녀 모두 평균 주당 47시간 이상을 일한다고 말했다. 찰스 핸디는 1994년을 기준으로 미국인들은 보통 주당 47시간, 연간 2,330시간을 일하므로 이런 추세라면 2014년에는 연평균 3,000시간을 일하게 될 것이라고 전망했다. 〈뉴스위크〉지는 미국인 노동자들 중 85퍼센트가 주당 45시간 이상을 근무한다고 보도했다. 줄리엣 쇼어는 모든 산업부문과 직업을 통틀어 지난 20년 동안 연간 근무 시간이 꾸준히 증가했으며 현재 피고용인들은 매년 약 한 달, 즉 평균 163시간 정도를 추가로 더 근무하고 있다고 말했다. 1990년에는 정규직 노동자의 4분의 1이 주당 49시간 이상을 일했고, 그중에서 절반 정도는 60시간 이상을 근무했다.

1995년 펜실베이니아 주립대학교의 어느 연구원은, 변호사와 의사는 정기적으로 주당 50~60시간을 일하며 대학교수들은 주당 평균 54시간을 일한다고 주장했다. 또한 노동 전문 변호사이며 칼럼니스트인 토마스 조지헤건은 중간 관리자와 임원들은 매주 55~65시간을 일하며 전체 근로자들 중 11퍼센트는 매주 65시간 이상을 일한다고 추산했다.

나는 시카고 로욜라 대학교의 인력자원 및 산업관례연구소에서 내가 가르치는 대학원생들을 대상으로 비공식적인 설문 조사를 한 적이 있다. 그 결과, 지난 7년간 설문에 응한 학생들 중 80퍼센트 이상이 각기 다른 일터에서 1.25~1. 5개의 직무를 수행하는 것으로 나타났다. 그들은 내게 다운사이징과 구조조정 때문에 직원 수는 줄었으나 업무량은 줄지 않았다고 말했다. 1996년에 발간된 미국 통계 요약집의 내용에 따르면 전체 노동인구 중 6퍼센트 이상이 풀타임으로 부업을 하는 것으로 나타났다. 1995년 노동부에서 발표한 '노동 여성 관련 계산 자료'는 점점 더 많은 사람들(여성도 포함)이 매주 50시간 이상을 여러 가지 부업에 할애하고 있으나 그렇게 해도 겨우 최저생활임금밖에 벌지 못한다고 보고했다. 이러한 수치와 예측이 정확하다면, 2010년에는 평균 노동시간이 주당 58시간을 넘어서게 될 것으로 보인다.

이러한 수치들은 업무 시간만을 계산에 포함시킨 것이며, 가족의 일원으로서 반드시 해야 하는 집안일이라든가 출퇴근 시간 등은 계산에 넣지 않았다. 1993년에 뉴욕의 가정·근로 연구소에서 실시한 설문 조사에 따르면, 유자녀 맞벌이 가정의 부부는 업무와 출퇴근, 집안의 자질구레한 일, 자녀 양육에 매일 15시간씩을 소비하는 것으로 나타났다. 이 수치는 월요일부터 금요일까지를 기준으로 한 것이므로, 맞벌이 부부는 주말 전에 75시간을 일한다는 계산이 나온다. 아울러 대부분의 가정에서는 일요일마다 가족끼리 소풍을 가거나 각종 사교 모임을 가지며 쉴 수 있지만, 토요일에는 계속 이런저런 일처리를 해야 한다. 배우자가 요청한 '해줬으면 하는 일 목록'을 처리해야 하고, 집안의 잡다한 일을 처리해야 하며, 회사 프로젝트에도 신경을 써야 하고, 아이들을 음악 교실과 쇼핑센터에 데려다 주어야 한다. 그렇기 때문에 노동조합은 여전히 '8시간 노동, 8시간 휴식, 8시간 자유재량'을 소리 높여 요구하고 있는 것이다.

우리가 예전보다 더욱 강도 높게 오랜 시간을 일한다는 점은 통계적으로 보아도 분명한 사실이다. 전보다 일하는 시간이 몇 시간 더 늘어났을 뿐만 아니라, 일의 강도도 높아지고 일과 관련된 스트레스도 부쩍 높아지고 있다. 우리는 하루하루를 빠듯하게 살아가면서도, 모든 일을 다 처리하기엔 시간이 부족하다는 느낌을 지울 수가 없다.

7

여성, 이중고에 시달리다 ☀

여자들이 경력을 쌓고 싶어 한다니 새삼스럽게 무슨 소리인가?
나는 늘 경력을 쌓았고 일자리를 놓친 적도 없다.
그 외엔 달리 선택의 여지가 없었다!

_조세핀 샐리 팔머리

전보다 더 많은 사람들이 더 많은 시간 동안 일을 하고 있다. 특히 20세기 미국 노동시장에서 두드러지는 현상은 바로, 전례 없이 많은 여성들이 노동시장에 유입된 것이다.

학자들은 20세기 마지막 분기의 역사를 써내려가면서, 미국이 이뤄낸 가장 중요한 발전적인 사회현상으로 미국 인구의 절반에 가까운 여성들의 권한과 영향력이 향상된 점을 꼽고 있다. 수많은 여성들이 노동력을 제공하고 있기 때문에⋯⋯ 전보다 더 많은 미국인들이 고용되어 일을 하고 있는 셈이다. 이러한 혁명적인 변화로 인해 미국 경제 정책 결정 과정뿐만 아니라 가족과 일터의 모습도 크게 달라졌다.

일찍이 프로이트는 인간 행동의 기본은 일과 사랑이라고 했지만, 그보다는 '일과 가족'이라는 표현을 썼더라면 더 어울렸을 것이다. 일과 가족은 사회의 기반이 되는 주된 제도이며, 인간을 존재할 수 있게 하는 양대 근간이다. 시대를 막론하고 모든 사회는 무엇이 일과 가족을 지탱하고 영향을 미치는가에 관해 알아내려고 애를 썼다. '21세기를 향한 가교'라는 빌 클린턴의 유명한 말처럼, 노동시장에 진입하는 여성의 수가 증가하면서 일과 가족이 돌이킬 수 없는 수준에 이르도록 위협을 받고 있다. 따라서 좋든 싫든 새로운 환경에 적응하려면 일과 가족에 관한 사회적 이상과 고정관념을 어느 정도 수정할 수밖에 없다.

문화비평가인 바버라 에렌라이히는 1960년대의 전형적인 자유주의 여성들이 브래지어를 착용하지 않고 자본주의와 부권사회라는 쌍둥이 악마를 소리 높여 비난하는 등 과격하고 거친 이미지를 갖고 있었다고 말한다. 그러나 오늘날의 자유주의 여성은 푸른색 양장을 차려 입은 간부로서 네모난 소형 서류 가방을 챙겨 들고 LBO식 경영 매수(매수 예정 회사의 자본을 담보로 한 차입금에 의한 기업 매수-옮긴이)를 진행하며, 근무 시간이 지나면 완벽한 어머니로서 가족을 위해 맛있는 음식을 만들고, 저녁에는 매력적인 연인으로 변신한다. 이런 모습들이 백 퍼센트 사실이라고는 할 수 없지만, 많은 사람들이 기대하는 바가 상당 부분 투영되어 있다. 신문 칼럼니스트인 캐롤 클라이먼의 말에 따르면, 요즘 직장의 공식적인 정책들은 백인 남성을 노동력의 다수로 규정하고 여성을 집에서 가사와 자녀 양육의 역할을 수행하는 존재로 보고 있다. 그 결과, 남녀를 막론하고 노동자는 직무와 가정이 요구하는 역할을 고르게 수행하기 위해 점점 더 큰 스트레스를 받게 된다. 그러므로 고용주는 1980년대 중반부터 여성과 소수민족 남성들이 노동 인력의 다수를 구성하기 시작했다는 불가피한 인구통계학적 사실을 받아들이고 수용해야 할 필요가 있음을 인식했다.

여성들은 언제나 노동 인력의 일부를 구성했기에, 일하는 어머니도 20세기 후반에 나타난 '새로운 인구학적 현상'이 아니다. 스테파니 쿤츠는 노동력의 필요성과 사회적인 분위기, 해마다 변하는 포괄적인 '문화적 허용치'에 따라 여성이 노동시장에 활발하게 참여할 수 있는지의 여부가 결정된다고 보았다. 고전적인 사례로, 제2차 세계대전 당시 미국 여성의 모습을 대표하는 '리벳공 로지'를 들 수 있다. 남편과 형제, 아들을 전쟁터에 내보낸 '로지'로 지칭되는 미국 여성들은 미국 전역의 공장에 들어가 난생처음 해보는 복잡한 직무를 수행하고 새로운 기술을 익히며 내수상품과 군수물자를 생산해냈다. '민주주의를 안전하게 실현할 수 있는 세상'을 만들기 위해 여성들이 힘을 보탰던 것이다. 미국이 전쟁에서 승리하고 참전했던 남성들이 돌아오자, 대부분의 여성들은 남성들에게 일터를 되돌려주게 되었다며 몹시 기뻐했다. 그러나 한편에서는 일터에서의 책임과 독립성, 소득을 포기하지 않고 계속 일을 하고 싶어 하는 여성들도 있었다. 이때 기업 경영진은 원래 남성들의 것이었던 높은 급료를 받는 자리에서 여성 노동자들을 몰아내기 위해 물불을 가리지 않았다. 그렇다고 계속 일하고자 하는 여성들을 노동시장에서 강제로 내몬 것은 아니었지만, 대신 여성은 급료도 낮고 '여성적'인 직무만 수행하도록 만들어버렸다. 이에 관해 쿤츠는 다음과 같이 말했다.

수많은 여성들이 일터에서 밀려났지만, 전쟁 전보다 전후戰後에 더 많은 여성들이 노동시장에 진입했다. 1952년엔 주부 근로자들의 수가 최고치에 달하여 전시생산체제 때보다 2백만 명 이상 더 늘어난 것으로 집계되었다. 전시체제 때는 여성들에게도 만족스러운 수준의 일거리가 주어졌기에 여성들은 가정과 가족의 틀에서 벗어나 자아의 모습을 새로이 규정할 수 있었지만 전쟁이 끝난 후 여성들에게 돌아온 일자리는 급료도 낮고 도전적이지도 않은 하급 직무뿐이었다.

전쟁 중에 '리벳공 로지'로 일하는 여성은 존경받아 마땅한 훌륭하고 애국심 있는 사람으로 인정받았다. 그러나 전쟁이 끝나자 여성의 근로에 대한 '문화적 허용치'가 다르게 적용되기 시작했다. 〈에스콰이어〉지는 일하는 주부들을 '골칫거리'라고 몰아세웠고, 〈라이프〉지는 기혼 여성의 취업을 '질병'이라고까지 표현했다. 아내이자 어머니로 사는 삶이야말로 여성의 참된 본분을 다하는 것으로 칭송받았고, 여성이라면 마땅히 전업주부로 살아야 '만족감과 행복, 충만한 뿌듯함'을 느낄 수 있다고 못 박았다.

60년 전까지만 해도 대부분의 여성들은—물론 전부 다 그런 것은 아니었지만—가정주부 역할을 충실하게 수행하는 것을 유일한 삶의 보람으로 여겼다. 그래서 전업주부가 아닌 다른 삶이란 있을 수 없다고 생각했다. 그런 만큼 제2차 세계대전이 발발하기 전까지는 여자들이 종일 집안일을 하고 대가족을 돌보는 것을 당연하게 여겼다. 당시 정규직 혹은 임시직으로 일을 하는 여성은 너무 가난해서 돈을 벌려는 사람, 혹은 살림에 보태려고 '푼돈'이나 버는 사람으로 취급받았다. 최근에 와서야 매 끼니를 준비하는 등의 집안일을 전업으로 할 필요가 없다는 인식이 생겨났다. 핵가족화가 진행되면서, 지금까지 여성의 능력이 과소평가되어 충분히 활용되지 못했다는 사실을 점점 더 많은 사람들이 깨닫고 있다.

1950년대 후반과 1960년대 초반에 이르러 또다시 여성의 노동시장 진입을 '문화적으로 허용'하기 시작했고, 여성 노동자들은 일을 하고 경력을 쌓으며 새로운 자아를 찾을 수 있게 되었다. 이러한 문화적 변화를 촉진시킨 것은, 여성주의 운동의 활성화로 인한 사회적인 인식 변화, 정보 및 통신기술의 발달, 제조업보다 서비스업을 중시하는 경제 체제로 전환, 교육 기회의 확대와 공평한 고용, 여성에게 긍정적으로 작용하는 법률 제정, 생활수준의 상승으로 인한 지출액 증가 등이었다. 현재 여성들은 집안일 이외에 직장에서 정규직원으로 근무할 수 있으며, 이는 가능하고 바람직한 현상으로 받아들여지고 있다. 여성의 근로를 재정적으로도 필요한 활동이라고 생각하는 사람들도 늘어나고 있다.

20세기가 시작될 무렵, 미국 내 2천8백만 명의 노동자들 중 여성의 수는 5백만 명밖에 되지 않았다. 그나마 여성 노동자의 4분의 1은 십대 소녀였고 기혼 여성은 극소수였다. 1947년, 5천9백만 명의 노동자 중 여성 노동자의 수는 1천7백만 명으로 집계되었다. 1947년을 기점으로 새로이 노동시장에 합류하는 인력 중 10명 중 6명이 여성이었다. 1969년과 1979년 사이에 여성들은 새로 창출된 일자리 2천만 개 중 3분의 2를 차지했다. 그리고 1980년과 1992년 사이에 미국에 새로이 추가된 노동인력 중 60퍼센트를 여성이 차지했다.

지금까지는 백인 성인 남성이 미국 노동자의 전형으로 취급받았으나, 1984년도 미국 통계조사국의 보고에 따르면 백인 성인 남성이 노동인력의 다수를 구성하지 않는 것으로 나타났다. 지금은 여성과 소수민족 남성들이 전체 일자리의 약 57퍼센트를 차지하고 있다. 1995년에는 1억 2천5백만 명의 노동인력 중 여성이 5천7백5십만 명이었다. 1960년에는 여성의 35.5퍼센트, 남성의 78.8퍼센트가 정규직으로 근무했고, 1995년에는 여성의 55.6퍼센트, 남성의 70.8퍼센트가 정규직이었다.

계산 방식에 따라 약간의 오차는 있을 수 있으나, 현재 여성들은 전체 노동인구의 46~49퍼센트를 구성하고 있다. 1947년에서 1995년까지 여성의 노동시장 참여율은 17퍼센트 증가했다. 일부 인구통계학자들은 21세기에는 여성이 노동인구의 다수를 차지하게 될 것이라고 전망하고 있다.

미국 노동통계청은 21세기에 여성이 차지하는 노동시장에서 비율은 지금과 동일할 것이고 현재 수치를 넘지 않을 것이라며, 보다 보수적으로 평가하고 있다. 즉, 그들은 2005년에는 전체 노동인구가 1억 5천5십만 명에 달하게 될 것이며 그중 여성은 7천1백8십만 명 정도 될 것이라고 예측하는 것이다.

1960년을 기준으로 기혼 여성 중 정규직 근로자의 비율은 25퍼센트 미만인 데 비해, 미혼 여성 및 이혼 여성 근로자의 비율은 상대적으로 높았다. 오늘날 기혼 여성 중 근로 활동을 하는 사람은 3천3백3십만 명 즉, 전체의 61퍼센트에 달한다. 기혼 여성 근로자 중 70.2퍼센트가 17세 미만인 자녀를 두고 있다. 자녀를 키우는 여성 중 3분의 2가 노동시장에 진입해 있다는 뜻이다. 유자녀 부부 중 맞벌이를 하는 비율은 58퍼센트이다. 여러 가지 통계자료를 살펴본 결과, 맞벌이 가정의 아내 중 20퍼센트가 남편보다 더 많은 수입을 올리는 것으로 나타났다.

워싱턴의 정책대안센터에서 진행하는 '여성의 목소리 프로젝트'라는 연구에서 최근 발표한 조사자료에 따르면, 기혼 여성 중 55퍼센트가 가족 소득의 절반 이상을 버는 것으로 집계되었다.

사회평론가 존 W. 라이트는 출산 후 복직하는 여성의 수가 크게 증가하고 있으며, 이는 일터에 불어닥친 사회적 변화를 극명하게 보여주는 현상이라고 말했다. 1976년에는 출산 여성 중 복직하거나 다른 일자리를 얻어 노동시장에 재진입한 비율이 31퍼센트였고, 1985년에 그 비율은 48퍼센트로 증가했다. 나는 인사 전문가들을 대상으로 여러 차례 인터뷰를 실시했고, 그 결과 출산 여성 중 75퍼센트가 해산 후 12주 내에 일터로 복귀했다는 것을 알 수 있었다.

여성들이 수행할 수 있는 직업의 종류가 더욱 많아지고 있는 것도 출산 후 노동시장 복귀 비율을 더욱 높여주고 있는 요인 중 하나이다. 전통적으로 '여성'의 직업으로 간주되었던 간호사와 교사, 도서관 사서, 사무직원 등은 요즘도 여성 근로자의 비율이 압도적이다. 그러나 종래 남성의 일로 간주되었던 엔지니어와 건축가, 공무원으로 일하는 여성들도 조금씩 늘어나기 시작해 1960년도부터 지금까지 거의 2배 이상 늘어났다. 요즘 법대와 의대 수업을 듣는 학생들 중 40~50퍼센트 정도가 여학생이다.

노동부 특별 보고서인 「노동여성의 수 집계」에 따르면, 현재 여성 근로자의 30퍼센트는 서비스업과 판매업, 13.1퍼센트는 공장 노동, 공예, 건축, 기술, 운송 관련 업무, 27.6퍼센트는 전문직이나 행정직에 종사하고 있으며, 미국 기업 전체의 중간 관리직 중 40퍼센트를 여성이 차지하고 있다. 일반적으로 남성들이 점유하고 있던 직종의 낮은 직급까지도 여성들이 진입하는 경우가 굉장히 많아졌는데, 이는 '여성적'인 업무와 '남성적'인 업무의 역사적인 경계가 흐려지기 시작했음을 시사하는 것이다.

여성이 노동시장에 진입하면서 노동인력의 분포와 작업장의 모습, 가족 구조도 달라졌다. 「노동여성의 수 집계」 보고서에 따르면, 미국 여성 중 일생에 걸쳐 한 번이라도 급료를 받고 근무해본 적이 있는 사람의 비율은 99퍼센트에 달할 것으로 추정된다.

1950년대의 전통적인 가족 형태―아버지는 일하러 나가고 어머니는 집에서 자녀를 돌보는 형태―는 더 이상 이 사회의 주류가 아니며, 오히려 비전통적으로 치부되었던 가족 형태가 대다수를 차지하고 있다.

다시 한 번 말하지만, 어떤 통계치를 보더라도 미국에서 전통적인 가족 모형과 완벽하게 일치하는 가정은 15퍼센트 미만이다. 1960년에는 부부 중 한쪽만 돈을 버는 가정의 비율이 43퍼센트였지만, 그로부터 40년 이상 지난 요즘 미국에는 이중수입 무자녀 가정(DINKS, Double-Income-No-Kids)과 이중수입 유자녀 가정(DISKS, Double-Income-Some-Kids)이 대부분이다. 사회학자 우마 세커런은 "맞벌이 가정, 편부모 가정, 동거 노동 커플이 꾸준히 늘어나고 있다. 이들이 오늘날 노동인구의 90퍼센트 이상을 차지한다. 기업들은…… 새로운 종류의 직원들이 미치는 여파를 비로소 느끼기 시작하고 있다"고 말한다.

오늘날 여성들은—지금까지 남자들이 해온 방식대로—직무를 통해 스스로를 규정할 권리를 요구하고 있다. 아내와 어머니, 가정주부로서 하는 일은 진정한 의미에서 '일'로 규정되지 않았기 때문에 지난 2~3 세대를 거치는 동안 여성들의 생각도 많이 바뀌었다. 1960년대 초반 대학에 입학한 베이비붐 세대 여성들은 대학 졸업 후 곧장 결혼해서 자녀를 양육하며 사는 경우가 대부분이었다. 하지만 그런 현상은 더 이상 일어나지 않는다! 알리 러셀 혹스차일드가 인용한 조사 자료에 따르면, 대학교 1학년 여학생 이십만 명 중 '전업 주부'가 되고 싶다는 학생의 비율은 1퍼센트 미만이었다. 대학교 졸업반 여학생들을 대상으로 실시된 1986년 설문 조사에서는 조사 대상자 중 80퍼센트가 직업을 갖는 것이 '매우 중요하다'고 여기는 것으로 나타났다. 그로부터 9년 후인 1995년의 조사에 따르면, 대학 졸업반 여학생 중 86퍼센트가 '전문 직업인'이 되고자 하는 생각을 갖게 되었다.

오늘날 여성들은 단순히 '아무개 씨 부인'이나 '아무개네 엄마'라는 호칭보다는 자신의 업적과 직업으로 평가받고 싶어 한다. 1991년 당시의 영부인 바버라 부시 여사가 웰즐리 대학의 졸업식 연사로 초청되었을 때, 웰즐리 대학의 여학생 대부분은 그녀가 연사로 초청된 것에 대해 강한 거부감을 드러냈다. 바버라 부시가 한 일이라고는 고작 누군가의 아내가 된 것뿐이라는 점이 그 이유였다.

글로리아 에머슨은 열두 살짜리 미국 소년이라면 누구나 자아정체성을 찾고 남자로 '살아가기' 위해서는 어떻게 해야 하는지 잘 알고 있다고 말한다. 즉, 남자는 돈을 벌어야 한다. 이보다 더 명확하게 남성성을 규정하는 기준은 없다. 요즘 여자들은 취직해서 급료를 수령함―일의 기본적인 정의―으로써 자아정체성을 확립하고자 한다. 인구통계학자 다니엘 얀켈로비치의 말을 빌리자면, 전보다 더욱 규모가 커진 사회에서 여성들은 노동을 제공하고 급료를 받는 것을 '사회의 일원이 될 기본적인 자격' 조건이며 필요불가결한 자존심의 상징으로 간주한다.

일을 통해 자신을 규정하고자 하는 여성들의 욕구를 더욱 부채질한 것은 베티 프리단과 글로리아 스타이넘, 그리고 여성주의 운동이었다. '새로운 부류'의 여성들은 삶의 자율성을 확보하고자 했고, 갈 길을 정하고 나아갈 능력이 있었으며, 스스로 선택하고 실천해가며 삶의 목적과 역할을 규정해나갔다. 그들은 '2류 시민'으로서 가정에 안주해 자신의 삶을 전적으로 남성에게 의존하고 싶어 하지 않았다. 이러한 여성의 의식 전환에는 이데올로기적인 동기 이외에 현실적인 이유가 중요하게 작용했다. 중산층 생활을 유지하기 위한 비용―교외 주택에서 자가용을 굴리고 살면서 자녀를 좋은 학교에 보내고 음악 수업을 듣게 하며 일류 대학에 보내기 위한 비용―이 계속해서 상승하자 많은 여성들이 직업을 갖거나 경력을 쌓고자 애쓰게 되었던 것이다.

1980년도만 해도 여성 근로자들 중 가족 부양을 위해 돈을 번다고 말하는 사람은 19퍼센트밖에 되지 않았고, 43퍼센트는 주수입 외에 부수입을 올리기 위해서 일을 했다. 그러나 1995년에 이르자 여성 근로자 중 돈이 필요해서 일하는 비율은 44퍼센트로 증가했고, 부수입을 벌기 위해 일하는 비율은 23퍼센트로 줄어들었다. 이는 현재 기혼 여성 근로자들 대부분이 가족의 안락한 생활 유지를 위해 자신의 수입이 반드시 필요하다고 생각하고 있음을 보여준다. 요즘 대학가에는 지금까지 들어본 적 없던 냉소적인 애기가 회자되고 있다. 그 내용은 이러하다. "남자들이여, 주변을 둘러봐라. 예쁜 여자와 결혼하지 마라. 똑똑한 여자와 결혼해라. 좋은 직업을 가질 확률이 제일 높은 여자 말이다. 왜냐고? 부모세대에 한쪽만 벌어서 감당할 수 있었던 소비수준과 생활양식을 유지하려면 부부가 같이 벌어야 하기 때문이다!" 일례로 1989년도에 주택을 구입한 이들 중 79퍼센트가 맞벌이 부부였다. 부동산 중개업자들은 그 수치가 1990년대 중반 85퍼센트까지 올라간 것으로 추산하고 있다.

여자들은 처음에는 순전히 성취욕 때문에 노동시장에 뛰어들었지만, 요즘은 스스로의 필요성 때문에 일을 놓지 않고 있다. 여성의 근로가 '문화적으로 허용'되기도 했지만, 여성들도 재정적인 이유 때문에 일을 해야 한다. 얼마 전까지만 해도 여자들은 취업과 관련해서 아예 취업을 안 하거나, 임시직 혹은 정규직으로 일하는 것 중에 하나를 고를 수 있었다. 하지만 지금은 여성도 남성과 마찬가지로 선택의 폭이 하나로 줄어들었다.

노동인력을 구성하는 여성의 비율이 높아지면서 가족생활에도 변화가 초래되었는데, 그중 하나가 바로 이혼이다. 남녀 중 90퍼센트가 결혼을 하고, 초혼 부부 중 50퍼센트가 이혼을 하며, 재혼 부부 중 60퍼센트가 또다시 이혼을 한다. 가족 구성원 중에서 특히 아이들은 부모가 이혼하면 정신적인 충격을 받는다. 미국에서는 지난 50년간 증가해온 이혼율로 인해 18세 미만의 전체 아동 가운데 60퍼센트가 상당히 오랜 기간 동안 편부모 슬하에서 자라고 있다. 이혼한 성인들 중 70퍼센트가 재혼을 하기는 하지만, 아이들 중 25퍼센트는 여전히 편부모 밑에서 성장할 수밖에 없다.

이혼의 원인이 무엇이든 이혼 때문에 현실적, 금전적으로 큰 타격을 받는 것은 주로 여성들이다. 심리학자 레노어 와이츠먼에 따르면 이혼 후 1년 안에 여성들의 생활수준은 전보다 73퍼센트 정도 하락하는 반면, 남성들의 경우 오히려 42퍼센트 상승한다. 이혼 후 아버지가 아이 양육비를 착실하게 내놓고 아이와 계속해서 감정적인 유대 관계를 유지한다고 해도 자녀를 매일 돌보고 장기적으로 양육하는 책임을 지는 것은 어머니이다.

요즘은 이혼이 흔한 사회적 현상으로 받아들여지고 있다. 십대 미혼모를 비롯하여 결혼이라는 굴레에 매이지 않고 아이를 낳아 기르는 쪽을 선택한 성인 여성에 이르기까지—TV 시리즈 〈머피 브라운〉의 주인공처럼(주인공 머피 브라운은 극 중에서 사생아를 낳아 1990년 당시 미국인들의 첨예한 의견 대립과 사생아 문제에 대한 큰 관심을 불러 일으켰다-옮긴이)—싱글맘이 또 다른 사회적 추세로 받아들여지고 있다. 이런 상황에서 성인 여성과 소녀들은 모두 '자급자족'이 중요하다는 교훈을 깨우치고 있다. 미국 노동부 여성국 국장을 지낸 카렌 너스바움은 "소녀들은 '더 이상' 다른 누군가가 '자기'를 돌봐줄 거라고 착각해서는 안 된다"라고 말한다. 삶의 방식이 달라진 만큼, 여성의 기대치도 달라져야 한다. 이제 여성에게 일은 선택이 아닌 필수인 것이다. 너스바움은 "'요즘' 소녀들은 고등학교 졸업 후에 일을 하지 않으면, 어려움에 직면하게 된다"고 말했다. 수많은 여성들에게 일은 명예의 표시이자 자존심의 상징이며, 기본적인 생존의 요건이 되었다.

공평한 일터

현재 다양한 산업부문에서 제일 낮은 직급들을 살펴보면, 남성보다 여성이 더 많다는 것을 알 수 있다. 언뜻 보면 기업들이 개방적이고 차별 없는 고용 정책을 펼치고 있는 듯 여겨지기도 한다. 그러나 대부분의 여성에게 문제가 되는 것은 취직 자체가 아니라, 그 후에 발생하는 상황이다. 여성 모두가 편견에 시달리는 것은 아니지만, 수많은 여성들이 경력을 쌓고 전문가로 성장하는 과정에서 개인적 또는 집단적인 방해 공작을 감내해야 한다.

경영학자 주디 로즈너의 주장에 따르면, 일터에서 마음껏 기량을 펼치는 여성은 거의 없다. 대부분은 '성적인 거부감'이라는 문제 때문에 곤란을 겪는다. 로즈너는 남성 관리자와 노동자 대부분—특히 마흔 살이 넘은 남성들—이 같이 근무하는 여성들을 동료가 아닌 여자로만 여긴다고 주장한다. 많은 남성들이 전통적인 성역할—어머니, 누이, 딸, 잠재적인 배우자감—을 벗어나 활동하는 여성들을 동료로 받아들이지 못하고 있다. 성적인 거부감은 남성과 여성 간의 의사소통을 가로막고 정상적인 업무 활동을 방해하며 잡음과 오해, 당혹감, 분노, 혼란, 두려움 등의 감정을 조장한다. 기업윤리학자 퍼트리샤 워레인은 성적인 거부감이 근무환경을 적대적으로 만드는 경향이 있으며, 적대적인 수준까지는 아니더라도 불편하게 만들고 있다고 말한다. '성적인 문제로 인한 고소 사건'이 발생하거나, '남녀 직원들이 편안하게 서로에게 의지하지 못하고 업무적인 언행이 성적인 것으로 오해받지 않을까 하는 불안감'을 느낄 수도 있다.

성적인 거부감은 성희롱과 다르며 보다 교활한 성격을 띠고 있다. 성희롱은 일자리 제공이나 승진, 성공을 조건으로, 부적절한 성적인 언급이나 불쾌한 성적인 접근, 성적인 요청을 하는 것을 의미한다. 반면 성적인 거부감은 성희롱이 아닐까 하는 의심을 사지는 않는다. 그저 업무 환경 혹은 사회적 환경 속에서 서로 기분이 편치가 않고 팽팽한 긴장감이 감도는 것이다. 남성 관리자는 나름의 성적인 불안감으로 인해 잘못된 정책 결정을 내릴 때도 가끔 있다. 어느 대기업의 상급 변호사는 "우리 회사엔 파트너로 삼아도 좋을 만큼 아주 똑똑한 여성이 있습니다만, 그녀가 나를 성적으로 자극해서 내 앞길에 방해가 될까 봐 그녀의 승진과 관련된 투표에서 찬성표를 던질 수가 없습니다"라고 털어놓았다. 남자들은 회사에서 염문에 휘말릴까 봐 두려워한다. 회사 임원인 오십 세의 남성은 "여성을 승진시킬 때마다, 사람들이 내가 그녀에게 성적으로 관심이 있다고 의심할까 봐 걱정이 됩니다"라고 말했다.

로즈너와 워레인은 성적인 거부감이 팽배한 환경에서 일하는 사람은 개인적으로나 직업적으로 모두 손해를 보게 되지만, 특히 주로 희생자가 되는 것은 여성이라고 말한다. 성적인 거부감은 여성에게 판에 박힌 역할을 강요하고 새로운 기술과 경험을 쌓을 수 있는 기회를 박탈하며 상급자인 남성이 여성을 위해 정신적인 조언자이자 본보기 역할을 하지 못하게 만들어 종국에는 객관적인 근무환경이 조성되지 못하게 만든다. 직업적 객관성이 유지되는 일터에서는 경영상의 조치가 개인적인 감정 없이 공평하게 이루어지고, 가장 실력 있고 효율적으로 일하는 사람이 간부급으로 승진할 기회를 잡는다. 유감스럽게도, 워레인은 "우리가 사는 사회는 사업상의 장점과 가치가 이상理想으로만 치부되고 현실로 적용되지는 않는 곳이다"라고 결론을 내리고 있다. 우리는 성별-피부색-민족-나이를 놓고 차별이 성행하는 환경에서 살고 있다. 그리고 성적인 거부감은 '남성과 여성이 성생활과 자녀, 재정적인 면에서 느슨하게 연결되어 있기는 하지만 서로 경쟁하는 별개의 존재'

라는 개념을 더욱 강화하고 있다.

여성 근로자가 당면해 있는 구조적인 문제는 바로 '유리 천장'으로 비유되는 보이지 않는 장벽이다. 직장 여성들이 승진의 사다리를 오를 때마다 부딪치는 이 장벽은 기업 간부직에 오르고자 하는 엘리트 근로자들에게도 마찬가지로 적용된다. 유리 천장은 직장 내에서 직급이나 직종에 관계없이 여성이 맞닥뜨리게 되는 조직적·개인적 편견을 뜻한다. 인종, 계급, 직종, 근무지와 관계없이 미국의 여성 근로자들은 대부분 일터에서 유리 장벽이 자신의 출세를 가로막고 있다는 걸 느낀다. 미국 전체를 대상으로 작성된 「노동여성의 수 집계」 보고서에 따르면, 여성 근로자의 60퍼센트 이상이 향후 승진할 기회가 거의 없거나 아예 없다고 생각하는 것으로 나타났다.

현재 여성이 전체 노동인력의 46~49퍼센트를 구성하고 있지만, 고위 경영진의 97퍼센트 이상이 남성이라는 사실을 주목할 필요가 있다. 여성이 남성과 수적으로 동등하게 승진할 수 있는 직급은 하급 및 중급 관리직에 한정되어 있다. 가까스로 보이지 않는 장벽을 뚫고 올라가 승진한 여성들은 자신들이 '유리 바닥' 위에서 일하고 있다는 걸 곧 깨닫게 된다. 간부급 여성들의 일거수일투족은 유리 바닥을 통해 철저히 감시당하며, 한 번만 큰 실수를 저질러도 지금까지 쌓아온 경력이 송두리째 무너져버릴 수 있다.

〈비즈니스위크〉 지는 현재 여성 근로자들이 최하급 관리직의 절반 이상을 차지하고 있으며, 앞으로는 중급 관리직도 마찬가지가 될 것이라고 보도한 바 있다. 전반적으로 요즘 여성들은 하급 및 중급 관리직의 41~43퍼센트를 차지하고 있는데, 이는 과거 어느 때보다도 높은 수치다. 그러나 카탈리스트 사가 1996년 10월에 발표한 보고서에 따르면, 미국 500대 기업의 최고위직급을 차지한 사람 중 여성의 비율은

10퍼센트밖에 되지 않았다. 놀랍게도 500대 기업 중 105개 기업에는 여성 간부가 한 명도 없고, 500대 기업에서 일하는 여성 근로자 중 회장, 사장, 최고경영자, 부사장의 직급을 차지한 사람의 비율은 2. 4퍼센트에 불과하다. 〈비즈니스위크〉 지에 '여성들이 근무하기에 제일 좋은 회사'로 소개된 바 있는 24개 기업 중, 1996년을 기준으로 여성이 간부직의 25퍼센트 이상을 차지하고 있는 기업은 단 네 곳뿐이었다.

또 다른 보고서에서 카탈리스트 사는 〈포춘〉 지 선정 500대 기업의 이사직 중 10퍼센트 이상을 여성이 차지하게 되었다고 발표했다. 포춘 선정 500대 기업의 이사 총 6,123명 가운데 여성은 626명, 즉 10.2퍼센트를 차지하고 있다. 이는 포춘이 선정한 500대 기업의 83퍼센트가 최소한 1명 이상의 여성을 이사로 두고 있다는 뜻이다. 카탈리스트 사의 셰일라 웰링턴 사장은 이런 수치들도 무시할 수 없기는 하지만 그래도 너무 적은 것이 사실이라고 말한다. 즉, 이 정도면 충분하니 계속 이대로 나가면 된다고 말하는 건 옳지 않다는 것이다. 위계질서의 꼭대기까지 올라간 여성들의 수가 너무 적다. 그러므로 앞으로 더욱 노력해서 이런 상황을 개선해나가야 한다.

산업계뿐만 아니라 정치계에서도 권력의 정점에 선 여성들을 거의 찾아볼 수가 없다. 미국 내 여성 참정권 획득 75주년을 맞이하여 1995년에 정책대안센터에서 발표한 자료에 따르면, 미국 전역을 통틀어 여성은 주의원의 20퍼센트, 주 전체 선거관리임원의 25퍼센트, 하원의원의 10퍼센트, 상원의원의 10퍼센트, 주지사의 2퍼센트밖에 차지하지 못하고 것으로 나타났다. 페미니스트 대중 기금의 국내 조정담당자인 캐서린 스필라는 "현재 추세대로라면, 475년이 지나야 남녀 비율이 같아질 것이다"라고 말했다.

일부 비평가들은 극소수의 여성들이 유리 천장을 뚫고 위로 올라갈 수 있었던 것은 그들이 페미니즘을 삶의 원칙으로 채택해서가 아니라 남자들에 비해 월등히 뛰어난 기능을 보였기 때문이라고 말한다. 즉, 원래 출세 제일주의자인데 어쩌다 보니 성별이 여성이 된 것뿐이라는 것이다. 그녀들은 무엇보다 출세를 중요시하며 직무를 수행하고 역량을 발휘하며, 필요한 경우 싸움도 마다하지 않는다. 시카고에서 활동하는 컨설턴트인 메건 버핑턴과 제인 네프의 말에 따르면, 성공한 여성들 중에는 남자들만큼 거칠고 강인하며 기운이 넘친다는 걸 증명해보이고자 경쟁 상대인 남성보다 더욱 호전적이고 무자비하게 구는 사람들이 일부 있다고 한다. 버핑턴과 네프는 이를 '홍일점 증후군'이라고 부르면서, 시카고 최초의 여성 시장인 제인 번을 대표적 인물로 꼽고 있다.

번은 상황에 따라 '숙녀'로 행동하기도 했지만, 속으로는 남성적인 기질을 지니고 있었다. 그녀는 리처드 J. 데일리의 당 정치기구에서 장기간 직무를 수행하면서 입 조심을 하고 오랜 세월 동안 협력 관계를 구축한 끝에 출세할 수 있었다. 그리고 데일리가 사망한 후 그의 자리로 올라섰다. 어느 전문가의 말처럼, 번은 사방에서 남성 호르몬이 뿜어져 나오는 거친 유세 현장에서 자신이 경쟁자들보다 제대로 된 '자질'을 갖추고 있다며 유권자들을 설득했다. 임기가 끝나고 시장 직에서 물러나면서 가진 인터뷰에서 번은 그동안 굉장히 열심히 일했기 때문에 시장 직무를 그만두기가 아쉽다고 말했다. 번은 능률적인 시장이 되고자 했고, 자신의 실수에 대해 사람들이 계산 착오나 성격적 결함 때문이 아니라 '여자'이기 때문이라고 생각할까 봐 두려워했다.

버핑턴과 네프의 말에 따르면, 이런 식으로 성공을 지향하는 여성들은 다른 여성 근로자들, 특히 부하 여직원들과 공감대를 형성하지 못해 지지를 못 받는 경향이 있다. 그들은 자기가 힘들게 고생하며 성공을 일구었기 때문에 다른 사람들도 마찬가지 수준의 노력을 기울여야 한다고 여긴다. 여성임에도 불구하고 성공을 이룬 만큼, 그들은 감수성이 아닌 성공에 비중을 둔다. 그래서 사무실에서 수다를 떨거나 생일을 축하하는 등 동료 사이에 우정을 나누는 행위를 용납하지 못한다. 자기가 사생활을 집에 한정시키고 살기 때문에 남들도 당연히 그래야 한다고 생각한다. 무엇보다 최악인 것은, 뒤틀린 엘리트주의인지 단순한 이기심에서인지는 몰라도, 성공한 여성들 중 대부분이 다른 여성들을 위해 정신적 조언자 역할을 해주지 않는다는 것이다. 그들 중 일부는 "나도 남한테 도움을 받지 않고 이뤄냈으니, 당신들도 실력이 있으면 해봐라" 이거나 "내가 이미 이 자리를 차지했으니, 더 이상 다른 사람이 들어올 여지가 없어"라고 생각하는 듯하다. 버핑턴과 네프는 그 결과 여성 근로자 대다수가 여성 상사를 위해 일하는 걸 꺼리게 되었다고 말한다. 최근 22개국을 대상으로 실시된 갤럽 여론 조사에 따르면, 여성들은 3개국을 제외하고(인도에서는 여성 상사에 대한 호감이 더 높았고, 엘살바도르와 온두라스에서는 남성 및 여성 상사에 대한 호감이 반반이었다) 남성 상사를 선호하는 경향이 압도적이었다. 미국에서는 설문에 응답한 남녀 중, 남성 상사를 선호하는 비율이 45퍼센트인 데 반해, 여성 상사를 선호하는 비율은 20퍼센트 밖에 되지 않는 것으로 나타났다(나머지는 무응답).

'유리 천장'이라는 용어는 비유적인 표현이지만, 이것이 의미하는 바는 매우 현실적이다. 유리 천장은 여성이 경영진으로 승진할 수 없도록 저지할 뿐만 아니라, 작업현장이나 사무실에서 하급 직원으로 근무하는 여성들이 업무와 관련된 훈련, 출세, 승진 등에서 공평한 기회를 얻지 못하게 만든다. 그뿐만 아니라 여성은 월급에서도 차별을 받는다. 노동부에 따르면, 「노동여성의 수 집계」 보고서 작성 시 설문 조사에 응했던 25만 명의 여성들이 꼽은 두 번째 불만이 바로 '불평등하고 불공정한 급료'였다고 한다. 1963년 미연방의회에서 동일임금법이 통과되면서 남녀 근로자가 수령하는 급료의 차이가 줄어들기는 했지만, 여전히 성별에 따른 급료 차이가 크다. 1993년 정규직으로 1년간 근무한 노동자들의 연수입을 조사해본 결과, 동일 직무에 대해 남성 노동자는 1달러, 여성 노동자는 71센트를 받고 있었다. 그리고 1996년 국제노동기구의 보고에 따르면, 미국 내에서 동일 직무에 대해 남성 노동자는 1달러, 여성 노동자는 75센트의 급료를 받고 있는 것으로 확인되었다.

전국적으로 평균을 내보니, 대학에서 학위를 취득한 여성들은 고졸인 남성 근로자보다 급료 수준이 약간 더 높았고, 동등한 교육수준의 남성 근로자보다 연봉이 연간 1만 달러 정도 더 적었다. 「노동여성의 수 집계」 조사에 참여한 여성들 중, 임시직 근무자는 23퍼센트(주당 35시간 미만 근무), 정규직 근무자는 77퍼센트(주당 40시간 이상 근무)였다. 소득 관련 보고 내용은 다음과 같았다.

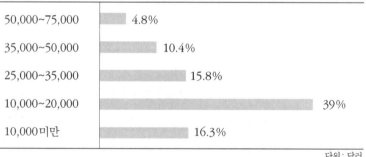

[여성 근로자의 소득 수준]

50,000~75,000	4.8%
35,000~50,000	10.4%
25,000~35,000	15.8%
10,000~20,000	39%
10,000미만	16.3%

단위 : 달러

여성 근로자들의 경우, 연소득 35,000달러 미만인 비율이 71.1퍼센트, 25,000달러 미만인 비율이 58퍼센트라는 점과, 혼자 가족을 부양하는 여성 근로자의 비율은 35퍼센트라는 점을 주목할 필요가 있다. 이러한 설문 조사 결과는 여성이 노동인력의 다수를 차지하게 되었음에도 불구하고, 급료 면에서 남성과 동등해지려면 아직 멀었음을 보여준다.

일터에서 여성의 출세를 가로막는 또 다른 요인으로 자녀 양육 문제를 들 수 있다. 노동부 여성국에 따르면, 현재 여성 근로자가 떠안고 있는 가장 큰 고심거리는 일과 가족, 자녀 양육 간에 균형을 맞추는 것이라고 한다. 아주 어린 자녀를 둔 여성 중 일터에 나와 근무하는 경우는 많지 않다. 자녀의 나이가 18세 미만인 여성인 경우, 근무 중이거나 활발하게 구직활동을 하고 있는 비율은 67퍼센트이다. 이 가운데 3세 미만의 자녀를 둔 여성은 54퍼센트, 6세 미만의 자녀를 둔 여성은 58퍼센트, 취학 연령의 자녀를 둔 여성은 75퍼센트이다. 이 어머니들은 자녀양육과 근무를 병행할 경우 집에서나 일터에서나 끊임없이 걱정과 피로, 좌절, 죄의식에 시달리는 것으로 나타났다. 일하는 어머니 중 어떤 분은 내게 이렇게 말했다. "무엇을 제일 먼저 걱정해야 하는지도 잘 모르겠어요! 일이라고요? 내가 늘 더 열심히 일해야 한다고 생각하기 때문에요? 아이들이라고요? 애들이 너무 보고 싶고, 내가 많은 부분을 놓치며 살고 있다는 생각이 들어요. 집이라고요? 집은 이제 더 이상 집 같지도 않고 그냥 사는 장소일 뿐이에요. 남편이라고요? 아, 본 지가 너무 오래 돼서…… 그 양반 이름이 뭐였더라?!"

「노동여성의 수 집계」 보고서에 따르면, 어머니들 중 56퍼센트는 자녀를 제대로 맡아 돌봐줄 서비스 기관을 찾을 수가 없다고 한탄했고, 49퍼센트는 '신생아와 몸이 아픈 가족을 돌보기 위해' 유급 휴가를 받을 수 있으면 하고 바랐으며, 35퍼센트는 매일 직장과 집에서 균형 있게 의무를 수행하기 위해 '근무 일정이 보다 융통성이 있으면' 좋겠다고 답했다. 이런 요구와 바람은 여성 근로자라면 누구나 수긍할 수밖에 없는, "고객을 돌볼 시간은 있어도, 제 자식을 돌볼 시간은 없다"라는

'직업상의 금언'을 떠오르게 한다.

　1989년 펠리스 슈워츠는 아이와 여성, 남성이 요구하는 바를 모두 해결해보고자, 기업이 여성 근로자들을 위해 '경력 우선' 궤도와 '경력과 가족 병행' 궤도라는 2개의 업무 궤도를 마련해야 한다는 주장을 펼쳤다. 기업은 경력 우선 궤도를 선택한 여성을 모든 직무에 투입하고, 경력과 가족 병행 궤도를 선택한 여성을 보다 제한적인 직무에 투입해야 한다는 것이다. 그리고 여성이 경력을 쌓아가는 과정 중 여러 시점에서 이 두 개의 업무 궤도를 왔다갔다할 수 있어야 한다고 보았다. 슈워츠는 이렇게 하면, 기업은 숙련된 직원을 보유할 수 있고, 여성은 어머니로서의 책임을 포기하지 않고 경력을 쌓아갈 수 있다고 보았다. 비평가들은 슈워츠의 주장을 즉시 반박하며, 슈워츠의 분류법은 여성을 '양육자' 대 '업무 성취자'로 나눈 것에 불과하다고 비판했다. 슈워츠가 내세운 궤도 체계가 여성과 아동, 가족이 요구하는 바를 균형 있게 처리하기 위한 방식이기는 했지만, 많은 논평자들은 그런 방식이 여성을 2류 경력밖에 쌓지 못하는 2류 계급으로 고착화시킬 뿐이라고 보았다. 그들은 슈워츠의 제안을 '엄마의 길'이라고 부르며, 부모로서의 책임이나 희생을 완벽하게 해낼 여성을 골라내기 위한 체계에 불과하다고 말했다. 이처럼 엄마의 길은 여성을 위한 새로운 대안이 아닌, 막다른 길로 취급되었다.

　1997년 〈포춘〉지에서 베치 모리스는 슈워츠가 제기했던 문제점—경력과 자녀 양육, 장기적으로 책임져야 할 가족을 모두 균형 있게 돌보기 힘들다는 것—이 지금까지도 전혀 해결되지 않고 있다고 주장했다. 모리스는 상황이 전보다 악화되었다고 보았다. 그는 대부분의 기업들이 정치적으로는 옳은 소리를 곧잘 하면서도 근로자의 자녀 문제에 대해서는 관심이 없다고 지적했다.

오늘날 기업들은 근로자의 가족 문제를 입에 발린 말로 대충 때우고 있다. 회사가 근로자들에게 일하면서 가족을 잘 돌보게 하는 프로그램—가령 부모가 일하다 잠시 틈을 내어 자녀의 티볼 게임(어린이를 위해 변형시킨 야구의 일종. 야구와 비슷하지만 투수 없이 공을 골대 안에 넣기만 하면 되므로 아이들도 쉽게 즐길 수 있다-옮긴이)을 관전하도록 해주는 프로그램—을 제공하는 것은 상상조차 할 수 없다. 미국 기업들이 지닌 추악한 비밀을 인사 계통에 근무하는 사람이라면 누구나 알고 있다. 수많은 최고 경영자들도 알고 있지만 결코 입 밖에 내지 않는 비밀. 그것은 가족이 회사에 도움이 되지 않는 골칫거리이며 방해물일 뿐이라는 것이다. 더욱이 기업들은 근로자의 자녀를 미래의 일꾼으로 여긴다기보다 죄수복을 입혀 놓은 근로자들이 가진 사치품쯤으로 간주하고 있다. 그러므로 책상 위에 자녀의 사진을 올려놓는 것은 무방하나, 그 아이들이 근로자의 근무 시간을 빼앗는 것은 용납될 수 없다.

회사는 직원들이 가급적 많은 시간을 근무에 할애해주기를 바란다. 회사에서 관심을 갖는 것은 결과와 생산성, 성공이지 자녀에 대한 헌신이나 유치원 학예회 따위가 아니다. 모리스는 회사가 속으로 다음과 같은 생각을 갖고 있다고 말한다. '야심 있는 노동자들은 조심하라. 자식을 낳아 기르고 싶으면, 혼자 알아서 해라. 가족이 당신의 경력에 초래할 손해를 극복하려면 당신은 굉장한 재능을 갖고 있거나, 기반이 탄탄해야 할 것이다.'

공평한 가정

안타깝지만 여성들이 일터에서 직면하는 여러 가지 문제점과 편견,

불공평한 처우는 가정에서도 고스란히 나타나고 있으며 심지어 더욱 심하게 표출되는 경우도 종종 있다. 알리 혹스차일드는 "여성들은 명성을 누리고 재산을 보유하며 사무실에서 일하고 실리콘 주입 수술을 받고 멋진 디자이너의 옷을 입으며 살 수 있다. 그러나 집안일을 똑같이 분담하는 남자와 살 수는 없다"고 말했다. 여성들은 남편에게 집안일을 '떠맡기려면' 응분의 대가를 치러야 하기 때문에 그냥 자기가 대부분 처리해버린다. 혹스차일드는 저서 『이중 부담』에서 여성들이 일터에서 나름의 권리를 확보했지만 집에서는 그렇지 못했고 그 결과 설 곳을 잃고 있다고 주장한다. 혹스차일드의 말에 따르면, 맞벌이 가정의 여성들은 직업적인 부담과 책임을 이행해야 할 뿐만 아니라, 그녀들 중 80퍼센트는 두 번째 부담, 즉 가정과 아이, 남편을 돌보는 일까지 해내야 한다.

혹스차일드는 1960년대와 1970년대에 미국 여성들이 남성들에 비해 주당 평균 15시간 이상을 집안일에 할애했다고 말한다. 일 년을 기준으로 계산할 경우, 여성은 남성보다 한 달 조금 넘는 시간을 집안일에 소요한 것이다. 어떤 연구 결과에 따르면, "여성은 일평균 3시간, 남성은 일평균 17분 동안 가사 노동을 한다. 하루 중 완전히 아이만 돌보며 지내는 시간은 여성이 50분, 남성이 12분이다"라고 했다. 혹스차일드의 계산대로라면, 남성의 61퍼센트는 거의 혹은 전혀 집안일에 손을 대지 않고, 21퍼센트는 불규칙적으로 자기 몫의 집안일을 하며, 18퍼센트만이 여성과 동등하게 가사 노동을 분담한다. 요컨대 이중 부담이란 여성이 남성보다 하루를 두 배는 힘들게 산다는 뜻이다. 여성은 일터에서도, 집에서도 쉴 새 없이 일해야 한다. 이런 상황에 대해 어떤 여성은 화를 내며 "나는 내 몫의 집안일을 하고 나서, 남편의 몫까지 해야 합니다. 그는 도대체 할 생각을 하지 않으니까요!"라고 말하기도 했다.

혹스차일드의 연구 결과가 의외라고 하는 사람도 있을 것이다(노동계급의 남편들은 자유시간이 많은 전문직의 중산층 남편들에 비해 집안일을 더 많이 하고 있다). 그러나 문화적으로 볼 때 너무나도 뻔한 이유로 여성들은 이중 부담을 지고 산다. 남자들은 대부분 자기 일이 아내의 일보다 더 중요하다고 여긴다. 그래서 아내가 벌어들이는 돈도 필요하기는 하지만, 자기가 아내보다 더 많이 벌고 전통적인 가장 노릇을 하고 있기 때문에 자신의 직업이야말로 가족의 신분을 규정하는 중요한 요소라고 생각한다. 미적으로나 위생적인 차원에서 집안일을 해야 할 필요가 있기는 하지만, 창조적이지도 중요하지도 않은 자질구레한 일이므로 가장이자 가족의 주요 부양자인 자신이 관여할 바가 아니라고 보는 것이다. 남자들은 대부분 여성이 타고난 양육자이기 때문에 자기보다 자녀 양육에 더 적합하다고 생각한다.

혹스차일드는 여성들이 갑자기 노동시장에 유입되기 시작하다 보니, 사람들은 결혼과 일을 문화적 차원에서 이해하지 못하여 변화가 원활하게 이루어지지 않고 있다고 주장한다. 가족 구성 방식과 여성의 가치관, 근로 조건이 모두 달라졌는데도, 일터에서는 근로자 가족들이 요구하는 바를 제대로 수용하지 못하고 있다. 남자들은 달라진 여성의 삶에 적응하기 위해 집에서도 생활방식을 바꿔나가야 한다. 혹스차일드는 이런 식의 변화가 수반되지 않을 경우, 여성이 자아정체성과 독립, 재정적 안정을 찾아 노동시장으로 유입되는 현상은 이중 부담의 고통으로 인해 그 '혁명성이 퇴색'되어 버릴 것이라고 주장한다.

혹스차일드는 최근에 출간한 저서 『시간의 속박』에서 여성 노동의 혁명성이 '정체'되고 있을 뿐만 아니라, 이중 부담의 고통과 악영향도 점점 더 복잡한 양상으로 전개되기 시작했다고 말한다. 남편이 육아와 가사 노동에 활발하게 참여하더라도, 부부가 가정과 직장 모두에 충실하기 위해서는 필사적으로 곡예를 할 수밖에 없다. 그래서 일중독적인 회사 체계의 요구와 가족들의 요구를 들어주기 위해 눈코 뜰 새 없이 바쁘게 움직이면서도 늘 '시간의 속박'에 갇혀 죄의식을 느끼게 된다. 혹스차일드는 이에 대해 "대부분의 근로자 가족들은 시간의 속박에 매인 죄수이자 그 속박을 만들어낸 설계자이다"라고 말한다. 사람들은 모든 것을 다 갖고 싶어 한다. 멋진 직업과 가족, 그에 수반되는 모든 멋진 결과물까지. 그러나 가정에 투자해야 할 에너지와 시간을 일에 쏟아 부을수록, 감정적으로 점점 더 심각한 압박을 받게 된다. 혹스차일드는 '가정 친화적인 기업'으로 꼽힌 〈포춘〉 500대 기업을 대상으로 3년간 조사 작업을 수행했고, 그 결과 놀라운 사실을 발견했다. 즉, 점점 더 많은 맞벌이 부부들이 가족보다 일을 중요시하는 것으로 드러난 것이다. 수많은 근로자들이 '집에서는 시간에 맞춰 미친 듯이 가사 노동을 해치우며 살지만, 일터에서는 성숙한 교제와 능력 개발, 상대적인 자유를 만끽하며 안식을 취할 수 있기 때문에' 집에서 일터로 도망쳐 나오고 있다.

혹스차일드의 주장대로, 집과 일터의 역할이 뒤바뀌기 시작했다. 일터는 '집'이 되고(직원과 동료, 같이 일하는 사람들로 이루어진 마을), 집은 '고된 노역의 장'이 되었다(의무와 허드렛일, 개인적인 요구 사항을 이행해야 하는 장소). 일터는 이웃들로 둘러싸인 새로운 '마을'이 되어, 사람들은 일터에서 대부분의 시간을 보내고 친구들과 대화를 나누며 교분을 쌓고 전문적인 지식을 함양한다. 반면 집은 안정은커녕 가장 피곤한 공간이다. 혹스차일드는 "이혼율이 계속 상승하고, 감정적인 요구도 더욱 기묘하고 복잡한 양상을 띠고 있다. 현대 가정의 분위기는 아이들이 자라면서 더욱 불쾌하고 짜증스러워지고, 나이든 부모님의 요구로 인해 가사 노동의 강도가 점점 높아진다. 특히 계모와 계부, 의붓자식, 전처와 전남편, 이혼 전 인척 등 가족 구성원들이 합쳤다가 분리되었다가 뒤섞이면서 생성되는 관계로 인해 더욱 골치가 아프게 된다"라고 말한다. 일터는 집보다 한층 정돈되어 있고 깔끔하며 삶의 질도 높고, 덜 개인적이다. 어느 여성 근로자는 혹스차일드에게 이렇게 털어놓았다. "[초과] 근무를 하고 집에 도착해서 열쇠를 돌려 현관문을 열면, 눈앞에 딸아이가 보여요. 아기는 아직 깨어 있고…… 싱크대 안에는 설거지도 안 된 접시가 그대로 담겨 있죠. 남편은 다른 방에서 딸에게 '난 네 엄마와 얘기할 시간도 없어. 네가 항상 엄마 시간을 모두 차지해버리니까!' 하면서 고함을 질러요. 그런 상황이 한꺼번에 내게 밀어닥친답니다."

이런 판국이니 일터가 집이 되고 집이 일터가 되어버리는 것도 당연하지 않은가? 일터는 정신 사나운 사생활로부터 몸을 피해 쉴 수 있는 피난처 구실을 하게 되었다. 또한 동료들과 함께 집에서 벌어진 마찰을 논의하고 토론하며, 서로 교감을 형성하며 문제점을 살펴볼 수도 있다. 혹스차일드는 일터라는 안식처 안에서 점점 더 많은 여성들이 '남자들끼리만 공유하던 커다란 비밀'—즉, 일터는 가정의 압박을 피해 숨을 수 있는 곳—을 깨닫고 있다고 말한다. 미국의 풍자만화가 제임스 서버의 만화에 나오는 어느 등장인물은 집안의 잡다한 일을 처리하고 식구들을 상대하며 기나긴 주말을 보낸 후 출근하면서 "아, 감사합니다. 드디어 월요일이군요!"라고 말한다. 혹스차일드는 점점 더 많은 여성들이 가사 노동과 자녀로 이루어진 '여성적인' 세계보다 업무가 주가 되는 '남성적인 세계'를 더 명예롭고 가치 있게 여기고 있다는 결론을 내린다. 혹스차일드는 그로 인해 역설적인 결과가 발생했다고 말한다. 즉, 우리는 가족을 위해 일을 하지만, 결국 일 때문에 가장 많이 상처를 받는 것은 가족이라는 것이다!

혹스차일드는 어느 맞벌이 가정이든 전업 주부가 필요하다고 말한다. 나는 『시간의 속박』에 대한 평론에서 혹스차일드의 연구 결과와 의견을 종합하여, 가족을 구할 수 있는 유일한 방법은 가족 구성 방식을 바꾸는 것이라는 취지의 주장을 펼쳤다.

어느 한쪽도 소홀히 하지 않고 자녀 양육과 직장 생활을 '모두' 잘 해내고 싶은 사람은 자격을 갖춘 성인 6명으로 구성된 집단혼 관계를 유지해야 할 것이다. 두 명은 가족 부양을 위해 정규직으로 근무하고, 두명은 집안일을 하고 자녀를 돌보며, 나머지 두 명은 만일의 경우에 대비한 인원으로 남겨두었다가 필요한 곳에 투입한다. 이혼은 금지되어있고, 모든 재산은 공동으로 소유한다. 동침 방식도 의논해서 정하고, 엄격하게 서로의 선택에 따라 섹스를 한다. 자, 이런 방식을 한번 시도해보는 게 어떨까? 다른 수가 없을 듯하니 말이다.

여자들은 변했다. 경제도, 일터도, 가족도 모두 달라졌다. 유감스럽게도 남자들 대부분은 개인적으로나 직업적으로 전혀 달라지지 않았다. 일터의 규칙도 새로운 현실을 수용할 만큼 개선되지 않았다. 여성들은 앞으로도 계속 근로 활동을 할 수 있을까? 물론이다! 조사에 따르면, 여성들은 일을 필요로 하고 원한다. 얼마 전에 실시한 조사 결과에 따르면, 급료를 받으며 일하는 여성들은 아무리 힘들고 바빠도 직업이 없는 여성들에 비해 덜 의기소침하고 자신의 가치를 높게 평가하며 더 행복하고 만족스런 생활을 하는 것으로 나타났다. 남성들도 일터에서 여성을 필요로 할까? 그렇다! 출생률과 도시의 인구 동향, 대학 졸업 비율에 관한 인구통계적 추세를 보더라도, 여성들이 활발하게 근로 활동을 할 필요가 있다는 걸 알 수 있다. 그럼, 남자들도 여성과 함께 일하는 걸 원할까? 그럴 수도 있고 아닐 수도 있다. 남성에게 여성은 일자리와 급료, 승진을 놓고 경쟁해야 할 또 다른 집단에 불과하다. 변화된 여성의 역할에 대해 어떻게 반응해야 할지 사회적으로 적응이 잘 되지 않은 남성들도 일부 있다.

많은 남성들은 '남성과 여성의 만고불변의 차이점인…… 모성애' 때문에 여성들이 직무에 전적으로 헌신하지 못하며 제대로 신뢰를 받지도 못한다고 생각한다. 가정과 아이는 수용해야 할 정상적이고 필요한 삶의 한 부분이라기보다는 근로 활동의 취약점 또는 장애물로 작용한다. 베치 모리스는 가치관의 변화 속에서 남성적 지위의 상징도 변화했다고 지적한다. "멋진 차와 끝내주는 별장을 소유하고 일터에서 훌륭한 경력을 쌓아가는 아내와 사는 것이 아니라, 아내를 일터에 내보내지 않아도 될 만큼 여유로운 생활을 유지하는 것이 남성의 높은 지위를 나타내는 상징이 되었다. 금전적으로 여유롭다면 충분히 그렇게 살 수 있다. 아내는 돈을 벌어다주지는 않더라도 아무나 누릴 수 없는 현대적이고도 호사스런 생활이 가능하도록 후방에서 가정의 평화를 지켜줄 것이다."

높은 직급으로 승진하는 여성의 수가 많아질수록, 여성들이 그 수에 상응하는 권한을 갖게 될까? 안타깝게도 그렇지가 않다. 일부 사회 비평가들이 우리에게 주지시켰던 것과는 달리, 직접적으로 여성에게 국한되는 성적인 편견이 작용하기 때문이다. 첫째, 일터에 전반적으로 적용되는 규칙을 만드는 사람들은 주로 남성이며, 이 규칙은 일과 관계없는 문제에 대해서는 무관심하다. 로버트 블라이와 글로리아 에머슨이 주장한 바와 같이, 남자들은 노동 제공자로서의 역할 수행을 중요시한다. 대부분의 직장에서 적용되는 규칙은 직원의 사적인 문제가 아닌 일에 관한 문제에 주로 초점을 맞추고 있다. 둘째, 철저히 남성 위주로 돌아가는 기업 구조 속에서 기득권층인 남성들은 여성과 권력 기반을 나누어 가지려 하지 않는다. 이는 반드시 여성혐오적인 이유 때문만은 아니다. '권력power'이라는 용어는 원래 '하다, 할 수 있다, 변화시키다, 좌지우지하다, 영향을 끼치다'라는 뜻을 지닌 라틴어 posse에서 비롯되었다. 권력이란 통제 능력 혹은 의도한 결과물을 산출하는 능력을 의미한다. 권력을 갖는다는 것은 변화를 통제하고 변화의 방향을 지시하는 능력을 소유한다는 것이다. 권력의 주요 원칙이 자기 영속성인 만큼, 자신이 지닌 권력을 기꺼이 포기하려는 사람은 아무도 없다. 이 원칙은 남성 호르몬에 기반을 둔 것도 아니고 남성성에서 비롯된 것도 아니다. 권력을 지닌 자들(여기서는 남자들)이 마지막 순간까지 권력을 놓치려 하지 않는다는 점에서, 권력은 마키아벨리적인 특성을 지니고 있다. 마키아벨리의 말에 따르면, 변화는 권력 구조와 현상유지를 교란시키고, 현상유지의 파괴는 이미 권력을 소유한 자들에게 이익이 되지 않기 때문에 궁극적으로 권력은 변화를 허용하지 않는다. 우리에게 당장 문제가 되는 것은 '남자들끼리의 인맥'이 지닌 권력이다. 여기서는 여성을 현재 위치에 묶어두려는 사악한 남성 집단의 음모에 대해 논의하자는 것이 아니다. 요컨대 모든 권력 투쟁은 단순한 남성우월주의가 아닌, 보다 뿌리 깊은 권력의 속성에 기반을 두고 있다.

급진적인 변화가 이루어지기는 어렵지만, 그래도 상황은 조금씩 달라지고 있다. 가수이며 영화배우이자 감독인 바브라 스트라이전드는 1992년 명예의 전당에 위대한 여성으로 입성하면서 이렇게 말했다. "얼마 전까지만 해도 우리는 인형, 매력덩어리, 영계, 자기, 계집 따위로 불렸다. 이제 우리는 그런 모습에 작별을 고하고 거친 여자, 여우, 나쁜 년, 마녀라고 칭해지고 있다. 나는 그것이 진일보를 뜻한다고 생각한다."

8

시간을 쥐어짜며 ◉

문명인은 서두르지 않는다.

_윌 듀런트

미국 사회는 시간에 사로잡혀 있다. 시간에 매여 전전긍긍하는 삶은 오랫동안 미국이라는 나라의 특성으로 굳어져왔다. 시간은 돈이며, 미국인들은 늘 시간 소비를 잘하기 위해 노력한다. 우리는 스페인과 이탈리아, 멕시코의 '시에스타'라는 낮잠 풍습을 비웃을 때가 종종 있다. 또한 8월이면 점포 문을 모두 닫고 쉬는 프랑스의 관습이라든가 최소 5주간의 휴가 정책을 시행하는 스웨덴의 풍습에 코웃음을 친다. 우리는 자유 시간이라는 난해한 개념을 마음 편히 받아들인 적이 없다. 늘 시간을 조직화해놓지 않으면 불안하다. 우리는 시간을 가장 귀중한 상품으로 여긴다. 시간을 최대한 잘 이용하려고 발버둥친다. 시간을 채우고 활용하며 투자하고 관리한다. 항상 생산성을 높이려고 고군분투한다. 늘 일정표와 목록에 따라 살아간다. 근무 시간을 세분해서 관리한다. 놀이 시간과 가족과 함께 보내는 사적인 시간마저도 대부분 그런 식으로 관리한다. 성공은 1퍼센트의 영감과 99퍼센트의 노력이라는 토머스 에디슨의 충고를 철석같이 믿는다. 성공한 사람들은 시간 관리를 잘해 더 많은 일을 할 수 있을 정도로 시간 여유가 있고, 그렇지 못한 사람들은 시간이 모자라서 해야 할 일도 다 끝마치지 못한다고 믿는다. 우리는 끊임없이 시간과 경쟁한다.

역사적으로 미국인들은 활동성을 도덕적인 삶을 살기 위한 중요한 요소로 여겼다. 도덕적으로 살기 위해 '바쁘게 사는 전통'을 고수하는 것이다. 우리는 1분도 소홀히 하지 않고 모든 활동을 시간에 따라 규제하는 사람들을 높이 평가한다. 전통적으로 미국 사회는 생산성 유무에 따라 활동의 의미를 측정한다. 이렇게 시간에 집착하다 보니 결국 일중독자가 되고 만다. 노동역사학자인 벤저민 허니컷은 개인적인 선택이든 환경 때문이든, 우리는 언제나 '근로라는 문화' 속에서 살아간다고 말한다. 미국인들은 지금까지 '무슨 일을 하는가, 어떤 식으로 그 일을 하는가'에 대한 강박관념을 떨치지 못하고 살았다. 그렇지 않았다면 미국이 다른 나라에 비해 엄청나게 짧은 시간에 이렇게 대국이 될 수 있었겠는가? 19세기에 노동조합이 소리 높여 외쳤던 근무일 제한 요구는 일하기 싫다는 소리가 아니라, 조악한 근무환경에서 노력에 상응하는 의미도 찾지 못한 채 보잘것없는 급료를 받으며 일하고 싶지 않다는 뜻이었다. 형편이 좋지 않았던 시절, 우리는 참고 견디며 억지로 고된 노동을 수행했다. 그러나 형편이 좋아졌을 때에도 남들보다 앞서 나가기 위해 스스로 고된 노동을 선택하기도 했다.

미국인들은 바쁘게 일하거나 초과 근무를 하면, 결국 사회적으로 높은 지위를 얻고 스스로의 가치도 높일 수 있다고 생각한다. 일정이 바빠질수록 더 중요한 사람이 된 듯한 기분이 들고, 부산하게 움직이다 보면 멋진 생활을 구성하는 요소들을 더 많이 확보할 수도 있다. 우리는 대공황을 겪으면서 어떤 폐단이 나타나더라도, 노동자가 개인적으로 아무리 상처를 받더라도, 노동자의 인권과 시민권에 어떤 위협이 가해지더라도, '근로보다 더 좋은 것은 없다'는 것을 깨달았다. 일자리가 없어 고생을 했기에 일거리만 있으면 그것으로 된 듯싶었다. 일이 없으면 시간에 체계가 잡히지 않고 시간을 생산적으로 활용할 수 없으며 시간의 목적이 결여되고 이득을 얻을 수도 없다는 걸 뼈저리게 느꼈기 때문이었다.

1946년을 기점으로 궁핍했던 대공황과 고난의 제2차 세계대전 시기를 벗어나면서, 우리는 일을 피하거나 초월하기보다 오히려 일을 통해 괴로움을 잊고자 노력했다. 그리고 1950년대에 이르자 그 목표를 이룬 듯 보였다. 노동자들은 시간을 조직화해서 더 열심히 일했다. 그리고 그처럼 노동력을 아끼지 않은 덕분에 세계 역사상 가장 폭넓고 장기적인 소비 활성화가 이루어졌다. 그러나 무한히 성장할 것이라는 기대감이 잦아들면서 1960년대 중반부터 다시 한 번 전시 경제 체제에 돌입했다. 그리고 일명 '물병자리의 시대'라 불렸던 1970년대와 1980년대에는 경제적, 사회적으로 변화가 이루어졌다. 제2차 세계대전이 끝난 지 50년 후, 즉 2세대도 채 지나지 않은 1990년대에는 세상이 완전히 달라져, 생활 방식이 다시 한 번 크게 바뀌었다. 그러나 반드시 더 좋은 쪽으로 변화했다고는 말할 수 없다.

지금까지 우리는 시간에 사로잡힌 사회에서 살면서도 해야 할 일을 다 할 수 있을 정도로 시간이 넉넉하다고 생각했다. 시간에 쫓긴다면 그것은 시간이 정말 모자라서가 아니라 시간 관리를 잘못한 탓이라고 여겼다. 그러나 최근에 들어와 생활의 속도가 달라졌다. 찰스 핸디는 『역설의 시대』에서 "시간은 점점 더 유동적이 되어가고 있다"고 주장했다. 우리가 시간을 활용하는 방식이 변한 것처럼, 시간 자체도 변화했다. 핸디는 미국인들이 '시간의 심각한 불균형'으로 인해 힘들어하고 있으며, 이러한 불균형은 노동과 사생활의 질에 영향을 미친다고 지적했다. 경제학자이자 미래학자인 제러미 리프킨은 이를 반어적으로 표현하며, 시간 절약을 강요하는 문화에서 살면 제일 가치 있는 것을 점점 더 빼앗기고 있는 기분을 느끼게 된다고 말했다.

한때 우리는 시간적인 여유를 마음껏 누렸지만, 지금은 '시간의 빈곤'에 허덕이고 있다. 할 일을 모두 끝마치기엔 시간이 부족하다는 생각이 들고, 아무리 빨리 일해도 더 빨리 해야 할 것 같은 강박관념에 시달린다. 그 결과 시간을 더욱 촘촘히 쓰려고 노력하고, 시간 사용을 더욱 가속화하며, '모자라는 시간'을 채우기 위해 시간을 더욱 쥐어짜게 된다. 한때 자유롭고 탄력적이었던 시간이 빡빡하고 비탄력적으로 변해버린 것이다.

새로운 세계 질서, 원거리 통신 기술, 국가 경제, 맞벌이 가정의 급속한 증가라는 4가지의 상호 연결된 요인으로 인해, 미국인들은 이른바 '심각한 시간적 곤궁'이라고도 하는 시간의 위기를 겪고 있다.

지난 10년간 세상을 바라보는 관점과 동맹국과 적국을 규정하는 방식도 크게 바뀌었다. 1989년 11월. 베를린을 물리적으로 나누려 동독인들이 세웠던, 민주주의와 공산주의를 구분하는 상징인 베를린 장벽이 전 세계의 박수갈채 속에 무너졌다. 정치평론가들은 동시대에 있었던 소련의 해체와 더불어 베를린 장벽의 붕괴를 공산주의에 대한 민주주의의 승리로 간주하며 기뻐했다. 내 생각에 그들은 절반만 맞았던 듯싶다. 공산주의가 실패로 돌아간 것은 사람들이 공화 정부를 요구했기 때문이 아니라, 자유 시장 체제를 열망했기 때문이었다. 엄격히 말해 민주주의가 아닌 자본주의의 승리였다. 공산주의 경제 체제가 성공을 거두지 못했기 때문에, 사람들은 70년간 통제 경제 체제 속에서 살면서 원하는 생활을 누리지도 혜택을 받지도 못했다. 소련은 '노동자의 나라'였지만, 노동의 대가는 언제나 제한적이었고 불충분했다. 공산주의 국가의 노동자들은 이렇게 말하곤 했다. "우리는 일하는 척을 하고, 당신들은 우리에게 급료를 주는 척을 한다. 그리고 우리는 실제로는 있지도 않은 물건들을 사는 척한다!"

폴란드 독립노동조합의 발족과 뒤이은 미하일 고르바초프의 개혁운동 페레스트로이카는 제3세계 수준의 생활을 누리게 만드는 기존 경제 시스템에 대한 반발로 일어난 것이었다. 폴란드에서 레흐 바웬사는 그 단스크 조선소 노동자들, 나아가 모든 폴란드 노동자들이 마땅한 권리를 누릴 수 있게 해달라고 요구했다. 바웬사는 근무 조건 향상, 고용 안정성, 연공 서열제, 근무 시간 단축, 휴가일 연장, 임금 인상과 초과근무 수당 보장, 더 많은 노동자들의 노동시장 투입과 참여를 관철시키고자 했다. 바웬사가 민주주의를 긍정적으로 평가하기는 했지만, 그에게 민주주의는 자유 시장 체제를 쟁취하기 위한 수단일 뿐이었다. 고르바초프와 바웬사는 헨리 포드와 마찬가지로 생산과 소비의 주기가 경제적, 정치적으로 서로 밀접하게 연결되어 있다는 것을 잘 알고 있었다.

공산주의의 몰락과 소련의 해체는 새로운 세계 질서, 더 정확히 말하자면, 새로운 세계 시장 체제의 탄생을 예고하는 것이었다. 정치적 장벽이 무너지자, 어제의 적은 잠재적인 고객과 경쟁자가 되었다. 마르크스 레닌주의에 입각한 마오쩌둥주의를 고수하는 중국조차 중국인들이 필요로 하는 바를 충족시키고 세계 시장으로부터 이득을 얻기 위해 덩샤오핑의 주도로 시장 체제를 제한적으로 수용하기 시작했다.

제2차 세계대전이 끝난 후 지속적으로 세계 시장이 발전한 덕분에 새로운 세계 질서가 구축된 것이라고 할 수 있다. 세계 각국의 경제는 과거 어느 때보다도 서로 긴밀하게 연결되어 있으며 상호 의존도도 높다. 과거 미국의 적국이었던 독일과 일본은 이제 동맹국이자 상업 파트너가 되었다. 오랜 동맹국이었던 유럽 국가들은 유럽공동시장을 구축하여 고객과 자원을 놓고 미국과 직접 경쟁하고 있다. 중동은 적과 동지가 공존하기 때문에 정치적으로 매우 민감한 지역이다. 이런 상황이기 때문에 정치적으로 최대의 이익을 올리면서도 경제적인 필요를 충족시키기 힘들 때가 종종 있다.

오늘날 세계의 주요 기업들은 향후 전망과 사업 운영 방식, 경제적인 영향력 면에서 다국적으로 활동하고 있다. 이 기업들은 마치 초대형 유조선과 화물선처럼, 공식적으로는 한 국가에 소속되어 있어도 전 세계를 상대로 사업을 하며 동시에 여러 국가의 법을 따르기도 하고, 적절한 판단하에 다양한 곳에 기반을 두고 활동한다. 미국에서 디자인한 운동화를 독일에서 설계한 후 대만에서 생산한다. 일본에서 가장 많이 팔리는 세단은 오하이오 주에서 생산되고, 가장 인기 있는 미국산 미니밴에 들어가는 엔진은 멕시코에 위치한 일본 기업들이 제작한다. 다양한 상표명으로 세계 곳곳에서 팔리고 있는 비디오카세트레코더와 CD 플레이어는 대한민국의 제조업체 한 곳에서 모두 생산되고 있다. 프랑스 디자이너의 드레스가 자카르타에서 만들어지고, 스키 스웨터는 중국 본토에서, 디즈니 캐릭터가 들어간 잠옷은 온두라스에서 생산된다.

거시경제적인 관점에서 볼 때, 기업들은 다국적 시스템을 통해 상당한 이득을 얻고 있다. 세계화된 경제 체제 속에서 예전보다 더 많은 원재료와 자원, 시장 판로, 잠재적인 고객을 확보하여 판매량을 높일 수 있기 때문이다. 물론 소비자가 늘어나면서 잠재적인 경쟁자도 늘어난다는 부정적인 측면도 있다. 간단히 말해, 예전과 다를 바 없는 금액을 놓고 현재 더 많은 수의 기업들이 경쟁을 벌이고 있다. 미시경제적인 관점에서 보면, 시장 확장과 판매 상승으로 보다 많은 일자리가 창출되고 근로자들이 받는 월급 액수도 높아진다. 그러나 세계를 상대로 하는 경쟁에서 늘 우위에 서기 위해서는 개별 노동자와 기업들이 더 많이 생각하고 계산하며 일해야 한다.

세계 시장이 활성화된 제일 큰 이유는 원거리 통신기술의 혁명적 발달 때문인 듯하다. 앨빈 토플러와 하이디 토플러 부부는 1970년에 출간한 초대형 화제작 『미래의 충격』과 베스트셀러 시리즈인 『제3의 물결』『권력이동』에서 우리는 끊임없이 변화하는 사회에서 살고 있다고 주장했다. 변화는 국가의 진화 과정 중 일부지만, 20세기에 들어와 변화의 속성은 크게 달라졌다. 오늘날 사회를 변화시키는 주된 요인은 정보와 원거리 통신 기술에서 비롯된 변화의 가속도이다. 정보 처리와 전송 속도가 빨라지면서 변화의 속도도 한층 더 빨라진 것이다.

1861년 남북전쟁 당시 남부 연합군이 포트 섬터를 포격했으나 로스앤젤레스의 고립된 기지에 주둔해 있던 연방군은 6주가 넘도록 그 소식을 전해 듣지 못했다. 가로돛을 단 여러 척의 포경선이 2~4년의 일정으로 뉴잉글랜드 해안을 출발했을 때에도, 선박 소유주나 선원 가족들은 항해가 끝날 때까지 선원들이 어디에 있는지, 잘 있는지조차 알 방도가 없었다. 그리고 1927년 찰스 린드버그는 라디오를 비롯하여 지상과 연락할 수 있는 어떤 장치도 없이 세계 최초로 대서양 횡단 비행을 감행하여 성공리에 끝마쳤다. 이처럼 오랫동안 연락이 끊긴 채 지내는 것이 꽤 오래전의 모습인 듯하지만, 사실 위에서 언급한 세 가지 예는 모두 지난 150년 내에 일어났던 일들이다.

오늘날 우리는 지구 반대편에서 일어나는 사건도 실시간으로 보고 아는 세상에서 살고 있다. 마흔 살이 넘은 사람 대부분은, 댈러스에서

잭 루비가 리 하비 오스월드를 살해하는 장면을 생방송으로 지켜보았고 아직도 그날의 충격을 잊지 못하고 있다. 1969년 7월 20일, 전 세계 3억 명 정도의 사람들은 우주비행사 닐 암스트롱이 이글원 호에서 달 표면으로 내려오며 "개인적으로는 작은 한 걸음을 내딛는 것뿐이지만, 인류에게는 큰 도약이다"라고 말하는 것을 지켜보았다. 1996년 7월 17일, TWA 747 여객기가 뉴욕에서 파리로 가는 도중 롱아일랜드 해안 상공에서 폭발했을 때, CNN의 헬리콥터 카메라가 때맞춰 사건 현장에 도착해 바다 표면에 흩뿌려진 비행기 연료가 불에 타는 장면을 촬영했다.

이제는 소식을 듣기 위해 수일이나 수주일을 기다릴 필요가 없게 되었다. 오늘날 세상은 소화하기 벅찰 만큼 빠른 속도로 온갖 단어와 영상을 즉시 우리에게 전달해주고 있기 때문이다.

미래학자와 컴퓨터 반대론자들은 하나같이, 우리가 정보의 시대를 살고 있으며 우리가 흡수하는 정보의 속도와 양으로 인해 삶의 구조와 리듬이 변화했다는 데 동의하고 있다. 라디오, 텔레비전, 전화, 팩스, 무선 호출기, 컴퓨터를 통한 지속적인 정보 전달에 따라 우리가 시간을 활용하고 현실을 인식하는 방식이 달라졌다. 사회비평가 닐 포스트먼은 문화를 이해하는 가장 확실한 방법은 그 문화권의 의사소통 도구를 이해하는 것이라고 여긴다. 그는 20세기 후반에 미국에서 일어난 가장 중대한 문화적 사건은 인쇄 매체에서 영상 매체로의 전환, 즉 정보 탐색과 수집의 도구가 인쇄물에서 텔레비전과 컴퓨터의 이미지 및 소리 조각으로 바뀐 것이라고 지적한다. 인쇄물의 단어와 전자 영상은 전혀 다른 매체이며, 상이한 방식으로 정보를 교환하고 세계를 표현한다. 포스트먼의 주장에 따르면, 인쇄물은 읽는 이가 시간을 들여 글자를 해석하게 만들지만, 텔레비전은 우리에게 사전에 제작된 이미지를 전달하고 컴퓨터는 장시간의 대화와 토론 대신 총알을 쏘아대듯 엄청난 사실 정보를 전해준다.

컴퓨터를 다루는 데 필요한 지적인 기능에 관해서 제대로 평가하지는 않았지만, 포스트먼의 주장은 나름대로 충분히 설득력이 있다. 역설적이게도 원거리 통신의 혁명은 현실을 보는 시야를 넓혀주기보다는 세계관을 좁히고 제한시켰다. 텔레비전과 컴퓨터는 우리 모두를 성급한 정보광으로 만들어버렸다. 우리는 넓고 얕게 세상을 이해하며 산다. 컴퓨터는 정보의 속성과 변화의 속도, 삶에서 시간이 차지하는 비중을 다시 돌이킬 수 없을 정도로 엄청나게 바꾸어놓았다. 사건은 발생하는 즉시 역사로 편입되며, 현재는 계속해서 변화하고, 미래는 우리가 입을 여는 순간 이미 진행되고 있다. 만일 '매개체가 메시지'라고 가정하고 그 매개체를 처리 속도가 엄청 빠른 컴퓨터로 규정한다면, 우리 자신과 관련된 정보를 즉각적으로 입수할 수 있다고 해도 뭐 그리 놀라운 일이겠는가?

원거리 통신산업의 원동력인 컴퓨터로 인해 우리는 효율성과 시간이라는 개념에 더욱 집착하게 되었다. 점점 더 많은 사람들이 유선 매체나 무선 전화, 온라인으로 일터와 집에 연결되고 있다. 그리고 컴퓨터 활용능력이 식자층인지의 여부를 가늠하는 새로운 기준이 되었다. 노동부 장관을 지낸 로버트 라이히의 말에 따르면, 독서량이 많은 노동자보다 컴퓨터를 활용할 줄 아는 노동자가 새로운 '지식 노동자'로 규정되고 있다. 가히 어마어마한 영향력을 자랑하는 텔레비전과 컴퓨터에 대해 〈타임〉 지의 평론가 랜스 모로가 경고했던 말을 명심해야 할 것이다. 모로는 눈부신 기술이 사람을 멍청이나 저능아로 만들 수 있다고 지적하며, "텔레비전은 파우스트의 거래(악마와의 거래라고도 하며, 미래에 치러야 할 비용이나 대가를 고려하지 않고 현재의 이득만을 좇는 거래를 뜻한

-옮긴이) 수단이며, 인터넷 역시 사람들에게 꺼림칙한 영향을 끼치고 있다'고 말했다.

미국의 생활수준이 높아지면서 사람들은 시간을 쥐어짜듯 지갑도 쥐어짜며 살고 있다. 대공황 당시 정치인들은 선거에서 이기기 위해 '모든 가정의 냄비에 닭고기가 있는 세상'을 공약으로 내세웠다. 제2차 세계대전 후에는 화려한 언변과 함께 공약 수준도 한층 높아졌다. 정치인들은 '근로자 가족마다 자기 집을 소유하는 세상'을 새로운 공약으로 내세웠는데, 이는 만족스런 생활을 위한 갖가지 항목을 열망하는 시민들의 욕구를 반영한 것이었다. 자기 집을 소유한다는 것은 아메리칸 드림의 중대한 요소였고 중산층이라는 표시였으며 공동체의 결속, 가족에 대한 헌신, 미래에 대한 자신감을 상징하는 것이었다. 어느 논평자는 "아이를 갖고 집을 짓고 업무에 착수하자"라는 말로 1950년대 미국의 분위기를 표현했다. 1950년대 미국인들은 많은 것을 감내한 끝에 승리를 거머쥐었다. 당시엔 건축 붐이 한창이었다. 교외 지역 곳곳에 레빗타운(교외 주택 건설의 개척자 윌리엄 J. 레빗이 대량 생산 체계로 만든 주택 단지-옮긴이)과 처음으로 집을 사는 이들을 대상으로 하는 주택이 건설되었다. 그래서 식민지 시대부터 존재했던 '교외 주민'이라는 말도 주변에서 흔히 들을 수 있었다. 주택과 학교, 병원, 시 건물, 도로, 수도 시설, 하수처리 공장으로 구성되는 새로운 거주지가 교외 곳곳에 세워졌다.

사회학자 앨런 울프는 제2차 세계대전 후 미국 가정의 대부분이 고수했던 '도덕적인 삶'이란 보다 높은 수준의 재정 상태와 생활양식을 추구하는 삶을 말하는 것이었다고 지적한다. 사람들은 현재 상황이 크게 문제될 게 없으며 앞으로 더욱 좋아질 거라고 믿고 싶었고 그렇게 믿을 필요가 있었다. 1960년대에 들어와 사람들은 각 세대가 그 전 세대보다 더 나은 삶을 영위하고 있으며 부자들이 점점 더 큰 몫을 차지하고 있기는 하지만 결국 모든 사람에게 경제 성장과 정부 정책에 따른 혜택이 조금씩이라도 돌아갈 것이라고 믿었다. 유감스럽게도 1970년대와 1980년대에는 이러한 믿음이 부분적으로만 실현되었다.

사회학자 폴라 레이먼은 "아메리칸 드림은 여전하다. ……너무 많은 비용이 들어가서 이룰 가능성이 작아지는 것뿐이다"라고 말했다. 지난 30년간 중산층의 기본 요건―집과 자가용, 의료 혜택, 대학 등록금―을 갖추기 위한 비용이 급상승했고 지금도 계속 천정부지로 치솟고 있다. 1950년대와 1960년대에는 평균 30세 남성의 소득을 기준으로 중간 정도 가격의 주택 마련을 위해 매달 상환하는 원금과 이자액이 총소득의 15~18퍼센트를 차지했다(총소득의 15~18퍼센트라는 수치에는 지역 부동산세, 공공요금, 유지비와 개수 공사비가 포함되어 있지 않다). 그 비율은 1973년 총소득의 20퍼센트, 1983년 40퍼센트 이상으로 점차 증가했다. 당시의 부동산 감정인들과 여러 부동산 투자자들은 1995년이 되면 그 비율이 50퍼센트를 넘어설 것으로 추정했다.

주택 마련 비용의 급상승을 더욱 부추긴 것은 인플레이션과 임금 정체, 노동자 구매력의 지속적인 감소였다. 미국 근로자의 다수를 구성하는 시급 노동자와 생산직 및 비관리직 근로자들은 그들의 평균 급료가 가장 높았던 시점이 1973년이었다고 말한다. 1973년 이후 급료 수준이 크게 떨어졌고, 지금은 인플레이션을 감안하더라도 급료가 60년대 중반 수준밖에 되지 않는다. 줄리엣 쇼어의 계산대로라면, 1973년의 생활수준에 이르려면 근로자들이 지금보다 245시간 이상, 즉 연간 6주 이상의 기간을 추가로 근무해야 한다. 1973년에만 해도 당시 스물다섯 살이던 블루칼라 및 화이트칼라 남성 노동자들은 10년 후 서른다섯 살이 되면 급료가 2배로 늘어나 있을 거라고 생각했다. 그러나 1973년부터 10년이 지난 시점에서 계산해보니 그들의 소득은 겨우 16퍼센트 늘어났다. 한편, 1973년에 40세였고 10년이 지나 50세가 된 좀 더 나이든 남성 근로자들은 그들의 실제 소득이 1973년도에 비해 14퍼센트 가량 감소했다고 말했다. 다수의 경제학자들은 카터 행정부(1977년~1981년) 때의 엄청난 인플레이션 때문에 지난 25년간 월급 및 시급 노동자들의 소득이 대부분 정체되거나 감소한 것으로 보고 있다. 그러나 소비력 감소나 임금 감소 및 수익 삭감보다 더욱 끔찍한 건 바로 실업이다. 1987년 이후, 미국 기업들은 생산 비용 감소를 위해 4백만 개 이상의 일자리를 없애버렸다.

우리들 대부분은 '중산층의 생활수준을 누리기가 점점 빠듯해지고', 앞으로 나아가려고 애를 써도 계속 뒤처지고 있는 듯한 기분으로 살아간다. 부모 세대에는 효력을 발휘했던 아메리칸 드림이 우리들 대다수에겐 무너져가는 꿈에 불과하다. 오늘날 중산층 부모들 대다수는 그들이 부모에게 받았던 대로 자녀들에게 해줄 수가 없다. 가령 베이비붐 세대들이 결혼을 하고 가정을 꾸리기 시작한 1960년대에는 신혼 부부 중 60퍼센트가 새집 할부금의 첫 계약금을 부모에게 선물로 받거나 빌렸다. 오늘날 대도시에서 집을 마련하려면 평균 16만 달러나 되는 어마어마한 자금이 필요하기 때문에 예전처럼 부모에게 할부금의 첫 계약금을 받는 풍습은 점차 사라지고 있다.

요즘은 세계 시장에서 좋은 일자리를 얻으려면 대학 졸업장이 필수여서, 가족마다 대학 등록금이 총소득의 40퍼센트 정도를 차지한다. 이 수치는 1970년대를 기준으로 29퍼센트 증가한 것이다. 중산층 가정은 대부분, 자녀들이 전도유망한 직업을 갖도록 하기 위해 필요한 만큼의 희생을 하는 것이다. 그러나 지금은 대학 졸업장이 있어도 반드시 좋은 일자리를 얻으리라는 보장이 없다(다트머스 대학교와 호프스트라 대학교의 연구원들은 2000년을 기준으로 25~34세 남성 중 35퍼센트만이 아버지보다 더 나은 직업을 가질 수 있을 것이라는 연구 결과를 발표했다). 결국 점점 더 많은 부모들이 아메리칸 드림에 의구심을 품게 된다.

앞서 언급한 모든 요인들로 인해, 남자 혼자 일해서 가족을 부양하는 전통적인 가족 형태가 더 이상 유지되기 어렵게 되었다. 요즘은 중산층의 생활수준을 유지하고 살려면 부부가 맞벌이를 해야 한다. 부부 중 한 명만 돈을 버는 가정을 더 이상 전형적인 가정이라고 볼 수 없기 때문에, 월급 및 급료 관련 경제 지수도 대부분 부부 소득 혹은 가족 소득을 기준으로 하고 있다.

많은 사람들이 1950년대를 핵가족의 '황금기'로 인식하고 있지만, 스테파니 쿤츠는 1950년대 중산층 가족의 전형적인 모습을 보여주는 「비버는 해결사」는 시트콤일 뿐, 다큐멘터리가 아니라고 지적한다. 「비버는 해결사」에 나오는 일하는 아버지와 살림하는 어머니로 구성된 가족 모형은 우리가 자연스럽고 적절하다고 여기는 가정의 모습, 즉 남성은 가족 부양자이며 여성은 자녀 양육자라는 뿌리 깊은 편견(과 검증되지 않은 가부장적 태도 등)을 드러낼 뿐이다.

경제학자인 존 케네스 갤브레이스는 1958년에 출간한 저서 『풍요로운 사회』에서 '자연스러운 노동 분업'이 1950년대 중산층 가정의 특징이었다고 쓰고 있다. 즉, 1950년대에 성공한 남성이라면 가족을 제대로 부양하여 아내가 집안일 외에 나가서 다른 일을 할 필요가 없게 해주어야 했다. 사람들은 남자 혼자 버는 돈으로 가정을 꾸려야 그 집이 명예를 지킬 수 있다고 보았다. 내 대학 동창 중 하나는 일전에 내게, 자기는 벌이가 좋은 일자리를 얻어서 아내가 일하러 나갈 필요가 없게 하는 것을 평생 가장 중요하게 여겼다고 털어놓았다. 그의 할머니는 평생 바깥일을 했지만, 그의 어머니는 아버지가 전쟁터에서 돌아온 후 나가서 일한 적이 없다고 했다. 그의 아버지는 그에게 아내가 바깥일을 하게 되면 남편의 위신이 크게 깎인다는 말을 했다고 한다. 아내가 나가서 돈을 번다는 것은 남편이 패배자라는 뜻이고, 그렇게 되면 가족 모두에게 톡톡히 망신이라는 거였다.

사실 남자 혼자서 가족을 부양하는 가족 모형은 1950년대에도 중산층 가정 일부에만 가능한 것이었고 요즘은 과거의 향수를 자극하는 가공의 가족 형태로 치부된다. 쿤츠는 증거 자료를 통해, 그러한 가족 모형이 현실에서 적용된 기간은 굉장히 짧았다고 지적한다. 가정 내 지출을 감당하려면 여성들도 어쩔 수 없이 근로와 가정이라는 두 가지 책임을 짊어지는 경우가 많았던 것이다. 지금과 비교하면 생물학적으로 1세대에 해당하는 40년도 채 되지 않는 기간 동안 미국 가정의 구조는 급격하게 변모한 셈이다.

1950년	1990년
자녀 3명	자녀 1명
가정주부인 어머니	일터에서 근무하는 어머니
첫 아이 출산 당시 부모의 나이 22세	첫 아이 출산 당시 부모의 나이 35세
부모가 15년간 결혼 생활 유지	부모의 이혼/아버지의 재혼
집에서 함께 사는 할머니	연장 치료 시설에 들어가 있는 할머니
가족끼리 외식하는 횟수 거의 없음	일주일에 3번 가족끼리 외식
자녀는 걸스카웃(보이스카웃)으로 활동	자녀는 방과 후 활동 및 수업에 참여

(자녀 유무에 관계없이) 전체 가정의 43퍼센트가 단일 수입에 의존했던 1950년대와 1960년대와는 달리, 오늘날 아버지의 단일 수입에 의존하는 가정은 14퍼센트밖에 되지 않는다. 즉, 부부와 자녀로 구성되는 가

족 중, 아버지 혼자 돈을 벌고 어머니는 자녀를 돌보며 전업 주부 역할을 하는 이른바 전통적인 가족은 극소수에 불과하다. 1980년대에는 아버지 혼자 돈을 버는 전통적인 가족의 비율이 15퍼센트였다고 하는데, 일부 전문가들에 따르면 사실은 12퍼센트밖에 되지 않았다고 한다. 브래들리 구긴스는 표를 통해서 1950년대와 1990년대를 기준으로 미국 가족이 얼마나 달라졌는지를 생생하게 짚어내고 있다.

구긴스는 1세대 만에 가족의 모습이 이렇게 크게 달라진 것은 굉장히 놀라운 현상이라고 말한다. 요즘은 가족의 형태가 다양해지고 틀에 매이지 않으며, 가족 구조도 변화무쌍한 규칙과 요구, 기대 수준에 따라 계속해서 달라지고 있다. 가족 구성원들의 이동성이 전보다 훨씬 높아졌고, 사람들은 과거 가정이 수행했던 기능을 대신해주는 데이케어 센터(주간에 노인이나 아동을 돌봐주는 보호 시설-옮긴이), 학교, 레스토랑, 노인생활 조력 단체 등에 더 많이 의존하고 있다. 1950년대의 전통적인 가족 모형을 낭만적으로 보는 시각도 상당하지만, 오늘날 그런 식으로 사는 가족은 통계적으로 극소수일 뿐이다. 요즘은 대부분의 부부가 맞벌이를 하기 때문에 남편과 아내 중 어느 한쪽이 전적으로 자녀를 돌본다고는 말할 수 없다!

앞서 지적한 바와 같이, 20세기 후반에 들어와 많은 여성들이 정규직 근로자로 노동시장에 진입하여 경력을 쌓아가고 있다. 이러한 인구통계학적 추세를 더욱 부채질한 것은 페미니즘 운동, 사회적 관습의 변화, 점진적으로 변화하는 업계의 요구, 높아진 교육 수준, 자아정체성 확립에 대한 욕구 등이며 특히 가장 직접적인 원인은 중산층으로 살기 위한 금전적 압박이라고 할 수 있다.

여성들도 노동시장에서 활동함에 따라, 미국인들이 겪는 '시간의 심각한 불균형'은 이제 공동체 내에서 남녀 모두 집단적으로 숙고해야 하는 문제, 즉 가족과 연관되는 문제로 떠올랐다. 부부가 모두 직업을 갖고 점점 더 오랜 시간을 근무하다 보니 일터와 가정, 가족 간의 균형을 맞추기 위해 더욱 바쁘게 움직여야 하고, 그 결과 친목과 여가를 위한 시간이 급속히 줄어들고 있다. 아내가 전업 주부 역할만 했던 옛날과 비교해 보면, 낮의 길이는 그때와 변함이 없는데 해야 할 일은 2배로 늘어났고 그 일을 할 시간은 더욱 줄어들었다. 일터에서 일을 하고, 집에 와서도 가사 노동을 하며 가족들에게 책임을 다해야 하기 때문에, 오늘날 성인 부부는 사실상 1. 5~2개의 정규직을 맡아 하고 있는 셈이다.

줄리엣 쇼어는 1950년대와 1960년대에는 아버지들이 오후 5시면 퇴근을 했지만, 요즘 아버지들은 저녁 8시나 9시는 되어야 퇴근할 수 있다고 지적했다. 부지런히 일하는 어느 아버지도 이렇게 말했다. "나는 가족들과 시간을 보내든지 아니면 가족들을 부양하기 위해 돈을 벌든지 둘 중 하나밖에 할 수 없다. …… 내가 초과 근무를 하지 않으면 아내가 그만큼 빠지는 소득을 벌충하기 위해 더 오랜 시간 동안 근무해야 한다." 일하는 여성들의 사정도 남성들과 매한가지다. 쇼어의 계산에 따르면, 일하는 어머니들의 총근무시간은 주간 평균 65시간 이상이며, 결혼 생활 유지 여부, 직업의 유형, 급료 수준, 자녀의 수와 나이에 따라 주당 평균 근무 시간이 70~80시간으로 늘어나기도 한다.

인류 역사상 최초로 인간이 시간에 얽매이는 근본적인 이유를 병리학적 원인이 아닌 현실적인 원인에서 찾게 되었다. 시간 개념이 변화하고, 시간의 속도가 빨라지면서 생활과 대인관계의 리듬이 가속화되고 있는 것이다. 맞벌이 가정은 혼란 속에서 실험적으로 만들어진 형태라고 볼 수도 있다. 무엇보다 우리는 시간에 강박적으로 집착하며 일중독자가 되어 버렸다.

일중독, 스트레스, 피로 ☸

어떤 여자가 판매 직원에게 하는 말.
"책상 냄새가 나는 향수 있나요? 남편이 일중독자라서요."
_랜디 글래스버겐의 만화

좋든 싫든 우리는 '일에 매인 채' 노동의 포로가 되어 살아간다. 일중독자들의 말에 따르면, 일에 쏟아 붓는 시간을 계산해볼 때 우리들 대부분은 이미 일중독자이거나 앞으로 일중독자가 될 가능성이 농후하다고 한다. 역사학자 대니얼 로저스도 그의 저서 『1850년~1920년의 산업화된 미국의 노동윤리』에서 미국인들은 과로하는 경향이 있으며 오래전부터 '여가보다 일을 중시'하는 풍조가 생활 깊숙이 배어 있다고 주장한다.

일에 홀린 정도는 아니라고 해도 20세기의 3/4분기에 두드러졌던 온갖 문제점들─엄청난 생산성 요구, 기업 구조 조정, 오르지 않는 급료, 상승일로의 생활비─을 해결하고 살아남으려면 일에 중독될 수밖에 없다. 일에 대한 필요성과 탐욕, 습관으로 인해 우리는 스스로 설계하고 지탱해온 업무 체제의 포로가 되었다. 결국 미국은 일중독자의 나라가 되어버렸다.

펜실베이니아 주립대학교에서 '미국인의 시간 활용' 프로젝트를 지도하고 있는 존 R. 로빈슨 교수는 다수의 미국인들이 자기 의지로 일에 중독되어 있다고 주장한다. 그들 중 일부는 일을 종교처럼 여기고 있다. 종교가 그러하듯 일은 노동자에게 안도감을 주고 나아갈 방향을 제시해주며 깊은 통찰력을 갖게 해주고, 현실을 어떻게 바라보며 살아야 하는지를 알려준다. 종교와 달리 일이 궁극적인 삶의 지혜를 깨닫게 해주는 것은 아니지만 적어도 삶의 신비와 모순을 다루고 받아들일 수 있게 해준다. 지나치게 일을 많이 한다면 일종의 중독 증상이라고도 할 수 있으나, 이런 종류의 중독은 생산적인 성과물을 도출해낸다는 점에서 다른 중독 증상과 차별화된다. 그런 이유로 우리는 일중독을 높이 평가하면서 일종의 미덕으로 취급하고, 적어도 감내할 가치가 있는 악덕으로 여기는 것이다.

업계는 일중독을 범죄를 일으키지 않는, 다시 말해서 가치 있는 중독 증세쯤으로 평가하고 있다. 결국 어느 회사든 알코올중독자보다는 일중독자를 데리고 있으려 하지 않겠는가? 일중독자들은 가치를 창출하고 성공을 거머쥔다. 일중독은 중독 중에서 유일하게 묵과되고 적극적인 보상까지 받는 증세다. 사회는 생산성을 높인다는 이유로 일중독을 인정하고 심지어 장려하기까지 한다. 어떤 이들은 일주일에 60시간이나 70시간, 혹은 80시간을 일한다고 자랑하기도 한다. 요컨대 일중독자들은 "나도 내가 일중독자라는 걸 알고 있습니다만, 다른 것에 중독되는 것보다는 훨씬 낫지요! 끝장을 볼 때까지 일을 할 겁니다!"라고 말한다. 그들은 가족과 친구, 동료를 대할 때처럼 일에 대해서도 충실하게 의무를 다하기 때문에 성공적으로 아메리칸 드림을 이뤄간다.

다이앤 파셀은 『죽도록 일하기』에서 개신교 노동윤리와 일중독증을 별개의 현상으로 취급해야 한다고 주장한다. 노동윤리는 노동의 역할과 수락에 관한 것이고, 일에 대한 하나님의 부름, 노동의 존귀함과 의무, 가치, 목적에 관한 것이며, 일을 통한 개인적 · 집단적인 성취와 생존에 관한 것이다. 노동윤리의 중심은 인생과 생활이다. 반면에 일중독증은 근로자가 진실한 삶을 살지 못하게 방해하며, 이기적이고 강박적으로 행동하게 하고, 성과에 병적으로 집착하게 만든다. 그야말로 중독증인 것이다.

우리는 마치 마약에 취하듯 괴로운 삶을 견뎌내기 위해 일에 탐닉한다. 일중독에 빠지면 인생에서 격리되고 소외된다. 자기 자신과 타인에게 거리를 두게 된다. 일중독은 다른 선택을 할 수 없는 상황에서 어쩔 수 없이 현실을 살아가기 위한 방법이다. 물론 일중독이 최선의 선택이라고 말할 수는 없지만, 우리 주변에서 흔히 볼 수 있고 충분히 용납되고 있는 것도 사실이다. 파셀은 "일중독자들이 인생을 '제대로' 살지 못하고 있다. 옴짝달싹 못하고 일에 매달려 살면서 감성과 창조성도 마음껏 펼치지 못한 채 가족, 친구들로부터 소외되어 버린다. 일에 강박적으로 매달리다 보니 일의 노예가 되는 것이다. 그들은 더 이상 자기 인생의 주인이 아니다"라고 지적한다. 파셀은 일중독이 미국 문화에 긍정적인 작용을 하는 듯 보이지만, 결국 사회를 병들게 하고 치명적인 결과를 낳게 하는 병이라고 경고한다.

1964년 세계보건기구WHO는 요즘 '중독'이라는 단어가 겉으로 두드러지지 않고 장/단기적인 해악을 미치는 '텔레비전 중독', '도박 중독' 같은 인간의 습관적 행동을 지칭하면서 너무 남발되고 있기 때문에 더 이상 정확한 의미의 과학 용어라고 할 수 없다는 결론을 내렸다. 세계보건기구는 개인을 학대하고 망가뜨리며 장기적으로 삶의 양식을 규정하는 반복적인 행동을 나타내기에는 '중독'보다는 '의존'이나 '의존성'이라는 단어가 더 적합한 진단학적 용어라고 지적하며, 앞으로는 '의존', '의존성'이라는 말을 써줄 것을 권하고 있다. 중독이나 의존성에는 습관적 행동과 병적인 집착이라는 의미가 내포되어 있다. 엄격히 말하면, 행동적 중독은 외부적인 목표나 목적, 내면적 만족감이나 충족감을 얻기 위해 강박적이고 반복적이며 가끔은 부적합하기까지 한 행동을 하는 것을 뜻한다. 중독은 도취까지는 아니더라도 적어도 자신이 정상적으로 살고 있다는 기분을 느끼기 위해 자기 자신 외에 다른 무언가에 의존하는 것이므로, 기능장애가 수반되기 마련이다. 역설적으로 들릴 수도 있겠지만, 중독자는 중독의 명령에 굴복함으로써 자아를 통제하고자 하는 것이다.

미국 정신과의 성서로 취급되는 『정신의학개론』 최신판에는 일에 대한 중독(일중독증)을 행동 장애의 일종으로 다루지 않고 있으며, 구체적인 병인病因과 치료 방법이 있는 병증으로도 인정하지 않고 있다. 그저 일에 관계된 불안증 정도로 기록되어 있을 뿐이다. 그러나 점점 더 많은 수의 사회과학문헌이 일중독을 명백한 중독 증세로 규정하고 있으며 그 정신의학적 병증을 의존장애 및 약물남용의 병증과 유사하다고 보고 있다. 다이앤 파셀은 "일중독자는 알코올중독자나 마약중독자, 관계중독자, 강박증 환자들과 동일한 중독 증상을 보인다. 그 중독성이 이미 상당히 진전된 것이든 진행 중이든, 병증의 속성을 갖고 있다는 점에서 모두 매한가지다"라고 주장한다. 파셀은 일중독증이 명백한 중독증이며 일에 탐닉하는 현대인에게 유행하는 병이라는 결론을 내리고 있다.

나치의 아우슈비츠 수용소 입구 위에 새겨져 있던 잔인한 거짓말처럼—노동이 그대를 자유롭게 하리라—일중독자는 일을 통해 자유와 탈출, 충만함을 얻을 거라고 생각한다. 그러나 아우슈비츠는 자유와는 거리가 먼 곳이었다. 아우슈비츠의 목적은 수용자들을 노예로 만들고 심신을 파괴하는 것이었다. 마찬가지로 일도 노동자를 노예로 만들 수 있다. 일중독자는 아무리 일을 해도 자유로워질 수 없다. 일중독자의 경우, 일은 개인적인 목적에 관해 잘못된 관념을 심어주고 도취의 대용물로 작용하며 일 외적인 부분에 무관심해지도록 만들 뿐이다. 파셀은 이렇게 말한다. "일중독자에게 일터는 초콜릿 공장과 같아서 그곳에 있으면 과식을 하게 된다. 알코올중독자가 술집에 죽치고 앉아 있듯이 말이다. …… 게다가 일을 하면서 급료까지 받으니 더욱 좋지 않겠는가." 일에 강박적으로 매달리는 노동자는 근로 자체를 신이나 종교처럼 생각하기 때문에, 누가 와서 말려도 듣지 않는다. 일은 인생의 목적이 되고, 가정과 세상의 골치 아픈 문제로부터 벗어날 수 있는 도피처가 된다.

단순히 일을 열심히 하고 근면하며 일에 헌신한다고 해서 일중독자라고는 말할 수 없다. 파셀의 표현에 따르면, 일중독은 '일을 삶의 중심에 놓고 사는 것'이다. 즉, 일에 완전히 사로잡혀 사는 삶을 표현하는 말이다. '더욱 열심히 언제나 더 많이 일함으로써 인생의 문제를 해결하려는 대처 방식'이다. 그러므로 일중독자는 일을 기준으로 인생의 모든 결정을 내린다. 그들에게 일은 자기 자신을 만들어나가는 도구이며, 장애물을 헤치고 앞으로 나아가게 만드는 수단이다. 일중독은 일에 지나치게 많은 시간을 소모하게 만드는 일종의 성격 장애이고, 일에 대한 병적인 집착이다. 심리학자 마틴 헬도퍼는 업무에 너무 집착하면 일의 덫에 걸려들고 그때부터 삶은—놀이와 여흥까지도—일을 중심으로 돌아가게 된다고 말한다. 이처럼 일이 인생에서 제일 중요한 요소가 되면 근로자는 의무감 때문에라도 더욱 일에 매달리게 된다.

일에 대한 강박적 집착은 단순히 사무실에서 오랫동안 머무는 것과는 차원이 다르다.

여가 활동에 더 많은 시간을 할애한다고 해서 일중독에 걸리지 않으리라는 보장도 없다. 일에 대한 집착은 우리가 생활하는 방식, 삶에 대한 접근법, 이 세상에서 존재하는 방식에 영향을 미친다. 반면, 아침부터 밤까지 꼬박 '일'만 하는 사람이라도 일의 덫에 걸리지 않을 수 있다. 하루에 겨우 몇 시간만 일하면 되는 직업을 가진 사람이라도 일중독에 빠질 수 있다. 일에 대한 집착증이란 때와 장소를 가리지 않고 모든 상황을 일과 관련시켜 생각하는 태도를 일컫는 것이기 때문이다.

일중독자들은 일밖에 모르는 사람들이며, 살다 보면 모든 문제가 다 저절로 해결될 거라고 생각한다. 파셀은 일중독자란 말 그대로 일에 중독된 것이지 직무에 중독된 것이 아니라고 지적한다. 중독 증세는 집에 와서도 사라지지 않으며, 일중독자가 가는 곳이면 어디든 따라다닌다. 일중독자는 일에 한계를 긋지 못하고 좀처럼 일에서 떨어지려 하지 않는다. 잠자리에서까지 일을 붙들고 있고 주말에도 집에 일거리를 가져가며 휴가 때도 마찬가지다. 일중독자에게 일은 마약 같아서 일이 없으면 견디질 못한다. 파셀의 보고에 따르면, 일중독자 부모를 둔 어린이들은 휴가를 눈이 핑핑 돌 정도로 바쁜 시간으로 여긴다고 한다. 일중독자 부모들은 휴가 때도 일을 할 때처럼 전력을 기울여 쉴 새 없이 일정을 밀어붙이기 때문이다.

파셀은 행동에 따른 중독 성향을 가장 좁은 의미로 정의내리고 있다. 중독적인 행동의 종류는 다양하지만 과정은 동일하다. 일중독자는 항상 바쁘기 때문에 자기 자신을 돌아볼 여유가 없다. 게다가 일을 거절하지 못하며 일에 관련된 요구는 무조건 수용한다. 그래서 강박적으로 일에 끌려 다니는 삶을 살게 된다. 일은 그들에게 나아갈 방향을 제시하고 확신을 주며 안도감을 느끼게 해줄 뿐만 아니라 앞으로 행복해질 수 있으리라는 가능성까지 펼쳐 보여준다. 파셀은 일중독자는 영원히 일에서 벗어나지 못한다고 말한다. 코앞에 매달아둔 당근을 좇는 말처럼 일중독자는 행복을 맛보기 위해 계속 프로젝트를 진행한다. 프로젝트를 하나씩 끝낼 때마다, 자신은 성공하고 행복해질 것이며 가족들이 원하고 필요로 하는 모든 것을 다 해줄 수 있으리라는 기대를 품는 것이다. 유감스럽게도 이런 식의 행복은 한갓 환상에 지나지 않는다. 일중독증은 삶을 서서히 갉아먹는 치명적인 질병이다. 일중독자는 일에 대한 집착을 억제하지 못하고 계속해서 키워간다. 그 과정에서 점점 자기 자신과 사랑하는 이들로부터 소외된다. 일중독은 이미 개인적 차원의 질병이 아니다. 일중독자는 함께 거주하고 접촉하는 모든 이들에게 악영향을 미친다. 일중독자의 가족은 언제나 분노와 원망을 마음에 담아두고 산다. 그들에게 일중독자인 배우자나 부모는 없는 사람이나 마찬가지다. 역설적이지만 일중독자는 주체적으로 멋진 삶을 추구하는 듯 보이나 사실은 자기 삶조차 통제하지 못한 채 살아간다. "일중독자는 일에 집착하고 매달릴 뿐, 진정한 의미의 인생을 살지 못한다."

파셀의 주장에 따르면, 일중독이 긍정적으로 평가받는 분위기에서 근무하는 노동자들은 일의 성격을 제대로 파악하지 못하며 좋은 업무나 의미 있는 업무를 쉽게 찾아내지도 못한다.

일에 중독되면 너무 바쁘고 정신이 없어서 본질적 자아에서 유리되어 버린다. 이렇게 소외된 후에는 제대로 일을 하고 있는지조차 자문하지 않게 된다. 정말 해야 할 필요가 있는 일을 하면서 직업 활동을 하고 있는 걸까? 내가 하는 일이 나 자신과 가족, 세상에 좋은 영향을 미치고 있는 걸까? 일중독에 빠지면 두 가지 이유로 위와 같은 질문을 스스로 따져보지 않게 된다. 첫째는 진정한 의미로 일을 하고 있지 않기 때문이며, 둘째는 이 사회에서 자신에게 완전히 적합한 일을 하는 사람이 극히 드물기 때문이다.

물론 이 사회의 기업 구조상 일중독자는 적극적인 보상을 받기 때문에 일중독 문제를 해결하기가 쉽지 않다. 게다가 미국은 일에 중독된 기관들로 이루어져 있는, 일중독자의 나라이다. 일중독이 만연한 사회에서 일에 중독되어 있다는 사실은 새삼 놀라울 것도 없다. 일중독을 사회적으로 큰 문젯거리로 여기며 반대하는 목소리는 그다지 높지 않다. 일반적인 현상이기 때문에 정상으로 느껴지는 것이다. 사람들은 일중독을 현상 유지의 근간으로 여기기까지 한다. 우리는 계속해서 일중독에 대해 "너무 일을 많이 해서 죽은 사람은 없다. 일중독은 개인과 회사의 입장에서 이익이 된다. 일중독자는 언제나 남보다 앞서나간다. 열심히 일하다 보면 근심에서 벗어날 수 있다. 모든 노력은 보상을 받는다. 성공을 위해 일하는 사람만이 성공을 맛볼 수 있다. 일의 가치는 드러나게 마련이다. 몸 만들기에 중독되면 더욱 멋진 몸을 갖게 되듯, 일중독자는 더 많은 돈을 벌게 된다. 모든 걸 가질 수 있다는 생각은 결코 망상이 아니다" 따위의 긍정적인 신화를 창조해왔다. 그러나 이런 말들이 진리를 호도하고 있는 것이다. 파셀은 개구리가 냄비의 끓는 물에 적응하듯, 우리가 일중독에 길들여져 있다고 지적한다. 개구리를 끓는 물에 갑자기 집어넣으면 즉시 물 밖으로 튀어나오지만, 차가운 물이 담긴 냄비에 개구리를 넣고 점차 물을 데워 수온을 끓는점까지 올리면, 개구리는 냄비에서 나올 생각을 하지 않고 있다가 결국 죽고 만다. 파셀은 이 얘기가 오늘날 우리 사회에 일중독이 미치는 영향을 보여주는 완벽한 예라고 주장한다.

원래 일중독은 삶을 살아가는 태도와 관계되어 있다. 일중독자는 일이 '모든 문제를 해결하는 열쇠이고 대답이며 길'이라고 믿는다. 일중독자들은 하나같이 일의 효율성과 필요성을 굳게 믿고 있기는 하지만, 같은 문제에 대해 동기를 부여하는 방식은 저마다 다르다. 일중독자마다 상태가 달라서, 일을 많이 좋아하고 집중해서 처리하지만 상대적으로 중독 증상이 심하지 않은 사람부터, 극단적인 강박관념에 사로잡혀 미친 듯이 일에 몰두하는 파괴적인 성향을 보이는 사람까지 다양하다. 어떤 이들에게 일중독은 스스로 관리가 가능한 습관인 반면, 또 다른 이들에겐 기운을 완전히 소진시키고도 충족시킬 수 없는 병증이기도 하다. 다양한 변수에 따라 자신이 이중 어느 정도에 속하는지를 결정할 수 있다. 스스로 '일에 탐닉'하는 쪽을 선택할 수도 있고, 문화적·이데올로기적인 상황으로 인해 일에 빠져들 수도 있으며, 철학적·심리적인 평정과 통찰을 추구하고자 일중독에 길들여지기도 하고, 재정적인 필요성 때문에 일중독자로 변해버리기도 한다.

일중독을 일으키는 원인으로 최소한 열 가지 정도를 꼽을 수 있는데 원인마다 상황과 징후, 이유가 각기 다르다. 개별적으로 일중독을 일으키고 지속시키기도 하지만, 내 경험상 중독자들은 대부분 여러 가지 원인의 영향을 받는다. 일중독을 일으키는 열 가지 종류의 원인을 살펴보자.

1. **개신교 노동윤리** — 수학數學이 그러하듯 개신교 노동윤리는 우리를 열정에 휩싸이게 만들지는 않지만 오래전부터 문화적인 원칙

으로서 강력한 힘을 발휘하고 있다. '청결은 하나님 다음으로 중요한 것'이라는 개념과 똑같은 빈도수와 강도로 '일은 좋은 것'이라는 개념이 우리 머릿속에 깊이 뿌리박혔다. 우리는 살면서 일이 인류의 형벌이며 운명이고, 명령이자 축복이라는 말을 수도 없이 듣는다. 고된 노동을 통해 얻는 성공은 기독교 신학의 일부이며, 개인적/집단적인 구원의 증거이기도 하다.

2. **역할 모형** ― 로버트 블라이는 소년 소녀가 타인의 행실을 목격함으로써 공동체 내에서 자신의 입지를 깨닫고 공공의 목적을 알게 된다고 주장했다. 성 역할이나 문화적 기준, 행동 양식은 선천적이거나 직관적인 것이 아니라 경험으로 체득되는 문화적 소산인 만큼, 시대에 따라 변한다. 요즘 아이들이 성별에 관계없이 커서 소방관, 경찰관, 교사, 장관 등이 되고 싶어 하는 것처럼 말이다. 일중독은 대를 이어 전해지는 질병이다. 일중독자 부모 밑에서 자란 아이들은 자기 일을 최우선으로 생각하는 사람이 되게 마련이다.

3. **직무와 특권** ― 근로자를 일중독으로 만드는 가장 확실한 촉매제는 경제적 필요성이 아닐까 싶다. 다이앤 파셀은 돈 때문에 어쩔 수 없이 혹은 경제적으로 곤란한 지경에 처할까 봐 두려워서 장시간 일을 하고 온갖 직무를 수행하는 사람들을 일컬어, '마지못해 일중독이 된 사람들'이라고 부르고 있다. 경제적으로 힘든 상황에 처하게 되면 대부분 마음이 불안해진다. 일자리를 잃고 현재의 안정된 삶을 누리지 못하게 될까 봐 겁이 난다. 근로자들이 이렇게 두려워하는 것은 레이건 대통령 시대의 유산인 다운사이징 때문이기도 하다.

다운사이징은 오늘날 일터의 현실을 단편적으로 보여준다. 기업 입장에서는 비용을 감소시키고 경쟁 우위적 입지를 확보하고 수익성을 높이기 위해, 일단 비용을 줄일 수 있는 가장 쉽고 빠른 방법을 선택하게 된다. 즉, '잉여 노동자들을 회사에서 퇴출'시키는 것이다. 앞서 지적한 바와 같이, 1987년 이래로 미국 기업들은 4백만 개의 일자리를 없앴고, 1995년도에는 37만 5천 명 이상의 근로자들이 기업의 인력 감축 조치로 일자리를 잃었다. 잉여 노동자 해고만이 회사 경비 감소를 위한 최선의 방법이라고 보는 과격한 정책을 실시한 결과, 수많은 노동자들이 언제 회사에서 잘릴지 모른다는 불안감에 떨게 되었다.

사회비평가 랄프 네이더는 미국 노동자들이 일자리를 잃고 현재 수준의 생활을 지속하지 못하게 될까 봐 몹시 두려워하고 있다고 주장한다. 지난 20년간 주식 시장 가격과 기업 이윤은 최고치를 기록했지만, 노동자들은 그 이익을 나눠받지 못했고 고용 안정성도 높아지지 않았다. 일자리에 관한 한, 오늘날 노동자들은 세계 대공황 때처럼 '계속 바쁘게 일해야 하고, 풍파를 일으키지 말아야 하며, 해고 통지서가 끼워진 급료 봉투를 받지 않는 것만으로도 감지덕지해야 하는' 삶을 살고 있다. 업무에 대한 충성과 감사보다는 일자리를 빼앗길지도 모른다는 두려움, 그리고 현실적으로 다른 대안이 없다는 사실이 오늘날 노동윤리의 근간을 이루고 있다.

카프카식의 부조리 만화 「딜버트」를 그리는 만화가 스콧 애덤스는 다운사이징으로 일자리를 잃은 노동자들은 치명적인 모욕감과 인간으로서의 가치를 강등 당한 기분을 느끼게 된다고 말한다. 애덤스의 만화에서 고용주는 직원에게 이렇게 말한다. "우린 자네한테서 단물을 모조리 쥐어짰고, 힘과 영혼마저 모두 빨아들였네. 자네는 인생에서 제일 좋은 시절을 우리한테 바쳤고, 우린 자네를 칸막이로 둘러싸인 상자 속에 들어앉아 일하게 해주었지. 우린 자네를 미치게 만들었어. 자, 그러니 이제 나가주게!" 애덤스는 다운사이징이란 노동자를 소모품, 일과성 물품으로 여기는 조치라고 비판한다. 업계에서 유일하게 통용되는 진리는 상품과 이윤이다. 애덤스는 이 문제를 축약해서 세 칸짜리 만화로 그려냈다. (장면1) 상사가 직원들에게 예전에 자기가 "직원이 우리 회사에서 제일 귀중한 자산"이라고 말했던 건 실수였다고 말한다. (장면2) 상사는 "사실, 직원은 아홉 번째로 중요하다"라고 말한다. (장면3) 직원 하나가 "그럼 여덟 번째로 중요한 건 뭐죠?"라고 묻자, 상사는 "복사용지!"라고 대답한다.

노동자들은 불안감과 좌절감을 떨치지 못한 채 살고 있다. 노동자들의 삶은 급료 액수와, 시장 상황, 고용 안정성과 직결되어 있다. 일자리를 잃으면 노동자는 급료를 받지 못하는 것 이상으로 큰 타격을 받는다. 일을 못하면 재정적으로도 쪼들릴뿐더러 자아정체성마저 흔들린다. 만화 「딜버트」에도 냉난방장치가 되어 있는 노동착취공장에서 조그마한 공간을 차지하고 앉아 보잘것없는 급료를 받으며 일주일에 60시간을 일하더라도 실업자가 되는 것보다 낫다는 내용이 나오지 않던가.

4. **출세가도** — 알리 혹스차일드는 일중독이 문화적으로 용인되고 있는 현상을 "미국인들은 더 이상 가족과 오붓한 시간을 보내지 못하고, 그저 회사 로고를 지키기 위해 살아간다"라는 말로 요약해 표현하고 있다. "직무에 충실해라. 성공해라. 경력을 쌓아라." 이 말은 미국 중산층에게 주어진 교훈이자 가치이며 비전이다. 성공적으로 경력을 쌓기 위해서는 야망과 헌신, 초과근무도 마다하지 않는 열의, 힘에 부치는 노력, 경쟁자와 동료들보다 앞서는 업무능

력 등이 필요하다. 무시무시하게 오랜 시간 동안 일에 집착해야만 몸 바쳐 일하는 직원으로 평가받는다. 아직 정상에 오르지 못한 사람들은 대부분 장시간 근무를 지속하는데, 이미 정상에 오른 사람이라면 누구나 그 과정을 지나왔기 때문이다. 어느 면접관이 구직 희망자에게 이렇게 말했다고 한다. "생각이 제대로 박힌 사람이라면 일주일에 최소한 60시간은 일해야 합니다. 굳이 당신이 아니더라도, 우린 그렇게 일할 직원을 뽑을 수 있을 겁니다."

5. **직무의 요구** — 외과 의사와 최고경영자, 정치가 같은 사람들은 개인적인 기질이나 야망 때문이 아니더라도 과도한 시간과 에너지를 일에 바치며 살고 있다. 일중독자들이 외과 의사, 최고경영자, 정치가 같은 직업에 끌리는 경향이 있으므로, 이런 직업을 수행하는 사람들 중에 일중독자가 많은 것은 당연한 현상이다. 게다가 이런 직업은 사람들이 하고 싶어 하고, 해야 할 필요가 있는 직업이긴 하지만 직무 수행에서 절제가 불가능하다. 결과적으로 균형 잡힌 인격체가 아닌 '극심한 일벌레'를 양산하게 된다. 어느 간부는 이렇게 말했다. "아주 오랜 세월 후에나 '나는 균형 잡힌 사람이 될 것이다'라고 말하는 최고경영자를 만날 수 있으리라 생각한다. 지금은 그렇지 않은 사람들이 너무도 많다. (최고경영자 자리를 놓고도) 경쟁이 매우 치열하다."

6. **일의 재미** — 굉장히 드물기는 하지만, 일이 너무 재미있고 창조적이며 성취감을 느끼게 해주어서 일하는 시간이 너무 좋고 일을 통해 발전하며 일을 더욱더 많이 하고 싶다고 생각하는 행운아들이 더러 있다. 그들에겐 일과 놀이의 경계선이 존재하지 않는다. 그들은 일이 너무 재미있어서 필요한 경우엔 돈을 받지 않고 해줄 용의까지 있다.

7. **낮은 자존감** — 다이앤 파셀의 말에 따르면, 일중독자는 자아를 실제보다 높게 혹은 낮게 평가하는 경향이 있다고 한다. 자신을 낮게 평가하는 사람들은 스스로를 솔직하게 평가하지도, 있는 그대로 받아들이지도 못한다. 그들은 자기가 거의 혹은 전혀 능력이 없어서 타인의 관심이나 사랑을 받을 자격이 없을 거라고 생각하며 두려워한다. 그 결과 그들은 자기 기분을 달래고 타인으로부터 사랑을 받기 위해 성과를 올리는 데 집착하게 된다. 업무 성과는 일중독자들이 자아정체성을 구축하는 주요 수단이 된다. 그들은 열심히 일하고 바쁘게 몸을 움직이며 자신의 능력과 기량을 증명해야 타인에게 자기 존재를 정당화할 수 있다고 믿는다. 일중독자들의 자기중심적 특성이 자존 결핍에 대한 보상 기제 노릇을 하고 있는 것이다.

8. **치료 수단** — 치료란 병을 낫게 해서 원상태로 회복시키는 것이다. 일중독자들에게 일은 삶에서 느껴지는 공허감과 불행한 기분을 극복하기 위한 수단이다. 그들은 바쁘게 생활하면서 자신과 타인을 계속해서 궁지로 몰고 간다. 그리고 유능하고 성공해야만 건강하고 정상적인 사람으로 대접받는다고 생각한다. 그들에게 일은 일종의 치료 수단이어서 최면에 빠져들 듯 현실을 도피하게 해준다. 일중독자는 일이 있기에 제정신으로 살 수 있다!

9. **명령, 통제 혹은 신의 뜻** – 강박관념에 사로잡혀 완벽주의를 추구하고, 미친 듯이 일을 통제하려고 한다면 인생을 제대로 사는 거라고 말할 수 없다. 하지만 적어도 그렇게 함으로써 '모든 것이 제자리에 있고, 나름대로 적합한 자리가 마련되어 있다'는 안도감을 느낄 수는 있다. 강박적 행동은 시간과 에너지를 소모시키며, 기껏해야 주의를 다른 곳으로 돌려 인생을 견뎌내게 해주는 전략, 전술일 뿐이다.

10. **형이상학적 불안감** — 한나 아렌트는 "일은 덧없는 세상과 찰나에 불과한 인간의 삶에 영속성을 부여한다(부여할 수 있다)"고 말했다. 이는 일중독의 어두운 측면을 철학적으로 표현한 말이다. 일은 인간을 자유롭게 해주지 않으며, 안도감이나 인생에 대한 통찰력, 통제력, 행복감을 느끼게 해주지도 않는다. 그저 사는 동안 남들에게 완전히 잊혀지지 않도록 해줄 뿐이다. 어니스트 베커는 『죽음의 부정』에서 일에 대해 더욱 부정적인 해석을 내리고 있다. 베커는 일이란 일시적으로 죽음을 초월하게 해주는 방법에 불과하다고 단언한다. 일을 하는 동안에는 죽음을 떠올리지 않고 살수 있다. 우리는 일을 통해 창조성을 발휘하기도 하지만, 직접 처리할 수도 없고 처리하고 싶지도 않은 인생의 다른 문제점들을 일 때문에 외면하게 된다. 일은 생의 혼란과 허무에 대한 반응이며 형이상학적 고뇌, 죽음과 인간의 유한성에 대한 절망감을 비껴가려는 방어책이다.

일중독을 유발하는 이유는 여러 가지가 있지만 그 결과는 매한가지다. 광란과 피로, 탈진, 쇠약. 삶 자체가 스트레스를 얼마만큼 견딜 수 있는지 시험하는 장이기 때문에 삶이라는 게임을 더 오랫동안 할수록 상처를 받게 될 가능성은 더욱 커진다.

「1990년 스트레스에 관한 미첨 보고서」에 따르면 미국인의 74퍼센트는 살면서 '어마어마한' 스트레스를 받는다고 답했고, 26퍼센트는 '상당한' 스트레스를 받고 있다고 답했으며, 50퍼센트는 5년 전에 비해 스트레스를 더 많이 받는다고 말했다. 미국인의 3분의 1은 스트레스의 주원인으로 '일'을 꼽고 있다. 보다 최근 자료인 〈월 스트리트 저널〉과 NBC 방송국 여론 조사 결과에 따르면, 조사 대상자의 40퍼센트가 돈보다는 자기 시간을 더 많이 갖는 쪽을 선호하는 것으로 나타났고, 59퍼센트는 자신의 삶이 너무 빡빡하고 스트레스가 심하다고 응답했으며, 19퍼센트는 시간이 넉넉지 않아 개인적으로 심각한 심적 압박을 받고 있다고 말했다.

미국 스트레스 연구소 소장 폴 J. 로쉬 박사는 연구소 주치의를 방문한 사람들 가운데 66퍼센트 이상이 스트레스와 관련된 심적 고통을 호소했고, 이것이 결과적으로 총 2억 2천5백만 일 이상의 결근으로 이어져 비용 면에서 연간 2천억 달러 이상의 손해가 발생하고 있다고 주장했다. 지난 10년간의 연구 조사 결과를 보더라도 스트레스 수준이 점차 높아져 그로 인해 매우 심각한 결과가 발생하고 있음을 확인할 수 있었다. 건강한 사람 5명 중 1명꼴로 스트레스 때문에 심혈관계 기능이 망가질 정도로 고통을 받는 것으로 나타났다(2명 중 1명은 고혈압 증세를 보였다). 스트레스를 받으면 보통 콜레스테롤 수치가 높아지는데, 가끔은 평상시 식습관대로 먹어도 콜레스테롤 수치가 크게 늘어나기도 했다. 우울증은 유전적 특징보다는 스트레스와 더 깊은 관계가 있는데, 제2차 세계대전 이후 인구의 폭발적인 증가를 감안하더라도 젊은 사람들 사이에서 우울증 발병률이 3배 정도 높아진 것을 알 수 있었다.

1995년 〈뉴스위크〉 지는 특집 기사에서 미국인의 25퍼센트가 일에 매달려 살고 있고, 시간 부족으로 전전긍긍하며 완전히 기진맥진해질 때까지 일을 한다고 보도했다. 전보다 할 일도 많아지고 바빠졌지만 삶의 질은 나아지지 않았다. 알리 러셀 혹스차일드는 사람들이 하루 일정을 온전히 소화하고 나면 기진맥진해지기 일쑤여서, 배고픈 사람이 음식을 찾듯 잠을 갈구하게 된다고 말한다. 요즘 사람들이 의사를 찾아가는 다섯 가지 주된 이유 중에서도 기운 소진과 피로 증세가 단연 손꼽힌다. 의사들은 기운 소진이 포괄적인 용어일 뿐 정확한 의학 혹은 진단 용어가 아니라고 말하지만, 피로 증세가 다양한 종류의 심각한 질병을 유발할 가능성이 있는 것도 사실이다.(그러나 엡스타인바 병과 여피족 병이라고도 하는 만성 피로 증후군은 발병률이 매우 낮고, 장기간 피로로 고통 받은 사람들 중에서도 5퍼센트만이 이 증세를 보인다.) 노스웨스턴 대학교 심리학 교수인 셸던 밀러 박사는 기운 소진이란 우리 몸이 '이제 그만' 하고 외치는 신호라고 말한다. 흔히 기운 소진으로 인해 우울증이 발병할 수 있으며, 극도의 피로감을 호소하며 의사를 찾아온 사람들 중 절반 이상은 이미 우울증을 앓고 있는 것으로 드러났다.

심리학자 찰스 R. 피글리는 극도의 피로감이란 감정적 대응을 요구하는 상황에 장기적으로 노출되어 육체적, 감정적, 정신적으로 기진맥진해진 상태라고 정의 내렸다. 현재 가장 널리 사용되는 탈진 측정법은 마슬라 탈진 척도이다. 이는 감정적 기운 소진("나는 일 때문에 기분이 축쳐진 상태다"), 비인간화 ("이 직무가 나를 냉혈한으로 만들고 있어 걱정스럽다"), 개인적인 성취감 감소 ("내 일이 타인의 삶에 긍정적인 영향을 미치고 있는 것 같지가 않다")라는 세 가지 기준에 따라 개인의 상태를 측정하는 방법이다. 피글리는 탈진이 어느 날 갑자기 드러나는 것이 아니라 꾸준히 진행되는 과정에서 나타나기 때문에 시간이 갈수록 악화되는 경향이 있다고 지적한다. 그는 탈진 여부를 확인할 수 있는 증세 다섯 가지를 다음과 같이 열거했다.

1. 육체적 징후 (피로감, 탈진/기운 소진, 수면 장애, 성욕 감퇴, 그 밖에 두통, 위장장애, 감기 몸살 같은 구체적인 병증)
2. 감정적 징후 (짜증, 불안, 우울, 죄의식, 무력감)

3. 행동적 징후 (공격성, 냉담, 비관주의, 방어, 냉소, 약물 남용)

4. 근로 관련 징후 (사직, 저조한 업무 성과, 결근, 지각, 휴식시간의 남용, 절도)

5. 대인관계 징후 (의사소통에 무관심해지고 대화에 집중하지 못하며 고객이나 동료들과 접촉을 꺼리게 되고, 기계처럼 정서적 측면을 제외하고 오직 합리적으로만 고객을 응대)

피로로 인한 병증 중에서 가장 특이한 사례는 일본의 '카로시過死' 즉, 과로로 인한 돌연사이다. 과로사는 일을 너무 많이 하고 쉴 시간이 없는 생활 때문에 비롯되며, 일반적으로 다년간 매일 12~16시간을 근무한 노동자들에게서 발병률이 높다. 40~50세 사이의 일본 노동자들 중 매년 3만 명 정도가 과로사로 사망하는데, 그들은 사망하기 전까지만 해도 별다른 건강 문제가 없었던 사람들이었다고 한다. 그들은 순전히 과로 때문에 사망한 것이다. 조사 결과 과로사의 원인은 3분의 2가 뇌출혈, 3분의 1이 심근 경색인 것으로 밝혀졌다. 일본 후생성은 과로사가 암에 이어 일본 근로자들의 사망 원인 중 두 번째로 꼽힌다고 발표했다.

신경심리학자 월터 터브스는 과로사의 주된 원인이 장기간의 과로로 인한 스트레스이며, 이는 육체적, 심리사회적인 각종 스트레스에 대해 우리 몸이 반응한 결과라고 지적한다. 터브스는 억지로 견디고 참아온 스트레스가 누적되어 과로사로 이어진다고 말한다. 또한 터브스는 과중한 근무 시간뿐만 아니라 우울하고 무력한 기분도 과로사를 일으키는 원인이라고 여긴다. '무력감'은 애매모호한 개념이 아니라 스스로 상황을 통제할 수 없을 때, 즉 처해 있는 상황에서 옴짝달싹 못하고 그저 견디고만 있을 때 겪는 심리 상태를 뜻하는 기술적인 용어이다.

터브스는 사람들이 스트레스로부터 자신을 보호하는 방법을 배우고 적극적으로 스트레스를 예방하려는 노력을 기울이지 않는다면 앞으로 과로사가 크게 늘어날 것이라고 경고한다. 무엇보다도 스트레스를 받는 상황을 분석한 다음, 상황을 관리하고 불필요한 스트레스 요인을 제거하는 방법을 찾아봐야 한다. 터브스가 추천하는 신뢰도 높은 스트레스 평가 도구로는 과중한 스트레스로 인해 건강이 훼손될 가능성이 있는지를 평가해주는 '홈즈-레이의 스트레스 관련 생활 문제 및 상황 목록'이 있다.

표에서 점수 합계가 150점 미만이면, 향후 2년 내에 3명 중 1명꼴로 심각한 건강 문제가 발생할 가능성이 있다. 150~300점대이면 건강이 나빠질 가능성이 50퍼센트 정도이고, 300점이 넘으면 건강이 크게 훼손될 가능성이 80퍼센트 이상이다. 위험 기간이 2년이라는 점을 고려할 때, 당장 어젯밤이나 지난주에 과로했다고 죽는 것이 아니라 1년 전부터 누적된 과로와 스트레스로 사망하게 되는 것이다.

바버라 에렌라이히는 "바쁘게 산다는 것은 자신이 중상류 계급이라는 걸 나타내는 중요한 표시이다. 식사도 '대충 때우기' 일쑤여서, 법률 보고서 기안을 작성하며 무슨 음식인지도 모르고 무의식적으로 입에 떠 넣는다"라고 지적했다. 쉬는 날에도 여가와 휴양, 자유 시간을 즐기는 대신, 집안의 잡일에 치이거나 완전히 탈진해서 반혼수 상태에 빠져 지낸다. 근로 생활에서 가장 크게 문제가 되는 것은 일 자체가 아니라 과로이다. 아무리 좋은 일이라도 너무 많이 하면 기운이 빠지고 기분도 저하된다. 과로를 하면 일에 대한 전망과 목적을 잃고 일에서 즐거움을 찾기도 힘들어진다.

[사회 재적응 평가 척도]

가 족	배우자의 죽음	100
	이혼	73
	별거	63
	가족 구성원의 죽음	63
	결혼	50
	가족 간의 화해	45
	가족의 중요한 건강상의 변화	44
	임신	40
	새로운 가족 구성원 추가	39
	배우자와의 언쟁 중 일어난 중대한 변화	35
	아들 혹은 딸의 가출	29
	배우자 쪽 가족과의 불화	29
	배우자가 일을 시작하거나 그만둔 상황	26
	가족의 친목에 관련된 중대한 변화	15
개 인	구치소에 구금된 상황	63
	중대한 부상이나 질병	53
	성생활 장애	39
	가까운 친구의 죽음	37
	개인적으로 뛰어난 업적 수립	28
	학교 과정의 시작 혹은 종료	26
	생활 조건의 중대한 변화	25
	개인 습관의 두드러진 변화	24
	전학	20
	이사	20
	오락 활동의 중대한 변화	19
	교회 활동의 중대한 변화	19
	사교 활동의 중대한 변화	18
	수면 습관의 중대한 변화	16
	식습관의 중대한 변화	15
	휴가	13
	크리스마스	12
	경미한 법규 위반	11

일	해고	47
	은퇴	45
	사업과 관련하여 주된 업무 조정 발생	39
	업무 방식의 다양화	36
	업무 책임의 중대한 변화	29
	상사와의 불화	23
	근무 조건의 중대한 변화	20
금 전	재정의 변화	38
	10,000 달러를 초과하는 저당 혹은 대출	31
	저당권 압류	30
	10,000 달러 미만의 저당 혹은 대출	17

전미미식축구연맹 코치이며 미식축구의 전설인 빈스 롬바르디는 "피로하면 소심한 바보가 되어 평범한 경기밖에 못하게 되는 경우가 종종 있다"고 말했다. 오랫동안 고되게 일을 한다고 해서 더 훌륭한 성과를 내는 것도 아니다. 과로가 너무 오랫동안 지속될 경우, 과로사까지 당하지는 않는다 하더라도 피로 누적 때문에 삶의 의욕과 윤리의식이 저하될 가능성이 높다.

1997년에 발표된 「인생을 위한 시간: 미국인들이 시간을 활용하는 놀라운 방법」이라는 제목의 연구 보고서에서, 시간 활용 전문가이며 펜실베이니아 주립대학교 교수인 존 로빈슨과 제프리 갓비는 1990년대 미국인들이 일의 온갖 요구에 치이면서도 전보다 여가 시간을 더 많이 누리고 있다고 주장했다. 물론 모든 사람이 다 그렇다는 것은 아니었다. 남편 없이 혼자서 두 아이를 기르며 직장에 나가는 어머니는 자식 없이 혼자 사는 65세의 여성보다는 시간에 쫓긴다. 그러나 로빈슨과 갓비는 30년 전에 비하면 미국인의 근무 시간이 평균적으로 줄어들었다고 말한다. 요즘은 유급 노동, 가사 노동, 통근 시간을 모두 합해 일주일에 일하는 시간이 50시간밖에 되지 않으며, 여가 시간은 매주 40시간이나 된다. 1965년에 비해 여가 시간이 5시간 더 늘어난 것이다. 갓비는 이렇게 말한다. "사람들은 전보다 더 오랜 시간 근무하고 있다고 생각하지만, 사실 그들은 일처리 속도를 일하는 시간의 길이로 착각하는 것이다. 평균적으로 사람들이 일에 소비하는 시간은 전보다 줄어들었다."

말할 필요도 없이 이 주장은 논쟁의 여지가 다분하며 삶의 속도와 느낌을 무시한다는 측면에서 많은 비판을 받고 있다. 로빈슨과 갓비는 이러한 비판에 대해 완전히 뜻밖이라고 말하지 않았다. 그들은 "바쁘게 산다는 건 사회적 지위를 말해주는 기준이 되었다"라고 지적한다. 바쁜 사람은 사회적으로 중요한 인물로 여겨지므로 사람들은 자기가 얼마나 바쁜지를 자랑삼아 떠벌린다. 그래서 사람들은 근무와 통근, 자녀 양육, 가사 노동 등에 얼마나 시간을 소비하고 있느냐는 질문에 대해서도 과장해서 대답하는 경향이 있다.

로빈슨과 갓비는 단순히 질문을 하고 답을 듣는 대신, 1만 명의 설문 대상자들에게 하루 24시간을 어떻게 보내는지 상세히 기록한 일기를 쓰도록 했다. 그 결과는 놀라웠다. 처음에 구두로 물어봤을 때 평균적으로 여성은 주당 40.4시간, 남성은 46.2시간 동안 일한다고 대답했다. 그런데 일기에 기재된 내용을 토대로 계산해보니, 여성은 주당 32시간, 남성은 40.4시간 동안 일하고 있었다.

로빈슨과 갓비의 연구 결과는 우리가 시간을 어떻게 관리하고 있는지를 재평가하는 계기를 마련해주었다. 그러나 이 사회가 스스로를 돌아보고 근로, 시간, 중독 문제를 다루는 방식을 바꾸게 만들지는 못했다. 로빈슨과 갓비의 주장대로 사람들은 전보다 더욱 빠르게 근무하는 것을 더 오랫동안 일하는 것으로 착각했을지도 모른다. 그러나 로빈슨과 갓비의 연구 결과는 서둘러 일하는 것이 사람들에게 굉장한 스트레스를 준다는 주장을 뒷받침해준다. 일중독은 얼마나 오랜 시간을 일하느냐보다는 일에 대한 태도, 강박관념, 집중도, 병적인 집착, 관심도와 관련되어 있다. 우리는 피할 수 없는 이 사회의 유산인 일중독에 대해 올바른 판단을 내리지 못하고 있다. 균형 있게 삶을 살아가는 사람들이 사회적으로 칭송을 받고 있기는 하지만, 현실적으로 보상을 받는 쪽은 과로사 할 정도로 일을 하는 사람들이다!

자, 당신은 일중독자인가 아니면 그저 자기 일을 많이 좋아할 따름인가? (근본적인 이유를 대고 정당화하거나 변명할 필요 없이) 다음 질문에 대해 간단히 예, 아니오로 대답해보자.

1. 가족이나 다른 사항에 관한 것보다도 직무에 관한 것에 더 큰 자극을 받는가?
2. 업무를 완수하면 충만해지는 느낌이 들고 완수하지 못하면 허전한 기분이 드는가?
3. 일거리를 집으로 가져가는가? 주말에도 일하는가? 휴가 때도 일하는가?
4. 일하는 걸 제일 좋아하고 일에 관한 얘기를 가장 많이 하는 편인가?
5. 매주 40시간 넘게 근무하는가?
6. 취미 활동도 돈벌이가 가능한 쪽으로 하고 있는가?
7. 업무 결과에 대해 전적으로 책임을 지는가?
8. 가족이나 친구들은 당신이 시간 맞춰 모임에 오리라는 기대를 이미 접었는가?
9. 일을 제때 끝마치지 못할까 봐 걱정이 되어 추가 근무를 하는가?
10. 소요시간을 적게 잡아 프로젝트를 허겁지겁 마무리하는 편인가?

11. 자기가 좋아하는 일을 하고 있다면 장시간 근무해도 무방하다고 생각하는가?
12. 일보다 다른 것을 우선시 하는 사람을 싫어하는가?
13. 열심히 일하지 않으면 일자리를 잃거나 패배자가 될까 봐 두려운가?
14. 상황이 아주 잘 돌아가고 있는데도, 미래가 계속 걱정되는가?
15. 놀이든 일이든 경쟁심에 불타 미친 듯이 하는 편인가?
16. 남들에게서 일 좀 그만 하고 다른 걸 하라는 소리를 들으면 짜증이 솟구치는가?
17. 너무 장시간 일만 해서 가족을 비롯한 다른 이들에게 상처를 준 적이 있는가?
18. 운전을 하거나 잠을 자거나, 다른 사람이 말하고 있는 동안에도 일에 대한 생각이 계속 머릿속에 맴도는가?
19. 식사 중에도 일을 하거나 무언가를 읽고 있는가?
20. 돈을 더 많이 벌면 인생의 다른 문제도 모두 해결될 거라고 생각하는가?

일중독자들의 말에 따르면, 위 질문에 '예'라는 대답이 3개 이상 나오는 사람은 현재 일중독자이거나 앞으로 일중독자가 될 가능성이 있다고 한다. 무섭지 않은가!

IO

일, 소비, 부채 증후군 ◉

> 이제 생산 능력이 아닌 구매 능력이
> 사회적 지위를 가늠하는 주된 요소가 되었다.
> _해리 브레이버만

우리가 어떤 사람인지를 규정하는 것은 일뿐만이 아니다. 무슨 일을 하느냐에 따라 당신이라는 사람이 규정된다는 말도 있지만, 무엇을 소비하며 사는지에 따라 규정되기도 한다. 즉, 당신은 무엇을 구매하는가에 따라 평가된다. 광고업이 크게 발달한 자본주의 경제 체제에서는 '어디에서', '어떻게', '무엇을' 구입하는가에 따라 사람을 평가한다.

1세기 전쯤, 헨리 데이비드 소로는 "미국인들은 인생을 사는 방법보다 돈벌이 방법에 대해 더 잘 알고 있다"고 지적했다. 소로의 비평은 오늘날에도 그대로 적용된다. 우리는 경제 제도에 맞춰 살아가고 있으며 일에서 성공했는가, 소비자로서 어떤 선택을 하는가에 따라 사회적 가치를 평가받는다. 벤 윅 브룩스라는 미국 학자는 이렇게 말했다.

전형적인 미국인은 인생이 영적 혹은 지적인 목적을 향해 가는 과정이라는 가르침을 받지 못하고 살아간다. ……그렇기 때문에 생계를 위해 돈을 버는 행위가 보다 숭고하고 사심이 없는 목적을 성취하기 위한 수단이 아니라, 일하는 그 자체가 가장 중요한 목적이라고 생각한다.

줄리엣 쇼어는 최근에 출판된 저서 『과소비하는 미국인』에서 미국인들이 소비문화의 자식이자 포로라고 주장한다. 많은 사람들이 '쇼핑하다가 지쳐 쓰러지는 행위'를 비웃기보다는 명예로 생각하며, 자기도 그런 생활을 누리고 싶다는 바람을 갖고 있기 때문이다. '나는 일한다, 고로 존재한다' 대신 '나는 쇼핑한다, 고로 존재한다'라고 표현할 수 있겠다.

1959년 저명한 역사학자 아서 슐레징거 주니어는 주간지 〈새터데이 이브닝 포스트〉에 미래를 걱정하는 글을 실었다. 그는 여가 시간이 지옥처럼 다가올 날이 있을 거라며, '곧 밀어닥칠 새로운 여가의 시대'를 경고했다. 같은 해, 학술잡지 〈하버드 비즈니스 리뷰〉에는 과도한 자유 시간으로 인해 야기될 '여가의 위기'와 '지적, 정서적 무능력'을 예고하는 글이 실렸다. 주된 내용은 "귀족들이나 경험하던 권태라는 재앙을 이제 누구나 겪는 세상이 되었다"는 것이다. 전문가들은 머지않아 4일제 근무가 실현될 것이고 금세기 말에는 근로자들이 주당 20시간, 즉 연간 6개월 정도만 근무하게 될 것이며 정년도 서른여덟 살로 줄어들 것이라고 단언했다. 가정경제 과목을 가르치는 고교 교사들은 학생들에게 여가 시간을 어떻게 보내야 할지에 관해 간단한 시험을 치를 것이다. 가정주부들은 3일이나 쉬면서 빈둥거리는 남편과 어떻게 살아야 할지 고민하게 될 것이고, 남편들은 주말도 주중처럼 바쁘게 지내면서 최소한 아내에게 거치적거리지 않으려고 애써야 할 것이다. 곧 다가올 엄청난 자유 시간은 많은 이들에게 새로운 기회라기보다 심적 부담으로 작용하고 있는 듯하다.

저널리스트 마이클 엘리엇은 『The Day before Yesterday』에서 '여가의 위협'이 부분적으로 제2차 세계대전 이후의 갑작스런 경제 성장 때문에 촉진된 것이라고 지적했다. 1945년에 엘리엇은 미국이 "경제력과 군사력이라는 쌍둥이 바위"에 발을 딛고 서서 "거인처럼……세계를 지배하고 있다"고 썼다. 미국은 세계의 중심축을 차지하고서 자국과 동맹국들이 필요로 하는 군사 물품을 생산해냈다. 전쟁이 끝난 후, 어떻게 해야 평화 시절의 경제로 되돌아갈 것인가가 중요한 과제로 인식되기 시작했다. 과연 총알을 두들겨 펴고 구부려서 쟁기 날로 다시 바꿀 수 있을 것인가? 1946년에 미국은 세계경제생산량의 40퍼센트 이상을 차지했다. 탱크를 만들던 조립 라인에서 다시 자동차를 생산하기 시작했고, 시어스로벅 사와 몽고메리 워드 사의 판매대에는 생활용품이 진열되었으며, 배급제도는 끝나고 대학은 전역 후 자신의 가치를 높이려고 애쓰는 사람들로 북적거렸다. 경제가 본 궤도에 오른 것이었다. 우리는 이 시기를 아메리칸 드림이 실현된 '황금 시기'라고 믿었다. 미국은 세계 대공황에서 살아남았고 전쟁에서 승리했으며 공식적으로 '풍요로운 국가'가 되었다. 국민들 사이엔 전후 활성화된 경제를 지키고 확장해 미래 세대에 물려줘야 한다는 의식이 팽배했다.

줄리엣 쇼어의 계산에 따르면, 1948년 이래로 미국의 생산 수준은 두 배 가까이 늘어났다. 요즘 우리는 1948년에 비해 절반도 채 되지 않는 시간을 들여 그 당시 생활수준에 충분한 재화와 서비스를 생산해내고 있다(시장에서 취득 가능한 재화 및 서비스를 기준으로 측정). 미국 근로자들은 선택에 따라 주당 4일, 연간 6개월 근무를 할 수도 있고 1년씩 번갈아가며 유급 휴가를 쓸 수도 있다. 그렇다면, 우리는 왜 시간의 빈곤과 노동의 부담에 시달리면서도 경제적인 풍요를 누리는 대신 여가를 즐기겠다고 결심하지 못하는 것일까? 다니엘 벨은 노동자가 일이라고 하는 끝없이 구르는 수레바퀴에 묶인 '그리스 신화의 익시온'처럼 살게 되는 이유가 무엇인지 분석했다.

벨은 사람들이 이제 더 이상 의무나 필요성, 공리주의적 쾌락 때문에 일하지 않는다고 주장한다. 개신교 노동윤리는 지배력을 잃었고 더 오랫동안 더 열심히 일하도록 노동자에게 동기를 부여하지도 못한다. 사회적 견제와 균형이라는 정교한 구조로 인해, 노동자들은 이제 단순한 육체적 굶주림을 벗어나기 위해 일을 하지는 않는다. '장인정신에 입각한 만족감'이나 '업무 성취의 기쁨'도 근로 활동을 부추기고 이끌지는 못한다. 벨은 인간의 노동을 이끌어내는 요소를 '새로운 굶주림'이라고 표현한다. 즉, 우리는 '즉시적 만족감'을 추구한다. 벨의 표현에 따르면, 광고와 할부 판매제도 때문에 생겨나는 재화와 서비스에 대한 욕구가 사람들을 계속 일하게 만드는 '달짝지근한 당근' 역할을 하고 있다고 한다. 미국의 근로자를 이끌어가는 새로운 힘은 훈련이나 이데올로기, 필요성이 아니라 권태와 소용, 욕구라는 것이다. 근로자는 돈과 상품을 얻고자 일에 몸을 바친다. 벨은 자본주의가 '소비자 문화'를 낳았고, 소비주의는 '쾌락주의 문화'를 낳았다고 말한다. 현대 산업사회의 근로자는 일 자체가 아닌, 소비의 쾌락을 누리기 위해 노동력을 제공한다.

소비주의의 위험성은 제2차 세계대전 이후 미국에 국한해서 나타난 현상이 아니다. 역사적으로 금욕주의를 추종하는 철학적·정신적 호소는 물질적 풍요와 안락함에 대한 찬양과 늘 팽팽하게 맞서왔다. 소크라테스는 면도를 하지 않았고 매일 똑같은 겉옷을 입었으며 샌들도 어쩌다 한 번씩만 신었다고 한다. 그는 사물로 인해 주의가 흐트러지면 정신적인 삶과 고결한 사상의 진실성에 제대로 다가갈 수 없다고 믿었다. 4세기 무렵, 성 아우구스티누스는 기독교의 페르시아쪽 분파인 마니교에 큰 관심을 보였다. 마니교에서는 세계가 선과 악, 빛과 어둠, 정신과 물질로 양분되어 있다고 보았고, 이렇게 정반대되는 속성들이 서로 우위를 차지하고 인간의 영혼을 좌지우지하기 위해 끊임없이 충돌하고 있다고 여겼다. 중세 시대에 살았던 아시시의 성 프란체스코는 정신적인 욕구가 아무리 강해도 육체의 욕구를 충족시키지 않을 수 없다며 한탄했다. 영국의 올리버 크롬웰과 뉴잉글랜드의 조나단 에드워즈는 검약을 생활화하고 세속적인 상징, 규범, 지위를 삼가고 정화할 것을 설파했다.

인간은 감정적, 지적으로 항상 물질적인 안락을 추구하면서도 동시에 혐오해왔다. 산업혁명 시기에 '규모의 경제'가 확립된 후 소비재를 비롯한 각종 상품이 풍부하게 생산되면서 개인과 공공의 도덕성이 위협을 받은 것이 사실이다.

1835년 알렉시스 드 토크빌은 저서 『미국의 민주주의』에서 대량생산과 대량소비사회의 구축은 민주주의의 업적이며 동시에 민주주의 규범 실현을 위한 필요조건이라고 주장했다. 어느 정도의 부와 재화를 갖춘 시민이라면 경제적 번영의 영속과 정치적 안정성 유지가 자신들에게 가장 이익이 된다는 것을 알고 있다는 것이다. 한편, 토크빌은 과도한 물질주의와 방종이 '인간의 정신을 좀먹는 위험한 질병'이라고 비판하기도 했다. 그는 미국인들이 '안락한 삶을 추구'하지만 '자제심 결여'로 인해 '개인의 부와 집단의 번영이 연결되어 있다는 사실을 망각'할 수 있다고 경고했다.

토크빌의 경고에도 불구하고 요즘의 미국인들은 검약보다는 물질적 탐닉에 더 큰 비중을 두고 살아간다. 소비는 번영을 지탱하는 기둥 중 하나가 되었다. 우리는 소비가 가치 파괴가 아닌 가치 창조를 유도한다고 생각한다. 계속해서 소비하고 교체하고 버리고 소모하는 가운데, 생산과 소비에 대한 욕구도 점점 커져간다. 소비사회에서 더 많이 갖고자 바라는 것은 지나치지도 비도덕적이지도 않다. 소비주의는 많이 가질수록, 멋진 물건을 더 많이 소유할수록 좋은 것이라고 부추긴다! 게다가 소비재와 서비스를 축적하고 과시하는 삶이야말로 행복한 삶이라고 규정짓는다. 사람들은 소비가 후천적으로 획득된 권리이며 미국의 국가적 특성이라고 여긴다. 우리는 물질만능주의 세태를 비꼬며 '나는 쇼핑한다, 고로 존재한다!', '장난감을 제일 많이 가진 사람이 승리자다!', '과잉 소비만큼 번창하는 것은 없다!', '상점은 많고, 트렁크에 넣을 공간은 모자란다!'라는 농담을 주고받으면서도, 좀처럼 소비를 포기하려 하지 않는다. 필요한 만큼보다 더 많이 원하는 경향을 비난하기보다는 소비를 사적인 의무이며 공공의 미덕이라고 칭송한다. 우리는 아담 스미스가 제시한 '소비는 생산의 유일한 목표이며 목적이다'라는 전제에 완벽하게 맞아떨어지는 삶을 살고 있는 듯하다. 즉, 우리는 스스로 생산해낸 결과물에 중독되어 있다. 소비재와 서비스를 확보하기 위해 자기 시간을 내다 팔면서 '직무에 매여' 옴짝달싹 못한다. 우리는 "근로의 목적은 여가를 누리기 위해서이다"라는 아리스토텔레스의 격언을 해체하여 '근로의 목적은 소비와 소유이다'라는 저급한 개념으로 변형시켰다. 이 사회의 소비자들은 찰나의 만족감과 희열을 추구하고 있다. 그 등식은 대체로 "나는 원한다. 무언가를 원하는 것은 내가 그것을 필요로 하기 때문이다. 내가 그것을 필요로 한다면, 나는 그것을 가질 자격이 있다. 내가 그것을 가질 자격이 있다면 내가 소비할 수 있도록 누군가 그것을 제공하거나 생산해내야 한다!"라고 표현할 수 있다.

1세기 전 카를 마르크스는 '상품 물신주의'라는 용어를 사용하여, 자본주의 체제에서 노동은 생산 과정을 뒷받침하기 위해 존재하며 근로자는 상품과 서비스 축적을 통해 스스로를 위로하고 인간성을 회복하려한다는 논제를 펼쳤다. 상품 물신주의, 즉 상품에 대한 우상숭배는 익히 알려진 바와 같이 상품 획득과 물질적인 안락함, 생활수준에 대한 만족감을 기준으로 생활의 질을 평가하려는 태도이다. 마르크스는 우리가 근로에서 의미를 찾는 대신 소유물에서 만족과 의미, 목적, 성취감을 추구하려 한다고 주장했다. 요컨대 그는 우리가 더 나은 인간이 되는 것보다 더 많이 가진 인간이 되고 싶어 한다고 보았다.

에리히 프롬은 소유와 존재가 기본적으로 상이한 실존 양식이라고 주장한다. 소유와 존재의 가장 큰 차이점은 전자가 사물을 삶의 중심으로 보는 반면, 후자는 인간 중심 사회를 지향한다는 점이다. 소유 지향성은 돈과 명성, 권력을 중시하는 서구산업사회의 기본적인 특징이다. 프롬은 미국 자본주의가 대중에게 무한한 진보, 자연 지배, 물질적 풍요, 개인의 자유 실현을 약속으로 내거는 체제라고 지적한다. 산업혁명의 여명기부터 미국인들은 이 약속을 믿고 버텨왔다. 현대 사회에서 시민과 소비자는 동일한 개념이며, 대부분의 소비자들은 '무엇을 소유하고 소비하느냐가 나를 규정한다'고 믿는다. 프롬의 주장에 따르면 소비는 쾌락과 안락을 낳고, 근심을 덜어주며, 사회의 위계질서 속에 낄 수 있게 해준다. 그러나 소비자에게 소비 행위는 일시적인 효과를 발휘할 뿐이다. 티보 시토프스키는 『기쁨이 사라진 경제』에서 소비를 통한 만족감은 쉽게 소멸된다고 지적했다. 구매는 기쁨을 오랫동안 지속시키지 못하므로 사람들은 정기적으로 소비 활동을 해야 하고 쾌락의 경계점에 도달하기 위해 점점 더 많이 사들여야 한다. 내성이 강해져 점점 더 많은 마약을 투여해야 하는 마약중독자처럼, 심적 균형을 유지하기 위해 계속해서 더 많이 소비해야 하는 것이다.

헤르베르트 마르쿠제는 현대인들이 고전으로 평가하는 반체제 책 『일차원적 인간』에서 동어반복적 논리로 이런 현상을 일컬어 "인생에서 상품goods of life은 멋진 인생good life과 동일시된다"라고 표현했다. 마르쿠제는 우리 사회가 과학, 기술, 산업주의의 혜택을 탐닉하고 있다고 주장했다. 그리고 로저 베이컨은 과학, 기술, 산업주의가 우리를 길들이고 중독시키는 생활양식을 만들어내는 가운데 '군중의 우상'으로 자리 잡았다고 말했다. 대부분 미국인들에게 해당되는 상황이기는 하지만, 마르쿠제의 말대로 인간은 현대 자본주의를 통해 오랜 꿈인 결핍으로부터의 자유를 실현할 수 있었다. 자본주의는 내재된 정치적 한계와 결점에도 불구하고, 무한히 다양한 재화와 서비스를 생산하는 능력을 지니고 있음을 증명해 보였다. 사람들은 상품 소비를 통해 편리한 생활을 추구하면서 자아를 형성한다. 자동차가 나를 말해주고 집과 옷, 스테레오가 나의 사회적 지위와 정체성을 드러내준다고 여긴다.

마르쿠제는 사람들이 물질적 번영을 누리면서 자유의 상실, 즉 '부자유'라는 비싼 대가를 치르고 있으며, 현상을 아무 의심 없이 무조건 합리적이고 좋은 것으로 수용하는 '일차원적 사고'의 틀에서 벗어나지 못하고 있다고 경고한다. 물질적 풍요와 자유(구매하고 소비할 권리)는 개인을 압도하면서 현재 시스템에 대해서도 비판적인 시각을 갖지 못하게 만들어버린다. 이 사회에서 불평불만은 허용되지만 혁명이나 제대로 된 변화는 금지되어 있다. 시민·소비자는 현 시스템을 바꾸기 위해서가 아니라, 계속해서 유지하고 확장시키기 위해 일을 한다. 마르쿠제는 사회의 정치적 요구가 곧 개인의 요구와 열망이 되고 있으며, 이런 현상이 대단히 합리적인 것으로 받아들여지고 있다고 말한다. 결국 요즘 사람들은 세계 대공황을 겪었던 조부모 세대보다도 직무와 주택,

텔레비전, 정기적인 휴식과 연차 휴가를 더 중요시한다. 마르쿠제는 자본주의의 목적이 시민·근로자·소비자에게 '만족감'을 선사하는 것이라고 주장했다. 마르쿠제가 생각한 궁극적인 시민의 모습은 W. H. 오든의 시 「이름 없는 시민」에 가장 잘 표현되어 있다.

> 통계청은 그가 당국에
> 아무런 불만도 품지 않고 살았다는 걸 알았고,
> 그의 행동에 관한 보고서에도
> 요즘 사람들이 볼 때 꽤나 구시대적인 표현을 써가며,
> '그는 성자와 다를 바 없다'고 적어 넣었다.
> 왜냐하면 그는 늘 공동체를 위해 봉사했기 때문이었다.
> 전쟁 때를 제외하고 퇴직일까지
> 공장에서 단 한 번도 해고를 당한 적이 없었고,
> 고용주인 퍼지 모터스 사를 만족시켰다.
> 하지만 그는 비조합원도, 사고방식이 이상한 사람도 아니었다.
> 노동조합은 그가 노동조합 회비를 잘 냈다고 보고했다.
> (노조 활동 관련 보고서에도 그가 회비를 꼬박꼬박 냈다고
> 적혀 있다)
> 우리 측 사회심리학 조사원들도
> 그가 동료들 사이에서 인기가 있었고 술도 즐겨 마셨다는 사실을
> 알아냈다.
> 신문사에서는 그가 매일 신문을 사보았다는 점과
> 모든 면에서 광고에 대한 반응도 정상적이었다는 점을 확인해주고
> 있다.
> 그의 이름으로 된 보험증권에는 그가 종합보험에 들어 있다는

기록이 있고,

보건증에도 그가 딱 한 번 병원에 입원했지만 다 나아서

퇴원했다고 적혀 있다.

생산자연구보고서와 고급생활보고서를 보면

그가 할부구매의 이점을 아주 잘 파악하고 있는 것은 아니었지만

축음기, 라디오, 자동차, 프리지데이 냉장고 같은

현대인에게 필요한 모든 물건을 보유했다고 적혀 있다.

우리 측 여론 조사원들은

해당 연도마다 그가 적절한 의견을 피력했다며 만족해하고 있다.

즉, 그는 평화 시에는 평화를 지지했고, 전쟁이 터지면 전장에

나갔다.

그는 결혼해서 총인구에 다섯 아이를 보탰는데,

우생학자는 이것이 그가 속한 세대의 부모들로서는 딱 알맞은

자녀수라고 말한다.

선생들의 보고에 따르면 그는 아이들의 교육을 방해한 적이

한 번도 없다.

그는 자유로웠는가? 행복했는가? 이런 질문 자체가 부조리하다.

문제가 있었다면, 우리가 틀림없이 보고를 받았을 테니까.

마르틴 하이데거는 『존재와 시간』에서 우리가 인생에 대한 여러 가지 질문과 문제점에 대해 진지하게 답을 하는 대신 칵테일 파티에서 부산하게 잡담을 나누며 현실도피적으로 행동하고 있다고 지적했다. 이를테면 쇼핑은 단순히 시간을 때우고 필요한 재화와 서비스를 획득하는 활동이 아니라, 인간 존재 그 자체라는 것이다.

줄리엣 쇼어는 우리가 역사상 소비자 지향성이 가장 강한 사회에서

살고 있다고 주장한다. 미국인은 40년 전보다 평균 2배 이상을 소비하고 있다. 이런 경향은 소득수준과 관계없이 제트족(제트 여행기로 전 세계를 여행하는 유한 상류계급–옮긴이)부터 그 이하 모든 사람들에게 해당된다. 계급을 막론하고 모든 노동자들은 전후戰後 소비 활성화에 한몫을 했다. 오늘날 미국인들은 동시대를 사는 서부 유럽 사람들보다 평균적으로 연간 3~4배 더 많은 시간을 쇼핑에 할애하고 있다. 쇼핑은 그자체로 여가 활동이 되었다. 상점가에서 살다시피 하는 십대뿐만 아니라 성인들까지도 저녁마다 머리를 식히러 쇼핑을 하러 간다. 쇼핑은 가족들이 평일 저녁에 집 밖에서 즐기는 가장 흔한 여가 활동이 되었다.

쇼어는 미국인들이 텔레비전을 보는 것 외에 주로 즐기는 문화 활동이 바로 쇼핑이라고 말한다. 과거에 미국인들은 여가 시간에 관광을 다니거나 사람을 만나며 문화생활을 즐겼다. 그러나 이제는 달라졌다. 『쇼핑을 위해 태어나다』라는 제목의 쇼핑 지침서가 『포도스』나 『베데커』같은 여행안내서보다 훨씬 많이 팔리고 있다. 예전에는 쇼핑이 순전히 실리적인 이유에서 행해지던 잡일에 불과했지만, 이제는 강박관념 수준에까지 이르렀다. 어떤 여성은 이렇게 말했다. "우리 동네를 다니는 UPS 배달 차량 운전자들을 내가 전부 다 알고 있다는 걸 깨달았을 때, 내가 쇼핑을 안 하면 못 견디는 사람이라는 걸 깨닫게 되었습니다. 그들은 손을 흔들고 내 이름을 불러가며 인사를 하더군요!"

사방에 쇼핑몰이 들어서고 쇼핑몰의 규모도 계속 커지고 있다. 미국에서 10억 평방미터 정도의 땅이 쇼핑센터 부지로 쓰이고 있다. 이는 미국인 남성과 여성, 아동에게 각각 할당된 쇼핑 공간이 약 1.5평방미터라는 뜻이다. 미네소타 주 블루밍턴에 소재한 몰 오브 아메리카Mall of America는 미국 최대 규모의 폐쇄형 쇼핑 복합 오락 시설이다. 그 안에 400개 이상의 점포, 테마파크, 푸드코트 2개, 1천2백만 갤런의 물이 채워진 수족관, 아케이드, 미니골프장, 14개의 스크린이 갖춰진 영화관이 들어서 있다. 안내 소책자에도 시설 면적이 747여객기 서른두 대혹은 양키 스타디움 7개가 들어갈 만한 크기라고 적혀 있다. 몰 오브아메리카 측은 방문객 수가 그랜드 캐니언과 디즈니월드의 방문객을합친 것보다 더 많다고 말한다.

미국의 쇼핑몰 산업은 투자가와 건축가, 소매업자, 지역 공동체 등관련된 사람들 모두에게 엄청난 부를 안겨주고 있다. 규모가 큰 교외지역의 쇼핑센터는 구식 대형 백화점을 전문 부티크와 독창적으로 혼합해 한 지붕 아래 둠으로써 소매업의 혁명을 일으켰다. 그리고 교외지역에 비해 규모가 작은 도심의 6층짜리 소형 쇼핑몰은 일반적으로24시간 식품잡화점을 보유하고, 새로운 사업부문을 창출하며, 인근 지역 경제 활성화를 통해 새 세대 소규모 사업소유주를 양산하고 있다.

쇼핑몰은 여러 가지 장점도 있는 반면 단점도 있다. 첫째, 규모가 크든 작든 쇼핑몰은 미국 내 소규모 도시의 대로변 상권과 중심가 지역의상권을 고사시키고 있다. 도시 중심가와 주변 쇼핑 지역은 교외 위성도시에 위치한 쇼핑몰과의 싸움에서 패하고 있으며, 한때 번창했던 대로변 상가들도 지금은 셔우드 앤더슨과 개리슨 케일러의 소설에 나오는곳처럼 손님이 드물게 되어버렸다.

둘째, 심미적 차원에서 볼 때 쇼핑몰 산업은 미국 전 지역의 모습을균일하게 만들고 있다. 쇼핑몰이 들어서는 지역에서 재료를 구입하여그 지역의 일반적인 건축 양식에 따라 쇼핑몰 외관을 디자인하는 경우도 있기는 하지만, 쇼핑몰마다 내부 구조는 점점 표준화되고 있다. 소매업자들이 쇼핑몰 안에서 어느 자리가 제일 좋은지, 그 이유는 무엇인지를 조사하여 그 결과에 따라 쇼핑몰 개발업자들과 협상을 통해 각 쇼핑몰의 똑같은 자리에 자기네 점포가 들어서게 하고 있기 때문이다. 게

다가 쇼핑몰마다 똑같은 점포에 똑같은 제품이 납품되고, 전국 체인점까지 들어서 있어 놀라울 정도로 비슷비슷한 느낌을 준다. 어느 쇼핑몰을 가든 같은 분위기를 느낄 수 있다. 미국인들은 대부분 똑같은 점포에서 쇼핑을 하고 똑같은 종류의 제품을 구입하기 때문에 외모와 행동도 점점 닮아간다. 슬론 윌슨의 작품에 나오는 회색 플란넬 양복을 입은 아버지와 갭의 청바지, 바나나 리퍼블릭의 셔츠, 에디 바우어의 모자, 풋 로커의 신발을 몸에 걸친 자녀들처럼 말이다.

셋째, 이 항목이 아마도 본 논의 내용과 목적 면에서 가장 부합하는 내용인 듯싶다. 쇼핑몰의 등장과 쇼핑몰에서의 상품 구매 행위는 '쇼핑＋소비＝쾌락'이라는 등식을 강화하고 있다. 그러나 소비자의 제품 조달원은 쇼핑몰 외에도 여러 가지가 있다. 쇼핑을 하려고 굳이 집 밖에 나가지 않아도 된다. 전화와 우편, 인터넷을 통해 수천 종의 상품을 직접 구경할 수 있다. 쇼어는 대부분의 가정이 케이블 텔레비전의 쇼핑 채널, 통신 판매 카탈로그, 수신자부담전화, 컴퓨터 접속을 통해 소매 매장과 다를 바 없는 곳이 되었다고 지적한다. 1996년도에 미국인의 53퍼센트가 전화나 통신판매로 물건을 구입한 적이 있는 것으로 조사되었고, 전문가들은 인터넷 거래 건수가 아직은 적은 편이지만 앞으로는 그 고객 수가 무한히 늘어날 것으로 전망하고 있다.

마르크스는 종교가 인민의 아편이라고 주장했다. 현재 매튜 폭스는 쇼핑이 대중의 새로운 아편 혹은 새로운 종교가 될 것이라고 내다보고 있다.

> 우리는 생활 속에서 안식일의 개념〔종교적 찬양〕—존재의 신비와 대면했을 때 느껴지는 즐거움과 기쁨—을 상실했다. …… 제도화된 사회에서 안식일은 쇼핑하는 날로 여겨지고 있다. 매주 안식일이 되면 쇼

핑을 하기 때문에, 사람들은 종교적인 면에서도 소비자 경제가 요구하는 근로와 소비에 대한 맹목적인 숭배를 대놓고 정당화하고 있다. 우리는 구매활동을 통해 모든 고생이 보상된다고 생각한다.

사람들은 쇼핑을 굉장히 좋아하고 원하며 기본적으로 쇼핑과 소비 활동을 필요로 한다. 소비하고자 하는 욕구는 잘못된 것이 아니다. 소비 경제를 비판하는 이들도 재화 및 서비스와 관련된 쾌락을 즐기는 것 자체가 잘못됐다고 여기지는 않는다. 문제는 소비가 아니라 소비에 중독되어 강박관념 속에서 살아가는 형이상학적 태도인 것이다.

미국 전체에 배포되는 캐시 가이즈와이트의 연재만화 「캐시」는 주로 여피족과 중산층의 생활양식, 소비자의 행동을 풍자하는 내용이다. 1980년대 말, 가이즈와이트는 일요일자 만화에서 '상품 물신주의' 혹은 '맹목적 상품 숭배'에 빠진 사람들의 모습을 완벽하게 표현해냈다. 만화의 각 장면마다 엄청나게 많은 최고급 소비 제품으로 둘러싸인 남녀가 등장한다. 남자가 각 제품을 차례로 가리키며 말한다.

"이 멋진 알루미늄 멀티렌즈 쓰리빔 미니 굴착용 조사등은 자질구레한 물건이 들어찬 서랍 속에서 배터리가 다 될 때까지 처박혀 있을 거야. 전문 디자이너의 확대 설계 램프도 아이디어 창출과는 무관한 이 방에 쑤셔 박혀 있을 것이고."

그러자 여자가 예의 바르게 사방을 둘러보며 말한다.

"면 요리를 하거나 손님을 맞이할 일도 없으니 이 산업용 스테인리스 스틸 파스타 통을 어쩐다."

남자: "읽지도 않는 건축 잡지들……"

여자: "도청 방지 장치까지 탑재된 열 가지 기능의 자동응답전화기는 한 번도 전화벨이 울린 적이 없어……"

남자: "이 심해용 잠수 시계는 물에 젖을 일도 없고."

여자: "언덕 오를 일도 없는 4륜 자동차의 열쇠라니……"

마지막 장면에서 남자가 "난해한 물질주의로군"이라고 말하자, 여자는 슬픈 표정으로 "응, 우리가 원하고 필요로 하는 물건들이기는 하지만, 실생활과는 아무 관련도 없는 물건들을 구입한 셈이야!"라고 응수한다.

역사학자 시어도어 로작은 인간의 성격 형성에 필요한 요소는 일이지 무한한 소비가 아니라고 말한다. 카를 마르크스와 크리스토퍼 래쉬, 에리히 프롬도 과도한 소비는 의미 없는 근로 활동을 하게 만들고 노동의 품격을 저하시키는 부작용이 있다는 데에 의견을 같이한다. 피터 드러커는 사람들이 직무에서 찾을 수 있는 유일한 의미는 급료이고, 자신이 하는 일이라든지 생산해내는 상품에서는 아무런 의미도 찾지 못한다고 말한다. 돈이 '판단의 잣대'로 작용하면, 무슨 행동을 하느냐가 아닌 무엇을 소유하느냐가 인간의 자아정체성을 규정하게 되는 것이다.

심리학자 캐슬린 거니는 "돈은 자아를 비춰주는 거울이다"라고 말한다. "우리는 사랑, 안정성, 권력 등 각기 다른 이유 때문에 돈을 지출한다. 기분이 좋아지려고 돈을 쓰는 사람은 자존심에 뚫린 구멍을 돈으로 때우려는 경우가 대부분이다." 자신의 직무를 증오하든 지겨워하든 아니면 직무에 지나치게 많은 시간을 쏟아 붓든 간에, 물건을 구매하는 행위는 일종의 즉시적인 반응이라고 할 수 있다. 다른 의미 있는 활동을 하는 대신 쇼핑을 창조적인 배출구나 재미있는 이벤트, 일시적인 해방구로 삼는 것이다. 어느 소비자는 내게 이렇게 말했다. "결국 물건을 구매할 수 없다면 일하는 게 무슨 소용이 있겠습니까?"

역설적이지만 보상 심리에서든 일에서 일시적으로 탈출하고 싶어

서든, 쇼핑을 하면 할수록 더 많은 물건을 소유하게 되지만 쇼핑에 소비되는 돈을 보충하기 위해 일도 더 많이 해야 한다. 일반적인 수준의 융자금, 자동차 할부금, 신용카드 대금을 지불하려면 아주 오랜 시간 동안 일을 해야 한다. 사람들은 눈부신 최신 유행에 혹해서 심리적인 만족감을 얻으려고 강박적으로 쇼핑에 빠져드는 경향이 있는데, 그럴 경우 '소비주의라는 쳇바퀴'에 매인 죄수가 되기 쉽다. '근로와 소비'의 '다람쥐장'에서 벗어나지 못한다면 줄리엣 쇼어가 말한 대로 '부채 및 의존 증후군'을 겪으며 살게 된다. 쇼어는 우리가 소비주의의 함정에 빠졌다고 지적한다. 근로와 소비는 동전의 양면처럼 아무 의미도 없지만 살면서 계속해서 선택할 수밖에 없는 이음새 없이 끈끈한 그물인 셈이다. 더 많이 소비할수록 더 많은 빚에 시달리게 되고 시스템의 포로가 되어, 각종 청구서를 지불하기 위해 근로에 더 목을 매야 한다. 즉, 자동차 범퍼에 붙여진 광고 스티커의 짤막한 어구처럼, "소유하고 또 소유하기 위해, 일하러 간다!"는 말이 우리 생활에 그대로 적용된다.

체코슬로바키아 대통령을 역임한 극작가 바츨라프 하벨은 소비문화로 인해 유발되는 정신적 도덕적 질병을 경계해야 한다고 말한다. 그는 소비가 '삶의 필사적인 대용품'이라고 말한다. 삶이 기껏해야 '소비재를 찾아다니는 사냥 따위로 의미가 축소'되면, 자유도 겨우 '사고 싶은 설거지 기계나 냉장고를 마음껏 고를 수 있는 가능성'에 불과하게 된다. 하벨은 사람들이 소비하는 기쁨을 맛보게 되면 공동체보다 자기 자신에게 관심을 쏟아 붓게 된다고 지적한다. 소비문화에 탐닉하며 쇼핑에 너무 빠져 있다 보니 사회적 · 정치적 · 도덕적 기준이 점차 부식되어도 거의 의식하지 못하게 되는 것이다. 하벨은 생활 방식이 삶과 동일한 개념은 아니라고 말한다.

1917년 심각한 유행성 인플루엔자(독감)가 미국을 비롯한 전 세계를 휩쓸면서 2천만 명 이상이 사망했다. 오늘날 우리 모두는 유행성 애플루엔자(부자병)라고도 불리는 소비주의 질병에 시달리고 있다. 당장은 소비주의 질병을 낮게 해줄 치료법이나 예방주사가 알려져 있지 않기 때문에, 우리는 누구나 '죽도록 쇼핑을 할' 위험에 처해 있다. 시카고의 극작가 벨린다 브레너의 표현대로 "심리적 마비 상태가 올 때까지 쇼핑"을 하게 될지도 모르겠다.

우리는 끝없이 일을 하며 한 주를 보내고 일요일을 맞이하며 성스러운 반값 세일 예식을 찬미한다. 이 (빈 칸을 채우시오!) 을/를 하나만 더 사면 완벽한 삶이 가능해질 거라는 생각에 몹시 즐거워하며 특매품을 구매하고 거래를 한다. 그리고 신앙심을 드러낼 새로운 표시―디자이너의 로고와 상표―를 얻기 위해 성의聖衣와 탈리스(유대인 남자가 아침 기도를 할 때 걸치는 숄-옮긴이)를 내다 판다. 전능하신 하나님의 이름이 큼지막하게 써 있는 옷을 걸치고 있으면, 하나님의 이름을 읊조릴 때에도 더 이상 두렵지 않다. 획득한 상품을 남들에게 뽐내는 동안 고통마저 사라진다. 쇼핑은 정화淨化의 예식! 쇼핑 치료법! 파이어 세일(화재로 타다 남은 물건을 정리해서 파는 특가 판매-옮긴이)을 통한 세례식! 우리는 내년에 몰 오브 아메리카에서 행할 구매의 순례를 손꼽아 기다린다. 우리는 단식을 하고 신비를 경험한다. 열심히 탐색하다보면, 40~70퍼센트 세일을 통해 모든 이해를 아우르는 평화를 누리게 될지니!

II

도덕적 리더십의 시대 ◉

> 권력을 즐길 수 있을 정도로 인간적이며,
> 상황을 강제하기보다 정의 실현에 관심을 쏟는
> 사람이야말로 칭찬받을 가치가 있다.
>
> _투키디데스

우리들 대부분이 일하기를 좋아하지 않는 이유는 주로 상사나 리더 같은 윗사람들 때문이며, 직장이 추구하는 가치도 한몫을 하고 있다. 일터에서 느껴지는 좌절과 패배감, 온갖 괴상한 모습들을 비평하고 풍자하는 스콧 애덤스의 연재만화 캐릭터 딜버트가 천 가지 이상의 신문과 베스트셀러 도서, 달력, 머그잔에 등장하는 것만 보아도 사람들이 얼마나 일터의 분위기를 혐오하는지 알 수 있다. 애덤스는 멍청한 경영진과 우둔한 리더십을 번뜩이는 재치로 비판한다. 애덤스의 만화에 등장하는 상사들은 하나같이 무능하거나 비윤리적이거나 배려심이 없는데, 가끔은 이 세 가지 요소를 모두 갖춘 상사도 등장한다. 애덤스는 노동자들이 매일 권태와 공허감, 목적의식 결여, 좀스러운 관료주의적 정책 때문에 괴로워한다고 지적하면서, 이런 문제를 일으키는 원인으로 책임자의 실수, 근시안적 견해, 잘못된 업무 처리를 꼽고 있다. 또한 애덤스는 조직도 '우주의 자연스런 질서'의 일부이므로, 직장에서 하루만 근무해보면 누구나 위와 같은 문제점을 파악할 수 있다고 말한다.

애덤스는 '나쁜 상사'에 대해 불만을 토로하는 이메일을 하루에 2백 통도 넘게 받고 있다. 그는 직장 생활 경험—스콧 애덤스는 퍼시픽 벨이라는 전기 회사의 4S700R 칸막이 자리에서 17년간 근무했음—과 팬들이 보내준 편지를 바탕으로 '바보들만이 간부급으로 승진한다'는 결론을 내리게 되었다. 과거에 사람들은 부적절한 경영진에 대해 '조직 내에서 모든 종업원들은 자신의 무능력이 드러날 때까지 승진하려는 경향이 있다'는 피터의 법칙을 적용하곤 했다. 피터의 법칙이 특별히 일반 노동자들에게 혜택을 준 것은 없다. 그러나 예전에는 적어도 자신이 생계를 위해 무슨 일을 하고 있는지 파악하고 있는 상사들 밑에서 근무할 수 있었다. 경영 능력이 모자란 상사들이 잘못된 결정을 내릴 때도 여러 번 있었지만, 보다 노련한 대가들이 그런 결정 내용을 전달받아 문제를 해결해주었다. 과거에 상사들은 특별히 나쁜 짓을 하려는 의도나 악의, 악마적 기질이 있어서 실수를 저지른 것이 아니었다. 그런데 지금은 피터의 원리 대신 딜버트의 원칙이 일터에 적용되고 있다. 딜버트의 원칙이란, 무능하고 비효율적인 직원이 중간 경쟁 단계를 거치지 않고 곧장 간부로 승진해 조직에 더 큰 해악을 끼친다는 뜻이다.

애덤스는 만화에서 중간 관리자급 상사의 부조리에 초점을 맞추고 있지만, 주로 회사 중역 회의실에서 일어나는 일과 우리가 업계의 '지도자급 인사'라고 부르는 계급에 대한 이야기를 많이 다룬다. 스콧 애덤스의 풍자만화는 일터의 모습을 정확히 반영하고 있으며, 회사 간부들의 실태를 담아낸 수많은 경영 서적들을 들춰보더라도 애덤스의 만화에 나오는 얘기가 사실임을 알 수 있다. 이러한 서적들은 기술적·정신적인 능력보다 철학적인 측면을 강조하며, 주로 경영 윤리와 리더십을 다루고 있다.

직무 내용 중에서 제일 맘에 들지 않는 부분이 무엇이냐고 물었을 때, 근로자들이 꼽은 항목에는 대부분 타인들—고객과 동료 직원, 특히 상사—이 포함되어 있었다. 경영철학자 찰스 핸디는 노동자들이 돈을 받고 자기 시간을 파는 것 이상을 원한다고 보았다. 노동자들은 가치 있는 인간으로 평가되고 존중받고 싶어 하며, 회사의 중요한 부분으로 인식되기를 원한다. 경영진이 자기를 적이 아닌 회사의 자산으로 봐주기를, 자본 비용이 아니라 회사에 공헌하는 인간으로 여겨주기를 바라는 것이다. 그러나 과거 하향식 경영 방침을 고수하는 사람들은 평사원을 경영진과 별개의 종류로 취급하면서 경영진과 한데 묶어서 논의하는 법이 없었다. 심리치료사이며 직장 생활 상담가인 윌리엄 런딘은 대부분의 기업에서 경영진은 "메인 스트리트(일반 직원)에서 어떻게 생각하느냐보다 월 스트리트(세계 금융의 중심지)가 어떻게 돌아가느냐에 더 관심을 쏟는다"고 주장했다.

1997년 1,324명의 노동자를 대상으로 한 여론 조사 결과에 따르면, 응답자의 51퍼센트가 '형편없는 리더십'에 대해 불만을 갖고 있는 것으로 나타났다. 응답자들 중 압도적 다수가 경영진이 일터에서의 도덕과 사기 진작 문제를 숙고해주기를 원했다. 생산성 향상이라는 '지속적인 압박 상황'을 경영진이 나서서 해결해주기를 원하는 사람은 57퍼센트, '비윤리적이고 불법적인 활동'을 하게 되더라도 '마구 돌진'하여 실리를 추구하라는 압박을 덜 받으면 좋겠다고 응답한 사람은 48퍼센트였다. 의사소통이 더 원활해지고 격의 없이 대화를 나눌 수 있었으면 좋겠다고 답한 것은 73퍼센트, 경영진이 근무 시간과 근무량에 관한 문제를 해결하기 원하는 노동자는 51퍼센트로 나타났다. 그리고 52퍼센트는 근로와 가정 문제가 균형 있게 해결되기를 고대한다고 응답했다. 마지막으로 일터에서의 경제적·윤리적 문제를 해결하기 위한 최선의 방법을 묻는 질문에 71퍼센트가 경영 윤리와 도덕적 리더십에 관한 기준의 개선을 꼽았다.

'경영 윤리'와 '도덕적 리더십'은 흔히 모순되는 개념으로 여겨진다. 아마도 윤리 원칙대로 행동하는 기업이나 지도자급 인사를 거의 목격한 적이 없기 때문일 것이다. 그래서 경영 윤리와 도덕적 리더십은 기껏해야 유토피아적인 이상향 정도로 취급된다. 그러나 나는 이 두 가지를 보여주는 본보기가 없더라도, 일터를 더 나은 방향으로 개선하고 노동자의 생활을 향상시킬 수 있다고 생각한다.

1985년 〈뉴욕 타임스〉와 CBS 뉴스의 여론 조사 결과에 따르면, 미국인의 55퍼센트가 대부분의 회사 간부들이 정직하지 못하다고 응답했다. 화이트칼라 경영진이 꾸준히 범죄를 저지르고 있다고 답변한 사람도 59퍼센트에 달했다. 1987년 〈월 스트리트 저널〉의 조사 결과 발표에 따르면, 대형 여론 회사의 설문 조사에 응한 671명의 간부 중 4분의 1이 윤리가 성공을 가로막는다고 생각하고, 그들 중 절반 이상이 남들보다 앞서 나가려면 규칙을 어겨도 좋다고 여기는 것으로 나타났다.

1990년 프렌티스 홀 출판사에서 발간한 자료에는 업무의 도덕성과 윤리적 리더십을 기준으로 점수를 매길 경우 현재 업계 지도자들에게는 기껏해야 평균 C학점을 줄 수 있을 뿐이라고 나와 있다. 설문에 응한 노동자의 68퍼센트는 간부급 인사들의 비윤리적 태도를 업무 기준과 생산성, 성공 가능성을 끌어내리는 가장 큰 원인으로 꼽았다. 노동자들은 윤리성이 떨어지는 경영진 밑에서 근무할 경우, 자신들도 결근을 하거나 회사의 사소한 비품을 훔치거나 업무에 무관심하거나 일반적으로 업무 성과가 낮아도 별 문제가 없다고 여겼다. 많은 노동자들은 자신들이 근무 시간의 20퍼센트 이상(일주일에 8시간 정도)을 빈둥거리며 보낸다는 사실을 시인했다. 응답자 중 절반 정도는 자신들이 습관적으로 꾀병을 부리고, 실제로 아프지 않아도 몸이 안 좋다는 핑계를 대며 정기적으로 결근을 한다고 응답했다. 그리고 6명 중 1명꼴로 근무 시간에 술을 마시거나 마약을 하기도 한다고 대답했다. 또한 4명 중 3명이 일을 하는 주된 이유가 '입에 풀칠이나 하기 위해서'라고 말했고, 4명 중 1명만이 자신의 일에 '최선을 다하고 있다'고 응답했다.

조사 내용을 보면, 미국의 직장에서 윤리성을 평가하는 방정식이 매우 간단한 것을 알 수 있다. 즉, 노동자가 직무 수행에서 얼마나 윤리적이고 의무에 충실한지 여부는 노동자를 이끄는 상사와 회사의 윤리성과 충실성에 비례한다. 안타깝게도 사람들은 직장에 들어가기 훨씬 전부터 이런 냉소적인 생각을 갖게 된다. 최근 시카고의 공립 고등학교에서는 교사 겸 코치 중 한 명이 자신이 담당한 학생들에게 시카고 시에서 주최하는 10종 학력경시대회에서 커닝을 하도록 부추기고 답까지 몰래 가르쳐줬던 것으로 드러났다. 팀의 주장을 맡고 있는 열여덟 살짜리 학생은 이렇게 말했다. "코치가 우리한테 답안지를 줬어요. ……남들도 다 커닝을 하고 세상이 그렇게 돌아가고 있으니 그런 규칙을 모르고 당하기만 하면 바보라고 하더라고요." 노동자가 상사가 하는 대로 따라하듯, 이 학생들도 선생이 가르쳐주는 대로 했던 것이다.

경영진이 윤리성을 고수하면 일터의 분위기에도 영향을 미쳐 근로자도 업무에 대해 도덕적으로 선택하고 결정을 내리게 된다. 리더는 조직 생활과 관련하여 분위기를 결정짓고 비전을 개발하며 행동의 본보기가 되는 역할을 한다. 리더의 행동과 태도는 근로자의 개인적·집단적 행동 양식에도 영향을 준다. 경영 윤리와 도덕적 리더십은 관념적인 면에서는 구분되지만, 실제로 조직 생활에서는 따로 떼어놓고 생각할 수 없다. 리더십과 윤리적 행동에 관한 나의 주장은 이미 오랜 옛날에 만들어진 원칙에 기초를 두고 있다. 아리스토텔레스는 그의 저서 『니코마스 윤리학』에서 미덕에 대한 논문을 읽는 것만으로 윤리가 무엇인지 배울 수는 없다고 단언했다. 오직 타인의 도덕적인 행동을 목격함으로써 자기 내면의 도덕성을 일깨우는 것이다. 이런 과정을 가리켜 '행동 양식', '역할 모형', '개인 지도'라고 부르며, 크게 4단계로 이루어져 있다. 1) 우리는 공동체 안에서 사회적으로 중요한 위치에 있는 타인의 행동을 보며 어떻게 행동해야 할 것인가를 배운다. 2) 타인의 특정한 행동이 계속해서 동료 집단으로부터 긍정적인 평가를 받으면, 우리는 그 행동을 모방하게 된다. 3) 타인의 행동을 통해 자신의 행동이 더욱 강화되고 결국 특성화되며 습관으로 굳어지게 된다. 4) 윤리라는 것은 자유 의지와 관련하여 '내면에서 밖으로 우러나오는 명제'이기 때문에, 행동 주체가 자신의 행동에 대해 숙고하고 평가하며 선택하고 의식하게 만든다.

행동심리학자 B. F. 스키너는 처음 3단계만으로도 과정이 완료되는 셈이라고 말한다. 즉, 조언자(스키너가 사용하는 용어로는 '환경자극의 통제자')가 모형화와 강화를 통해 개인의 행동에 영향을 미치면서, 사회적으로 바람직하다고 여겨지는 행동을 하도록 개인을 이끌 수 있다는 것이다. 스키너는 실험을 통해, 위 과정의 주요 목표를 실현하는 데에 심리적 강화가 완료된 혹은 작용 중인 행위자의 행동적 유용성(가치)이나 이익(의도)까지 고려할 필요는 없다는 것을 밝혀냈다. 그는 반응을 제일 중요한 요소로 취급한다. 그러나 철학적인 관점에서 보면, 4단계가 제일 중요하다고 할 수 있다. 긍정적이고 유익한 행동을 유도하는 역할 모형화만으로는 기술記述적으로나 규범적으로 윤리적인 기업을 만들 수 없다. 긍정적인 것이든 부정적인 것이든 모형화, 모방, 습관, 결과만 따로 떼어 최종적인 목표로 삼을 수 없다.

존 듀이는 비평 이전, 이성 이전, 자율 이전의 시각에서 볼 때, 도덕이란 외인外因적인 것이며 습관으로 주입되는 것이므로 문화적인 목표와 규정으로 자리 잡게 마련이라고 주장했다. 우리는 독립적인 행위자로서 이러한 규정을 자유로이 수긍하고 포용하고 수정하고 거부하고 평가하는 동안 윤리적인 사고를 하게 된다. 듀이는 주요한 윤리적 체계를 보더라도, 단순하고 무비판적으로 자신이 속한 문화의 규정을 수용하며 행동 기준을 만들어서는 안 된다고 주장한다. 관습이나 습관, 풍습, 여론, 법률이 굳이 틀린 것이 아니더라도, 비판적인 사고 없이 무조건 수용하고 본다면 결국 완전하게 윤리적인 행동을 할 수 없게 되고, '윤리적 우연' 혹은 '정량적 우연에 의한 윤리성'을 확보하게 될 뿐이라는 것이다. 듀이는 도덕이란 본질적으로 '숙고하는 행동'을 가리키며, 관습과 묵상적인 도덕성은 분명 다른 개념이라고 보고 있다. 관습은 오로지 습관에 기반을 둔 행동 기준인 반면, 묵상적인 성격을 띤 도덕성은 이성과 선택에 호소하기 때문이다. 이 두 개념은 도덕성의 핵심을 어디에 두느냐에 따라 명확한 차이를 나타낸다. 듀이의 주장에 따르면 윤리는 2개의 과정, 즉 추론에 의한 선택 및 행동으로 이루어져 있다. 그러므로 단순히 옳은 행동을 하는 것만으로는 윤리적이라고 말할 수 없다.

나는 노동자가 리더를 윤리적 행동에 대한 모델로 삼고 있으며 조직의 전반적인 행동과 문화에 대해 리더와 책임을 분담하고 있다고 생각한다. 이는 노동자의 잘못을 면책해주어야 한다는 것이 아니라, 과정을 짚어보자는 뜻이다. 리더의 언행을 통해 조직 내에 윤리성에 대한 개념이 잡히고, 리더가 원하고 동료 직원 및 하급자들이 요구하는 행동 기준이 만들어지게 된다. 직원들이 일터에서 통용되는 예의범절과 도덕관을 맹목적으로 수용하기만 한다고 보는 것이나 일터의 기준이 근로자에게 아무런 영향을 미치지 못한다고 보는 것은 모두 세상 돌아가는 이치를 잘 모르고 하는 소리다. 우리는 일을 하면서 삶을 지속한다. 일터에서 학습한 교훈은 우리가 도덕적으로 어떤 견해를 갖고 문제 상황에서 어떤 선택을 하느냐에 영향을 미친다. 대부분의 경영윤리학자들은 조직 내에 적극적이고 효과적인 도덕적 리더십이 작용하지 않는 경우, 직급이 낮은 직원들이 윤리적 행동을 해주리라 기대할 수 없다고 말한다. 조직의 발전을 지켜본 사람들은 기업이 경영도 제대로 못하고 비윤리적인 행동을 일삼는 경우 대부분 망하더라고 말한다.

장폴 사르트르는 인간이 집단 속에서 사는 존재로서 '당연히' 타인을 고려하여 행동을 선택해야 하는 '운명'이기 때문에 도덕적 생물이라고 정의 내렸다. 윤리는 개인의 창작품이 아니라 공동체 내에서 집단적으로 만들어지는 개념이다. 로빈슨 크루소가 처음 무인도에 고립되었을 때, 그는 혼자였기에 무엇이든 마음대로 할 수 있었다. 하지만 프라이데이와 함께 지내게 되면서 크루소는 타인과 관계를 맺고 소통하는 윤리적 세계에서 살 수밖에 없게 되었다. 간단히 말해, 윤리란 개인이 타인과 더불어 공유하는 권리와 의무를 실현하는 활동이라고 할 수 있다.

하버드 대학교의 철학교수 존 롤스는 윤리가 기본적으로 정의와 공명, 공평을 추구하는 개념이라고 주장한다. 윤리는 한 집단의 행동이 옳은지 그른지 여부를 판단하는 기준의 성립 과정에 관여한다. 좋은 행동은 타인에게 해를 끼치지 않으며 타인의 권리를 존중하는 반면, 나쁜 행동은 일부러 혹은 무심코 타인의 권리와 이익을 짓밟는다. 윤리는 타인의 권리와 필요에 따라 스스로의 권리와 필요를 지키려는 것이다. 물론 우리가 공동체를 이루어 살면서 타인이 필요한 동시에 자기밖에 모르는 이기적인 경향도 지니고 있기 때문에, 윤리라는 개념에는 언제나 모순과 불안이 내재되어 있다.

거의 모든 윤리학자들은 사업체가 이익을 내야 할 도덕적 의무를 지니고 있다고 주장한다. 그러나 사업은 무엇보다 사람을 상대하는 일이다. 즉, 나보다 위에, 나와 나란히, 나보다 아래 직급에서 근무하는 사람들과 함께 업무를 수행해야 한다. 사업은 조직 구성원들 간에 상호의존적이며 관련성이 높은 협력 관계이다. 생명과 노동, 사업은 모두 같은 범주에 속해 있으므로 각기 다른 '규칙'을 적용하며 별개의 '게임'으로 취급해서는 안 된다. 다른 분야에서와 마찬가지로, 사업부문에 대해서도 '개인은 타인을 고려하면서 어떻게 행동해야 하는가?'라는 질문을 던져야 하는 것이다.

사람들은 대부분 개인 생활에서 윤리가 수행하는 역할에 대해서는 잘 알고 있지만, 사업에 대해서는 별도의 잣대를 적용하고 있다. 많은 이들은 '사업은 사업'일 뿐이라며 사업상의 이해관계와 기준이 윤리학의 원칙과는 다르다고 생각한다.

매튜 폭스는 노동자들이 일터에 들어서는 순간 개인적으로 갖고 있던 믿음을 버릴 것을 강요당하고 있기 때문에 정신분열증적으로 사는 경우가 종종 있다고 지적했다. 이러한 일터의 '파괴적인 이중성'으로 인해 우리는 '생계벌이와 인생', '직장의 가치관과 개인적인 가치관', '공동체의 요구와 개인적인 요구'를 각각 분리해서 생각한다. 일은 오로지 돈벌이 수단이며, 성공만하면 부도덕한 행동도 정당화된다. 미국에서 유명세를 떨치고 있는 변호사 앨런 더쇼위츠는 이러한 이중성이 직업적 정신분열증을 유발하고 지속시킨다면서, "변호사로서 내가 한 일들을 돌이켜보면 사생활에서는 절대 할 수 없었던 짓거리들이 수두 룩하다"고 말하기도 했다.

윤리학자 노먼 보이에 따르면, 사업과 윤리의 분리, 일터의 이중성은 경제학자와 윤리학자들이 인간의 본성이라고 말하는 '경쟁'에서 비롯 된 것이라고 한다. 경제학은 개인적 지위 향상에 관한 학문인 만큼, 대 부분의 경제학자들은 인간이 본래 이기적이라고 가정한다. 그들은 개 인이 이성적으로 욕망을 추구하는 방법을 중점적으로 분석한다. 경제 모형 안에서 보면, 개인은 자기 이익을 최대화하고자 할 경우에 이성적 으로 행동하는 경향이 있다. 자신에게 이익이 되는 경우에 한해서만 타 인의 이득도 고려의 대상이 된다. 경제학은 단수單數적이며 추구하는 방향에 있어서도 명확히 자기중심적이다. 경제학은 개인적인 성향에 대해서는 좋고 나쁘고를 따지지 않는다.

반면에 윤리학은 복수複數적이며 타인과의 관계 속에서 자아를 평가 하는 체계이다. 윤리적 관점에서 볼 때, 개인은 자신의 행동이 타인에 게 미치는 영향을 고려해야 한다. 경제학자들이 '내 이익을 최대화하 려면 어떻게 해야 하는가?'를 묻는 반면, 윤리학자들은 '내가 타인과의 관계 속에서 최고의 이익을 추구하려면 어떻게 해야 하는가?'를 묻는 다. 즉, 경제학은 경쟁을 양산하고 윤리학은 협동을 장려한다.

다든 경영대학원 교수 에드워드 프리먼은 경제학과 윤리학이라는 패 러다임이 집단에서 살아가는 사람들의 정신에 깊이 뿌리박고 있으며, '두 가지 영역의 문제'라고도 하는 쟁점의 근원이라고 지적한다. 두 가 지 영역이란, 사업의 영역과 윤리의 영역을 말한다. 사업의 영역은 시장 조사, 표적 집단, 종단 연구, 생산 비용, 재고 관리, 주식 가치, 연구 개 발, 손익 계산서, 정량 분석 같은 확실하고 예측 가능한 정보로 이루어 져 있다. 반면 윤리의 영역은 사회적 통념, 의미, 은유, 목적, 특성, 의의, 권익, 가치와 같은 불확실한 개념으로 구성되어 있다. 사업의 영역에서는 분석과 판단이 주가 되지만, 철학의 영역에서는 정밀한 분석이 그다지 가치가 없다. 프리먼은 우리 사회에서 이 두 영역은 동등한 지위를 누리지 못한다고 지적한다. 사업 영역은 오직 절망적인 순간에만 윤리적 통찰력을 끌어오려 하며, 일반적인 경우에는 '특별히 금지된 것을 제외하고 모든 것이 허용된다'는 도덕적 율법주의를 따르고 있다.

프리먼은 '사업은 사업'이고 윤리는 개인적인 문제에 불과하다는 주장을 타당하지 않다고 여긴다. 사업도 사람이 하는 일이고 집단생활의 일부이며 질서, 안정, 성취에 대한 인간의 요구에서 비롯된 것이기 때문이다. 모든 사업은 인간의 삶을 보다 안전하고 편안하며 공평하게 만드는 것을 목표로 한다. 사업은 사업 자체를 위해 존재해서는 안 된다. 개인과 사회의 요구에서 완전히 벗어나 별개로 존재하는 사업체는 존재하지 않는다. 프리먼은 경영 윤리라는 단어가 모순어법이라기보다는 언어적으로 중복성을 띤 표현이라고 말한다. 헨리 포드 시니어도 "사람들은 오랫동안 이윤 추구가 기업의 유일한 목표라고 생각했다. 하지만 그 생각은 틀렸다. 기업의 목표는 일반적인 복지 실현이기 때문이다"라고 말한 적이 있다.

경영 윤리를 옹호하는 이들은, 사람들이 성서라든가 설교를 통해 배운 규칙과 기준을 일터에 적용시킨다고 주장한다. 본질적으로 사업체가 직면한 도덕적인 문제는 개인적인 문제와 크게 다르지 않으며 다만 규모가 더 클 뿐이다. 프리먼은 주장한다. "윤리는 사람들이 서로를 어떻게 다루는가에 관한 개념이다. 특정한 회사의 윤리에 대해 알고 싶다면 그 회사가 고객과 공급업자, 직원 등을 어떻게 다루는지 지켜보면 된다. 사업은 사람을 다루는 일이고, 경영 윤리는 고객과 직원을 다루는 방법에 관한 학문이기 때문이다."

좋은 제품을 적절한 가격에 팔고, 정직하게 광고하며, 직원과 고객, 공급업자, 경쟁업체 사람들을 정당하게 대우하고, 자신이 속한 공동체에 대해 강한 책임감을 갖고, 재정적으로 위험 부담을 지는 회사 주주와 소유주가 타당한 이익을 얻도록 하는 등의 윤리적 기준을 준수해달라고 기업 측에 요구하는 것은 그리 유별나거나 과도한 요청이라 할 수 없다. 존슨앤존슨 사의 창립자 로버트 우드 존슨은 이렇게 말했다.

사업이 개인적 차원의 문제였던 시대는 지나갔다. 실제로 그런 시대가 있었는지조차 불확실하다. 모든 사업 행위는 사회적으로 중요하게 취급되며 대중의 관심을 불러 모은다. 기업은 직원을 고용하고 건물을 짓고 제품을 팔고 살 때마다 기업 자체와 사람들을 위해 일하는 것이므로 완전히 책임질 준비를 해야 한다.

철학자 조지 엔더를은 기업이 직원을 염두에 두지 않은 채 재화와 서비스 생산에만 신경을 쓰고 경영진이 인간관계를 무시하고 각종 아이디어, 구조, 전략을 실행에 옮기면서 개인이나 사회의 이익을 고려하지 않고 오직 업무 문제 해결에만 급급하다면, 경영 리더십이라는 것에 대해서도 비교적 간단하게 설명할 수 있을 것이라고 주장했다. 하지만 기업은 위와 같은 식으로 처신해서는 안 된다.

리더십은 자기 자신과 타인의 관계에 대한 개념이다. 리더십은 윤리, 노동, 사업과 마찬가지로 리더와 추종자, 관련 주주들 간의 협력 관계와 밀접하게 연결되어 있으며, 인간의 본질적인 경험 중 하나이다. 샤를 드골은 이렇게 말했다. "사람은 기본적으로 먹고 마시고 자지 않고는 살 수 없듯이, 나아갈 방향을 모르고서는 살 수 없다." 리더십은 공동체에서 없어서는 안 될 중요한 요소이다. 삶에서 무작위로 발생하는 여러 가지 문제를 처리하기 위해 필요한 지침과 계획을 제공해주기 때문이다. 리더십은 종류별로 합의, 명령, 협동을 통한 조정 등 다양한 방식으로 구현된다. 그리고 사용 방법과 무관하게 리더십의 주된 특성으로 꼽을 수 있는 것은 바로 지휘 감독이다. 성 아우구스티누스의 말대로, 결과가 어찌 되든 리더의 최초, 최후의 직무는 추종자들의 욕구를 충족시키고 편안하게 살 수 있도록 해주는 것이다.

리더십이란 무엇인가? 리더십과 리더가 동의어는 아니지만, 리더십의 실재를 리더와 따로 떼어놓고 생각할 수 없다. 이를 명심하고 리더십 학자인 조셉 C. 로스트의 연구 결과를 살펴보면 리더십을 다음과 같이 정의내릴 수 있다. "리더십은 공동의 목적과 목표를 반영하기 위해 실질적인 변화를 요구하는 리더와 추종자/구성원 간에 권력 및 가치를 중심으로 형성되는 관계이다." 리더십을 구성하는 요소를 중요한 순서대로 열거하자면, 팔로우십(부하 직원의 지지), 가치관, 공동의 목적과 목표이다. 순서대로 검토해보자.

팔로우십 — 지난 20년간 리더십 연구를 통해 성립된 제일 중요한 명제는 바로 리더십 방정식에서 추종자의 역할에 관한 보편적 합의이다. 이 합의는 오랜 세월을 두고 진화를 거듭해왔다. 퓰리처 상을 수상한 역사학자 개리 윌스는 우리가 오랫동안 리더의 특징으로 결단력, 집중력, 명확한 목표 의식, 우선순위 파악 능력 등을 꼽아 왔지만, 최근까지도 제일 중요한 요소를 간과해왔다고 주장한다. "리더에게 가장 필요한 것은 바로 추종자이다. 추종자가 없으면, 최고의 아이디어와 강력한 의지, 멋진 미소도 아무 소용이 없다." 추종자들은 리더십 수용에 관한 조건을 정한다. 리더십 활동은 리더와 추종자 모두에게 '결정적인 영향력'을 갖고, 리더십이 발휘되는 과정에서 협동과 고생, 다툼 등이 어우러진다. 리더십이 일방적으로 진행되는 경우는 없다. 월스의 주장에 따르면, "리더는 공유의 목적을 달성하기 위해 타인을 동원"하며 추종자가 없이는 활동할 수 없다. 요컨대 성공적인 리더는 추종자가 리더를 이해하는 것보다 추종자들을 더 깊이 이해해야 한다. 그러나 스콧 애덤스는 딜버트가 일하는 칸막이 세상이나 노동자-추종자가 일하는 직장에서나 리더가 추종자를 이해하는 상황은 일어날 리 없다고 단언한다.

리더십은 윤리와 마찬가지로 늘 타인과 함께 하는 상황에서 발휘되므로 복수적인 개념이다. 리더가 리더십에서 중심이 되고 가장 중요한 역할을 차지할 때도 있지만, 리더십 방정식에서 추종자는 반드시 필요하고 중요한 요소이다. 리더십은 리더와 추종자 간에 서로 영향을 주고받는 관계이므로 항상 협력적으로 진행되어야 한다. 그런 의미에서 리더십 과정에 대해 설명할 때 '추종자'나 '구성원'보다는 '협력자'라는 용어를 사용하는 것이 보다 적합할 것 같다. 어떤 용어를 쓰든 정치사회학자 제임스 맥그리거 번즈의 말대로 한 가지는 분명하다. "리더와 추종자는 한 회사 내에서 활동한다. 서로 의존하고 있으며, 한 배를 탄 운명이다."

윤리적 관점에서 볼 때, 리더십이 효과를 나타내기 위해서는 우선 추종자가 자신의 역할과 권리를 깨달아야 한다. 팔로우십의 원칙은 '정치와 윤리는 혼합되지 않는다', '리더의 유일한 목적은 개인적인 권력 획득이다'라는 식의 마키아벨리적 주장과는 거리가 멀다. 팔로우십은 공동체 안에서 리더가 자신의 역할을 깨닫게 만드는 것이다. 플라톤의 『국가』를 옹호하는 사람들처럼(『국가』에서는 올바름이란 전체를 구성하는 각 부분들이 자신의 고유한 기능을 수행하고 다른 부분의 기능에 간섭하지 않을 때 이루어진 조화라고 본다-옮긴이) 리더는 자신의 직위를 개인적 신분과 특권의 상징이 아닌 사회적 책임과 신뢰의 상징으로 여겨야 한다. 이 문제를 보다 현대적으로 풀어 해석한 사회평론가 제임스 오툴과 린 샤프-페인은 기업에서 주로 신경을 쓰는 윤리적 문제의 첫째는 주주의 권리, 둘째는 숙고를 통해 모든 주주의 권리를 관리해야 하는 리더의 의무라고 말했다.

경영전문가 피터 센게는 『제5경영』에서 리더가 수행해야 하는 직무 중 가장 기본이 되는 것이 바로 관리책임이라고 주장했다. 리더는 관리책임자로서 직무를 수행하면서, 자기 자신이 아닌 타인을 궁극적인 목표로 해야 한다는 점, 보다 큰 대의를 위해 '의무를 수행'해야 한다는 점, '타인을 이끌 수 있는 능력 발휘'를 사명으로 여겨야 한다는 점, '타인을 이끌기 위해' 리더로서의 재능과 기술을 발휘해야 한다는 점을 깨달아야 한다. 기업의 진정한 역할은 재화나 서비스의 생산, 이윤 추구 외에, 사람들을 '생산적으로 지도하는 것'이며, 리더십도 마찬가지다. 올바른 리더십이라면 윤리와 마찬가지로 타인을 염두에 두고 '타인과 함께 사는 세상에서 어떤 일을 해야 하는가?'라는 질문에 답을 내놓을 수 있어야 한다. 유감스럽게도 대부분의 직장에서는 직원을 지켜야 할 자산으로 여기거나 권리와 완전성을 보장해주어야 하는 개인으로 생각하지 않기 때문에, 위와 같은 질문이 제기되는 경우가 거의 없다.

가치관 — 윤리는 인생의 각 부분에 깃들여 있는 가치를 평가하는 개념이다. 작가 새뮤얼 블뤼멘펠드는 "사람은 죽은 후에야 가치중립적이 될 수 있다"고 단언하기도 했다. 가치관은 선택에 영향을 주고 방향을 제시하는 믿음의 총합이다. 심지어 좋지 못한 가치관이라 하더라도, 어떤 식으로 무슨 결정을 내릴지에 대한 방향을 제시해준다.

나는 톰 피터스와 봅 워터맨이 말한 "리더십의 진정한 역할은 조직의 가치를 관리하는 것이다"라는 명제가 옳다고 본다. 리더십에는 가치가 깃들어 있다. 도덕적으로 수용 가능하다고 분석·판정된 일부 철학적 견해는 리더십을 이데올로기적인 면에서 강제로 이끌어가는 경향이 있다. 리더라면 누구나 '검토를 요청'하고 싶은 의제를 보유하고 있고, 나름의 믿음, 제안, 가치, 아이디어, 쟁점 등을 갖고 있다. 사실, 제임스 번즈가 시사한 대로, 리더십은 위태로운 상황에서 아이디어를 명확하게 설명하고 문제에 대해 결정을 내리며 가치를 판정하는 등 리더 자신과 추종자 모두에게 명확한 방향을 제시해준다. 프랭클린 D. 루스벨트는 이렇게 말했다.

> 대통령 직은…… 무엇보다 도덕적 리더십이 요구되는 자리다. 위대한 전임 대통령들은 미국에서 중대한 역사적 문제가 발생할 때마다 깊이 숙고하며 방향을 제시하곤 했다.

우리는 링컨, 처칠, 간디, 마더 테레사의 도덕적 리더십을 칭송한다. 앞으로는 히틀러, 스탈린, 사담 후세인, 데이비드 코레쉬(1993년 텍사스 와코에서 총격전 끝에 집단 자살한 사교집단의 우두머리-옮긴이)에 대해서도 도덕적으로 평가를 해보아야 할 것이다.

모든 윤리적 판단 과정은 '가치 대 가치' 혹은 '권리 대 권리'의 대립 구도로 이루어져 있다. 그러나 타인의 가치관 및 권리와 관련된 '우리가 무엇을 해야 하는가'라는 질문을 리트머스지로 시험을 하는 정도로 가볍게 여길 수는 없다. 사실, 윤리는 윌리엄 제임스가 말한 '믿고자 하는 의지'—사람은 누구나 타인에게 고의적으로 무시당하지 않을 기본적인 권리를 갖고 있으며 우리는 선택을 통해 이 전제를 믿는다—개념에 기초를 두고 있다. 우리는 타인과 관련된 문제에 대해서도 이러한 '선택'을 토대로 생각을 전개시켜나간다. 윌리엄 제임스는 '이성적인 선택' 과정이 없이는 윤리적인 기업 활동을 지속할 수 없다고 결론 내렸다.

윤리적인 행동이란 관련된 모든 사람들의 권리를 존중하는 것이고, 비윤리적인 행동은 고의로 혹은 실수로 타인의 권리를 짓밟는 것이므로, 윤리적인 리더라면 타인의 권리를 부정하거나 무시해서는 안 된다. 리더는 추종자를 잠재적인 적 혹은 자기 요구를 할 줄 모르는 하인으로 취급할 것이 아니라, 리더 자신과 마찬가지의 열망과 권리를 지닌 동료 여행자로 생각해야 한다. 어느 비평가는 이에 대해 "윤리가 리더십 과정 평가에서 필수적인 기준으로 작용해야 한다"고 말했다.

우리는 리더의 윤리를 어떻게 판단할 수 있는가? 추종자와 마찬가지로 리더도 모든 판단이나 행동 면에서 완벽하리란 보장은 없다. 경영 분석가 존 가드너는 겉으로 드러나는 일부 결과만 가지고 리더십을 제대로 평가하기는 어렵다고 말한다. 리더십 평가는 리더가 의도하고 가치 있게 생각하며 상징하는 바, 즉 리더의 성격을 기준으로 이루어져야 한다. 게일 쉬히는 『성격: 미국의 리더십 탐색』에서 성격이 리더십을 구성하는 가장 핵심적이고 애매모호한 요소라고 말하며 아리스토텔레스의 의견에 동조하고 있다. '성격character'이라는 단어의 어원은 '조각彫刻'을 뜻하는 그리스어이다. 인격은 경험을 통해 체득된 특성과 타고난 재능으로 구성되고, 인격에는 지속적으로 마치 조각을 하는 것처럼 성격이 새겨진다. 이러한 '조각'이 우리를 규정하고 타인과 차별화하며 행동의 동기가 되는 것이다.

쉬히는 성격이 리더십의 바탕이 되며 예언적인 면도 지니고 있다고 주장한다. "(리더십에 관한) 쟁점은 시간이 지나면 달라질 수 있다. 반면 성격은 어제와 내일에 큰 차이가 없다." 쉬히는 성격에 따라 평소의 행동이 달라지고 운명도 달라진다고 본다. 따라서 리더가 되고자 하는 사람이 어떤 성격을 지니고 있는지를 점검하는 것은 유용하고 필수적인 과정이다. 저널리스트로서 오랫동안 정치 현장을 지켜본 쉬히는 1970년대 초 워터게이트 사건(1972년도 미국 대통령 선거전에서 닉슨 대통령의 공화당 행정부가 불법 활동을 한 것이 폭로되어 발생한 정치 스캔들-옮긴이)을 리더십과 성격의 관계를 보여주는 완벽한 예로 들고 있다. 리처드 닉슨이 보여준 것처럼, 쉬히는 "병리적 증상을 지닌 사람이 대통령 직을 수행해서는 안 된다"고 말한다. 리더는 상황을 규제하고 진행시키며 권력을 휘두르기 때문에 우리는 신중하게 리더를 선택해야 한다. 우리는 스스로 선택한 리더의 모습을 닮아간다. 그리스의 철학자 헤라클레이토스가 '성격은 곧 운명'이라고 썼듯이, 리더의 운명은 곧 우리의 운명이 된다.

워터게이트 사건은 높은 직위로부터의 추락을 상징하게 되었다. 또한 리더의 고결성, 정직, 공명정대성에 대해 국민들이 새로운 시각으로 생각하는 계기를 마련해주었다. 워터게이트 사건이 터지고 관련 재판이 진행되는 와중에 경영 윤리가 독립적이고 학문적인 훈련 과정으로 탄생한 것도 우연이 아니다. 워터게이트 사건을 겪으면서 미국인들은 개인적으로 참담함을 느끼기도 했지만, 한편으로 정치적·공적 생활을 이끌어나가는 리더의 윤리성이 얼마나 중요한지 깨닫게 되었다. 현대 사회는 업계를 이끄는 리더와 공무원들이 일반 시민보다 더 높은 수준의 경영 윤리 의식을 갖고 행동해주기를 바란다. 그러나 쉬히는 다수의 공무원들에게 너무 높은 수준의 경영 윤리 의식을 요구하는 것은 무리일 거라고 보고 있다.

공동의 목적과 목표 — 리더를 비롯한 개인의 성격은 무無의 상태에서 만들어지지 않는다. 강하고 자신만만하고 카리스마 넘치는 리더라고 해도 리더십 문제에 대해서만큼은 주변 환경에 영향을 받게 마련이다.

좋은 리더와 나쁜 리더, 훌륭한 리더와 형편없는 리더 모두 각기 살아가는 시기와 장소가 요구하는 필요와 가능성을 통해 만들어진다. 리더가 존재하려면 당연히 추종자가 필요하다. 리더가 계획을 짜고 협의 사항을 도출하며 새로운 아이디어를 내놓는 것은 사회 구성원으로서 환경에 대한 나름의 반응인 것이다. 리더십이 리더와 추종자 간의 적극적이고 계속적인 관계를 의미한다고 할 때, 리더는 무엇보다도 지지자들 사이에서 합의를 도출할 줄 알아야 한다. 또한 추종자는 리더에게 권력의 사용과 교육이라는 두 가지 방법으로 필요한 정보를 제공하고 영향을 줄 수 있어야 한다.

권력이란 변화를 통제하고 방향을 잡아주는 능력을 말한다. 리더십을 발휘하려면 권력을 사용해야 한다. 리더십의 핵심 논제는 '권력을 사용할 것인가?'가 아니라, '권력을 현명하게 제대로 사용할 것인가?'이다. 제임스 맥그리거 번즈의 주장에 따르면, 리더십은 단순히 상황에 의해 유도된 결과물이 아니라 추종자가 여러 가지 대안 중에 선택을 할 수 있게 하는 과정이다. 그런 만큼 리더십은 야만적인 권력이 거부하는 경쟁과 충돌, 논쟁이라는 상황을 수용한다. 번즈는 "리더십은 지지 세력을 결집시키고, 벌거벗은 권력(영국의 철학자이며 수학자인 버트런드 러셀이 그의 저서 『권력』에서 언급한 용어로, '전통'이나 '동의'에 바탕을 두지 않은 권력을 뜻한다. 국내적으로는 전제專制, 대외적으로는 정복征服의 형태로 나타난다-옮긴이)은 지지를 강요한다"라고 말했다. 효과를 높이기 위해 독재적으로 가혹하게 권력을 활용할 필요는 없다. 구성원들이 목표를 향해 나아가도록 조직하고 지도하고 가르치는 과정에서 비강제적인 방식으로도 얼마든지 권력을 활용할 수 있기 때문이다. 리더는 추종자들을 이끄는 데 머물지 않고 참여를 유도해야 한다. 리더는 가혹한 교관이 아니라 본보기이자 조언자이다. 소설가 제임스 볼드윈은 이렇게 썼다.

"도덕성이 결여된 권력은 더 이상 권력이라 할 수 없다."

피터 센게는 교습을 리더십의 주요 직무 중 하나로 꼽고 있다. 리더는 '교사'로서 사람들에게 정보와 통찰력, 새로운 정보, 현실에 대한 대안적 견해를 제공해야 한다. 리더는 사람들에게 '비전을 구축하는 방법'을 가르치는 것 외에도, 학습을 장려하고 선택을 할 수 있게 해주며 합의를 이끌어낼 수 있어야 한다. 또한 효율적인 리더십은 공동체를 구축하는 과정에서 추종자들이 기업체 내에서 수행하는 업무에 대해 동일하게 책임을 지도록 유도할 수 있다. 리더는 행동과 교습을 통해 구성원들이 연합 활동에 동등한 권리로 참여하도록 장려하면서 구성원들의 참여와 헌신 없이는 다 같이 성공을 거둘 수 없다는 점을 주지시켜야 한다. 성공적으로 리더십을 구현하려면 "조직의 성과는 각 개인이 다 함께 노력한 결과이다"라는 휴렛패커드 사의 유명한 표어를 명심해야 할 것이다.

하버드 대학교 에이브러햄 잘레즈닉 교수는 이렇게 말한다. "리더십은 리더와 추종자 모두를 도덕적, 지적, 감정적으로 조직에 헌신하게 만드는 계약에 기반을 두고 있다." 그러나 리더와 추종자의 영향력 수준이 다르기 때문에, 이 계약은 본질적으로 불평등하다. 상황에 대한 이해가 빠르고 책임을 지는 리더십이라면 민주적인 절차가 수행되도록 해주어야 한다. 민주적인 절차란 추종자들이 목표, 프로그램, 대안에 관해 충분한 정보를 습득할 권리, 그리고 대안 항목 중에서 선택할 수 있는 능력을 보유하고 있음을 인정하는 데 기반을 두고 있다. 이에 대해 조셉 C. 로스트는 "구성원들은 상호 동의한 목표를 향해 나아가는 동안 리더십을 통해 서로 합의를 도출하고 직무에 책임을 지며 공익을 위해 일하고 공동체를 만들어나갈 수 있도록 해야 한다"고 말한다.

유감스럽게도 '타인 본보기' 이론에는 어두운 면이 존재한다. 하위

드 S. 슈워츠는 과격하다고만 알려져 있을 뿐 제대로 평가 받지 못하고 있는 그의 경영학 저서 『자아도취적 작용과 기업의 쇠퇴』에서, 기업은 편안하게 공동체 위주로 윤리적 판단을 내릴 수 있는 요새가 아니며 사업상의 요구와 필요조건으로 인해 도덕적 행동의 본보기가 될 수 없는 집단이라고 주장했다. 슈워츠는 사업의 기본 규칙이 적자생존인 만큼 일단 살아남아야 하기 때문에 심리적으로 경쟁을 할 수밖에 없고, 필요한 경우 남보다 앞서기 위해 수단 방법을 가리지 않을 수도 있다고 보았다. 슈워츠는 이런 현상을 '조직의 전체주의'라고 부르고 있다. 조직과 조직의 관리자는 자신을 위해 자기충족적이고 이기적인 세계관, 즉 이익을 위해서라면 어떤 행위든 합리화하면서 자신을 정당화하는 데 급급한 세계관을 만들어낸다.

슈워츠는 이런 자아도취적 견해가 조직 생활을 하는 모든 이들에게, '업무를 수행하라, 조직의 목표를 달성해라, 상사에게 복종하고 충성심을 보여라, 개인의 가치관과 믿음을 무시해라, 필요할 때는 법을 지키되 가급적 애매하게 처리해라, 조직의 세계관과 맞지 않는 내부 혹은 외부의 정보를 거부해라'와 같은 모진 요구 조건을 내세운다고 말한다. 이러한 '전체주의'적 논리에 따르면, 리더와 추종자는 모두 독립적인 행위자로 취급되지 않는다. 현 위치를 고수하거나 앞서 나아가기 위해서는 다들 잠자코 복종해야 한다. 슈워츠는 '조직적 전체주의'라는 명제가 언제나 현상을 유지하려 한다고 단언한다. 이러한 논리 체계에서 변화는 좀처럼 일어날 수 없다. '체계적 비효율성'으로 인해 '조직의 부패'가 발생한다든가 하는 극단적인 상황이 아니고서는 구성원들이 변화를 선택하지 못하는 것이다.

로버트 잭클은 그의 저서 『도덕적 미로』를 통해 심리학적이라기보다는 다분히 사회학적인 관점에서, 조직 행동에 대한 슈워츠의 분석 결과와 매우 유사한 견해를 내놓고 있다. 평론가이자 논평가인 토마스 W. 노턴의 주장에 의하면, 잭클과 슈워츠는 조직 윤리와 행동이 왜 툭하면 상사에 대한 충성, 혹은 단순히 상사의 비위를 맞추고 상사의 행동을 모방하는 행위로 전락해버리는지를 알아내고자 했다. 잭클은 "조직의 행위자가 개인적으로 상사에게 충성을 하는 이유는 상사가 조직의 권위를 대표하기 때문이 아니라 그저 상사에게 개인적으로 인정받으며 헌신하고 싶어서이다"라고 주장한다. 스콧 애덤스의 말대로 근로자는 어쩔 수 없이 상사에게 '아첨을 떨어야' 한다. 잭클과 슈워츠, 애덤스는 노동자들이 그들이 속한 체계의 죄수라는 점에 대해 모두 동의하고 있다.

잭클은 미국의 상업 체계를 연구한 결과, 모든 조직은 '개인적인 충성 관계'가 조직 생활의 규칙으로 작용하는 '가산관료제'의 표본이라고 주장했다. 그는 모든 기업이 중세 시대의 영지처럼, 장원의 주인(최고경영자 혹은 사장)이 그의 가신(관리자) 및 농노(근로자)를 보호하고 특권과 신분을 지켜주는 대신 존경(헌신)과 봉사(근로)를 요구하는 체제라고 말한다. 이런 체제에서는 경험, 교육, 능력, 성과보다는 상사에 대한 충성과 신뢰, 정치, 개인적 성격이 출세와 승진을 좌우한다. 그래서 상사의 온갖 비위를 맞추며 사는 노동자는 '뭐든 잘하는 사람', '팀플레이에 능한 사람'처럼 보이려고 애를 쓰고 '인간관계에 통달한 대가'로서 적재적소에 자리를 잡으려 한다. 잭클은 수천 번 '잘했다'라는 칭찬을 들어도 한 번 '아, 제길!'이라는 말에 출세가 물거품이 되는 것도 위와 같은 이유 때문이라고 꼬집는다.

잭클은 회사 직원들이 봉건 체계에서처럼 당연히 현상 유지를 지지하는 이들로 여겨지고 있다고 주장한다. 직원들은 현재 권력을 쥔 세력에 충성을 바치고 의무적으로 성과와 이익을 영속시키며 조직에서 허락한 가치관만을 추구한다. 잭클은 조직의 논리와 일터의 집단적 특징으로 인해 노동자 개인의 욕구와 열망이 무시당하고 있다고 주장한다. 그래서 일터 밖에서는 어떤 가치관을 가졌는지 몰라도, 일단 일을 하는 동안에 근로자는 개인적 확신을 잠시 접어두거나 선택적으로밖에 표명할 수가 없다.

이제 회사 내에서 옳다고 여겨지는 생각은 가정이나 교회에서도 옳은 것으로 여겨지고 있다. 회사에서는 상사가 근로자에게 원하는 바를 항상 옳은 것으로 취급한다.

잭클의 분석에 따르면, 조직이 추구하는 주된 목표는 바로 성공이다. 잭클은 이러한 성취 목표를 자율적이고 자기규정적이며 자기중심적인 별도의 도덕적 세계를 창조하는 '제도의 논리'라고 부르고 있다. 이런 분위기에서 진실은 집단 안에서 규정되고 행위의 도덕성 여부는 오직 조직의 필요에 따라 결정된다. 모든 사람에게 미덕이 되는 개념—목표 성취, 문제 해결, 생존이나 성공, 무엇보다 '조직의 규칙'에 따른 행동—이 조직의 미덕으로 간주된다. 잭클은 노동자가 조직에 참여하기 시작해 어느 정도 시간이 지나면 자신이 외부의 비평과 평가에는 아랑곳하지 않는 자기충족적 세계에서 살고 있다는 사실을 깨닫게 된다고 말한다.

슈워츠와 잭클은 조직 생활의 논리가 완고하고 변화를 거부하는 경향이 있다고 말한다. 기업 문화가 자기 복제를 하기 때문에 기업의 장점과 단점 모두 조직 내에 영속하게 된다. 조직 구조 시나리오상 긍정적인 행동과 결과를 이끌어낸다고 하더라도, '타인 본보기' 이론을 리더십에 적용할 경우 문제가 발생하고 내용이 오용될 위험성이 있다. 슈워츠와 잭클의 연합 연구 분석 내용을 보면, 규범적이고 도덕적인 리더십을 실현할 가능성은 거의 없는 것처럼 보인다. 그들이 제공하는 모형은 절대적이고 변경이 불가능하며, 오직 '회사형 인간'만이 간부급으로 올라갈 수 있다는 식의 내용으로 구성되어 있다. 이런 조직 체계하에서 이단자와 과격론자, 개혁가는 오랫동안 버텨낼 수 없다. 게다가 체계의 '제도적 논리'는 일탈의 분열성을 허용하지 않는다.

스콧 애덤스는 리더들이 비슷한 사고방식을 갖고 있고 비슷하게 행동하며 생김마저 비슷한 이유가 그들이 실제로 비슷한 부류이기 때문이라고 말한다. 서로 비슷한 종류가 아니었다면 그들은 아마 책임자의 자리까지 오르지도 못했을 것이다. 애덤스는 '기업 윤리'와 '도덕적 리더십'이 모순 어법이 아니라, 실존주의자들이 말하는 '불합리'와 '무無'를 보여주는 완벽한 예라고 말한다. 기업과 상사는 윤리적으로 행동하는 것처럼 보일 뿐이라는 것이다. 상사의 의무는 수익을 내기 위해 조직을 관리하고 자신의 성공과 직위를 보전하는 것이다. 그들은 그러기 위해 수단 방법을 가리지 않으며, 가끔은 진실이 담긴 말을 하고 올바른 행동을 할 때도 있다. 그러나 문제 상황에 대해 숙고를 하고 도덕적으로 접근하기보다는 악선전을 하고 사실을 부인하며 이상한 행동을 하고 앞뒤가 안 맞는 애매한 소리를 할 때가 더 많다. 애덤스는 경영진이 시도 때도 없이 지껄이는 대표적인 거짓말을 수집하여 노동자들에게 그 목록을 제공하고 있다. 이제 여러분은 상사의 멍청한 언행과 배신행위를 번호로만 간단히 말할 수 있다. "상사가 또다시 나한테 6번을 말했어!"라는 식으로 말이다. 이렇게 하면 여러 가지 푸념을 늘어놓으면서도 시간과 에너지를 절약할 수 있을 것이다.

[경영진이 주로 하는 거짓말]

거짓말	해석
1. 직원은 제일 중요한 자산이다.	아니, 그렇지 않다. 직원은 아홉 번째로 중요한 자산이다!
2. 나는 개방 정책을 쓰는 사람이다.	귀찮으니까 내 사무실에 들어오지 좀 마!
3. 당신은 새로운 기획에 따라 더 많은 돈을 벌 수도 있다.	'~수도 있다'라는 부분을 주목하도록!
4. 고객에게 더 나은 서비스를 제공하기 위해 개편을 진행 중이다.	수익이 떨어졌다! 서둘러, 무엇이든 해라. 안 그러면 각오해야 할 것이다!
5. 미래는 밝다.	늘 그럭저럭 꾸려나가고 있을 뿐, 상황이 나아질 가능성은 별로 없다!
6. 우리는 위험을 감수하는 사람에게 보상을 할 것이다.	성공만 한다면야 보상을 해주겠지만 실패하면 모가지다!
7. 성과를 올리면 보상을 받게 될 것이다.	이번 생에 보상을 못해준다면, 다음 생에 는 해주겠다!
8. 우리는 나쁜 소식을 전해준 사람에게 욕을 퍼붓지 않는다.	누가 그런 말을?!
9. 직원 교육은 아주 중요하다.	하지만, 여기서는 안 된다! 그냥 해라. 단, 제대로 해라!
10. 아무런 소문도 듣지 못했다.	사실, 다 들었다! 그러니 조심해라!
11. 6개월 후에 당신의 성과를 재검토할 것이다.	봉급이 인상될 확률은 고양이 축제에 피시스틱이 나올 확률보다 더 적다.
12. 우리 회사 사람들이 최고다.	허튼 소리!
13. 우리는 당신의 노력이 중요하다고 생각한다.	그러나 중요한 건 오직 결과물이다.

스콧 애덤스는 직장이 다른 일상적 공간보다 불합리한 면을 더 많이 가지고 있는 것은 아니며 다만 불합리성이 좀더 눈에 잘 띌 뿐이라고 말한다. 애덤스는 나쁜 상사가 일의 품위를 떨어뜨리고 근로자의 자존심을 꺾는다고 믿는다. 풍자적이기는 하지만, 애덤스의 만화는 '타인의 본보기' 이론의 어두운 면에 대한 잭클 및 슈워츠의 학문적 연구 내용과 일치하는 면이 많다. 애덤스는 상사를 적, 타인, 넘어야할 장애물로 묘사하면서 잘못된 리더십이 '내부적·외부적 도덕 기준'을 부식시킬 거라고 보고 있다.

사회학자 캐슬린 맥코트는 잘못된 사회에서 제대로 된 개인을 양산하기는 어렵다고 주장했다. 사람들은 가족, 학교, 교회, 공동체, 직장 같은 사회 제도적 단체 안에서 생활하고 배우기 때문에, 사회가 계속해서 긍정적인 개인을 만들어내려면 이런 단체들이 개인의 긍정적 발달을 지원해주어야 한다.

자본주의 신학자 마이클 노박은 저서 『일은 하나님의 소명』에서 단순한 금전적 욕구가 아닌 보다 원대하고 복잡한 인간의 열망과 요구가 일의 사회적 목적이 되어야 한다고 주장한다. 재물 획득 및 증가가 아니라 인간의 사회적 조건의 최대 활용이 사업의 목적이 되어야 한다고 본 것이다. 노박은 인생에는 소유보다 더 가치 있는 활동이 많으므로, 사업은 본질적으로 이윤의 최대화보다 더 큰 목적을 추구해야 한다고 주장한다. 우리는 자기 한 몸만 생각하고 살 수는 없다. 근로는 개인적인 활동이라기보다는 사회적인 활동이기 때문이다. 근로자는 타인과 더불어 타인을 위해 일을 한다. 노박은 '근로와 근로자의 밀접한 관계'를 놓고 따져 볼 때, 사업은 도덕적으로 진지한 활동이어야 한다고 주장한다. 그런 만큼 업무상의 경력은 도덕적으로 중요하고 고귀한 사명으로 취급되어야 한다. 노박은 "장기적으로, 도덕적 행동을 하는 사람이 비도덕적 행동을 하는 사람보다 (사회적으로) 성공할 가능성이 높다"고 쓰고 있다. 사업(근로) 제도가 매우 중요하고 범위가 광대하며 오랜 시간에 걸쳐 형성되었기 때문에, 일터에서 습득한 교훈과 가치관은 일외적인 면에서도 개인의 행동을 결정짓고 있다. 유감스럽게도 주변을 둘러보면 기업의 수많은 간부들이 그들의 행동이 지닌 사회적 파괴성을 인지하지 못하고 있음을 알 수 있다. 목적 달성을 위해 안이한 방법을 취하거나 갈피를 잡지 못하는 간부들은 도덕적으로 자신의 직업에 먹칠을 하는 셈이다. 그런 간부들은 자기 직업에 대해서도 오직 개인적인 성공의 측면에서만 판단한다. 이런 환경에서는 상사나 일반 근로자 모두, 근로 활동을 '소명'이라기보다는 '무기력하게 짊어져야 할 짐'으로 인식하기 때문에, 직장에서나 집에서나 생활이 개선되기가 어렵다.

리더십을 한마디로 정의하기가 어렵고, 도덕적 리더십을 정의하기란 더욱 쉽지 않다. 하지만 나는 도덕적 리더십의 '모범'이 없이는 사업에서나 조직 생활에서 윤리의 기준을 성립하고 유지할 수 없다고 생각한다. 리더십은 협동적인 활동으로 정의되기도 하지만, 주로 개인의 성격과 조언의 영향력에 관한 것이다. 좋은 행동을 목격한 사람이 반드시 좋은 행동을 하리라는 보장은 없지만, 적어도 정상적인 정신 상태에서 어떻게 행동해야 할지를 선택할 수 있게 된다. 조직의 윤리성 확보를 위해서는 조직 전체가 윤리적인 행동에 주력하고 헌신해야 한다. 그러한 헌신은 무엇보다 조직의 상층부에서부터 시작되어야 한다.

자, 내 말이 틀렸는가? 리더십은 언제나 돈을 목표로 해야 하는 것인가?

I2

노동의 종말: 리프킨은 옳았는가? ⚙

미래의 공장에는 두 종류의 생물이 근무하게 된다.
즉, 인간과 개다. 인간은 개에게 먹이를 주는 일을 하고
개는 인간이 컴퓨터로 작동되는 기계를 만지지 못하게 지키는 일을 할 것이다.
_카를로스 M. 프림

나는 온갖 변화와 사건들을 목격하고 경험하며 20세기 후반을 살았다. 하찮은 경험도, 꽤 중요한 경험도 모두 해보았다. 지금은 주변에서 흔히 볼 수 있는 일이지만, 어린 시절에 내가 겪었던 두 사건만큼은 지금까지 내 기억 속에 또렷이 남아 있다. 1949년 우리 가족은 12인치 텔레비전, AM 라디오, 축음기로 구성된 가정오락 3종 세트를 구입했다. 그리고 1950년에 아버지는 전쟁이 끝난 후 처음으로 새 차를 구입하셨다. V-8 엔진과 수동 변속 레버가 장착돼 있고 측면에 흰 줄이 들어간 암록색 포드 쿠페였는데, 놀랍게도 가격이 겨우 1천 달러였다. 가정오락 3종 세트와 자동차를 구입한 다음부터 우리 식구들이 저녁 시간을 보내는 방법과 쇼핑하는 곳, 돌아다니는 방식, 휴가를 보내는 장소 등이 달라졌다. 또한 중요도와 관계없이 나열하자면 그후 제트 여객기, 중앙 냉난방장치, 분당 45번 회전하는 비닐 레코드, 스푸트니크(우주

시대를 연 일련의 구소련 인공위성-옮긴이), 알약, 민권 운동(1960년대에 본격화된 흑인의 기본권 보장 운동-옮긴이), 즉석 냉동식품, 고속도로, 핵에너지, 전기 기타, 베트남 전쟁, 소니 워크맨, 전자레인지, 에이즈, 복제양 돌리 등이 등장했다. 이 모든 사건들은 인간의 존재 방식에 적지 않은 영향을 미쳤다. 각 사건이 일어날 때마다, 사는 모습이 계속해서 달라졌다.

20세기 후반에 일어난 다양한 변화와 사건, 발명 중에서 가장 장기적으로 깊은 영향을 끼친 것을 두 가지 꼽자면, 자본주의가 적수인 공산주의를 무너뜨리고 이데올로기적 승리를 거둔 것과 컴퓨터 기술의 발달로 교육과 사업, 산업의 모든 측면에 컴퓨터의 영향력이 미치게 된 것을 들 수 있다.

윌리엄 그라이더는 『하나의 세계, 과연 준비되었나』에서 좋든 싫든 자유시장자본주의가 이 시대의 세속적인 종교 구실을 하고 있다고 말한다. 자유시장자본주의의 신조는 다른 이데올로기들을 압도하면서 개인에게도 성공을 보장하는 부적처럼 작용하고 있다. 그라이더는 자본주의가 냉전에서 승리를 거둔 후 워싱턴 정가의 정치 싸움을 통해, 자유 민주주의자를 '아이젠하워를 따르는 공화주의자'로, 평범한 공화주의자를 작은 정부의 열렬한 지지자로 변모시키고 있다고 주장한다. 레이건주의 철학이 이 시대를 지배하고 있다. 시장의 결정이 정부의 결정보다 우세하고 탐욕이 긍정적으로 평가되며 내가 우선이라는 의식이 팽배하다. 정치적 선택은 더 이상 중요하지 않다. 소속이 민주당이든 공화당이든 다들 금전적인 면에서 '중도'의 길을 걷고 있다. 그라이더는 이런 분위기 속에 파괴의 씨앗이 잠재되어 있으며, '중세 시대 장원의 탄생'이 그러했듯 지속적인 발전을 약속하는 '세계 자본주의'가 세도를 부리고 있다고 말한다.

제러미 리프킨은 종래의 경제 이론과 산업 관습을 암울하고 신랄하게 비판한 그의 저서 『노동의 종말』에서 컴퓨터로 인해 생활과 노동의 모습이 근본적으로 바뀌고 있다고 지적했다. 근래 컴퓨터의 영향력은 너무나 거대하고 압도적이라서 현실이 아닌 듯 여겨질 정도다. 저명한 컴퓨터 과학자 에드워드 프레드킨은 컴퓨터 신기술이 우주 역사를 통틀어 세 번째로 큰 사건이라고 꼽으며, "첫 번째는 우주 탄생이고…… 두 번째는 생명의 출현이며…… 세 번째는 인공지능의 창조이다"라고 말했다.

프레드킨의 말은 상황을 다소 과장한 측면이 있기는 하지만 리프킨 역시 컴퓨터가 인류 역사의 흐름을 바꾸어놓을 수 있다고 여기고 있다. 컴퓨터는 최신 도구나 장치에 불과한 것도 아니고, 현재까지 가장 발달된 형태의 기계로 간단히 치부할 만한 것도 아니다. 리프킨은 컴퓨터가 지적 능력과 결정 능력의 획기적인 도약을 의미한다고 말한다. 발달 정도와 종류 면에서 컴퓨터는 과거에 발명된 기기와는 현격한 차이점을 보이고 있다. 즉, 컴퓨터는 '지적인 능력을 갖춘 생산 엔진'이고 '지능을 요하는 기능을 수행하는 기계'이며, 데카르트나 파스칼, 뉴턴, 아인슈타인보다 더 빠르고 정확하게 계산을 해내는 장치이다. 리프킨은 "과학자와 철학자, 사회비평가들 사이에서 단순한 기계적 계산을 넘어서는 '진정한' 인공지능을 구성하는 요소가 무엇인지에 대해 의견이 분분하지만, 컴퓨터가 점점 더 복잡한 작업을 수행하고 있고 그 과정에서 자아와 사회의 개념을 근본적으로 변화시키고 있다는 점은 부인할 수 없다"고 지적한다.

1943년 IBM의 창립자 톰 왓슨은 "세계 시장에는 약 다섯 대의 컴퓨터가 보급되어 있다"고 했다. 그리고 1977년 디지털 이큅먼트 사의 최고경영자였던 켄 올슨은 "개인이 집에서 컴퓨터를 쓸 일은 없다"라고 말했다. 하지만 지금은 전 세계적으로 1억 대 이상의 컴퓨터가 보급되어 있다. 미국의 경우만 보더라도 화이트칼라 노동자 대부분이 한 대당 81만 달러 이상 나가는 정보 처리 하드웨어에 접속이 가능하다. 주요 컴퓨터 회사들은 금세기 말까지 10억 대 이상의 컴퓨터가 보급될 것으로 예상하고 있다.

컴퓨터 기술의 가장 두드러지는 특성으로 놀라운 발전성을 꼽을 수 있다. 오늘날 개인 컴퓨터용 마이크로 칩은 18개월마다 성능이 2배로 늘어나고 있다. 리프킨은 컴퓨터가 단독으로 데이터를 처리하지 못하고 중복적으로 업무를 처리하며 엄청나게 복잡한 구조로 작동하기 때문에 인류가 발명한 장치 중 가장 융통성 있고 효과가 광범위하지만 잠재적으로 위험한 도구로 여겨지고 있다고 지적한다.

지금 내가 이 글을 쓰는 동안에도 경제가 급속히 발전하는 가운데 미국의 실업률은 4퍼센트에 육박하고 있다. 리프킨은 컴퓨터가 세계의 모습과 작업장의 분위기를 바꾸고 있지만, 이러한 변화는 겨우 시작에 불과하다고 주장한다. 향후 컴퓨터 기술은 노동의 방식, 노동 장소, 일터에서 수행하는 업무, 그리고 무엇보다도 노동자의 수를 결정짓게 될 것이다. 리프킨은 기술 발전으로 작업 공정이 개선되면서 노동자의 수가 줄어들 것을 우려하고 있다. 리프킨은 프랑스의 철학자이자 정치가이며 컴퓨터 컨설턴트인 자크 아탈리의 불길한 예언—"노동계급에게는 해고 통지서가 발부되고 기계가 새로운 무산계급으로 등장할 것이다"—을 인용하며 그 예언이 맞지 않기를 바란다고 말했다. 또한 앞으로는 화이트칼라인지 블루칼라인지가 아니라, 취업을 했는지 여부가 중요한 문제가 될 것이라고 말한다. 그는 근로자 계급이 사라진 사회에서 개인이 맡게 될 역할을 새롭게 정의하면서, 앞으로 근로가 중요한 쟁점으로 다루어지게 될 것임을 시사하고 있다.

리프킨은 우리가 산업혁명의 마지막 단계에 해당하는 50년, 즉 '제3차 산업혁명' 시기를 살고 있다고 말한다. 리프킨의 주장에 따르면 제3차 산업혁명은 기계의 발달 측면에서 최고조에 다다른 시기일 뿐만 아니라, 새 시대를 알리는 서막이며 경제적 안정, 근로·사회적 정의와 안정성에 관한 이론을 재정립하는 시기이기도 하다.

E. F. 슈마허는 인류의 역사가 대부분 깊이 6인치 정도의 표토表土, 대기 조건, 태양에너지에 의존해왔다고 주장했다. 과거에는 식량 재배 조건과 발명의 재주, 운, 연간 수확량이 인류의 생존과 성공, 진보를 좌우했다. 사회인류학자 루이스 멈퍼드는 제임스 와트가 등장하여 모든 종류의 산업 기기에 혁명적인 증기 엔진을 적용하기 훨씬 전부터 인간은 자연에 의존하기보다 자연을 지배하기 시작했다고 말한다. 멈퍼드는 인간이 도구를 사용하고 동물을 사육하며 에너지원으로 물과 나무를 사용한 시기부터 산업혁명이 시작된 셈이라고 보고 있다. 기계와 마찬가지로, 사람도 도구를 사용하면서부터 더욱 원활하게 상황을 통제하고 힘과 에너지를 사용했으며 보다 정확하고 확실하게 일을 할 수 있었다. 멈퍼드는 기본적으로 이러한 '혁명 이전의 특징'으로 인해 인류가 간단한 연장에서 컴퓨터화된 복잡한 기계에 이르기까지 장기간 기계를 발전시킬 수 있었다고 말한다.

제1차 산업혁명을 특징지을 수 있는 사람은 바로 스코틀랜드 출신의 엔지니어이자 발명가인 제임스 와트와 지하 석탄 광산에서 심하게 차오른 물을 퍼내는 증기 구동 펌프를 설계한 영국인 토머스 세이보리다. 리프킨은 석탄과 기계, 증기의 결합이 기계의 힘으로 인간의 노동력을 대신하는 대장정의 시작이었다고 말한다. 제1차 산업혁명 당시 동력원인 석탄을 채굴하고 직물을 생산하며 수공업 제품보다 훨씬 큰 규모로 소비재를 제조하는 데 증기가 사용되었다. 석탄과 증기는 엔진을 가동시켜 동물과 인간의 힘을 합친 것보다 훨씬 막강하게 보다 많은 제품의 생산이 가능하도록 했다.

리프킨은 제2차 산업혁명의 특징으로 석유와 전기, '현대'의 기계화된 조립 공정 개발을 꼽고 있다. 1860년부터 제1차 세계대전 사이에 석유가 석탄과 대등하게 사용되기 시작했고, 전기가 엔진을 가동시키고 기계를 작동시키면서 밤거리가 밝아졌다. 석유와 전기는 증기만큼이나 인간의 육체적 수고와 경제 활동의 부담을 덜어주고 기계가 대신 그 부담을 지도록 만들었다. 산업과 농업 각 부분에서는 동력원이 크게 증가된 기계의 힘과 결합하여, 산업 경제 진행 과정에서 인간과 동물이 해오던 작업을 지속적으로 대체했다.

리프킨은 에너지와 전기, 계속해서 복잡해지고 있는 기계 장치를 제3차 산업의 특징으로 보고 있다. 제3차 산업혁명은 제2차 세계대전이 끝난 후 곧바로 시작되었으며 지금도 빠른 속도로 진행 중이다. 제3차 산업혁명은 사실정보와, 수치, 분석, 디지털 결정, 정교한 소프트웨어, 복잡한 하드웨어 위주의 정보화 시대에 기반을 두고 있다. 정보화 시대의 주역은 사람보다 정확하고 효율적으로 정보를 처리하고 작업을 수행하는 인공지능과 생각하는 기계, 실리콘 기반 컴퓨터 등이다. 컴퓨터가 점점 더 많은 육체노동과 개념적·경영적·행정적 기능을 수행하고 있다. 즉, 피와 살을 지닌 인간이 일터에서 녹초가 되도록 계속해서 반복적인 일을 수행할 필요가 없는 '컴퓨토피아의 시대'가 열린 것이다. 이 시대는 '보다 나은 기술력과 공정 개발로 노동자의 수를 감소'시키고 있다. 리프킨은 컴퓨터가 인간을 도와주고 대신하게 되면서 종국에는 인간을 대체하게 될 것이라고 경고한다.

멈퍼드는 산업화 시대가 시작될 무렵부터 기계가 새로운 메시아로 떠올랐다는 내용의 글을 쓴 바 있다. 기계는 노동자의 근로 조건을 향상시켜주고 동일한 제품을 더 많이 생산할 수 있게 해주며 더 나은 품질의 신제품을 만들어내는 가운데, 지속적인 물질적 진보를 약속하고 있다. 물론, 진보를 위해서는 기계가 유입되는 대신 노동자가 퇴출되어야 하는 등 소정의 대가를 치러야 한다. 가끔은 기계가 수많은 노동자를 대체하기도 한다. 로버트 하일브로너의 주장에 따르면 경제학자들은 오래전부터 새로운 기계가 이곳저곳에서 노동자를 대체할 거라고 가정하면서 국민총생산과 일반적인 사회복지, 생산성이 크게 증대될 것이라는 전망을 내놓았다고 한다. 하일브로너는 산업화 시대의 기술 발전으로 인해 많은 노동자들이 기존의 일터를 떠나 새로 창조된 더 나은 일자리를 찾게 되고, 기계가 기존의 일자리를 차지하게 될 것이라고 말한다. 전통적인 경제 이론에서는 신기술이 생산성을 높이고 생산비용을 낮추며 값싼 제품의 공급량을 늘려주므로, 구매력을 자극하고 시장을 확대하며 장기적으로 더 많은 일자리를 창출한다고 보고 있다.

기술의 진보로 보다 싼값에 제품 생산이 가능해지고 구매력이 증가하며 일자리가 늘어난다는 명제는 전통적으로 '적하 경제학'으로 분류되었다. 적하 이론은 19세기 초반 프랑스의 경제학자 장 밥티스트 세의 글—"제품은 탄생되는 즉시 최대한으로 다른 제품이 들어설 수 있는 시장을 마련한다. ……한 제품의 탄생과 동시에 다른 제품이 진입할 여지가 생기는 것이다."—에서 비롯되었다. 리프킨은 다음과 같이 말하고 있다.

장 밥티스트 세의 시장에 대한 주장은…… 새로운 노동 절감 기술이 생산성을 높여주어 공급업체가 더욱 저렴한 비용으로 더 많은 제품을 생산할 수 있다는 신고전주의 경제학의 이론에서 영향을 받았다. 신고전주의 경제학자들은 더욱 저렴한 비용으로 더 많은 제품을 공급하게 되면 그만큼의 수요도 발생하게 마련이라고 주장한다. 즉, 생산성 향상으로 제품 가격이 떨어지면 그 제품에 대한 소비자의 수요가 자극을 받아 늘어난다. 그리고 수요가 늘어나면 추가 생산 작업을 하게 되고, 또다시 수요를 자극해서 생산과 소비가 끊임없이 팽창하게 된다. 제품 판매량이 늘어나면 확대된 생산량을 맞추기 위해 노동자를 추가로 고용해야 하므로 기술 발전으로 인해 줄어들었던 노동력이 다시 보충된다. 또한 기술 혁신과 생산성 향상으로 가격이 저렴해지면 소비자는 남는 돈으로 다른 제품을 구매하므로, 경제의 다른 부문에 대해서도 생산성과 고용 비율이 높아진다. 적하 이론을 주장하는 사람들은 신기술의 발달로 기계가 노동자를 대체하더라도, 결국 실업 문제는 저절로 해결될 것이라고 주장한다. 실업자가 늘어나면 급료 수준이 떨어지고, 급료가 낮아지면 고용주는 비싼 자본 장비를 구입하기보다 싼값에 노동자를 추가로 고용하게 되므로, 신기술이 실업에 미치는 영향이 완화된다는 것이다.

기술혁신으로 경제가 계속 성장하고 취업률도 높아질 거라는 이론은 오랜 시간 동안 각기 다른 시기에 걸쳐 상당한 반대 이론에 부딪쳤다. 1867년 카를 마르크스는 생산자가 때를 가리지 않고 자본 장비로 노동자를 대체하며 노동 비용을 줄이고 생산수단에 대한 통제력을 강화하고 있다고 주장했다. 마르크스는 정교한 기계가 꾸준히 진보하면서 계속해서 인간의 노동력을 대신할 것이며, 결국 생산 자동화의 확대로 노동자가 전멸할 거라고 전망했다. 마르크스도 리프킨처럼 다음과 같은 의견을 내놓았다.

생산자가 인간의 노동력을 기계로 계속 대체하다 보면 결국 자멸하고 말 것이다. 생산과정에서 인간의 노동을 제거하고 급료를 계속해서 낮춰 실업자를 양산하면, 제품을 사서 쓸 수 있는 구매력을 갖춘 소비자의 수도 점점 줄 것이므로 자본주의자들은 의도한 바는 아니지만 결국 자기 무덤을 파는 셈이 되고 만다.

존 메이너드 케인스는 그의 혁신적인 저서『고용 · 이자 · 화폐의 일반이론』에서 대단히 위험한 현상이 광범위하게 벌어질 수 있다고 경고했다.

일부 독자들에게는 생경하게 들릴 수 있지만, 향후 수년 동안 많은 사람들이 '기술적 실업'이라는 용어를 계속 언급하게 될 것이다. 현대인은 이 '기술적 실업'이라는 새로운 병으로 고통 받고 있다. 이는 노동력을 절약하고 더욱 빠른 속도로 일을 처리하는 수단을 발명함으로써 발생한 실업을 의미한다.

1937년 프랭클린 D. 루스벨트 대통령은 악화되는 실업 문제 해결을 위해 소집한 의회의 특별 회기에서 다시 한 번 케인스와 마르크스의 경고 내용을 언급했다.

근로 계층의 소득을 확대하여 늘어난 생산량을 흡수할 수 있는 시장을 만들어내지 못한다면, 사업가들의 산업 생산 능력을 확대한다고 해도 미국이 결국 무엇을 얻을 수 있겠는가?

리프킨은 루스벨트가 60년 전에 제기했던 위 질문이 오늘날에도 시기적절하게 적용되고 있다고 말한다.

리프킨은 세의 법칙(장 밥티스트 세가 주장한 이론으로 자유 경쟁하에서는 일반적인 생산 과잉은 있을 수 없고 공급은 그만큼의 자기 수요를 창출한다는 이론-옮긴이)이 굉장한 영향력을 갖고 있고 신고전주의 경제 이론의 토대이기는 하지만, 오랜 세월을 두고 논리적으로 정교하게 만들어진 동의어 반복에 지나지 않으며 모든 요소가 계속해서 작용하는 경우에 한해서 시스템이 가동되는 자기 이행적 예언에 불과하다고 말한다. 또한 리프킨은 그런 시스템이 이제 더 이상 유효하지 않다고 보고 있다. 세의 법칙이 초기 기술 단계에서는 부분적으로 유효했는지 모르나 정보화 시대의 엄청난 변화 속에서 그 효력을 잃고 말았다는 것이다. 한때 전세계 모든 산업 국가들의 경제 정책 수립의 이론적 근거로 작용했던 세의 법칙이 이제는 '전례 없이 높은 수준의 기술 실업, 소비자 구매력의 급격한 감소, 어마어마한 규모로 장기간 지속되는 세계적 경기 침체'의 원인으로 꼽히고 있다. 우리가 지속적으로 세의 법칙을 고수할 경우 일자리 상실, 근로자 감소, 경제적 · 사회적 · 정치적 안정의 훼손에 직면할 수밖에 없다.

미국이 건국된 이래, 일의 유형과 취업에 필요한 기술의 종류를 비롯하여 일터의 모습이 크게 달라졌다. 18세기 말에는 노동력의 97퍼센트가 농업에 종사했으나 1850년에는 농업을 하는 노동자의 비율이 60퍼센트로 줄어들었다. 1900년에는 농업 노동자의 비율이 33퍼센트였고, 1940년에는 20퍼센트였다. 오늘날 농업을 주업으로 하는 노동자의 비율은 2. 7퍼센트 미만이다. 제2차 세계대전 이후, 미국에서만 1천5백만 명 이상의 남녀가 농업에서 손을 털었다. 로버트 하일브로너의 조사결과에 따르면 1810년에 미국에서 초기 산업 시스템에 종사하는 노동자의 수는 7만 5천명에 불과했다. 그때부터 50년 후, 공장 근로자는 1

백5십만 명으로 늘었고, 1970년에는 8백만 명, 1960년에는 1천6백만 명을 넘어섰다. 1950년대에는 미국 노동자의 33퍼센트가 제조업에 종사했다. 그리고 1960년대에는 제조업 종사자의 비율이 30퍼센트로 감소했고 1980년대에는 20퍼센트로 떨어졌다. 리프킨은 현재 전체 근로자 중 블루칼라 산업 종사자의 비율이 17퍼센트가 채 되지 않고 일부 평가 수치에 따르면 이 추세로 갈 경우 앞으로 10년 내에 제조업 종사자의 비율이 12퍼센트까지 내려갈 수 있다고 말한다.

리프킨의 말에 따르면, 산업 근로자의 수가 계속해서 감소하고 있는 반면에 제조업 분야의 생산성은 치솟고 있다. 산업 제조 시설의 생산성은 1979년부터 1992년까지 약 35퍼센트 증가했고 노동자의 비율은 15퍼센트 정도 감소했다. 국제기계공협회의 회장을 역임한 윌리엄 윈피싱어는 국제금속노동자연합에서 실시한 조사 자료를 토대로, 30년 내에 전 세계 노동자의 2퍼센트가 '(전 세계) 총수요를 충족시키기 위해 필요한 모든 상품을 생산하게 될 것'이라고 예견하고 있다. 그리고 리프킨은 책을 출판한 후에 한층 더 무시무시한 예측을 내놓았다. 리프킨은 2020년이 되면 산업 근로자와 블루칼라 노동자, 조립 공정 근로자라는 개념 자체가 사라질 것이라고 말했다.

농장과 공장에서 빠져나간 노동력은 20세기에 유일하게 취업률이 상승하고 있는 분야인 서비스업으로 몰려들었다. 서비스업에는 의사와 변호사, 교사, 사회 복지사, 유모, 가정부, 정부 관료, 교통경찰, 수위, 유리창 청소부, 외판원, 문서 정리원, 타이피스트, 비서 등 다양한 직업이 포함되어 있다. 하일브로너의 추산에 따르면, 1870년에는 서비스업에 종사하는 근로자의 수가 3백만 명 정도였지만 1990년대에는 9천만 명 정도로 늘어났다. 하일브로너는 30년 동안 서비스업이 현대 미국 경제의 각 부문에서 엄청난 수의 실업자를 흡수하여 구제해주었고, 그

후 사진 복사기와 팩스, 컴퓨터 덕분에 '지식 부문'의 발전이 이루어졌다고 말한다.

1944년 하버드 대학교와 MIT의 과학자들이 미국 최초의 프로그램 가능한 컴퓨터 마크원Mark I을 개발하면서, 시나브로 정보화 시대가 열리고 경제의 지식 부문이 발달되기 시작했다.

그 기계는 길이가 15미터 이상이고 높이가 약 24미터였다. 발명자들은 그 기계에 '괴물'이리는 별명을 붙였다. 2년 후, 펜실베이니아 대학교의 무어 전기공학부 소속 과학자들이 보다 개선된 형태의 컴퓨터 기기를 선보였다. 전자식 수치적분 계산기인 에니악이었다. 에니악은 1만 8천 개의 진공관, 7만 개의 저항 장치, 1만 개의 축전기, 6천 개의 스위치로 구성되어 있었고, 무게는 30톤이 넘었다. 복잡하고 덩치도 어마어마했지만 에니악은 현대 기술의 집적으로 이뤄낸 놀라운 기계였고, 최초의 완전 전자식 범용(프로그램이 가능한) 디지털 컴퓨터였다. 이 거대한 생각하는 기계가 엄청난 전력을 소비하는 바람에 에니악의 스위치를 켜면 필라델피아 일대의 불빛이 흐릿해질 정도였다. 일본의 컴퓨터 석학 요네지 마스다는 이 새로운 발명의 역사적 중요성에 대해 '최초로 정보를 창조하고 제공하는 기계가 탄생했다'고 평했다.

지식 부문은 종래 서비스 부문에 종사하던 노동자들로 채워지고 있지만, 그 핵심을 구성하는 것은 기술과 생산력을 통제하는 새로운 대도시 엘리트인 '상징 분석가들'이다. 이 새로운 지식 노동자들은 대부분 과학, 공학, 경영학, 수학, 컨설팅, 교육, 마케팅, 언론, 오락 분야 출신으로 이루어져 있다. 지식 부문의 핵심 노동자는 계속해서 증가하고 있으며 '생각하는 기계'로 대체되고 있는 일반 노동자들에 비해 기계로 대체되는 비율이 상대적으로 적은 편이다. 리프킨과 노동부 장관이었던 로버트 라이히는 전체 노동력의 20퍼센트밖에 되지 않는 지식 노동자로 이루어진 '부티크 노동 부문'이 개발되고 있다는 데 의견을 같이하고 있다. 경제 체계에서 지식 노동자가 가장 중요한 집단으로 여겨지면서 세계 경제의 '새로운 상류계급'을 구성하고 있지만, 그들이라 해서 일자리를 완전히 보장받는 것은 아니다. 기술이 진보하면서 지식 노동 부문에도 다운사이징 바람이 불어닥칠 수 있다. 하지만 경제의 방향과 속도, 품질을 책임질 핵심적인 인원은 계속 남아서 일자리를 보유할 것이다.

컴퓨터 기술이 나날이 발전하면서 점점 더 많은 분야가 자동화되고 육체노동의 필요성은 점점 줄고 있다. 경제적인 이유로 산업혁명이 노예제를 없앴던 것처럼, 앞으로 얼마 지나지 않아 지식 노동자는 기존의 임금 노동자의 일자리를 사라지게 만들 것이다. 리프킨은 어떤 식으로 대처하느냐에 따라 다가오는 세기에 정보화가 인류 문명을 해방시킬 수도 있고 완전히 불안정하게 만들 수도 있다고 말한다.

사실, 대부분의 산업 국가에서 노동력의 75퍼센트 이상이 단순반복적인 업무에 종사하고 있다. 이는 미국에서만 1억 2천9백만 명의 노동자들 중 9천6백만 명 이상이 기계로 대체될 가능성이 있다는 뜻이다. 에드워드 고든과 로널드 모건, 주디스 폰티셀 같은 저자들은 하나같이 무시무시한 통계치를 내놓고 있다. 그들은 관리자에서 생산직 노동자에 이르기까지 8천4백만 명의 미국인들이 현재 21세기 첨단 기술 직장에서 필요한 수준의 교육을 받지 못해 합당한 업무 처리 능력을 못 갖춘 상태라고 말한다. 현재 상태라면 대부분의 미국인들은 '정보화 시대에 밀려나는 농부'처럼 미래에 언제 어디에서도 일자리를 찾지 못하게 될 것이다. 리프킨도 이 점에 마지못해 동의하고 있다.

첨단 신기술이 주축이 된 세계 경제에서 몇 안 되는 괜찮은 직업은 모두 지식 부문에 속해 있다. 수많은 숙련/비숙련 블루칼라, 화이트칼라 노동자들이 재교육을 통해 물리학자나 컴퓨터 과학자, 고급 기술자, 분자생물학자, 경영 컨설턴트, 변호사, 회계사가 될 수 있다고 하는 건 세상 물정을 모르고 하는 소리다.

현재 미국 기업들은 국내에서 연간 2백만 개 이상의 일자리를 없애고 있다. 〈월 스트리트 저널〉은 "일자리 수 감소를 유발하는 요인에는 여러 가지가 있지만, 대부분 신규 소프트웨어 프로그램, 개선된 컴퓨터망, 보다 강력해진 하드웨어 때문이다"라고 보도했다. 신기술 발달로 인해 기업은 더 적은 수의 노동자로 더 많은 업무를 처리할 수 있게 되었다.

1929년 10월에 실업자는 1백만 명 미만이었지만 1931년 12월에는 1천만 명 이상으로 늘었다. 세계 경제 대공황이 최고조에 달했던 1933년 3월에는 실업자가 1천5백만 명에 육박했다. 그리고 1993년에는 미국인 근로자의 13퍼센트에 해당하는 1천6백만 명이 완전 실업(8백7십만 명) 혹은 불완전 고용(7백3십만 명) 상태였는데, 그들은 구직 활동을 완전히 포기하거나 임시직으로 일을 했다. 노동부의 발표에 따르면 1996년에는 취업자의 70퍼센트만이 기존 근로 시간대로 표준 월급을 받고 복리 후생을 누리며 정규직으로 근무했다. 나머지 30퍼센트는 아르바이트나 임시직으로 이런 저런 직업을 전전하며 표준에도 못 미치는 급료를 받고 복지 혜택도 없이 일을 했다. 유럽 공동 시장에 소속된 국가들의 경우, 공식적인 실업자의 비율은 13퍼센트 정도였다. 매튜 폭스의 말에 따르면 아일랜드와 인디언 보류지, 미국 대륙 안쪽의 고립 지구를 비롯한 제3세계 국가들의 경우 실업률이 40~60퍼센트 정도였다. 리프킨은 1930년 이래로 현재 전 세계 실업률이 최고조에 달하여 8억 명 정도가 실업자이거나 불완전하게 고용되어 있다고 보고했다.

세계적으로 매년 4천만 명 정도가 일자리를 찾아 취업 시장에 진입하고 있다. 향후 30년 내에 이들을 모두 고용하려면 전 세계에 13억 개의 새로운 일자리가 창출되어야 한다. 이 수치는 지구상에 현존하는 일자리 수의 절반 정도에 해당하며 제2차 세계대전 이후 세계 역사상 가장 번성했던 시기에 창출된 일자리의 수보다 더 많다. 리처드 J. 바넛과 존 카바나는 공동 저서 『세계의 꿈』에서 이렇게 썼다. "그것은 간단하다. 세계적으로 고객이 구매하는 제품과 서비스 생산에 필요한 인력에 비해 노동자의 수가 어마어마하게 많기 때문이다."

리프킨은 컴퓨터로 작동하는 기계들이 인간의 노동력을 빠르게 대체하면서 21세기 중반 무렵에는 자동 생산 경제 체제를 구축할 것으로 내다보고 있다. 그는 "수년간 교육을 받고 기술과 경험을 쌓아온 노동자들은 자동화와 정보화라는 새로운 힘 앞에서 불필요한 노동력으로 전락할 상황에 놓여 있다"고 썼다. 오래전부터 아프리카계 미국인과 도시에 거주하는 소수민족이 미국의 최하층민을 구성해왔지만, 앞으로는 '생각하는 기계'가 무자비하게 경제적 사다리를 타고 올라오며 숙련직 일자리를 잠식할 것이므로 백인과 교외 지역 주민들도 최하층민에 속할 수 있다. 미국을 비롯한 전 세계 노동력 중 20퍼센트 미만의 인력만으로 필요한 재화와 서비스를 모두 생산하게 될 것이다. 일자리를 보유한 근로자 중 80퍼센트는 '지식 노동자'가 될 것이고, 나머지

20퍼센트는 '기계 관리인' 같은 잡일이나 하찮은 업무를 수행하는 '일반 노동자'로 채워질 것이다.

18세기 영국의 노동자 네드 러드와 그의 동료 노동자들이 레스터셔 제분소에서 새로 들여놓은 기계를 때려 부순 이유는 그 기계가 그들의 일자리를 빼앗아 갈 거라는 우려 때문이었다. 네드 러드의 추종자들—러다이트—은 항상 폭력적으로 행동하지는 않았지만, 계속해서 기술 변화를 비난했다. 그들은 직기織機와 전기 모터, 자동차 개발을 못마땅하게 생각했고, 새로운 기기가 발명될 때마다 지나칠 정도로 비관적인 반응을 보였다. 그 당시 신기술은 일자리를 없애기보다는 수백만 개의 새로운 일자리를 창출해냈다. 그러나 러프킨의 말에 따르면 지금은 근대의 러다이트 운동이 옳았다는 생각이 타당한 것으로 받아들여지고 있다.

1997년 7월 빌 클린턴 대통령은 피츠버그에서 열린 산업별노조총연맹 전국 대회에 연사로 초청받았다. 산업별노조총연맹의 전국 대회에 참여한 예전 대통령들은 출신당이 민주당이든 공화당이든 상관없이 기립 박수와 함께 크게 지지를 받았지만, 클린턴 대통령은 노조원들에게 야유를 들으며 연설을 마칠 무렵에야 마지못한 박수를 받았다. 산업별 노조총연맹의 조합원들은 1996년 재선에서 클린턴을 밀어주었으나, 클린턴이 멕시코와의 북미자유무역협정에 서명하고(노동자들은 이 협정으로 인해 미국 내에 일자리가 줄어들 것을 우려했다) 기타 라틴아메리카 국가들과의 국제 무역 협정 협상을 '서둘러' 밀어붙이자, 배신감을 느꼈던 것이다(결국 클린턴은 충분한 지지를 얻지 못해 1997년 11월 의회에서 북미자유무역협정 관련 입법 제안을 철회했다). 노동조합원들은 완전히 버림받은 기분이었다. 그들이 뽑아 놓은 대통령이 그들의 일자리를 빼앗아가고 있었던 것이다. 화가 난 어느 노조원은 이렇게 말했다. "우리는 클린턴을 좋아했고, 그에게 표를 주었다. 하지만 그는 우리에게 필요한 저기능·저기술 일자리를 더 많이 창출하는 대신, 북미자유무역협정으로 그런 일자리들을 없애려 하고 있다."

리프킨의 주장에 따르면, 노동조합은 상황을 과거로 되돌리려는 노력을 하고 있지만 성공할 가능성이 없다. 저기능·저기술 노동자를 위한 일자리는 이미 급속도로 줄고 있고 조만간 완전히 사라질 것이다. 미국 노동자들 역시 그들이 현재 보유한 일자리가 가까운 미래에 '공룡처럼 멸종'되어 버릴 것임을 점점 더 분명하게 자각하고 있다.

국제설문조사기업의 최고경영자 존 R. 스타넥이 4년간 노동자의 태도와 의견을 조사하여 1996년에 출판한 보고서에 따르면, 급료와 전반적인 근로 조건에 대한 근로자의 만족도는 높아지고 있지만, 어느 날 갑자기 해고당할지도 모른다는 불안감 역시 점점 커지고 있는 것으로 나타났다. 스타넥은 근로자들의 이런 불안감이 단순히 현재 유행하는 다운사이징이나 회사의 조업정지 및 도산에 대한 우려 때문이라고 말할 수는 없다고 주장한다. 점점 더 많은 근로자들이 컴퓨터 자동 제어로 해고를 당하게 될지도 모르기 때문에 두려워하고 있는 것이다. 스타넥은 이렇게 말한다. "종신 직업을 가졌다고 생각하는 노동자는 과거 10년간 납을 캐는 광산의 광부로 일했거나 대법원 판사 노릇을 한 사람뿐이다. 사람들은 이제 한 구획씩 삶을 살아가고 있다." 즉, 하루하루 이 직업에서 저 직업으로 전전하며 살고 있다.

직업의 종류와 보유 기술 수준과 관계없이 산업 노동자와 지식 노동자는 모두, 전문 용어로 '격렬하게 변화하는 패러다임'이라 불리는 상황을 겪고 있다. 또한 기술 발달에 따라, '작은 것이 아름답다'는 이론이 사업에서 더욱더 힘을 얻고 있다. 이에 대해 리프킨은 "정교한 컴퓨터와 원거리 통신, 로봇이 급속도로 모든 직업에서 인간을 대신하고 있다"라고 평한다. 미국을 비롯해 전 세계의 공장과 사무실에서 일어나는 상황을 보면, 노동자가 단순히 감소하는 게 아니라 완전히 제거되고 있음을 알 수 있다. 요컨대 우리는 '가상 기업'에 그치지 않고 '가상 노동력'까지 만들어내고 있다. '지능을 갖춘 생산 엔진'이 인간을 대체하고 있는 것이다. 어느 기술옹호론자는 기분 좋게 선언했다. "신세대 컴퓨터 작동 수치 제어 도구가 '인간을 노동에서 해방시키고 있다!'" 그러나 인공두뇌학의 아버지 노버트 와이너는 이렇게 한탄했다. "인공두뇌 혁명으로 공장에서 직원이 사라질 것이다."

장기적인 관점에서 볼 때 기업은 노동자를 부수적이며, 종종 잉여적이고 불필요한 존재로 여기고 있다. 고용주는 점점 더 '적기 호출' 노동자를 원하고, 찰스 핸디의 말대로 특정한 직무 처리를 위해 고용하는 '포트폴리오 노동자', '집시 스타일 노동자', '프로젝트 노동자', '임시직원', '직종별 컨설턴트'를 선호한다. 윌리엄 브리지스는 역설적으로 제목을 붙인 그의 저서 『직업의 변화: 일자리가 없는 일터에서 성공하는 법』에서 이렇게 말했다. "200년 전에 일자리를 창출해냈던 대량생산과 대기업이라는 조건이 이제 사라지고 있다. 정규적인 직업 대신에 임시직이나 아르바이트가 성행하고…… 조직은 직장 위주의 구조에서 개별 업무 위주의 구조로 탈바꿈하고 있다." 요컨대 브리지스는 우리가 '탈직업화'와 '일자리 없는 기업'의 시대에 들어섰다고 말한다. 세계 각지를 대상으로 조사를 실시한 1994년 유엔 인간 개발 연구 보고서에 따르면 우리는 '고용 없는 성장'이라는 완전히 새롭고 혼란스러운 현상을 목격하고 있다. 어떤 직종의 근로자도 예외일 수 없다. 정보화 시대의 기술로 인해 기존의 노동 인구가 급속하게 줄어들고 있다. 일례로 1980년 당시 미국 최대의 기업이었던 US스틸의 직원은 약 12만 명이었다. 그러나 1990년에 US스틸은 자동화 확대 덕분에 직원 2

만 명만으로 동일한 양의 생산고를 올릴 수 있었다. 14년간 미국의 철강 업계는 기존 노동력의 절반에 해당하는 22만 명 이상의 직원을 해고했다. 그리고 1996년 여름, 나비스타르 인터내셔널 사는 조립 공정 노동자 3천 명을 정리해고할 방침이라며 간결하고 분명하게 "컴퓨터 프로그래밍 덕분에 트럭 조립 공정의 효율성이 높아져서 생산 라인에서 필요한 직원의 수가 줄어들었다"고 발표했다.

리프킨은 미국에서 자동차 및 관련 업계가 제조업계 전체의 일자리 12개 중 1개를 창출해야 할 의무가 있다고 말한다. 1993년 당시 제너럴 모터스 사의 사장이었던 존 F. 스미스는 금세기 말까지 자동화 기술 업그레이드를 통해 제너럴 모터스 공장에서 전체 노동자의 3분의 1에 해당하는 9만 명 정도를 해고할 것이라고 발표했다. 이들을 해고하면 1978년 이래로 제너럴 모터스에서 해고당한 직원 수 25만 명에 9만 명을 보태는 셈이 되었다.

화이트칼라 서비스업과 소매업 역시 컴퓨터 혁명의 영향을 받았다. 전자 사무실이 도입되면서 제일 먼저 희생된 노동자는 바로 비서였다. 1983년에서 1993년 사이에 비서의 수는 기존에 비해 8퍼센트 감소하여 약 3백6십만 명 정도가 되었다. 1996년 인재 파견 회사인 올스턴 사에서 실시한 조사 자료에 따르면, 조사에 응한 400개 이상의 기업 중 42퍼센트가 비용 절감(78퍼센트)과 자동화 확대(74퍼센트)로 지난 5년간 상당수의 비서와 행정 직원들을 정리해고한 것으로 나타났다. 자동화에는 전자메일과 음성메일, 관리자의 컴퓨터 사용 능력 확대 등이 포함되어 있었다. 앤더슨 컨설팅 사는 상업 은행과 저축 기관이라는 단일 서비스 산업부문만 보더라도 앞으로 7년 후 기술 변화로 기존 노동력의 30~40퍼센트 즉 70만 명이 일자리를 잃게 될 것이라는 전망을 내놓고 있다. 최신식으로 재고 관리를 할 수 있게 해주는 자동화 창고와 바코드 시스템, 전자 스캔 장비 덕분에, 1990년 이래 소매업 부문에서 출납원과 부기계원, 재고 관리인을 비롯한 40만 명이 해고되었다. 거대 소매 기업 시어즈 사는 1993년 판촉부 직원 중 14퍼센트, 즉 5만 명을 해고했다. 시어즈 사의 매출이 10퍼센트 이상 올랐던 해에도 이런 식의 인력 감축이 이루어졌다.

지식 노동자와 중간 관리자도 첨단 기술 발달로 인한 인력 감축의 예외일 수 없다. 『기업 엔지니어링』의 저자 마이클 해머는 중간 관리자의 80퍼센트 정도가 향후 일자리를 잃게 될 거라고 예측했다. 리프킨의 말대로, 중간 관리자는 전통적으로 조직 내 업무 진행 과정을 조정하는 역할을 해왔다. 그러나 오늘날 점점 더 많은 회사들이 조직의 위계질서를 해체하고 여러 직무를 하나로 통합하여 중간 관리자라는 직급을 없애고 있다. 정교한 컴퓨터 시스템이 도입되면서, 회사 내에 중간 관리자의 수가 많다는 것은 비용만 많이 들 뿐 불필요하다는 인식이 팽배해지고 있는 것이다. 1986년에서 1994년 사이에 IBM에서도 17만 1천 개의 일자리를 없앴다. 이러한 현실에 대해 마이클 해머는 "우리는 근로의 분극화를 겪고 있다. 조직 내에서 인간의 노동력은 점점 더 불필요하게 되었다. 조직에서 필요한 (유일한) 업무는 더 높은 수준의 업무뿐이다"라고 평했다.

노벨상을 받은 경제학자 바실리 레온티에프는 "트랙터의 도입으로 농업 생산에서 말의 노동력이 필요 없게 되어 결국 사라진 것처럼, 점점 더 정교해지는 컴퓨터로 인해 생산의 가장 중요한 요소였던 인간의 노동력이 사라질 것"이라고 경고했다. 또한 리프킨은 실업과 그에 따른 구매력 감소가 정보화 시대의 아킬레스 건으로 작용할 것이라고 주장한다. 컴퓨터 기술과 첨단 기술을 갖춘 엘리트 노동자들이 일반 노동자를 대체하며 업무의 효율성을 높이긴 했지만, 늘어난 생산품을 소비할 만큼 소득을 올리는 사람들이 상대적으로 줄어들게 되는 것이다. 이에 대해 경영학의 창시자 피터 드러커는 "생산의 핵심 요소로서 노동의 소멸은 자본주의 사회가 풀어야 할 중요한 과제가 될 것"이라고 간단하게 평했다. 즉, 경제적인 관점에서 생산 능력을 상실한 노동자들이 어떻게 소비 능력을 갖출 수 있겠는가? 하는 질문을 제기해볼 수 있다.

리프킨은 수백 년간 생산성을 기준으로 인간의 가치를 평가해오다가 갑자기 기계가 인간의 노동력을 대체하게 되면 사람들이 자기정체성과 경제적 기반, 사회적 기능을 규정할 수 없게 될 것이라고 예상한다. 또한 그는 "근로를 제외하고 인간의 사회적 개념을 규정하는 것은 사회적 공동체 안에서 수많은 사람들을 조직화해온 기존 방식과 맞지 않기 때문에, 우리는 사회 계약의 기본 개념을 재고해야만 할 것"이라고 주장한다.

즉, 대규모 취업이 급속도로 사라지고 있는 지금, 개인이 돈을 벌면서 의미 있고 창조적으로 자기를 표현하며 자존심과 자기 정체성을 수립할 수 있는 대안은 무엇인가? 어떻게 해야 제정신으로 살 수 있을 것인가? 리프킨은 우리가 이런 질문에 대해 타당한 해결책을 찾아내지 못한다면 기술적·경제적인 측면에서 '최하층민'이 광범위하게 늘어나게 될 것이고, 그렇게 되면 기존의 가치관과 세계관을 규정해온 방식이 파괴될 것이라고 경고한다. 유감스럽게도 많은 사람들은 이런 과정이 이미 시작되었다고 여기고 있다.

오랫동안 시카고 대학교 교수로 있다가 지금은 하버드 대학교 교수로 재직 중인 사회학자 윌리엄 줄리어스 윌슨은 1996년 대도시 빈민가에 대한 연구서인 『일의 소멸: 새로운 도시 빈민의 세상』을 출간했다. 윌슨은 수십 년간 아프리카계 미국인들이 살고 있는 빈민가에 대한 통계 자료를 수집하고 조사했다. 이 연구서는 계속 증가하는 흑인 빈민 계층에 대한 윌슨의 연속 출판물인『인종의 중요성 감소』와『불리한 처지의 사람들』에 이어 세 번째로 나온 책이며, 그가 동료 연구자들과 함께 주로 시카고를 대상으로 1987년에서부터 1993년까지 세 차례에 걸쳐 철저한 조사를 실시한 끝에 얻어낸 자료에 기반을 두고 있다. 윌슨은 학문적·정치적인 면에서 자유주의자로 여겨지고 있었지만 좌파와 우파라는 이데올로기를 모두 거부했다. 그는 사회적인 문제의 이면에 대해 구체적이고 구조적인 설명을 해줄 수 있는, 확실한 사실에 바탕을 둔 연구 자료와 통계치, 설문 조사 자료를 주로 인용했다. 그 결과 정치적 논쟁에서 좌파와 우파 모두에게 칭송을 받기도 하고 욕을 먹기도 했다.

리프킨과 마찬가지로 윌슨도 '생산수단의 진화'가 일터의 전반적인 구조와 노동력의 구성에 엄청난 영향을 미치고 있다고 여겼다. 특히 윌슨은 아프리카계 미국인으로 학창시절을 보내면서 '기술적 실업'(기술 변화나 생산 방법의 혁신으로 발생하는 실업–옮긴이)이 흑인 사회의 사회적 양상, 가치 구조, 노동윤리를 변형시키고 있다고 확신했다.

제2차 세계대전이 끝난 후 미국 남부의 시골 지역에 살던 흑인들은 '저급한 기술' 일자리를 찾아 북부 산업 도시로 대거 이동하기 시작했고, 1940년에서 1970년 사이에 5백만 명 이상의 흑인 남녀, 아동이 북부로 이주하면서 그 수가 최고조에 달했다. 인종과 계급 문제도 이러한 이주의 원인으로 작용하기는 했지만 주된 이유는 경제적인 것이었다. 북부 산업 지대가 전시 경제 체제로 활성화되기 시작하여 전후 소비 경제 붐이 일면서 많은 노동력이 필요하게 된 반면, 남부 지방에서는 목화 수확 기계가 도입되어 하루에 50명분의 작업을 해치우면서 소작농 체계가 무너졌다. 이런 상황에서 남부의 시골 지역에 거주하던 흑인들은 북부로 이주할 수밖에 없었다.

많은 아프리카계 미국인 노동자들이 디트로이트와 클리블랜드, 시카고의 사업체에서 숙련공이나 사무직원으로 일자리를 얻어 오랜 시간을 두고 경제적·사회적 중산층으로 올라가기 시작했지만, 그보다 훨씬 더 많은 흑인 노동자들은 반숙련·미숙련 직원으로 일할 수밖에 없었다. 경기 활성화 시기가 끝나고 자동화가 대부분의 숙련직 부문에 영향을 미치기 시작하면서 최하층 계급에 속한 사람들, 주로 아프리카계 흑인들은 일자리를 잃었고 빈민의 처지를 벗어날 수 없게 되었다. 사회과학자들은 최하층민이 이미 시장성을 잃은 미숙련 노동력밖에 제공할 수 없기 때문에 몇 세대를 두고 임시직으로 품을 팔거나 주 당국의 보호를 받으며 근근이 살아갈 수밖에 없다면서, 그들을 영구적 실업자 혹은 불완전 취업자로 규정하고 있다. 미국 내에서 최하층민(보다 완곡한 표현을 쓰자면, 실직 빈민)으로 분류되는 8백5십만 명 중에, 50퍼센트가 아프리카계 흑인이다.

월슨은 '인종 문화'나 민족성이 아니라 영구적인 실업으로 인한 '빈곤의 문화'와 생활 조건이 최하층민을 만들어내는 원인이라고 주장한다. 그는 가족의 붕괴, 사생아 출산, 폭행, 도둑질, 무차별적인 폭력, 마약 같은 사회의 부도덕성이 발생하는 이유로 뼈에 사무치는 가난과 도시 빈민의 생활, 태도, 선택권을 구성하는 복잡하고 강력한 사회적·경제적 환경을 꼽는다. 월슨은 사람들이 자신의 삶을 통제하지 못하기 때문에 어쩔 수 없이 가난하게 살고 있다고 말한다. 월슨은 가난이 부도덕한 행동을 정당화할 수는 없지만 구조적 원인을 설명해줄 수는 있다고 본다. 문제의 핵심은 개인의 도덕성이 아니라 공동체의 사회적·경제적 구조인 것이다.

월슨은 대도시 저소득층 거주 지역의 성인들 대부분이 제대로 된 일자리를 보유하지 못하게 된 것은 20세기에 들어와 처음으로 발생한 현상이라고 말한다. 역사적으로 시카고 '흑인 거주 지역'의 핵심을 이루는 10개 구區의 실업률은 정부 조사 보고서에 통계로 잡히지 않는 '잠재적 실업자'—이미 오래전에 구직 활동을 포기한 사람들과 정규직을 원하지만 그런 일자리를 찾지 못한 임시직 노동자들—를 제외하고도 45퍼센트가 넘는다. 또한 윌슨은 미국의 100여 개 대도시 내에서 제일 가난한 지역을 살펴보면 취업자 6명당 실업자는 10명이나 된다고 말한다. 그는 '가난한 사람이 많은 동네'보다 '실업자가 많은 동네'에 사는 것이 훨씬 끔찍한 결과를 낳는다는 걸 알아냈다. 가난하지만 직장에 다니는 사람들이 많은 동네는 가난하고 실업자가 많은 동네와 확연히 다른 모습이다. 윌슨은 근로가 굉장히 중요하다고 말한다. 그는 이렇게 쓰고 있다. "정규직으로 일하면 일상생활의 여러 가지 면에서 안정을 찾을 수 있다. 언제 어디로 출근해야 할 것인지가 정해지기 때문이다. 정규직으로 취업하지 못한 경우 가족생활을 비롯한 개인의 삶은 일관성을 잃게 된다." 일은 단순히 생계비를 버는 수단이 아니며 삶의 질서를 잡아주는 역할을 한다. 정규직으로 일하는 사람은 규칙적인 습관에 따라 살 수 있다. 똑같은 시간에 식사를 하고, 일하는 틈틈이 오락을 즐길 수도 있다. 그런 환경에서 자라나는 아이들은 자연히 부모의 생활양식을 따라 살게 된다.

윌슨은 일자리가 없으면 개인과 공동체 모두 심리적·육체적으로 죽음을 맞게 된다고 말한다. 그런 사람들은 희망도 버팀목도 없는 상태에서 삶에 아무런 기대도 하지 않게 되고, 교양과 협동심, '사회적 연결망'과 '사회 조직'의 기본 틀이 무너지게 된다. 유명한 논문 「나홀로 볼링」에서 사회 자본의 중요성을 강조한 바 있는 로버트 D. 푸트남은 공동체 연결망의 형성과 조직화를 '사회적 자본'이라고 했다. 사회적 자본이란 여러 공동체와 조직 단체가 중복해서 단체 생활에 적용시키는 에너지, 헌신, 지성을 통틀어 지칭하는 용어이다. 사회적 자본 혹은 주민 참여는 사회적 기준과 기대를 양산하고 신뢰와 조정, 협력을 빚어내며 상호 관련성과 결속력, 상호 이익을 가능하게 한다. 푸트남은 사회적 자본이 사람들에게 대화와 유쾌한 기분, 자아를 보다 폭넓게 바라보는 시각, 단체의 다양성, 공동의 이해관계 조직이라는 개념을 갖게 해주며 경제 활력과 성공의 전제조건이 된다고 주장한다. 푸트남은 공동체의 안녕이 개인의 안녕을 위한 필수 조건이라는 원칙 실현을 위해 주민 참여와 헌신이 어느 정도로 이루어지고 있는가에 따라, 개인 생활과 공공 생활의 품질이 결정된다고 본다. 윌슨도 푸트남의 견해에 동의하고 있다. 인종적, 경제적으로 차별을 받는 동네 사람들은 대체로 사회적 모형과 사회적 행동, 사회적 강화가 적절하게 이루어지지 못하므로 취업에 대한 준비가 부족하여 일자리를 구하기가 어렵다. 윌슨은 다음과 같이 주장했다.

합법적인 취업 기회가 거의 없고 취업 정보망이 부실하며 학교 교육도 제대로 이루어지지 못하는 동네 사람들이 일자리를 구할 수 없음은 당연하다. 일자리는 거의 없고 친구와 이웃들에게 구직 활동에 대한 도움도 거의 받지 못하며 학교생활도 너무나 혼란스럽고 불량해서 젊은이들이 노동자가 될 준비를 제대로 갖추지 못하는 동네인 경우, 사람들은 공식적인 경제의 틀 안에서 근로를 하겠다는 의욕을 잃고 만다. 정규직으로 꾸준히 일을 할 수 있으리라는 기대를 일찌감치 접어버리는 것이다. 일을 하지 않고 사는 어른들의 모습을 보고 자란 젊은이들은 노동시장에 정착할 생각을 거의 하지 않게 된다. 이런 환경에서 사는 주민들은 불법적인 수입원에 의존할 가능성이 높기 때문에 합법적인 노동시장에 참여할 기회는 상대적으로 줄어들게 되는 것이다.

윌슨은 실업의 가장 파괴적이고 장기간에 걸친 악영향으로 자기효능감과 균형 잡힌 자기주체성의 상실을 꼽고 있다. 자기효능감이란 특정한 상황에서 목표를 달성하는 데 필요한 조치를 취할 수 있다는 믿음을 뜻한다. 자신감과 자기 발견이 자기효능감의 토대이다. 사회 인지적 관점에서 근로는 조직과 집중, 규칙성을 필요로 한다. 우리는 일을 하면서 도전에 직면하고 기술을 익히며 과제를 달성하고 주변에 영향을 주고 목표를 성취하며 자신의 한계와 능력을 깨닫게 된다. 그리고 운이 좋으면 타인을 통해 스스로를 더욱 강하게 다져나갈 수도 있다. 주변에 영향을 주지 못하고 도전을 받아들이지 못하며 규칙적으로 짜여진 순서에 따라 행동을 조직화하지 못한다면, 공허감과 낙담 속에서 자신감을 잃을 수 있다. 윌슨은 정규적인 직업을 얻지 못하고 실업자로 넘쳐나는 동네에서 살다보면 '노동윤리'를 구축하고 유지하는 데 필요한 심리적 조건과 자기효능감을 상실하게 된다고 가정한다. 윌슨의 말대로 사회적인 관점에서 간단히 계산을 해볼 수 있다. 근로가 생활화되지 못한 문화에서 살다 보면 일을 통해 자신을 규정할 수 없게 되고, 그 결과 깊은 절망과 자포자기에 빠져들게 된다.

윌슨은 빈곤의 문화를 비롯한 아프리카계 흑인 최하층민이 겪고 있는 생활이 인종이나 민족에 관계없이 모든 노동자들에게 닥칠 수 있는 상황이라는 점을 지적하고 있다. 흑인 사회는 '구조적 · 기술적 실업'의 소름끼치는 사회적 · 경제적 악영향을 제일 먼저 받고 있다. 현재 흑인 최하층민들이 사회 주류에 속하지 못하고 차별을 받으며 만성적으로 사회적 일탈 행동을 하고 있는데, 이는 인간을 위한 일자리가 사라진 미래에 우리 모두가 겪게 될 상황이 될 수 있다.

제러미 리프킨은 최하층민이 소모품으로 취급받고 있으며 경제적으로 불필요하고 눈에 띄지도 않는 존재로서 영원히 버림받은 운명을 살고 있다는 의견에 동의한다. 리프킨은 최하층민의 경험을 통해 진상을 밝혀내야 한다고 말한다. 모든 직종의 근로자들이 조만간 겪게 될 상황을 미리 보여주고 있기 때문이다. 우리는 일을 통해 자기정체성을 확립하는 동시에 완전하고 목적 있는 삶을 살 수 있다. 그러나 '일이 없으면' 알베르 카뮈의 말처럼 '인생이 남루해진다.' 컴퓨터 혁명의 여명기였던 50년 전, 헤르베르트 마르쿠제는 그의 저서 『에로스와 문명』에서 우려에 가득한 논조로 미래를 예측하는 의견을 피력했다. 그 내용은 정보화 시대로 전환되면서 우리 사회가 드러내게 될 모습을 그대로 담고 있다.

자동화는 자유 시간과 근로 시간의 관계를 위협적으로 역전시킬 수 있다. 즉, 여가 시간이 주가 되고 근로 시간은 가외로 취급된다. 그렇게 되면 기존 문화와 양립할 수 없는 가치관과 존재 양식에 대해, 극단적인 재평가가 필요하게 될 수도 있다.

리프킨은 러다이트 운동가가 아니다. 그의 명제는 개인적인 생각을 담아낸 것이 아니라 그가 이해한 사실 정보 해석을 토대로 만들어진 것이다. 경제학자이자 사회역사학자로서 리프킨은 정보화 시대를 인간의 독창성이 거둔 승리이며 장기적인 비극의 시작이라고 여겼다. 나는 리프킨의 암울한 예측이 옳다고 생각한다. 물론, 시간이 지나면 더욱 정확하게 알 수 있겠지만 리프킨의 주장이 부분적으로만 옳았다 하더라도, 정보화가 세계 경제와 개인 노동자의 심리적 안정에 부정적인 영향을 미치고 있다는 사실을 부정할 수는 없을 것이다. 리프킨은 그의 저서 『노동의 종말』이 '세상 마지막 날의 기록'이 아니라, 우리가 경제적·기술적 진보의 고삐를 늦추지 않을 경우 발생하게 될 상황에 대한 묵시적 경고라고 말했다. 그는 우리가 미래에 직면하게 될 문제에 대해 진지한 논의를 불러일으키고 해답을 찾기 위해 그 책을 쓴 것이라고 했다.

앞서 나는 리프킨이 네드 러드의 추종자가 아니라고 말했지만, 역설적으로 들릴 수도 있는 일화를 하나 소개하고 싶다. 리프킨은 수십 권의 책과 수백 개의 논문, 이루 셀 수 없을 만큼 많은 연설문을 썼다. A. J. 보겔은 리프킨의 집에서 편안하게 인터뷰를 하면서 놀라운 사실을 발견했다. 제러미 리프킨은 요즘은 거의 사라진 종족, 즉 손으로 직접 원고를 쓰는 종족이었던 것이다!

I3

무너지는 일터 ✿

현재 우리가 직면한 주요한 문제들은
그 문제가 만들어졌던 당시의 사고방식으로는 해결이 불가능하다.
_알베르트 아인슈타인

　제러미 리프킨이 일자리가 모두 사라지고 말 것이라는 무시무시한 경고를 했음에도 불구하고 〈로스앤젤레스 타임즈〉지는 근무 시간이 주당 40시간 미만인 노동자의 비율이 22퍼센트이고, 주당 40시간 이상인 비율은 50퍼센트, 50시간 이상인 비율은 30퍼센트에 가깝다는 내용의 보도를 했다. 21세기가 실업의 시대가 될 거라는 전망이 우세한 가운데 20세기는 여전히 맹목적으로 일을 숭배하는 시대이다. 아이오와 대학교에서 노동 및 여가를 연구하는 벤저민 K. 허니컷 교수는 이렇게 묻고 있다. "사람들이 요즘처럼 일에 집착하고 일 때문에 근심하며 일거리를 찾기 위해 동분서주한 적이 있던가? 일을 덜하려 애쓰는 게 아니라 더 많은 일을 하려고 안간힘을 쓴 적이 있었던가?" 허니컷은 일이 20세기 삶의 중심이 되었다고 말한다. 현대인의 종교는 일이라고 주장하는 학자들도 있다. 사람들이 현실에 보다 의미를 두게 되면서 삶의 의미와 목적에 대한 궁극적인 해답을 직업을 통해 알아내려는 심리가 커지게 된 것이다.

우리는 새 천년의 초입에 살고 있지만, 여전히 구식 노동윤리의 미덕과 가치를 중요시 한다. 제시 잭슨은 설교와 정치 연설을 통해 계속해서 이렇게 설파한다. "직업을 가져라. 열심히 일해라. 그래서 훌륭한 사람이 되라!" 〈워스〉 잡지의 편집자 리처드 토드는 칼 립킨 주니어가 프로 야구 경기에서 2,131회 연속 출장 기록을 세웠을 때 경기장이 열광의 도가니가 되었다고 썼다. 당시 미국 대통령은 립킨의 '극기와 결단력, 일관성'을 높이 평가했고 ABC 방송국 특파원 크리스 윌리스도 립킨을 '노동윤리의 귀감'이라며 칭송했다. 한편, 뉴트 깅리치는 그의 저서 『미국의 부활을 위하여』에서 "'노동윤리'가 완전히 사라진 수동적이고 의존적인 환경에서 사는 빈민층"이라는 말을 했다. 피트 듀폰은 『국가 점검』에서 "노동윤리는 건강한 사회의 핵심이다. 이 사회에서는 누구나 일을 하고 돈을 벌면서 자기 향상을 꾀할 수 있으므로, 미국 최하층민도 기회를 잡아 자존심을 회복할 수 있다"고 썼다.

건국의 아버지 중 한 명이며 1886년부터 1925년까지 산업별노조총연맹 의장을 지냈던 새뮤얼 곰퍼스의 말처럼 조직화된 노동은 구성원들에게 노동윤리의 혜택을 고루 돌아가게 할 수 있다.

노동자가 원하는 것은 무엇인가? 노동자는 땅과 땅에서 비롯되는 풍요를 원한다. 노동자가 열망하는 것이 아니라면 그다지 귀하거나 아름답거나 고상하거나 기품이 있다고 볼 수 없다. 우리는 학교 건물이 늘어나고 감옥이 줄어들기를, 책이 늘고 무기고가 줄기를, 배움이 높아지고 악덕이 줄어들기를, 노동이 늘고 탐욕이 줄기를, 정의가 더 높이 실현되고 복수가 줄기를 바란다. 더 나은 성품을 가꾸고, 남성은 더

욱 고결하게, 여성은 더욱 아름답게, 어린이는 더욱 행복하고 밝게 살
수 있는 기회가 늘어나기를 원한다.

다소 공격적인 문투이기는 하지만 곰퍼스의 말은 친노동자, 친근로
적 성향을 띠고 있다. 곰퍼스는 노동자들이 일하기를 원하며 노동윤리
에 충실하게 사는 만큼 정당한 보상과 혜택을 받기를 기대한다고 보았
다. 최근 산업별노조총연맹의 신임 회장 존 스위니는 "미국 노동자는
품질과 생산성, 이윤에 대해 더 이상 무관심하지 않다"라며, 기업과 노
동자 간에 진정한 제휴 관계가 필요하다고 역설했다. 스위니는 얼마 전
기업 간부들에게 이렇게 말하기도 했다. "우리는 미국 기업이 세계 시
장에서 경쟁력을 갖고 주주와 직원들을 위해 새로이 부를 창출하기를
바란다. …… 이제 기업과 노동자가 서로를 적이 아닌 동지로 여겨야
할 때이다." 스위니는 기업과 노동자가 함께 공동선을 추구해야 하며,
그 목적을 달성하기 위해 견고한 노동윤리를 주요 수단으로 삼아야 한
다고 제안한다.

물론 인생에는 일 외에도 고려해야 할 요소가 많이 있다. 풍요롭고
균형 있는 삶을 살려면 일과 여가가 모두 필요하지만, 20세기를 살면
서 균형을 맞추며 사는 것은 쉬운 일이 아니다. 자동차 공학 전문가이
며 성공한 기업체 간부인 J. 드웨인 러쉬는 어떤 인터뷰에서 자기가 엄
청난 금액의 조기 퇴직 보상금을 마다한 이유를 설명하며, 미국인들이
일에 꼼짝 못하고 매여 있는 상황을 명쾌하게 짚어냈다. "조기 퇴직 보
상금 수령 여부와 관계없이 나는 이미 퇴직 후에도 충분히 쓸 수 있을
만큼 돈을 벌었다. 그래서 퇴직을 해도 금전적으로는 문제가 없지만,
퇴직하고 싶지가 않다. 일은 나를 계속 앞으로 나아가게 해준다. 그래
서 나는 일을 좋아할 수밖에 없다. 퇴직을 하면 일주일에 몇 번이나 골

프를 치러 갈 수 있을까? 일 년에 몇 번 정도 놀러갈 수 있을까? 나 혼자 무엇을 해야 할까? 그만 됐다! 나는 계속 일을 할 것이다. 빨리 늙어 죽을 생각이 없으니까."

러쉬와 다르게 생각하는 사람들도 많겠지만, 일이 생활의 중심이라는 데에는 다들 동의할 것이다. 유감스럽게도 대부분의 근로자들이 '끝없는 일'의 굴레를 쓴 기분을 느낀다고 한다. 일은 생활을 지배하고 운영하며 종종 파괴하기까지 한다. 그러나 '스톡홀름 증후군'이라는 심리학 용어처럼 우리는 처음에는 일을 거부하고 반항하다가 점점 자발적으로 일에 매인 죄수 노릇을 하게 된다. 많은 사람들이 자신을 포로로 잡고 있는 일을 사랑하고 원하게 되는 것이다. 고전적인 데카르트의 격언을 다시 한 번 비틀어 이런 상황을 표현해보자면, "나는 일한다, 고로 존재한다" 대신 "나는 존재한다, 고로 일해야 한다"라고 말할 수 있겠다.

우리는 간절히 원하거나 충족감을 얻기 위해서라기보다는 필요성과 두려움 때문에 일을 한다. 다들 일을 해야 한다! 무엇보다도 일은 자아의 가치를 규정해주는 주된 요소이다. 사회학자 로버트 우드나우는 『가난한 리처드의 원칙』에서 일련의 조사 자료를 통해 "우리는 일을 통해 의미를 발견하고 자아를 규정한다"는 명제를 더욱 강화하고 있다. 국적과 관계없이 일반 노동자 2백 명을 대상으로 한 심층 면접과 미국 노동자들만을 대상으로 한 일반 설문 조사에서 우드나우는 그들에게 근로 활동에서 의미를 찾을 수 있는지 여부를 물었다. 응답자들은 대체로 '그렇다'고 대답했다. 우드나우는 조사 결과를 토대로 사람들은 돈을 벌기 위해서 일을 할 뿐만 아니라 타인과 자기 자신에게 '스스로의 존재성을 정당화하기 위해' 일을 한다고 주장한다. 우드나우는 일터의 환경이 좋고 나쁨을 떠나, 사람들이 일터에서 업무에 관련된 경험을 쌓고 세상을 더 넓게 볼 수 있는 소양을 기를 수 있다고 단언한다.

우리는 일을 통해 지식을 쌓고 삶의 의미를 찾으며 사람들과 관계를 맺고 삶에 대한 철학과 태도를 배워나간다. 어떤 직업이냐에 관계없이 노동자는 누구나 일터에서 '기술'을 습득하고, 직무의 수준이 높든 낮든 마음먹기에 따라 진정한 만족감을 느낄 수 있다. 「러빙 앨Lovin' Al」이라는 노래에 나오는 '앨'처럼, 어느 주차장 직원은 스터즈 터켈에게 이렇게 말했다.

사람들이 나한테 무슨 일을 하느냐고 물으면, 나는 주차원이라고 대답합니다. 댁이 화이트칼라든 타이프 치는 사무직원이든 의사든 상관없습니다. 다들 자기 직업이 있는 법이니까요. 내 친구들도 나보다 자기네들이 우월하다고 여기지 않습니다. …… 30년쯤 이 일을 하고 나니까 나는 아기 기저귀를 갈아주는 어머니처럼, 수월하게 자동차를 주차시킬 수 있게 되었습니다. 한 손으로도 거뜬히 차를 운전할 수 있습니다. 많은 손님들이 묻습니다. "어떻게 이렇게 할 수 있죠? 대단한 운전 솜씨네요?" 그럼 나는 이렇게 대답합니다. "숙녀분한테 케이크 굽는 게 별것 아닌 것처럼, 저도 자동차 운전이 아주 쉽답니다." 많은 신사숙녀분들이 저에게 "와! 운전 잘하시네요!"라고 하면, 저는 "감사합니다, 손님"이라고 대답합니다. 그리고 그분들이 "이 일을 한 지 얼마나 됐습니까?"라고 물으면 저는 이렇게 대답하죠. "30년이요. 열여섯 살에 시작해서 지금까지 하고 있습니다."

일은 '구조적인 활동'이며 삶에서 보고 듣는 자료와 타인의 행동에 질서와 의미를 부여하는 과정이다. 우리는 노동이라는 렌즈를 통해 세상을 바라보고 직업 활동으로 체득한 비유와 모형, 교훈을 토대로 삶을 이해하고 평가한다.

흥미로운 사실은 노동이 일하는 시간뿐만 아니라 여가 시간에까지 영향을 미친다는 점이다. 언론비평가 닐 포스트먼은 텔레비전 시청을 미국인 대부분이 공유하는 문화생활로 꼽고 있다. 각 가정마다 보는 사람이 없어도 하루 평균 6.8시간 정도 텔레비전을 켜놓고 산다. 교육 전문가들은 학교에 다닐 나이의 아이들이 하루에 6시간 이상 텔레비전을 시청하는 경우가 빈번하다며 한탄하고 있다. 포스트먼은 성인들 대부분이 매일 밤 적어도 두 시간 가량 텔레비전을 켜놓는다고 지적한다. 대부분의 사람들에게 텔레비전은 정보를 얻고 여가를 즐기는 주요 수단인 듯하다.

케이블 및 위성 방송의 등장으로 텔레비전 시청 방식이 달라지기는 했지만 상업 방송의 중심은 여전히 주중 황금 시간대인 밤 8시에서 11시 사이에 방송되는 프로그램이다. 시트콤과 연속극, 뉴스쇼가 주종을 이루는데, 이처럼 허구적인 내용을 다루는 프로그램들은 대부분 친구, 이웃, 학교 친구, 룸메이트, 남편, 아내, 가족에 대한 이야기다. 최근에는 일터에서 맞닥뜨리는 문제와 특징, 주변 인물들을 다루는 시트콤이 점점 더 많이 생겨나고 있다. 1997년 가을, ABC와 CBS, NBC 방송국은 일터를 주제로 만든 쇼를 11가지 정도 방송해 모두 성공을 거두었다. 제목을 열거하자면, 서든리 수잔(잡지 출판), 파이어드 업(홍보 회사), 도시의 캐롤린(만화가), 벌거벗은 진실(잡지 출판), 머피 브라운(텔레비전 뉴스), 뉴스 라디오(라디오 뉴스), 날 쏴(잡지 출판), 이야기 도시(시 정부), 드류 캐리(소매 판매업), 베로니카의 작은 방(란제리 디자인/마케팅), 일(회사 칸막이 내에서의 생활)이다.

그리고 시리즈 방송물도 인기를 끌고 있다. 온갖 액션이 가득한데다가 비극적이고 불행한 사건이 나오고 그런 사건을 다루는 경찰과 변호사, 의사 등이 등장한다. 주인공은 대개 자기 일을 아주 좋아하거나 혐오하는 전문가로서, 다른 사람을 위해서라면 열정적으로 업무를 수행한다. 제목을 몇 개 열거하자면, 뉴욕경찰 24시(경찰), 응급실ER(의사와 간호사), 법과 질서(변호사와 경찰), 시카고 메디컬(의사와 간호사), 보스턴 저스티스(변호사) 등이 있다.

시청자들이 텔레비전 앞에 모여드는 것은 이런 드라마가 영리하게도 훌륭한 각본을 토대로 멋진 연기를 버무려 만들어졌기 때문이다. 그리고 표면상일 뿐이지만 시청자들이 익히 알고 있는 주제인 일에 대해서 다루고 있기 때문에 더욱 관심을 끈다. 시청자들은 자기와 비슷한 일을 하는 사람들이 텔레비전에 등장해서 옳은 일을 하려고 애를 쓰고 목표를 완수하며 업무를 수행하는 모습을 지켜본다. 드라마는 분명 현실이 아니지만 배우들에게서 내가 살아가는 모습을 조금이나마 볼 수 있는 것이다. 실제와 같지는 않지만 내심 시청자들이 바라는 모습이 드라마에 투영되어 있다. 또한 우리가 무슨 일을 하고 있는지, 왜 그 일을 하고 있는지에 대해 새로운 시각으로 바라볼 수 있게 해주고, 따를 만한 새로운 본보기를 제시해주기도 한다. 드라마를 좋아하는 이유가 무엇이든, 수백만 명이 가공의 단막극을 매주 충실하게 보고 있다. 역설적이지만, 우리는 집에서 휴식을 취하는 동안에도 일에서 놓여나지 못하는 것이다.

사람들은 경제적·심리적인 이유로 일을 필요로 하고, 일은 인간 존재의 기본 조건이므로, 사람이라면 누구나 '일할 권리'가 있다. 교황 요한 바오로 2세는 교서 『백 주년』에서 다음과 같이 선언했다. "사람은 이마에 땀을 흘리며 자기 먹을거리를 벌어야 할 의무가 있듯이, 일을 할 권리도 있다. 이러한 권리를 고의적으로 부정하고 근로자들을 충분히 고용하지 않는 사회는 윤리적인 관점에서 정당하다고 할 수 없으며, 그런 사회에서는 평화가 유지될 수 없다."

교황 요한 바오로 2세는 '일하는 사람들의 권리와 존엄성을 보호'하는 것이 그의 믿음 체계의 일부이며 신성한 사역 활동에 해당된다고 말하면서, '일할 권리'가 정치적·경제적 차원에서 다뤄져야 할 문제라고 시사했다. 일할 권리는 인간의 본질과 개인의 권리를 어떤 식으로 규정하느냐에 대한 철학적·윤리적 명제에 기반을 두고 있다. 일할 권리는 육체적·도덕적·심리적 수준에서 볼 때, 인간이기 때문에 누려야 할 가장 중요하고 필수적인 조건이며 기본적인 인권이다. "인간을 소모품으로 다뤄서는 안 된다"는 명제는 기독교의 가르침과 계몽주의 사상에 기반을 두고 있다. 사람들은 자신이 타인에게 존중받아 마땅한 권리를 지니고 있다는 점을 깨달아야 한다. 우리는 일을 통해 자아를 성립하고 유지하며 권리를 주장하고 깨달음을 얻게 되므로, 일은 가장 기본적인 인권의 하나이다.

현대의 선구적인 윤리학자 중 하나인 앨런 저워드는 일할 권리가 개인의 생존과 자존심, 자부심을 지키는 데 필수적인 요소라고 주장한다. 그는 "나름의 목적을 지닌 행위자는 누구나 취업을 할 권리가 있으며 생산적인 근로 활동을 통해 효과적으로 생계비를 벌 권리가 있다"고 말한다. 그는 일할 권리가 여타 권리와 마찬가지로 '일에 대한 의무 내지 책임'과 관련되어 있다고 본다. 일에 대한 의무란, 고의적으로 놀고 먹으며 타인에게 부담을 지워도 되는 권리를 지닌 사람은 아무도 없고 개별 노동자는 타인의 일할 권리를 방해하거나 간섭해서는 안 된다는 뜻이다. 저워드의 주장에 따르면, 개인과 국가는 모두 생산적인 일자리를 확보하는 것을 방해하지 말아야 할 의무가 있다. 인종과 신념, 민족, 성별, 성적 취향을 비롯하여 업무 성과와 관계없는 기준으로 개인의 취업을 거부하는 것도 타인의 일자리 확보를 방해하는 행위에 해당된다. 또한 저워드는 인권의 대표자인 국가는 일을 할 수 있고 일하고자 하는 의지를 지닌 구성원이 직업을 가질 수 있도록, 필요한 경우 시장의 결핍을 바로잡아야 한다고 주장한다. 저워드는 프랭클린 D. 루스벨트의 뉴딜 정책과 유엔 세계 인권 선언의 내용을 인용하며 이렇게 말한다. "모든 사람은 일할 권리와…… 실업자가 되지 않도록 보호받을 권리가 있다."

이 주제에 대해 글을 쓴 저워드와 교황 요한 바오로 2세를 비롯한 여러 학자들은 일할 권리가 완벽한 직업과 엄청난 월급, 중산층의 생활양식을 의미하지 않는다는 걸 잘 알고 있다. 이 세 가지 조건은 특권이지 권리가 아니다. 현대 사회의 경제 시스템에서는 돈을 많이 벌어야 그런 특권을 누리며 살 수 있다. 일할 권리는 개인이 소유하는 재화 및 부의 총합으로 측정되는 경제적 풍요의 문제가 아니라, '인간이 존엄성을 누리며 가치 있게 존재하는 것', '쓸모 있는 직업, 알맞은 급료, 깔끔한 작업 환경을 보유하는 것', '나와 내 가족이 재화를 충분하고 공평하게 나눠 갖는 것'을 의미한다. 즉, 일할 권리는 개인의 권리이고 집단이 책임져야 할 사항이며 누구나 공정하고 안정적으로 기회를 누릴 수 있도록 바탕이 되어주는 권리이다.

교황 요한 바오로 2세는 사람이 일의 궁극적인 목적이어야 한다고 믿었다. 이 믿음에 전적으로 동의하는 사람은 아마 거의 없을 테지만, 우리들 대부분에게 근로는 늘 알 수 없는 신비롭고 역설적인 개념인 만큼 요한 바오로 2세의 말이 맞을 수도 있다. 사회역사학자 시어도어 로작의 말에 따르면 일은 혁신과 교제, 봉사의 기회가 될 수 있고, 배움과 성장의 기회가 될 수도 있다. 더불어 자기표현 욕구를 충족시키는 수단이 될 수도 있지만 그런 경우는 지극히 드물다. 사람들은 대부분 일을 지긋지긋한 짐덩어리로 여긴다. 대부분 타인의 이득을 위해 일을 하지 내가 좋아서 일을 하는 경우는 거의 없다. 어느 일하는 어머니는 이렇게 말했다. "내가 일을 하는 유일한 이유는 식료품 가게에 갈 때마다 20달러 이상을 계산해야 하기 때문이에요. 자아개발을 위해서라거나 자아정체성을 찾기 위해서가 아니죠. 절대로 그렇지 않아요!"

우리는 일을 강제적이고 불만족스러운 활동으로 여긴다. 다들 일이란 내가 좋아서 하는 활동이 아니라 남이 시키니까 어쩔 수 없이 하는 것이라고 생각한다. 미국인들은 오래전부터 일을 생계 수단으로 여겨왔고, 일을 마친 후의 생활에 큰 비중을 두며 살았다. 즉, 지루한 일이지만 어쩔 수 없이 견뎌야 하는 인간의 조건으로 받아들이며, '주말의 여가'를 통해 치료까지는 아니더라도 일의 고통이 경감되기를 바라는 것이다. 우리는 일을 하면서 실력을 인정받고 진가를 발휘하며 효율적인 작업으로 주목을 받고 진정한 소속감을 느끼게 되기를 바라지만, 그런 일은 거의 일어나지 않는다. "정말 좋아하는 일을 하면, 돈은 따라올 것이다"라는 말은 공허하기 짝이 없는 경영 표어로서 비웃음을 살 뿐이다. 매튜 폭스는 우리가 일을 통해 공허감과 환희를 번갈아 느끼며 살아간다고 말한다. 일은 우리 안에 내재된 신성과 악마성을 모두 끄집어낸다. 이 문제에 대해 폭스는 이렇게 묻고 있다. "포로수용소에 오븐을 만든 것도 노동자이고, 사악한 해결책을 최초로 고안해낸 것도 노동자 출신 정치가 아니었던가?"

다니엘 벨은 『이데올로기의 종언』에서 일이란 서구 문화권에서 필요와 의무, 나태를 구제하는 수단이며 개인의 정체성과 집단의 일원이라는 깨달음을 얻기 위한 필요조건으로서 '늘 도덕의식의 중심에 서 있다'라고 썼다. 그리고 로버트 벨라는 '인간 집단' 혹은 공동체로서의 의식이 현대의 일터에 결여되어 있다고 보았다. 벨라는 일이 권리이자 필요조건이며 삶에서 가장 흔히 경험할 수 있는 요소이기는 하지만, 사람과 사람 사이를 이어주는 연결고리도 아니고 공동체 구축에 필요한 조건도 아니라고 여긴다.

자유는 미국인들의 머릿속에 가장 광범위하고 깊숙하게 박혀 있는 가치관일 것이다. 자유라는 개념—급진적 개인주의—은 의존성을 배척하고 독립성을 옹호한다. 자유는 타인과 더불어가 아니라 타인을 적대시하는 방향으로 자아를 규정하고 평가한다. 개인이 타인과 단체의 도움을 받으며 사는 게 아니라 타인과 단체로부터 독립적으로 살아야 한다고 보는 것이다. 경쟁적 개인주의를 옹호하는 이들은 사람들이 원래 자기창조적이고 자급자족적이며 천성적으로 협동보다는 경쟁을 선호한다고 여긴다. 또한 이기심을 악덕이 아닌 미덕으로 생각한다. 벨라는 개인의 자유와 독립성, 고된 노동을 중요시하는 개념이 개인을 타인으로부터 소외시켜 자기 위주로 살아가게 만든다며, "노동윤리가 일에 의미를 주는 요소인가를 따지는 것보다, 노동윤리가 개인을 타인과 어떤 식으로 연결시키고 단절시키는지를 알아내는 것이 더 중요하다"라고 주장한다.

벨라는 우리들이 일을 '사람들 사이의 도덕적 관계'로 인식하지 않는다고 본다. 일은 '협동 방식'도 아니고 '의미 있게 더불어 잘 살아가기 위한 수단'도 아니다. 일은 역사를 창조하기 위한 수단으로 여겨지고 있다. 일터에서 우리는 주로 치열하게 자아를 구축하는 활동에 치중하며, 오직 특정한 과제에 대해 필요한 경우에 한해서만 타인과 업무적으로 협력한다. 이는 우리가 팀의 일원이기는 하지만 진정한 의미에서 팀의 구성원은 아니라는 뜻이다. 팀은 개인적으로 성과를 올리기 위한 수단일 뿐이다. 팀 구성원으로서의 의식과 협동성은 진정한 동료의식이 아닌 필요성과 요구에 기반을 두고 있다. 자유 계약 시대의 프로 운동 선수들처럼, 우리 모두는 각자 알아서 활동하고 있다.

벨라는 오늘날 미국에서 근로 활동 조직화 및 근로자 보상 방식이 근로자의 소외감과 불만을 없애기는커녕 악화시키고 있다고 주장한다. 그렇다면 현대의 근로는 구성과 보상이 어떤 식으로 이루어지고 있는가? 로버트 캐니젤은 이 질문에 대해 '테일러리즘'이라고 답한다. 테일러리즘이란 효율성 전문가인 프레드릭 윈즐로 테일러의 이름을 따서 만든 용어로서 '산업 노동 분야에서 효율성을 최대화하며 문제를 해결하는 과학적 방법'을 뜻한다. 벤저민 허니컷의 말에 따르면, 과학적 경영 기법—가장 효율적인 결과와 수익을 보장하기 위해 근로 생활의 모든 측면을 연구, 측정, 계통화 하는 것—의 창시자인 테일러는 이미 오래전에 고인이 되었지만, 그의 이론은 끈질긴 저주처럼 살아남았다.

테일러의 전기 『최선의 방법』을 집필한 캐니젤은 테일러가 현대 경영의 효율성에 대해 '지극히 우려'한 끝에 해결책을 내놓았다는 점에서 업적을 인정받아 마땅하다고 말한다. 캐니젤은 테일러리즘이 근로 생활의 속도와 생산 수준을 크게 바꾸어놓았다고 말한다. 테일러의 시간-동작 연구와 관련된 계산 방식은 더 이상 검토되지 않고 있고 이제 아무도 테일러의 저서인 『과학적 관리의 원칙』을 읽지 않지만, 논리적 효율성에 대한 테일러의 신조만큼은 오늘날까지도 영향력을 갖고 있다. 또한 '시스템'에 의해 작동하는 인간과 기계에 관한 테일러의 통찰력은 세계를 바라보는 일반적인 접근법으로써 근로 및 생활의 모든 측면에 적용되고 있다.

제러미 리프킨은 "테일러가 효율성을 미국 산업의 활동 방식과 미국 문화의 기본 덕목이 되도록 만들었다. 테일러의 노동 원칙은 전 세계로 전파되어 수많은 사람들이 현대적 삶의 틀에 맞춰 살게 되었다"고 했다. 한편, 캐니젤은 이렇게 말했다. "철저하게 조직화되고 계획된, 일정에 맞춘 삶을 살게 되었다고? 잠시 멈춰 서서 장미꽃 향기를 맡을 여유조차 없다고? 그렇다면 테일러도 약간은 비난받을 만하다." 닐 포스트먼의 말에 따르면, 테일러리즘은 "현대 미국이 가진 기술력의 발판이며…… 각자의 기능과 기술을 언제든 쓸 수 있을 때 구성원들이 사회에 가장 큰 공헌을 할 수 있다는 개념이다."

헨리 포드와 프레드릭 윈즐로 테일러는 현대 산업국가를 상징하는 두 거인으로 간주되고 있다. 그러나 캐니젤은 포드가 최초로 대형 조립 라인 체계를 만들고 완성하기는 했지만 그 체계가 테일러의 이론에 바탕을 두고 있기 때문에, 테일러가 포드보다 현대 사회에 훨씬 깊고 지속적이며 광범위한 영향을 미쳤다고 주장한다.

벤저민 허니컷은 '근로의 효율성을 최대화하는 방법'에 관한 테일러의 이론이 근로의 본질 및 노동자들이 애써 일하려는 이유에 대한 가설로 이루어져 있다고 말한다. "테일러는 근로를 노동자의 성격과 정신을 개선시켜주는 자선 활동이 아니라 사람들에게 필요한 재화와 서비스를 생산하는 활동으로 여겼다." 근로는 재미로 하는 게 아니라 무언가를 만들고 생계비를 벌기 위한 활동이다. 사람들은 일 외적인 삶을 즐기기 위해 필요한 돈을 벌려고 일을 한다. 테일러는 급료를 올려주면 작업이 훨씬 신속하고 효율적으로 이루어지고 성과를 높일 수 있다고 주장한 바 있다. 이에 대해 허니컷은 "비용에 따른 정책 결정은 시장경제의 핵심"이라고 단언했다. 진부한 생각일지는 몰라도 자본주의에서 노동자의 고용 안정성이라는 것은 결과물과 수익성의 획득 여부, 최대한 효율적인 방식으로 작업을 진행했는지의 여부에 달려 있다. 테일러가 말한 노동에 대한 낭만적인 개념, 즉 창조적이고 동료의식을 고양시켜주는 근로 활동이라는 식의 개념은 실제로 노동 현장과 노동자를 접해보지 못한 자들의 지나친 상상력의 산물에 불과하다고 폄하했다.

노동자가 시스템과 동료, 자기 자신과 끊임없이 경쟁을 해야 하는 현 상황에서 제대로 된 공동체 의식이 생성되기를 기대할 수는 없다. 미국 전역에서 날이 갈수록 더 많은 사람들이 소도시로 이주하는 이유도 부분적으로는 치열한 경쟁을 피하기 위해서이다.

1997년 〈타임〉지는 오늘날 미국에서 새로운 종류의 '백인 도피 현상'이 일어나고 있다고 보도했다. 한 세대 전에 중산층이 여러 인종이 모여 사는 대도시를 피해 교외로 대거 이주한 것과는 달리, 지금은 백인들이 교외 지역에서 소도시와 시골 지역으로 이동하고 있다. 1980년대 시골에서 1백4십만 명 정도의 인구가 유출되었지만, 1990년대에는 새로 2백만 명 정도가 시골로 유입되었다. 즉, 2백만 명 이상이 대도시에서 시골로 이사를 한 것이다. 도시 생활을 하던 사람들이 시골로 이사를 할 수 있게 된 것은 미국 경제를 분산화하고 있는 강력한 기술 덕분이다. 인터넷과 익일 선적 산업의 발전으로 도시에 모여 있던 기업들이 시골에 자리를 잡고 일자리를 창출하면서 숙련 노동자들은 어디에서든 일을 할 수 있게 되었다. 제러미 리프킨이 지적한 바와 같이 정보화로 인해 근로 활동의 이동성이 높아지는 반면, 대규모 공장 집단과 중장비에 대한 의존성은 줄어들고 있다. 정보 노동자들은 컴퓨터 코드를 콘센트에 꽂고 부팅을 해서 온라인으로 연결하기만 하면 어디에서든 일할 수 있다. 첨단 기업들 중 다수가 소도시로 근거지를 옮기는 추세이기는 하지만, 근로자들이 일자리 때문에 기업을 따라 이사를 한다고 볼 수는 없다. 근로자들은 도시의 소음과 혼잡, 높은 생활비 지출을 피해 소도시나 시골에 살면서 '생활의 질'을 높이고자 하는 것이다.

〈타임〉지는 이러한 이주자들이 수천만 미국인들이 갖고 있는 꿈을 실행에 옮기고 있다고 보도했다. 이주자들은 보다 깨끗하고 안전하며 안정적이고 유대 관계가 돈독한 지역에서 새로운 삶을 살고자 한다. 그들은 시골에 살면 보다 편안하게 살 수 있을 거라고 생각한다. 이웃들과 제대로 안면을 트고 지내면서 충분한 관심을 주고받으며 공동체의 삶을 만끽할 수 있으리라 기대하는 것이다.

건축가이자 사회비평가인 비톨트 립신스키는 저서 『도시 생활』에서 사람들이 왜 도시에 사는지, 도시 생활에서 무엇을 기대하는지에 대해 쓰고 있다. 립신스키는 미국인들이 건국 초기부터 도시에서 살기 시작한 것은 아니지만, 지금은 대부분 도시에 살고 있다고 말한다. 독립전쟁 당시만 해도 도시 인구는 미국 전체 인구의 3퍼센트에 불과했고, 나머지는 농사가 주업인 시골에 거주했다. 하지만 1993년에 이 비율은 완전히 역전되어 미국인의 98퍼센트가 도시에 살고 2퍼센트가 시골에 사는 것으로 나타났다. 정확히 말하면 사람들은 대부분 '도시' 안에서 사는 게 아니라 대도시권—핵도시와 교외의 주거 및 상업 지역—에 살고 있다. 대도시라는 명칭이 붙으려면 인구가 최소한 5천 명이 넘어야 한다. 미국은 3백 개 이상의 지역, 캐나다는 25개 지역이 대도시로 분류되고 있다.

대부분의 미국인들이 나름의 필요성 때문에 도시에서 살고 있지만 그들 중 상당수는 거주 환경을 마음에 들어하지 않는다. 립신스키는 미국인에게 "어디에서든 살 수 있다고 한다면 도시, 교외 지역, 소도시, 시골 중 어느 곳에서 살고 싶습니까?"라고 물으면 3분의 1 이상이 소도시를 택할 거라고 주장한다. 립신스키는 더욱 놀라운 조사 결과를 발표했는데, 설문 대상자들에게 소도시의 생활 모습을 상상해보라고 했을 때 그들이 그려낸 모습은 놀라울 정도로 비슷했다. 그들은 대부분 보다 효율적으로 자치 정부를 꾸려갈 수 있는 인구 1만 명 미만의 소도시, 조명이 환하게 켜진 점포와 사무실이 줄을 지어 서 있는 대로변, 널찍한 보도, 공원으로 둘러싸인 채 중심가 한복판에 서 있는 시청 건물, 마을의 중심 역할을 하며 대로 끝에 위치해 있는 교회, 현관문 밖으로 거리가 내려다보이는 탁 트인 개인 주택과 넓은 잔디밭, 하늘을 가리고 서 있는 커다란 나무들을 떠올렸다.

많은 사람들이 월 스트리트보다 메인 스트리트를 선호하는 이유 중 하나가 메인 스트리트의 낭만 때문이다. 우리들 대부분이 소중한 추억으로 간직해온 연극, 영화, 텔레비전과 라디오쇼에 대해 생각해보자. 소턴 와일더의 「우리 마을」, 프랭크 카프라의 「멋진 인생」과 「앤디 그리피스 쇼」, 개리슨 케일러의 「프레리 홈 컴패니언」. 이 모든 작품들은 정신없이 바쁘게 움직이는 도시와는 완전히 다른, 안정적이고 보행자를 중시하는 잘 정돈된 소도시의 이미지를 떠오르게 한다.

립신스키는 우리가 소도시에 끌리는 것이 물리적인 특성 때문만은 아니며, 공동체와 안정성, 영속성에 대한 열망 때문이기도 하다고 말한다. 소도시에서 살면 '서로가 서로를 잘 알고' 지내게 되는데, 그것은 제일 큰 장점이기도 하고 단점이기도 하다. 소도시의 매력은 인간의 삶의 조건을 역설적으로 드러내주고 있다. 즉, 우리는 본래 이기적이고 자기밖에 모르는 존재이지만, 한편으로는 타인이 필요하고 공동체에 속하고 싶어 한다. 일터에서 공동체 의식을 느낄 수 없는 경우, 사람들은 거주지에서라도 타인과 더불어 살려고 애를 쓴다.

찰스 핸디는 다음과 같은 말로 인간의 모순을 가장 잘 표현해냈다.

우리는 혼자서는 살 수 없다. 무언가 혹은 누군가에게 소속되고 싶어 한다. 상호간에 헌신이 보장된다면, 누구나 기꺼이 자기보다 타인을 더 위하며 살 수 있을 것이다. …… 우리는 컴퓨터와 워크맨, 텔레비전 때문에 타인으로부터 소외되어 혼자 살고 혼자 일하며 혼자 놀기 때문에 다음 세기에는 외로움도 일종의 질병이 될지 모른다. …… 지금은 우리가 어딘가에 연결 혹은 소속되어 있는지 분명하게 알 수가 없다. 만일 우리가 아무 곳에도 속해 있지 않다면, 무언가를 위해 고군분투할 필요도 없을 것이다.

직업과 사는 환경에 관계없이 많은 사람들이 일을 통해 필요한 것을 얻지 못하기 때문에 실패한 인생을 사는 것 같은 기분을 느낀다. 근로자를 패배감에 젖게 만드는 요인에는 여러 가지가 있다. 즉, 무너진 자존심, 품위를 잃은 노동, 장시간 근로, 보잘것없는 급료, 간부와 평사원 소득 격차의 지속적인 상승(1990년대에 최고경영자의 급료는 일반 노동자의 급료보다 150배 많았다), 좀스러운 관료 정치, 여러 가지 업무에서 목적 상실, 창조성과 성취감의 결여, 업무에 제대로 참여하고 있다는 기분이 들지 않는 것, 자율성 상실, 커져가는 소외감, 과도한 경쟁, 비효율적이고 부적절한 리더십, 심신의 무력감, 사람보다 상품과 수익을 중시하는 체계에 잘못 걸려든 느낌, 업무를 제대로 수행해도 보상이나 인정을 기대할 수 없는 현실 등이 있다. 이런 문제가 해결되지 않는다면 우리는 고통에서 벗어날 수 없고, 근로 활동도 목적이 아닌 생계 수단에 그칠 것이며, '의미 있는 노동'이라는 말은 여전히 모순으로 남아 있을 것이다.

전 세계의 일자리가 모두 없어질지도 모른다는 예측과 영원한 실업에 대한 두려움이 우리의 마음을 한층 더 무겁게 만들고 있다. 제러미 리프킨은 앞으로 닥칠 최악의 상황에 대해 절망적인 재앙을 가정한 시나리오를 내놓았다. 구성원 대부분이 일을 하지 않고, 소수의 엘리트 노동자들만이 일을 하고 세금을 내는 사회는 오래 유지될 수 없다. 그 결과로 닥칠 상황에 대해, 윌리엄 줄리어스 윌슨은 아프리카계 미국인들의 경험을 기준으로 만든 모형을 제시하고 있다. 즉, 특권을 박탈당하고 취업을 거부당한 채 도시 빈민 구역에 격리되어 '실업의 문화'에 젖어 살면서 실업수당을 받지 않으면 범죄자가 될 수밖에 없는 최하층민의 생활이 바로 그것이다.

일부 비평가들은 실업자 세상에 대한 리프킨의 예측과 반대되는 의견을 내놓고 있다. 그들은 미래의 실업자 세상은 노동계급의 꿈이 이루어진 것으로 볼 수 있으며, 사람들은 고군분투하며 살 필요 없이 물질적으로 풍요로운 가운데 무한한 여가 시간을 즐길 수 있다고 말한다. 기계가 대신 일을 해주기 때문에 인류는 노동의 부담에서 해방, 구제, 구원받는 셈이라는 것이다. 사람들은 생계비를 벌기 위해 발버둥칠 필요가 없으므로 창조적인 사고와 예술, 과학, 놀이를 즐기며 살 수 있다. 그러나 공상과학소설가 프레더릭 폴은 무언가를 바랄 때는 조심해야 한다고 말한다. 부의 과잉도 가난의 고통만큼이나 인간의 정신을 파괴할 수 있기 때문이다.

폴은 그의 소설 『미다스의 세상』에서 기술技術이 왕으로 군림하는 미래의 모습을 그려내고 있다. 상온 핵융합 기술이 완성되면서 전력은 싸고 풍부해졌다. 남아도는 전력으로 도시가 재건되고 생태 환경이 복구되었다. 사막에는 꽃이 피고 수확고가 크게 늘어났다. 자동화 기계는 영리한 기계, 인간과 똑같은 크기의 로봇, 안드로이드(기계적 인조인간)로 탈바꿈했다. 로봇은 인간을 대신하는 노동력으로서 하인이자 노예가 되었다. 로봇은 사회에 필요한 거의 모든 일을 수행했고, 간단한 기계 장치와 설비를 만들었으며, 집을 짓고, 도시를 유지하고, 요리를 했다. 다만 자본주의 경제의 근본적인 수수께끼―생산은 소비를 필요로 한다. 로봇은 자동차를 만들지만 자동차를 살 수는 없다―를 푸는 일만큼은 할 수 없었다. 그 수수께끼는 로봇의 주인인 인간이 해결해야 했다. 폴의 소설에 등장하는 사람들은 풍요를 유지하기 위해 엄청난 재화와 서비스를 소비해야 했다. 풍족한 세상의 인간 실업자가 해야 할 일은 단 하나, 끊임없는 소비였다. 사람들은 시스템을 계속 유지하기 위해 '넘쳐나는 상품'을 소유해야 했다. 의무적으로 풍요를 누려야 했고, 따분하고 하기 싫어도 억지로 소비 활동을 해야 했다. 하지만 이 시스템에도 보상이라는 개념이 있었다. 오랜 시간을 두고 모범 시민으로 증명된 사람은 '최고의 포상'을 받았는데, 소비 외에 할 수 있는 다른 활동, 즉 직업을 갖게 되었다.

기술 유토피아에 관한 폴의 소설에서, 부자는 남들보다 덜 소비하고 덜 소유하며, 무엇보다 직업을 가질 수 있다. 반면에 가난한 사람들은 어쩔 수 없이, 편리하고 즐거운 생활을 할 수 있도록 설계된 집에 살아야 한다. 그들은 지긋지긋한 가난 때문에 배를 주려보지도 못하고 부족함도 느끼지 못하며, 무엇보다 '세상에서 가장 호사스런 활동인 근로'를 해볼 수가 없다!

정보화 시대의 도래로 인적 자본 혹은 인간의 노동력에 대한 의존도가 전보다 줄어든 것은 사실이지만, 근로자가 일을 해야 할 필요성은 앞으로도 완전히 사라지지 않을 것이다. 인간은 본성이 게으르지 않고, 기계로 할 수 없는 일에는 인간의 손길이 필요하기 때문이다. 열심히 일하며 사는 것은 인간 생활의 필수적인 조건이다. 생산의 공리주의적 필요성을 충족시키기 위해서라도 우리는 여전히 노동을 지속해야 한다.

도널드 E. 웨스틀레이크는 기괴하지만 수긍이 가는 미스터리 소설 『도끼』에서 기술적 다운사이징의 희생자인 말수가 적은 평범한 중년 남자, 버크 드보레에 대한 암울한 이야기를 들려주고 있다. 드보레는 자신의 나이와 자격 조건에서 확보할 수 있는 마지막 일자리를 얻기 위해 감히 상상할 수도 없는 짓을 저지른다. 그 자리에 지원한 다른 경쟁자들을 하나씩 살해하는 것이다. 드보레는 길거리에서 총을 쏘아 경쟁자들을 죽이는데, 몇몇 사람과는 죽이기 전에 만나 안면을 트기도 한다. 드보레는 죽이려고 마음먹은 경쟁자들 중 하나와 점심을 함께 먹으며, 업계에 휘몰아치는 빈번한 정리해고에 대해 이야기를 나눈다. 그 경쟁자는 이렇게 말한다.

> 댁도 알다시피, 나는 지금도 그 문제에 대해 생각하는 중입니다. 요 근래 몇 년간은 그 문제를 생각하는 것 이외에 달리 할 일이 없었거든요. 내가 보기에 이 사회는 미쳐가고 있습니다. ……아시아의 미개한 사람들 중에는 먹이거나 돌봐줄 수가 없어 신생아를 산허리에 버려 죽이기도 한다고 합니다. 오래전 에스키모 사람들도 늙은이들을 더 이상 돌볼 수 없어 빙산에 버리는 풍습이 있었다는데, 그 늙은이들은 이리저리 떠돌아다니다가 죽는다고 하대요. 그런데 능력과 힘이 최고조에 이른 가장 생산성이 높은 사람들을 쳐내는 건 지금 우리가 살고 있는 이 사회가 처음일 겁니다. 완전히 미친 거죠.

드보레와 그의 경쟁자는 둘 다 기술도 있고 일하고 싶어 하며 일을 필요로 하는데도 일자리를 찾을 수가 없다고 토로한다. 노동개혁가이자 사진작가인 루이스 윅스 하인은 소설이 아닌 보다 학술적인 관점에서 인적 자본은 우리가 지닌 기본적인 자원일 뿐만 아니라 유일한 자본이라고 단언한다. "인간의 두뇌와 노력이 없으면…… 도시가 알아서 건축을 할 수 없고, 기계도 저 혼자 장비를 만들어낼 수 없다."

일자리는 자유로이 처분이 가능하고 없앨 수도 있지만, 노동자는 그렇지 않다. 노동에 대해서만큼은 아직까지 대안이 없다. 일을 못하게 만드는 것은 자아를 인식하고 정체성을 규정하는 주된 수단을 없애는 것이며, 타인에게 의존하고 타인을 필요로 하는 이유를 뿌리째 뽑아내는 것이다. 노동자는 노동의 핵심 요소이며 목적이다. 일을 하지 못하면 완전한 인간으로 살아갈 수가 없다. 제러미 리프킨은 소규모 공구 회사의 관리자로 있다가 정리해고를 당한 조지 윌킨슨의 말을 인용하고 있다. 윌킨슨은 정신과 의사에게 치료를 받으며 이렇게 말했다. "세상에는 오로지 두 가지뿐입니다. 9시에 출근해서 5시에 퇴근하고 2주 정도 휴가를 즐기는 생활을 하거나 죽음을 맞이하거나 하는 거죠! 중간은 없습니다. ……일은 숨을 쉬는 것과 같아서, 별다른 생각을 하지 않아도 계속 하게 됩니다. 일을 하지 않으면 살 수가 없습니다. 일을 그만두는 순간 죽게 됩니다." 이 말을 하고 일 년 후, 재취업을 하지 못한 윌킨슨 씨는 엽총으로 자살하고 말았다.

I4

일의 미래 ⚙

나는 진정한 노동자다.
나는 돈을 벌어 내 먹을거리와 입을거리를 사고,
타인을 증오하지도 행복을 부러워하지도 않으며,
그들의 선한 모습을 보고 기뻐한다.
_윌리엄 셰익스피어

근로 활동이 온갖 결점을 지니고 있기는 해도 일자리가 모두 사라지게 내버려둘 수는 없다. 우리는 일이 있기에 인간답게 살 수 있기 때문이다. 일은 우리가 활동하고 재화를 획득하며 다음 단계로 나아가기 위한 필수 조건이자 기초이다. 일을 하지 않으면 기본적인 욕구와 필요성이 충족되지 않고 고도의 지적·예술적 업적도 이룩할 수 없다. 하지만 리프킨의 말처럼 정보화 시대가 일과 시장의 특성을 재창조하고 있다면 우리도 일의 의미를 수정하고 재정의하며 새로이 공식화해야 한다. 즉, 우리는 일을 통해 형성되고 구성되므로, 일의 의미를 새로이 구축할 필요가 있다는 뜻이다. 일에 대해 새로운 모형과 비유, 동기부여가 필요하다. 향후 정치적·사회적·경제적 관점에서 일을 재정의하는 작업이 이루어질 것이며, 시장은 더 이상 근로의 유일한 촉매로 작용하지 않게 될 것이다. 일의 가치는 돈으로만 평가되지 않을 것이고, 과거 사회적, 경제적으로 저급하게 취급되었던 직업에 대해서도 품위와 의미를 고취시키게 될 것이다. 우리는 개인과 공동체의 요구를 반영하여 일의 의미를 새롭게 정의해야 한다. 일이 본연의 목적을 되찾도록 해줌으로써 사람들이 필요로 하는 상품을 생산하고 더 나은 인간성을 갖추게 하는 데 도움을 주도록 해야 한다.

단기적 선택

근로가 사회적 통합의 중추라고 주장해온 경제학자 에드먼드 S. 펠프스는 그의 저서 『일의 보상』에서 우리 사회가 최하층민에 대한 문제와 평균 급료의 3분의 1도 안 되는 돈을 받고 일하는 노동자의 비율이 점점 더 늘어나고 있는 상황을 즉시 해결해야 한다고 주장한다. 펠프스는 오늘날 우리가 당면한 경제 · 사회적 문제의 원인으로 구조적 실업의 증가, 노동의 시장 가치 하락, 등록 대상자의 안정된 삶을 유지시키는 수단으로 여겼던 복지 체계의 타당성 축소를 꼽고 있다. 펠프스는 위와 같은 원인으로 인해 수백만 명의 근로자와 그 식솔들이 '부르주아적인 가치관을 갖고 삶을 영위하는 주류'에 편입되지 못하고 있다고 주장한다. 또한 주류에 편입되지 못한 사람들이 경제 체계를 쇠약하게 만들고 심각한 사회적 위협 요소가 된다고 지적한다. 윌리엄 줄리어스 윌슨과 마찬가지로 펠프스 역시 빈곤은 영원히 지속되며, 빈곤의 악순환이 "무기력과 자포자기, 나태와 의존을 낳고, 마약과 범죄, 폭력으로 이어질 수 있다"고 말한다. 펠프스는 최소한의 복지 체계가 필요하다고 말하지만, 현재 실행 중인 복지 프로그램과 혜택은 빈곤과 실업 문제 해결에 도움이 되기는커녕 사태를 악화시키고 있다고 본다. 펠프스는 다양한 복지 프로그램을 통해 실업자에게 연간 1만 3천 달러가 지급되는 현 상황에서 최소 수준의 급료에 해당하는 연간 1만 달러를 받으며 노동력을 제공하라고 요구하는 것은 경제적으로 아무 의미가 없다고 말한다. 펠프스는 월슨과 마찬가지로 실업의 핵심적인 문제는 경제학이 아닌 사회심리학적으로 파악해야 한다고 주장한다. 즉, 그는 독립성과 자존심의 결여, 사회로부터의 특권 박탈, 장기 실업의 위험성이 영원한 '실업' 상태를 고착화시킨다고 단언한다.

펠프스는 직접적이고 비용 효율적인 방법으로 실업과 사회적·정치적 불안, 주요 표준의 파괴 등의 문제점을 해결해야 한다고 말한다. 그는 무위도식하는 실업자에게 돈을 대주는 복지 제도 대신, 고용주가 정부보조금을 받고 저기능 업무에 그 업무를 감당할 수 있을 만한 근로자를 고용해서 점차 기본급을 올려주는 정책을 펼쳐야 한다고 주장한다. 보조금 지급 제도는 저기능 노동자의 실업률을 감소시키고, 노동자의 낮은 급료 수준을 평균치에 가깝게 높여주며, 실업 상태일 때 느껴지는 소외감과 의존성, 무력감을 해소시키고, 노동자가 자기효능감과 자급자족성을 습관화하게 만들고, 더 나은 사람이 되고자 하는 의지를 고양시켜주는 등 다양한 효과를 발휘할 수 있다.

요컨대 펠프스는 최소 급료를 받으며 일하는 근로자들이 승진을 통해 평균 수준의 급료—펠프스의 주장대로라면 연간 2만 5천 달러—를 받게 될 때까지 정부가 그들에게 등급별 보조금을 지급해야 한다고 말한다. 가령 어떤 회사가 시간당 5달러(연간 1만 달러)에 근로자를 고용할 경우 정부는 그 회사에 시간당 3달러의 보조금을 지급하여 과세대상급료 수준을 시간당 8달러(연간 1만 6천 달러)까지 높여준다. 펠프스는 지나치게 낮은 급료는 실업자 복지 제도와 마찬가지로 근로자의 의욕을 꺾는다고 생각했다. 연간 1만 6천 달러의 급료를 넉넉한 수준이라고는 말할 수 없지만, 최대한의 복지 혜택을 통해 받을 수 있는 금액보다 3천 달러나 더 많다. 펠프스는 이러한 보조금 지급 프로그램에 소요되는 경제 비용이 현재 복지 혜택을 유지하기 위한 비용보다 적게 들어갈 것이라고 말한다. 그는 현재 미국 정부가 복지 프로그램에 매년 1천5백억~1천8백5십억 달러를 지출하고 있지만, 그의 주장대로 보조금 제도를 실시할 경우 1997년 달러화를 기준으로 매년 1천1백억~1천2백5십억 달러만 지출하면 된다고 말한다. 무엇보다도 사회적·도덕적 관점에서 볼 때 낮은 급료에 보조금을 얹어주는 제도는 놀고먹는 생활을 예사로 생각하는 사람들에게 일을 중요시하는 전통적인 가치관을 바로 세워줄 수 있다. 이것은 또한 도시 빈민 지역에 활기를 불어넣으며, 범죄와 마약 거래의 유혹을 뿌리칠 수 있게 해주고, 공공 안전(경찰력)과 사회 정의(법원 체계) 유지를 위한 비용을 줄여주고, 대체의사소통 프로그램, 식료품교환증서 프로그램, 저소득층 대상 의료보장 프로그램의 비용을 감소시켜준다. 펠프스는 "저임금 근로 보조금 제도가 일할 기회와 자립성 회복, 공동체 의식과 단결성 함양, 자신과 타인에 대한 책임감의 확대를 가능하도록 만드는 가장 효과적인 방법"이라고 말한다.

펠프스의 계획은 겉보기에는 다양한 장점을 갖고 있고 신중하게 연구한 끝에 탄생한 듯 보인다. 그래서 그의 제안대로 하면 단기적으로 효과를 볼 수 있을지도 모른다. 하지만 펠프스는 자동화 확대와 실업자의 지속적인 증가 문제에 대해서는 충분히 숙고하지 않았다. 시장경제학자인 펠프스는 시장 체계를 중심으로 하는 기존 경제학의 틀에서 벗어나지 못했다. 그는 시장 체계가 약간의 자극만으로도 최대 다수의 최대 행복을 도출할 수 있는 기제라고 가정한다. 하지만 이런 이론은 시대착오적이다. 이를테면 높은 취업률과 그에 합당한 급료가 보장된다면, 노동자는 생산 활동을 통해 다른 사람들이 만든 재화와 서비스를 구입할 수 있을 정도로 충분한 부를 쌓고, 그 결과 다 같이 근로 활동을 지속하고 재화와 서비스를 생산하며 부를 쌓고 소비하는 생활을 할 수 있게 된다. 일자리가 또 다른 일자리를 만들어내고 급료가 계속 상승할 것이므로 '번영의 순환'은 끝이 없을 것이라는 논리다. 또 펠프스는 "생산력을 가진 인구가 다시 일터로 돌아와 자립적으로 생활하며 기본적인 책임을 질 때, 가족과 아이들은 다시 풍족한 생활을 할 수 있게 된다"라는 식의 이론을 설파하고 있다. 하지만 펠프스도 "이론은 소원과 마찬가지로, 실질적인 계획으로 연결되기 어렵다"고 지적한다.

제러미 리프킨은 "최근 생겨난 지식 부문이 리엔지니어링과 자동화로 인해 일자리를 잃은 수백만 명의 노동자들에게 장기적으로 새로운 일자리를 충분히 만들어주지는 못할 것이다"라고 보고 있지만, 계속해서 줄어드는 취업 시장을 일시적으로 안정시킬 몇 가지 제안을 내놓고 있다. 역설적이지만, 리프킨은 일자리 감소에 대한 제안에서 기술 발전의 열매와 혜택을 공평하게 분배하기 위해 완전 고용 정책을 펼쳐야 한다고 주장한다.

그러나 리프킨이 말하는 완전 고용은 근로자가 일주일에 5~6일간 꼬박 40시간 이상 근무하는 형태를 의미하지 않는다. 이탈리아 노동조합원들이 내세웠던 표어―근무량을 줄여, 모든 사람이 일하게 하자―처럼 리프킨은 정부와 기업이 "실업률이 점점 높아지는 현 시점에서 많은 사람들이 보다 공평하게 일할 기회를 잡을 수 있도록 근로자 1인당 근무 시간을 줄여 일자리 수를 유지하거나 창출해야 할 의무"가 있다고 말한다. 업계와 직종을 가리지 않고 기계가 노동자를 대신하게 되면서, 앞으로는 다수의 근로자를 실업자로 만들어 실업 수당에 의지하게 하며 소수의 직원을 고용하여 장시간 일을 시키든지(실업자의 수가 2

천만~3천만 명 정도 추가), 아니면 근로자 1인당 주중 근무 시간을 줄이더라도 일을 고루 나누어 보다 많은 사람들이 함께 일을 할 수 있게 하든지 둘 중에 하나를 선택해야 하는 상황이 닥칠 것이다.

리프킨은 수많은 성공 사례 중에서도 특히 유럽 최대의 자동차 회사인 폭스바겐 사가 가장 좋은 본보기를 보여주었다고 지적한다. 비틀 모델을 최초로 디자인한 페르디난드 포르쉐 박사의 외손자 페르디난드 피에히가 1992년 폭스바겐의 회장으로 취임했다. 피에히는 노동 비용이 높고 자동차 모델의 판매도 저조하여 회사가 곤란을 겪고 있는 상태에서 폭스바겐을 물려받았다. 그리고 1993년 폭스바겐 사는 노동자들의 지원과 찬성을 얻어, 경쟁 심화와 신기술에 밀려 사라질 위기에 있던 3만 1천 개의 일자리를 유지하고 비용을 절감하기 위해 주당 30시간, 4일 근무제를 채택했다. 그 결과는 곧 '회사의 사활'에 직접적인 영향을 미쳤다. 우선 4일제 근무로 8억 달러의 비용이 절감되었다. 그리고 1997~1998년 기타 부문의 비용 절감 조치와 '뉴비틀'을 비롯한 신모델 출시로 폭스바겐은 세계 자동차 산업을 선도하는 회사로 다시 우뚝 설 수 있었다. 물론 근로자들의 근무 시간을 줄이자는 리프킨의 제안에도 여러 가지 문제가 있다. 첫째, 대부분의 회사는 복지 혜택에 들어가는 비용 때문에 많은 인원을 단시간 근무에 고용하는 것보다 소수의 인원을 장시간 근무에 투입하는 쪽을 선호한다. 둘째, 노동자들은 휴식 시간이 늘어나기를 바라기는 하지만, 근무량을 줄이는 대신 급료를 줄이는 방안을 선호하지 않는다. 그러나 노동자들은 대규모로 정리해고를 당하는 것보다 낫기 때문에 어쩔 수 없이 근무일 단축 방안을 수용하게 된다. 경영분석가 마이클 해머는 리프킨의 제안에 내재된 또 다른 문제점을 지적하며, '남들이 하는 대로' 따라가야 하므로 회사에서 근무일을 줄이는 경우도 많을 것이라고 지적한다. 해머는 "고용주가 더 적은 시간 근무하는 노동자들에게 예전과 똑같은 수준으로 급료를 지급하려면, 생산품의 단가를 높일 수밖에 없다. 따라서 이 방법은 다른 사람들이 모두 흐름에 따라주어야 실효를 거둘 수 있다"고 말한다. 셋째, 리프킨은 "기업이 생산 능력 상승과 소비자 구매력 감소의 차이를 메워야 한다"는 점을 깨닫게 되면 근무일 축소에 대한 거부감도 줄어들 것이라고 본다. 리프킨은 기업과 최고경영자가 사업을 제대로 이끌어가려면 종업원을 계속 고용해야 한다는 사실을 깨달을 필요가 있다고 주장한다. 근무일 축소는 사회적 평등의 문제일 뿐만 아니라, 경제적 생존을 위한 단기 전략이다. 리프킨은 앞으로 기업에서 필요한 노동자의 수는 계속해서 줄어들 것이라고 전망하며, 기계가 인간 대신 일반적인 근로 활동을 수행하는 시대를 살아가려면 앞으로의 시장에 대비해 보다 광범위한 전략을 개발해야 한다고 제안한다.

장기적 선택

윌리엄 줄리어스 윌슨은 작업장마다 인간의 노동을 대신하는 기계가 설치되고 있는 지금, 사람들은 과거에 경제적 정설로 통용됐던 이론(기술 혁명과 생산성 향상을 통해 완전 고용이 보장될 것이라는 이론)의 타당성을 의심하고 있다고 주장한다. 윌슨은 자유 시장이 최대 다수의 최대 행복을 창출할 거라고 믿는 건 너무 단순하고 시대에 뒤떨어진 시각이라고 말한다. 경제 주기에서 상승기가 되면 사회적·경제적 문제 대부분이 자동적으로 해결될 거라는 기존의 생각은 이미 현실과 맞지 않는 것으로 드러났다. 작금의 경제 체계하에서는 일자리가 줄고 가진 자와 못 가진 자의 차이가 현격히 벌어지고 있는데도 생산성이 계속 높아지고 있기 때문이다.

윌슨은 우리가 사회의 기틀을 위협하는 실업 문제와 사회적 불평등에 맞서 싸워야 할 도덕적 의무를 지고 있다고 주장한다. 복지 제도는 의도만 좋았을 뿐 제대로 시행되지 않았다. 금전적으로나 도덕적으로 우리는 이제 더 이상 실업자들에게 무한정 복지 수당을 지급할 여력이 없다. 윌슨은 경제 성장으로 인해 발생한 문제, 실업, 급료 불평등을 해결해야 할 필요가 있다고 말한다. 그는 정보화 시대의 구조적 저항이 만만치 않겠지만, 제대로 살려면 누구나 일을 해야 한다고 주장한다. 즉, 사람들이 제대로 살아갈 수 있도록 일자리를 창출하는 프로그램을 만들어야 한다.

윌슨은 정부의 가장 큰 기능이 사람들이 혼자서는 해결할 수 없는 문제, 즉 민간 부문에서 하려고 하지 않거나 할 수 없는 문제들을 처리해주는 것이라고 주장한다. 노동시장의 변화로 민간 부문에서 저기능 노동자의 수요가 줄어들었다면, 정부는 일을 할 수 없게 된 사람들을 위해 최후의 고용자가 돼주어야 하고 사회적 안전망을 제공해야 한다. 간단히 말해, 민간 부문에서 일자리가 사라지면 공공 부문에서 일자리를 창출해야 한다. 이 문제에 대해 윌슨은 "공공산업진흥청 방식의 일자리 창출에 대해 다시 논의해볼 필요가 있다"고 말한다.

프로그램의 우수성과 혜택받은 사람들의 수를 감안해볼 때, 정부에서 시행한 프로그램 중 가장 성공을 거둔 것은 루스벨트 대통령의 공공산업진흥청, 트루먼 대통령의 제대군인원호법, 아이젠하워 대통령의 미연방고속도로법이다. 루스벨트 대통령은 1935년 연두 교서에서 공공산업진흥청에 대한 내용을 발표했다. 공공산업진흥청은 세계 대공황으로 실업의 덫에 걸려 빠져나오지 못하고 있는 수백만 명의 미국인들에게 일자리를 창출해주기 위한 공공 근로 프로그램 시행 기관이었다.

믹키 카우스는 〈뉴 리퍼블릭〉이라는 잡지에 이렇게 썼다.

> 8년간…… 공공산업진흥청은 약 1,085,000킬로미터의 도로, 953개
> 의 공항, 124,000개의 다리와 고가도로, 1,178,000개의 지하수로,
> 8,000개의 공원, 10,000개의 운동장과 육상경기장, 2,000개의 수영
> 장을 건설하고 수리했다. 또한 40,000개의 건물(8,000개의 학교를 포
> 함)을 짓고 85,000개 이상의 건물을 개축했다. 라구아디아 공항과
> FDR 거리, 수백 개의 공원과 도서관을 포함해서 뉴욕 시의 상당한 시
> 설물이 공공산업진흥청의 프로그램으로 건축되었다. …… 레스터 서
> 로우는 향후 50년 내에 공공 근로를 통해 시설물을 신축 및 개축할 공
> 공산업진흥청 같은 기관이 요즘엔 없기 때문에 뉴욕의 인프라가 무너
> 지고 있다고 말했다.

한편, 제대군인원호법은 8백만 명에 달하는 제2차 세계대전 참전 용
사들을 대학이나 상업학교에 보내준 법으로, '미국을 변화시킨 법'이라
고 불린다. 제대군인원호법의 혜택을 받은 젊은이들은 대부분 세계 대
공황 시절에 어린아이였고, 미국민간자원보조단과 공공산업진흥청 프
로그램을 거친 후 학교 교육을 제대로 마치지도 못한 채 군대에 갔기
때문에 사회에서 경력을 쌓거나 상업 활동을 할 만한 준비를 갖추지 못
했다. 제대군인원호법은 정부보조금 지급을 통해 간편하고 효율적으로
이런 젊은이들의 삶의 질을 높여주었다. 즉, 군대 복무 기간을 기준으
로 보조금을 산정하여 대학 공부에 필요한 수업료를 지급해주었다. 그
결과 스물다섯 살 정도의 신입생들이 단과대학과 종합대학에 몰려들었
고, 상업학교와 기술학교는 입학하려는 젊은이들이 너무 많아 수요를
감당할 수 없을 정도였다. 정부의 관점에서 볼 때, 이 젊은이들은 세계

대공황과 전쟁으로 제대로 일할 준비를 갖추지 못한 인력이었다. 재향 군인들은 정부 보조로 교육을 받고 취업 기회를 공평하게 부여받았다. 이런 의미에서, 제대군인원호법은 완벽하게 역할을 수행했고, 전후 재화와 서비스, 월급, 생활양식 수준의 향상에 발판이 되었다.

드와이트 아이젠하워는 군에서 쌓은 경험을 바탕으로 주간 고속도로 프로그램을 주도했다. 젊어서 장교로 복무하던 시절, 그는 군을 이끌고 미국 대륙을 가로지르는 훈련을 한 적이 있는데 자그마치 65일이나 소요되었다. 또한, 그는 제2차 세계대전을 겪으면서 넓게 잘 닦아진 고속도로는 전투 시 부대 이동과 배치에 즉각적인 도움을 준다는 걸 알았다. 아이젠하워가 미국의 모든 도시를 연결하는 정지 신호 없는 도로 7만 5천 킬로미터를 건설한 이유는 원래 군사 물류의 편의성 때문이었지만, 40년에 걸쳐 진행된 그 프로젝트의 비용보다 일반 국민들이 도로 건설로 인해 누린 혜택이 훨씬 컸다. 우선 자동차 문화가 크게 발달했고 트럭 수송 산업이 번성했으며 방방곡곡에 호텔과 모텔이 생겨났고 교외 거주가 유행이 되었고 인스턴트 햄버거가 미국을 상징하는 상품이 되었다. 그리고 주 당국과 지역 정부 당국은 주간 시스템 자원 공급에 활용될 진입로 및 도심 고속도로의 건설과 유지 보수에 후원을 아끼지 않았다.

윌슨은 공공산업진흥청, 제대군인원호법, 주간 시스템을 통한 일자리 창출 방식을 현대에 적용할 경우 비용이 굉장히 많이 들겠지만 실업과 사회적 불안, 도시 거주민들의 경제적 생활 저하 등을 고려할 때 이런 프로그램을 실시하지 않을 경우 소요될 비용이 훨씬 클 것이라고 주장한다. 그는 정부가 최후의 고용자로서 사회복지사업을 시행하지 않으면 근로자들 대다수가 일자리를 얻지 못할 것이라고 단언한다. 가진 자와 못 가진 자의 차이가 점점 더 벌어지고 있는 이 사회에서 우리는 그 차이를 메워줄 수 있는 것, 즉 '종교와 무관하게' 누구에게나 제공되는 일자리와 교육, 아동보호 프로그램, 일반 건강관리 프로그램이 필요하다. 즉, 도로 보수와 다리 채색 같은 '공공 서비스 인프라를 유지 보수하는 일자리'가 필요하다. 또한 운동장·체육관·도서관의 보조 관리인, 간호사 보조, 점원, 요리사, 아동보호 프로그램 도우미 같은 '공공 서비스에 관련된 일자리'를 더 많이 창출해야 한다.

제러미 리프킨은 포스트마켓 시대를 맞이하여 점점 그 수가 늘고 있는 잠재적 실업자들의 에너지와 노동력을 이용하기 위해 장기적인 계획을 세우기 시작해야 한다고 말한다. 지금은 재화와 서비스의 생산 및 분배와 관련하여 노동의 상품 가격이 계속해서 떨어지고 있으므로, 개인의 정체성, 사회적 지위, 소득, 구매력에 대해서 새로이 접근해야 한다는 것이다.

리프킨이 제시하는 해결 방안은 윌슨의 해결책과 마찬가지로, 정부가 빠른 속도로 일자리가 줄고 있는 민간 시장 부문에서 더 이상 취업이 불가능하게 된 사람들에게 세금을 공제해주고 최저 생활비를 지급해주며 최후의 고용자로서 책임을 진다는 가설에 의존하고 있다. 하지만 리프킨은 정부가 도심 빈민층 거주 지역 내에 본보기로 경제적 역량 강화 지역을 세우고 재정적으로 지원하는 것 이상의 역할을 해야 한다고 생각한다. 리프킨은 다리와 터널을 고치고 고속도로를 보수하며 고속철도와 대량 수송 기관을 만드는 식의 대규모 공공 근로 프로그램만으로는 장기적인 사회적·경제적 요구를 충족시키기 어렵다고 본다.

즉, 리프킨은 시장과 공공 부문에 자금을 지출하는 정부만으로는 앞으로 닥칠 사회적·경제적 문제점을 해결하기에 역부족이라고 단언한다. 이제 우리는 정치적 안정성을 유지하고 자존심을 지키며 자급자족적으로 생활하기 위해, 제3의 부문—사회적 경제, 즉 지역 사회 조직이나 개별 단체, 자원 집단으로 이루어진 부문—에 관심을 쏟아야 한다.

1830년대에 프랑스의 정치가이자 철학자인 알렉시스 드 토크빌은 미국인들의 가장 중요한 특성으로 어떤 이유로든 단체(비슷한 생각을 가진 개인들이 공동의 목적을 위해 만드는 집단)를 만들어 가입하려는 강박관념에 가까운 경향을 꼽고 있다. 리프킨은 이 말에 동의하며 이렇게 말한다. "자율적인 제3의 부문은 미국인들의 다양한 이해관계를 하나로 엮어 서로를 연결시켜주는 작용을 하며 사회적인 힘이 되어주고 사람들이 일관성 있는 사회적 정체성을 갖도록 도와준다. 미국인의 독특한 특성을 한마디로 표현하자면 서로를 돕기 위해 자원 단체를 만들고 다 같이 가입하여 활동하는 성향이라고 할 수 있다." 제3의 부문은 미국인의 삶의 방식을 규정하는 수많은 단체들을 만들었다. 그중에 일부를 열거하자면 미국 최초의 학교와 단과대학, 종합대학, 병원, 사회 복지 단체, 극장, 도서관, 박물관, 시민 단체, 의용 소방대 등이 있다. 인류학자 마거릿 미드는 이렇게 말했다. "면밀히 살펴보면 우리가 진심으로 열심히 살고 있는지 여부가 자원 봉사—종종 다양한 형태를 띠기도 함— 를 하느냐 마느냐에 따라 결정된다는 것을 알 수 있다." 토크빌과 마찬가지로 리프킨은 자원 봉사 활동이 지역 사회의 단결성을 높이는 촉매이며 민주적인 생활양식을 유지하기 위한 핵심적인 요소라고 확신한다.

리프킨의 주장에 따르면 현재 민간 부문은 국내총생산의 80퍼센트를 차지하고 있고, 정부 부문은 14퍼센트, 자율 부문은 6퍼센트를 차지하고 있다. 또한 국내 총고용 인구의 9퍼센트가 자율 부문에 종사하고 있다. 리프킨은 당분간 이 수치가 계속 유효하게 작용할 것이며, 향후 50년 내에 노동력의 약 80퍼센트가 시장 및 공공 부문과 관계없이 수천 개의 지역 공동체 모임을 구축하고 풍요로운 삶을 추구하며 사회적 부문에 종사하게 될 것이라고 예측한다. 또한 그는 공식적인 시장 경제에 노동자의 필요성이 사라지게 되면서 수백만 명의 영구적 실업자들이 생겨날 것이며, 그들이 지역 봉사 활동을 통해 의미 있는 일을 할 수 있도록 해주는 법률이 제정되어야 한다고 말한다. 리프킨은 정부가 선택할 수 있는 것은 단 두 가지뿐이라고 경고한다. 즉, 경제적인 이유 때문에 범죄를 저지르는 실업 계층이 점점 더 늘어날 것이므로 경찰력 증강에 자금을 투입하고 감옥을 더 많이 짓든가, 아니면 제3의 부문에서 지역 봉사 활동을 하는 사람들에게 급료를 지급하는 방식으로 대안적인 근로 형태에 자금을 지원하든가, 둘 중에 하나를 택해야 한다.

조지 부시는 1988년 「수천 개의 촛불」이라는 제목의 연설에서 자원 봉사야말로 미국의 민주 정신을 지탱하는 버팀목이라고 칭송했고, 콜린 파월은 1997년 아이들과 공동체를 구하기 위한 「행동과 봉사, 자율성에의 호소」라는 연설을 했다. 리프킨도 지역 인프라 재구축을 위해서는 종자돈과 자조自助 활동이 반드시 필요하다고 말한다. 그는 공동체에 기반을 둔 자원 봉사 프로그램, 즉 사람들에게 일거리를 주고 공동체에 필요한 부분을 채워주며 자아를 인식하고 자신의 가치를 발견할 수 있게 해주는 프로그램을 만들고 자금을 제공할 수 있는 방법을 찾아내고자 하는 노력 또한 필요하다고 말한다. 리프킨은 연방 정부 주도의 마셜 플랜이 아니라, 지역 사회에 널리 즉각적인 효과를 나타낼 수 있는 재능과 에너지의 배치를 더 중요시 하고 있다.

리프킨은 민간 부문의 대규모 고용에 기반을 둔 사회에서 시장과 관계없이 사회생활을 구축하는 기준에 기반을 둔 사회로 전환되면서, 현재 경제의 추이를 되돌아보고 시장과 정부, 사회 경제 간에 존재하는 사회적 계약을 새로운 관점에서 이해해야 할 필요가 있다고 경고한다.

지역 사회에 대한 봉사는 전통적인 노동에 대한 혁신적 대안이다. 노예제와 농노제, 임금 노동제와는 달리, 봉사 활동은 강제적이지도 않고 신임 관계 구축으로 압박을 가하지도 않는다. 봉사는 남을 돕는 활동이기 때문에 자발성을 지니며 물질적인 이익을 목적으로 하지 않는다. 이런 의미에서 볼 때, 봉사는 오래전에 등장했던 개념인 선물膳物 경제와 흡사하다. 지역 봉사 활동은 상호 연관성에 대한 깊은 이해와 지역 사회에 진 신세를 갚는다는 생각에 뿌리를 두고 있다. 무엇보다도 봉사를 하는 사람과 봉사의 혜택을 받는 사람 모두가 이익을 보는 사회 활동이다. 반면에 시장에서는 물질적이고 금전적인 교환 활동이 이루어지고 경제적 손익이 사회적 의미보다 더 중요시된다. 그러므로 지역 봉사 활동은 근본적으로 시장 활동과는 판이하게 성격이 다른 것이다.

로버트 라이히는 이렇게 물었다. "경제 체제가 달라진 지금, 동일한 사회에 속하는 구성원으로서 우리는 서로에게 무엇을 빚지고 있는가?" 전환 과정이 아무리 힘들더라도, 미국은 로버트 라이히가 제기한 위 질문에 해답을 제시해야만 한다.

철학적 선택

펠프스와 윌슨, 리프킨이 제안한 대규모 치료책과 대안은 아직까지 현실에 적용된 적이 없다. 직관적으로 누구의 의견이 옳다거나 더 마음에 든다고 말할 수는 없다. 세 사람의 주장은 모두 경제 전략 계획과 정치적 의도, 정책 조정에 관한 복잡한 계산법에 기반을 두고 있다. 그럼에도 아직까지는 균형 잡힌 경제, 의미 있는 일자리, 안정된 인프라를 확보할 수 있는 완벽한 공식이 나와 있지 않다. 찰스 핸디가 『헝그리 정신』에서 주장한 것처럼 "오늘날 우리는 자아 형성 및 재구축을 위한 기회 혹은 도전에 직면해" 있다. 내 생각에, 사람들은 일에 대한 견해를 분석하고 일에 새로이 품위를 부여하는 과정에서 자아를 재구축하게 되는 것 같다.

시어도어 루스벨트는 일터에서 가치 있는 일을 열심히 할 수 있는 기회야말로 인생이 우리한테 줄 수 있는 최고의 상이라고 말했다. 옳은 말이다. 다만 문제는 모든 업무가 의미가 있거나 뚜렷한 목적이 있거나 흥미롭거나 참여를 유도하거나 하지는 않는다는 것이다. 우리는 일의 본질을 바꿀 수는 없지만, 노동자의 의욕과 사회의 태도에 영향을 미칠 수는 있다.

해야 할 필요가 있는 일이라면 무엇이든 품위 있는 일로 간주되어야 하고, 마땅히 해야 하는 일이라면 칭찬과 인정, 적절한 보상이 따라주어야 한다. 작업대와 쟁기는 인간 문명과 구성원 간 단결성의 토대다. 요즘은 의사, 변호사, 회사 간부, 학자 등이 최고의 직업으로 각광을 받고 있지만, 얼마 전까지만 해도 도랑을 파는 일, 암초를 피해 항해하는 일, 트럭을 운전하는 일, 공장에서 근무하는 일이 그 정도의 대접을 받았으며, 사실 오늘날 우리가 이 정도의 문명을 누리며 살 수 있는 것도 바로 그런 직업을 맡아 해준 사람들이 있었기 때문이다. 영국의 역사가인 토머스 칼라일은 "일은 지금까지 인류를 공격했던 모든 질병과 비극을 치료해주고 있다"는 낭만적 이상주의에 치우친 견해를 내놓았다. "마땅히 해야 하는 일은 모두 존귀한 것이며 일을 하는 동안 노동자는 고상해진다"는 칼라일의 말은 틀린 구석이 없다. 사실, 성경에 나온 구절과는 달리 일은 저주가 아니라 존엄성과 고상함,

명예가 결여된 단조로운 활동이다!

내 삼촌인 마이크는 평생 건설 현장에서 일한 분이었는데, 자기 일을 좋아하기도 했고 한편으로 몹시 싫어하기도 했다. 건설 노동자를 완벽한 직업이라고 생각하지는 않았지만 그 일을 할 능력이 있다는 점에 대해서는 나름대로 자부심을 갖고 있었다. 삼촌은 이렇게 말했다.

너는 해야 한다고 생각되는 일을 하렴. 내가 엉덩이가 닳도록 시멘트를 비비고 현장 안팎으로 벽돌을 나르는 일을 하며 한평생을 보내고 싶었을 거라고 생각하니? 멍청한 소리 말거라. 하지만 그 일은 정직한 일이기는 했어. 나는 괜찮은 대접을 받으면서 남부럽지 않게 살았지. 세계 대공황 시절에 나는 학교를 그만두고 아버지를 도와야 했다. 다른 사람들처럼 나도 일거리를 찾아냈지. 정말이지 닥치는 대로 온갖 일을 다 해봤어. 수위도 해보고, 부둣가에서도 일 해보고, 한동안은 고물 줍는 일까지 했었으니까. 정말이지, 도랑 파는 일을 비롯해서 온갖 잡다한 일을 도맡아 하는 건설 현장 인부로 고용됐을 때, 난 정말 운이 좋다 싶었다. 1942년에 군대에 가기 전까지 시급 85센트를 받으며 건설 현장 일을 했어. 복무를 마치고 나니 아내와 아이를 데리고 살아야겠는데, 내가 교육을 제대로 받지 못했던 거라. 제대군인원호법 덕분에 퇴역 군인들 중에 교육을 받고 싶어 하는 사람들은 단과대학이나 상업학교에 갈 수 있었지만 난 아니었어. 나는 당장 일자리가 필요했으니까. 당시는 건축 붐이 한창이라 전에 일하던 건설 현장의 십장이 나를 다시 불러줬지. 나는 바닥에 벽돌 까는 일이 하고 싶었는데, 노조가 깐깐해지는 바람에 뇌물을 먹여도 그 일을 맡을 수가 없었어. 그래서 (시멘트) 마무리 처리를 하는 일반 작업장에서 일했지. 마흔다섯 살이 되기 전까지는 괜찮았어. 그런데 그때부터는 일이 힘에 부치더라고. 너도 그런 점을 염두에 둬야 할 거야. 어쨌든 이제 와서 불만을 터뜨릴 수는 없지. 멋진 집에 잘 자란 세 아이가 있고 평생 아내를 일터에 내보낸 적도 없으니까. 내가 해고를 당해 장기간 일자리를 못 구한다거나 아내가 정말 특별히 원하는 직업이 있다면 또 모를까.

마이크 삼촌은 쉰여덟 살 되던 해에 작업장에서 일륜차를 밀다가 심장마비로 돌아가셨다. 삼촌은 햇볕에 그을린 피부에 마른 편이었지만 근육질이었고 어깨는 구부정했으며 머리는 온통 세어 있었다. 실제보다 훨씬 늙어 보였는데 거의 일흔다섯 살은 돼 보였다. 물론, 일이 너무 고되서 돌아가신 건 아니었다(삼촌은 하루에 카멜 담배를 네 갑씩 피우고 집에서 만든 키안티 포도주를 계속해서 드셨는데, 그래서 돌아가신 것 같기도 하다). 장례식장에서 사람들이 애니 고모한테 "정말 좋은 사람이었고 열심히 일하는 사람이었는데"라고 했던 말이 기억난다. 마이크 삼촌도 그 말에 동의했을 거라고 생각된다.

1988년 조지 부시 대통령은 로스앤젤레스의 어느 고등학교 졸업식에서 이렇게 말했다. "성공하기 위해 반드시 대학에 갈 필요는 없습니다. …… 우리는 사무실에서 일할 사람, 이 사회를 위해 고된 육체노동을 할 사람이 필요합니다." 자유주의 학자들은 어이없어 하기는 했지만 부시 대통령의 말을 대체로 애국적인 표현으로 해석했다. 하지만 제시 잭슨은 부시를 '참으로 우둔한 사람'이라고 비난하며 자기에게 박수갈채를 보내는 대학생들에게 이렇게 말했다. "부시더러 구두 닦는 일을 하라고 해라! 우리는 계속 대학에 가야 한다!" 양측 모두 상황을 과장해서 해석한 감이 있기는 하지만, 틀린 말을 한 것은 아니다. 이 사회가 계속해서 굴러가고 번영하려면 블루칼라와 화이트칼라 노동자가 모두 필요하다. 제록스 사의 최고경영자였던 데이비드 컨즈는 이렇게 말했다. "고급 과학자에서 진열대 담당 직원에 이르기까지, 세계적 수준의 노동력이 없이는 세계적 수준의 경제를 이룩할 수 없다."

미국에서는 어느 계층에 속하는지에 따라 존경을 받을 수도 있고 그렇지 않을 수도 있다. 그리고 계층은 교육 수준과 직업, 급료와 직결되어 있다. 일전에 신문 칼럼니스트인 윌리엄 라즈베리는 일이 우리를 연결시켜주는 공통분모이기도 하지만 우리를 나누고 분리하며 서로 두려워하게 만들기도 한다고 말했다. 그는 우리가 젊은이들에게 육체노동을 경멸하도록 가르치는 등 무시무시한 짓을 하고 있다고 주장했다. 우리는 내 자식이 커서 육체노동자가 되는 걸 원하지 않는다. 우리는 자식이 대학에 가서 전문직을 갖기를 원하기 때문에 자식이 전기 기사나 목수, 전송 장치 전문가가 되고 싶다고 말하면 기겁을 한다. 돈을 많이 벌지 못해서가 아니라 남에게 내세울 만한 고급스런 직업이 아니기 때문이다. 라즈베리는 이런 사고방식이 이 사회를 급속도로 이분화하는 데 일조하고 지식 엘리트 계층과 저급 노동자 간의 격차를 더욱 크게 벌여놓고 있다고 지적한다.

자본주의는 계층 없는 완벽한 사회를 이상향으로 삼고 있다. 하지만 현 상황에서는 무엇보다 사회에 필요한 고된 노동을 비하하거나 경시하지 않는 제대로 된 비전을 세울 필요가 있다. 시어도어 로작의 말을 인용하자면 "결과물만큼이나 과정을 중요시하고 가치 있게 평가하는 비전"이 필요한 것이다. 유용하고 필요한 작업에 매진하는 노동자가 품위 있고 가치 있는 사람으로 평가받는 비전, 모든 직업이 존중받고 독립성을 인정받으며 희망적이어야 한다는 비전, 존 가드너의 유명한 충고에 담긴 미묘한 어조를 내포한 비전 말이다. 존 가드너는 이렇게 말했다.

배관 일이 천한 직업이라 경시하고, 철학을 고상한 척이나 하는 겉만 번지르르한 싸구려로 취급하는 사회에서는 배관 기술이나 철학이 발달할 수 없다. 그 결과 파이프는 물을 제대로 담아내지 못하고 철학의 질은 떨어질 수밖에 없다.

즉, 일이 삶을 유지하고 향상시켜주는 역할을 해야 한다는 점을 인정하고 존중하는 비전이 필요한 것이다.

일을 '놀이'나 '재밋거리', '창조적인 작업'으로 즐기면서 할 수 있다면
일은 단순한 '경제적 활동' 이상의 의미를 갖게 된다.
_레이먼드 벤턴

많은 사람들이 하루 일과를 마치고 '일터에서 상처 입은 부상병' 같
은 기분으로 집에 돌아온다. 운이 좋은 경우에는 돈을 벌면서 그럭저럭
자존심을 지키며 살 수도 있겠지만 자신이 가치 있는 일을 하고 있다고
여기는 사람은 극소수에 불과하고, 일이 마음에 들어 잘 해내고 있다는
사람은 더욱 드물다. 대부분은 자신이 저급한 일에 어쩔 수 없이 얽매
어 살고 있다고 여긴다. 일자리를 얻고 경력을 쌓아가는 많은 이들 중
에 그 일을 천직이라 생각하고 헌신적으로 임하는 사람은 거의 없다.
철학자 오토 랑크의 말을 인용하자면, 대부분의 경우 일은 생활이 아닌
생계 수단일 뿐이다. 정력적으로 집중해서 일하고 스스로의 가치를 높
인다는 사람은 극소수에 불과하고, 훨씬 많은 사람들이 유용한 사람으
로 인정받기보다 남에게 이용당하고 있다는 기분을 느낀다는 것이다.
일반적으로 많은 이들이 월급과 타협을 한다. '월급'이 업무의 고통을
위로해줄 거라고 믿는 것이다. 시인 도널드 홀은 "일하는 게 너무 싫어

서 한 주 내내 주말을 기다린다면, 주말에 오락을 즐기며 기뻐하는 만큼 평일을 불행하게 살고 있는 것이다"라고 읊고 있다. 사람들은 대부분 직업job의 영어 철자가 성경에 나오는, 오랫동안 고통을 받으며 인내하는 욥Job과 똑같은 이유가 무엇인지를 직관적으로 알고 있다.

물론 일을 하면서 행복을 만끽하는 사람들도 있다. 오랫동안 나와 연구 활동을 함께 해온 테리 설리번은 이렇게 말했다.

> 운이 좋은 사람도 있고, 예술가로 사는 사람도 있다. 존 듀이는 예술가를 '좋아하는 일을 하면서 돈을 받는 사람'이라고 정의 내리기도 했다. 마음만은 예술가로 사는 사람들도 있는데, 그들은 자신이 처한 상황을 최대한 이용하여 물심양면으로 힘들고 괴로운 일을 하면서도 나름대로 만족감을 느끼려 안간힘을 쓴다. 그러나 사실 대부분의 사람들에게—수백만 개의 음극선관 불빛 속에서 구부리고 앉아 일하는 노동자를 위시하여 잘게 썬 감자튀김을 주문할 것인지 손님에게 수천 번도 더 물어야 하는 노동자에 이르기까지 — 일은 옥외 노동을 하는 죄수를 옭아매는 사슬과 같다.

일을 하면서 행복을 느끼든 아니면 몸과 마음이 녹초가 되어버리든 우리는 일을 할 수밖에 없고, 일은 좋든 싫든 '나'라는 인간을 정의하는 좌표로 작용한다. 따라서 일을 하는 동안 실망과 권태, 고생스러움을 완전히 피할 수야 없지만, 최소한 일을 통해 목적의식과 희망을 가질 수 있어야 한다. 조셉 콘래드는 "누구나 그렇듯, 나도 일을 싫어한다. 그러나 일에 내재되어 있는 요소, 즉 일을 통해 나 자신을 발견할 수 있고, 나만의 진실을 찾을 수 있다는 점은 마음에 든다"라고 말했다. 아서 도브린은 다음과 같이 일을 정의하고 있다.

일

좋아서 하는 노동은 돈 때문이 아니라 만족감을 얻기 위한 노동이다. 사랑한다면 무관심해질 수 없는 것처럼, 좋아서 하는 노동일 경우 노동에 무관심해질 수가 없다. 최고로 잘 해주고 싶은 마음으로 일에 임하기 때문에 최대한 능력을 발휘하게 되며 가능하면 그 일에 많은 관심을 기울이고 잘 해내려 애를 쓴다.

반면, 좋아서 하는 노동이 아니라면 그 일을 어떻게 표현할 수 있을까? 증오를 씹으며 하는 노동? 무관심으로 일관하는 노동? 감정이 담기지 않은 노동? 누구나 다 자기 일을 좋아할 수는 없다. 또 현실적으로 자신에게 완벽하게 맞는 일을 찾아내는 것도 불가능하다. 자신에게 꼭 맞는 일이라고 여겼던 일조차 시간이 흐름에 따라 무너져버릴 때도 있다. 그렇다고 노동에서 애정을 분리한다면 삶의 품격이 떨어지게 된다. 애정이 없는 노동은 징역살이와 다를 게 없으므로.

노동과 애정은 인간을 규정하는 요소다. 이 세상은 일과 애정이 공존하고 자리를 넓혀가며 한데 어우러지는 공간이다.

싫어하는 일을 억지로 하게 되면 증오를 낳고, 증오는 삶을 조각내어 다시는 원상태로 돌아가지 못하도록 만든다.

어쨌거나 우리는 일을 해야 한다. 그렇다면 무슨 일을 해야 할지, 시간을 어떻게 사용해야 할지, 어떤 식으로 일을 해야 할지를 우선적으로 규정해야 한다. 사실, 이러한 의미 규정이 단순히 일에 대한 가치관을 언급하는 것보다 더 중요하다. 노동에 대한 개념 규정 자체가 가치관으로 작용하기 때문이다.

| 참고문헌 |

서문

Jeffrey K. Salkin, *Being God's Partner* (Woodstock, VT: Jewish Lights Press, 1994).

1. 일이 당신을 말해준다

Arthur Miller, *Death of a Salesman* (New York: Penguin Books, n.d.).

Everett C. Hughes, "Work and the Self," in John H. Roher and Muzafer Sherif, eds., *Social Psychology at the Crossroads* (New York: Harper, 1951), 313-23.

Gregory Baum, *The Priority of Labor* (New York: Paulist Press, 1928).

Matthew Fox, *The Reinvention of Work* (San Francisco: Harper San Francisco, 1994).

Pope John Paul Ⅱ, "Laborem Exercens," in Gregory Baum, *The Priority of Labor* (New York: Paulist Press, 1982).

E. F. Schumacher, *Good Work* (New York: Harper Colophon Books, 1979).

Karl Marx, "The German Ideology," in Lloyd Eastern and Kurt Guddat, eds. and trans., *Writing of the Younger Marx on Philosophy and Society* (New York: Doubleday, 1967).

Sigmund Freud, *Civilization and Its Discontents*, trans. James Strachey (New York: W. W. Norton, 1962).

Nathan Hale, "Freud's Reflections on Work and Love," in Neil J. Smelser and Erik A. Erikson, eds., *Themes of Work and Love in Adulthood* (Cambridge, Mass.: Harvard University Press, 1980).

Work in America: Report of a Special Task Force to the Secretary of Health, Education and Welfare (Cambridge: MIT Press, 1980).

Martin Heidegger, *Being and Time*, trans. John Macquarrie and Edward Robinson (New York: Harper and Row, 1962).

Martin Heidegger, *The Basic Problems and Phenomenology*, trans. Albert Hofstadter (Bloomington: University of Indiana Press, 1982).

Erik H. Erikson, "Themes of Adulthood in the Freud-Jung Correspondence," in Neil J. Smelser and Erik H. Erikson, eds., *Themes of Work and Love in Adulthood* (Cambridge: Harvard University Press, 1980), 43-74.

Douglas La Bier, *Modern Madness: The Emotional Fallout of Success*

(Reading, Mass.: Addison Publications, 1986).

Connie Fletcher, *What Cops Know* (New York: Villard Books, 1991).

Bernard Lefkowitz, *Breaktime* (New York: Hawthorn Books, 1979).

Robert L. Kahn, *Work and Health* (New York: Wiley, 1981).

Leonard Fagin, "Psychiatry (and Work)," in Sandra Wallman, ed., *Social Anthropology of Work* (London: Academic Press, 1979).

Robert Bly, "Backtalk: Reinventing Iron John," *Mother Jones*, May-June 1993, 5.

Adina Schwartz, "Meaningful Work," in A. R. Gini and T. J. Sullivan, eds., *It Comes with the Territory* (New York: Random House, 1989), 153-63.

Robert J. Lifton, *Home from the War* (New York: Simon and Schuster, 1973).

Bob Black, *The Abolition of Work* (self-published, 1996).

Walter Tubbs, "Karoushi: Stress-death and the Meaning of Work," *Journal of Business Ethics 12* (1993), 869-77.

2. 일이란 무엇인가

Pope Pius XI, "Quadragesimo anno," in D.M.Byers, ed., *Justice in the Marketplace: A Collection of the Vatican and U.S. Catholic Bishops on Economic Policy*, 1891-1984, (Washington, D.C.: U.S. Catholic Conference, 1985).

Peter Berger, "What is the Point of Working?" *Time*, May 11, 1981, 93-94.

Matthew Fox, *The Reinvention of Work* (San Francisco: Harper, 1994), 5.

Terry Sullivan and Al Gini, *Heigh-Ho! Heigh-Ho!* (Chicago: ACTA Publications, 1994).

T.J. Sullivan, "What Do We Mean when We Talk about Work?" in A.R. Gini and T.J. Sullivan, eds., *It comes with the Territory* (New York: Random House, 1989), 115.

Joseph Epstein, "Work and Its Contents," *American Scholar*, summer 1983, 306-7.

Mike Royko, "Silver Spoon Fits, Why not Wear It?" *Chicago Tribune*, November 11, 1985 section 1, 3.

Frank Tannenbaum, *A Philosophy of Labor* (New York: Knopf, 1951).

Studs Terkel, *Working* (New York: Pantheon Books, 1974).

Hannah Arendt, *The Human Condition* (Chicago: University of Chicago Press, 1958).

Witold Rybczynski, *Waiting for the Weekend* (New York: Viking, 1991).

Leonard Fagin, "Psychiatry(and Work)," in Sandra Wallman, ed., *Social Anthropology of Work* (London: Academic Press, 1979), 33.

Adriand Tilgher, *Homo Faber: Work through the Ages*, trans. Dorothy Canfield Fisher (Chicago: Henry Regnery, 1965).

Plutarch's Lives (New York: Modern Library, 1932).

Sar A. Levitan and Wm. B. Johnston, *Work Is Here to Stay, Alas* (Salt Lake City: Olympian Publishing, 1973).

Michael Cherrington, *The Work Ethic: Working Values and Values that Work* (New York: AMACOM, 1980).

Michael Argle, *The Social Psychology of Work* (New York: Taplinger Publishing, 1972).

Gerhard E. Lewski, *The Religious Factor: A Sociological Study of Religious Impact on Politics, Economics, and Family Life* (New York : Doubleday, 1961).

Michael Maccoby and Katherine A. Terzi, "What Happened to the Work Ethic?" in W.M. Hoffman and T.J. Wyly, eds., *The Work Ethic in Business* (Cambridge, Mass.: Oelgeschlager, Gunn and Hain 1981), 22.

Jess L. Lemisch, ed., *Benjamin Franklin: The Autobiography and Other Writings* (New York : New American Library, 1961).

Daniel T. Rodgers, *The work Ethic in Industrial America*, 1850-1920 (Chicago: University of Chicago Press, 1978).

C. Wright Mills, "The Meaning of Work throughout History," in Fred Best, ed, *The Furture of Work* (Inglewood Cliffs, N.J.: Prentice Hall, 1973), 6.

Daniel Yankelovich, *New Rules: Searching for Self-Fullfillment in a World Turned Upside Down* (New York : Bantam Books, 1982).

Stephen Countz, "On the Edge," *Chicago Tribune Magazine*, Oct. 11, 1992, 13-14.

Robert Wright, "Who's Really to Blame?" *Time*, November 6, 1995, 37-38.

R.C. Longworth, "The Dream, in Pieces," *Chicago Tribune Magazine*, April 28, 1996, 16.

Carol Kleiman, "Serve the Company, Be Loyal to Yourself," *Chicago Tribune*, June 14, 1998, Jobs Section, 1.

"The New Faces of America: How Immigrants are Shaping the World's First Multicultural Society," *Time* (special issue), Fall 1993.

Jack Barbash, "Which Work Ethic?" in *The Work Ethic-A Critical Analysis* (Madison, Wis.: Industrial Relations Research Association, 1983), 258.

Herbert G. Gutman, *Work, Culture, and Society* (New York: Vintage Books,

1977).

Gus Tyler, "The Work Ethic: A Universal View," in *The Work Ethic-A Critical Analysis* (Madison, Wis.: Industrial Relations Research Association, 1983), 197-98.

Elmore Leonard, *Split Images* (New York: Avon, 1981).

Michael Harrington, "Time to Kill: Automation, Leisure, and Jobs," in A.V. Guthrie, ed. *Psychology in the World Today* (Reading, Mass.: Addison Wesley, 1968), 312.

Sigmund Freud, *Civilization and Its Discontents*, trans. J. Strachey (New York: W.W. Norton, 1961[1930]).

3. 직종은 중요하지 않다

"Dave Barry: An Interview," *Metropolis*, WBEZ-FM, NPR, Chicago, October 19, 1996.

"New Breed of Workers," *U.S. News & World Report*, September 3, 1979, 35.

Daniel Bell, *Work and Its Discontent* (Boston: Beacon Street, 1956).

Jeremy Rifkin, *The End of Work: The Decline of the Global Labor Force and the Dawn of the Post-Market Era* (New York: Putnam, 1995).

Work in America: Report of a Special Task force to the Secretary of Health, Education and Welfare (Cambridge: MIT Press, 1980), 15-17.

Working Women Count! A Report to the Nation, U.S. Department of Labor Women's Bureau (1994), 4.

"Tony Mazzochi: An Interview," *Terry Gross Show*, WBEZ-FM, NPR, Chicago, July 26, 1995.

K.T. Walsh et al., "The New-Collar Class," *U.S. News & World Report*, September 16, 1985.

Marc Levinson, "Hey, You're Doing Great," *Newsweek*, January 30, 1995, 42, 42A, 42B.

Studs Terkel, *Working* (New York: Pantheon Books, 1974).

Stanley E. Seashore and J. Thad Barnowe, "Collar Color Doesn't Count," *Psychology Today*, August 1972, 80.

M.R. Cooper et al., "Changing Employee Values: Deepening Discontent?" *Harvard Business Review*, January-February 1979, 117-25.

4. 좋은 업무 vs. 나쁜 업무

Michael Maccoby, *Why Work?* (New York: Simon and Schuster, 1988).

Abraham H. Maslow, *Eupsychain Management* (Homewood, Ill.: Irwin Dorsey Press, 1965).

Lance Morrow, "What Is the Point of Working?" *Time*, May 11, 1981, 93-94.

Alex C. Michalos, "Job Satisfaction, Marital Satisfaction and the Quality of Life: A Review and a Preview," in Frank M. Andrew, ed., *Research on the Quality of Life* (Ann Arbor: University of Michigan Institute for Social Research, 1986), 62-63.

John Shack, "Toward a Dynamic-Interactionalist Taxonomy of Work Style," in A.R Gini and T.J. Sullivan, *It Comes with the Territory* (New York: Random House, 1989), 219-22.

William James, "The Will to Believe," in John J. McDermott, ed., *The Writings of William James* (New York: Random House, 1967[1897]), 731-35. Also see James, "Faith and the Right to Believe," in the same volume.

Daniel Yankelovich, "The Meaning of Work," in Jerome M. Roson, ed., *The Worker and the Job: Coping with Change* (Englewood Cliffs, N.J.: Prentice Hall, 1974), 44-45.

"New Breed of Workers," *U.S. News & World Report*, September 3, 1979, 35-36.

Carol Kleiman, "Hate Your Job? Welcome to the Club," *Chicago Tribune*, October 18, 1987, Jobs section, 1.

Carol Kleiman, "Workers Only Part of Productivity Woes," *Chicago Tribune*, March 24, 1991, Jobs section, 1.

Paul Ray Berndison, *Why Executives Look for New Jobs* (Ithaca, N.Y.: Cornell University Center for Advanced Human Resources Studies, 1992).

"A Special Report about Life on the Job," *Wall Street Journal*, November 29, 1994, 1.

Tom Welch, "Job Dissatisfaction Can Kill You" *Career Dimensions*, October 17, 1995.

Alan Deutschman, "Men at Work," *GQ*, January 1997, 100-7.

E.F. Schumacher, *Good Work* (New York: Harper Colophon Books, 1980).

Studs Terkel, *Working* (New York: Pantheon Books, 1974).

Karl Marx, "Estranged Labor," in Dirk Struik, ed., *The Economics and Philosophic Manuscripts of 1844*, trans. Martin Milligan (New York: International Publishers, 1964), 110-11.

George Strauss, "Workers: Attitudes and Adjustment," in Jerome M. Roson, ed., *The Worker and The Job: Coping with Change* (Englewood Cliffs, N.J.: Prentice Hall, 1974), 86-87.

Robert L. Kahn, "The Meaning of Work: Interpretations and Proposals for Measurement," in A. Campbell and Converse, eds., *The Human Meaning of Social Change* (New York: Basic Books, 1972), 49.

Pope John Paul II, "Laborem Exercens," In David M. Byers, ed., *Justice in the Marketplace: A Collection of the Vatican and U.S. Catholic Bishops in Economic Policy, 1891-1984*, (Washington, D.C.: U.S. Catholic Conference, 1985), 305.

W.H. Auden, *A Certain World: A Commonplace Book* (Englewood Cliffs, N.J.: Prentice Hall, 1985).

Robert L. Kahn, "The Work Module: A Proposal for the Humanization of Work," in J. O'Toole, ed., *Work and the Quality of Life* (Cambridge: MIT Press, 1989), 4-5.

Work in America: Report of a Special Task Force to the Secretary of Health, Education and Welfare (Cambridge: MIT Press, 1980), 4-5.

Patricia H. Werhne, *Persons, Rights and Corporations* (Englewood Cliffs, N.J.: Prentice Hall, 1985).

Norman E. Bowie, "Empowering People as an End to Business," in G. Enderle, B. Almond, and A. Aragandona, eds., *People in Corporations* (The Netherlands: Kluwer Academic Publishers, 1990, 107-8.

Joanne B. Ciulla, "On the Demand for Meaningful Work," in G. Enderle, B. Almond, and A. Aragandona, eds., *People in Corporations* (The Netherlands: Kluwer Academic Publishers, 1990), 117.

Albert Camus, *The Myth of Sisyphus* (New York: Alfred A. Knopf, 1942).

Adina Schwartz, "Meaningful Work," *Ethic* 92, 2 (July 1982), 302-3.

Arthur Kornhauser, *Mental Health of the Industrial Worker: A Detroit Study* (New York: Wiley, 1964).

F.B. Herzberg, *Work and the Nature of Man* (Cleveland, Ohio: World Publishing Co., 1966). Also F.B. Hertzberg, B. Mausner, and B. Synderman, *The Motivation to Work* (New York: Wiley, 1959).

Robert Kahn, *Work and Health* (New York Wiley, 1981).

C.W. Mills, *White Collar* (New York: Oxford University Press, 1951).

Karl Marx, "The German Ideology," in Lloyd Easten and Kurt Guddat, eds. and trans., *Writing of the Young Marx on Philosophy and Society* (New York: Doubleday, 1967), 409.

Joseph Epstein, "Work and Its Contents," *American Scholar*, summer 1983, 308.

5. 일에 대한 새로운 철학

Theodore Roszak, *Person/Planet* (New York: Doubleday, 1979).

Richard McKnight, "Spirituality in the Workplace," in J.D. Adams, ed., *Transforming Work* (Alexandria, Va.: Miles River Press, 1989), 142.

Matthew Fox, *The Reinvention of Work* (San Francisco: Harper, 1994).

E.F. Schumacher, *Good Work* (New York: Harper Colophon Books, 1980).

Studs Terkel, *Working* (New York: Pantheon Books, 1974).

Keith A. Breclaw, "*Homo Faber* Reconsidered: Two Thomastic Reflections on Work," *Thomast* 37, 3 (July 1994), 591.

Adam Smith, *The Wealth of Nations* (New York: Modern Library, 1937[1776]).

Robert A, Russell, "Retrospective Comment" in L.E. Boone and D.D. Bowen, eds., *The Great Writings in Management and Organizational Behavior* (Tulsa, Okla.: Penn Well Books, 1980), 52.

Michael Hammer and James Champy, *Reengineering the Corporation* (New York: Harper Business, 1994).

Theodore Roszak, *The Voice of the Earth* (New York: Simon and Schuster, 1992).

Nancy Morse and Robert Weiss, "The Function and Meaning of Work," *American Sociological Review 20* (April 1966), 191-98.

Michael Maccoby and Katherine A. Terzi, "What Happened to the Work Ethic?" in Michael Hoffman and T.J. Wyly, eds., *The Work Ethic in Business* (Cambridge, Mass.: Oelgeschlager, Gunn and Hain Publishers, 1981), 33.

W.B. Lacy, J.L. Bokemeier, and J.M. Shepard, "Job Attribute Preferences and Work Commitment of Men and Women in the United States," *Personnel Psychology 3* (1983): 315-29.

Meaning of Work International Research Team, *The Meaning of Work* (London: Academic Press, 1987), 251-52.

Alan Deutschman, "Men at Work," *GQ*, January 1997, 100-7.

Work in America: Report of a Special Task Force to the Secretary of Health, Education and Welfare (Cambridge: MIT Press, 1980), 15-16.

Barbara Ehrenreich, *Fear of Falling: The Inner Life of the Middle Class* (New York: Pantheon Books, 1989).

Anastasia Toufesis, "Workers Who Fight Firing with Fire," *Time*, April 25, 1994, 36-38.

Andrew Guy, Jr., "Taxi Drivers Don't Fare Well in Danger Tally," *Chicago Tribune*, July 9, 1996, Business Section, 1.

Marjorie Kelly, "Was 1996 the Year without Employees?" *Business Ethics*, March-April 1997, 5.

George Gilder, *Wealth and Poverty* (New York: Bantam Books, 1982); George Gilder, *The Spirit of Enterprise* (New York: Simon and Schuster, 1989).

Terry Sullivan and Al Gini, *Heigh-Ho! Heigh-Ho!* (Chicago: ACTA Publications, 1994).

6. 일만 있고 윤리는 없다

Juliet B. Schor, *The Overworked American* (New York: Basic Books, 1991).

Witold Rybczynski, *Waiting for the Weekend* (New York: Viking, 1991).

David Ewing, *Freedom inside the Organization* (New York: McGraw-Hill, 1977).

Judith Rossner, *Emmeline* (New York: Simon and Schuster, 1980).

Upton Sinclair, *The Jungle* (New York: Signet Classics, n.d.[1906]).

Louis B. Wright et al., *The Democratic Experience* (Chicago, Ill.: Scott, Foresman, 1963).

Pope Leo ⅩⅢ, "Rerum Novarum," in David M. Byers, ed., *Justice in the Market Place: A Collection of the Vatican and the U.S. Catholic Bishops on Economic Policy*, 1891-1984 (Washington, D.C.: U.S. Catholic Conference, 1985), 19-20.

Gregory Baum, *The Priority of Labor* (New York: Paulist Press, 1982).

Pope Pius ⅩI, "Quadragesimo Anno," in David M. Byers, ed., *Justice in the Market Place* (Washington, D.C.: U.S. Catholic Conference), 55.

Samuel Eliot Morison, *The Oxford History of the American People* (New York: Oxford University Press, 1965).

Daniel J. Boorstin, *The Democratic Experience* (New York: Random House, 1973).

Arlie Russell Hochschild, *The Time Bind* (New York: Metropolitan Books, 1997).

Charles Handy, *The Age of Paradox* (Boston: Harvard Business School Press, 1994).

"Periscope," *Newsweek Magazine*, Sept. 4, 1989, 8.

Sunni DeNicola, "Class Time," *College News*, April 1995, 1, 6.

Thomas Geoghegan, "The Role of Labor," Baumhart Business Ethics Lectures, Loyola University Chicago, May 4, 1996.

"Multiple Jobholders," U.S. Bureau of Labor Statistics, *Employment and Earnings*, January 1996, in *Statistical Abstract of the United States*, 1996 (Lantham, Md.: Bernan Press, 1996), 403.

Working Women Count! A Report to the Nation, U.S. Department of Labor Women's Bureau (1994),13.

"Workforce Trends," *Spotlight: Journal of Career Planning and Employment*, 16, 11, January 18, 1994, 1.

7. 여성, 이중고에 시달리다

"Changing Profile of the U.S. Labor Force." *U.S. News & World Report*, September 2, 1985, 46-47.

Bradley K. Googins, *Work/Family Conflicts* (New York: Auburn House, 1991).

Barbara Ehrenreich, "Strategies of Corporate Women." *New Republic*, January 27, 1987, 28.

Carol Kleiman, "On the Job," *Chicago Tribune*, November 1, 1998, Jobs section, 1.

Kathryn M. Borman, "Fathers, Mothers, and Child Care in the 1980s," in K.M. Borman et al., eds., *Women in the Workplace: Effects on Families* (Trenton, N.J.: Ablex Publishing, 1984), 73.

Stephanie Coontz, *The Way We Never Were: American Families and the Nostalgia Trap* (New York: Basic Books, 1992).

Ralph E. Smith, ed., *The Subtle Revolution: Women at Work* (Washington, D.C.: Urban Institute, 1979).

"Are Men Becoming the Second Sex?" *Chicago Tribune*, February 9, 1997, Women's News section, 6.

"Sixth Annual Salary Survey," *Working Women*, January 5, 1985, 65.

Statistical Abstract of the United States, 116th ed., no. 626, "Employment Status of Women" (Latham, Md.: Bernan Press, 1996), 400.

John Schmeltzer, "Daughters Will Face Many of Mom's Barriers at Work," *Chicago Tribune*, April 28, 1994, Business section, 1.

Arlie Russell Hochschild, *The Second Shift* (New York: Viking, 1989).

Daniel Evan Weiss, *The Great Divide: How Females and Males Really Differ* (Crofton, Md.: Poseidon Press, 1991).

Carol Kleiman, "Women's Voices Poll Speaks of Solutions as Well as Question," *Chicago Tribune*, November 12, 1996, Business section, 3.

John W. Wright, *The American Almanac of Jobs and Salaries* (New York: Avon, 1997).

Working Women Count! A Report to the Nation, U.S. Department of Labor Women's Bureau, 1994, 13; Lisa Anderson, "Women Escape Affirmative Action Feud," *Chicago Tribune*, May 16, 1995, 1.

Sara Ann Friedman, *Work Matters* (New York: Viking, 1996).

Gloria Emerson, *Some American Men* (New York: Simon and Schuster, 1985).

Daniel Yankelovich, "The New Psychological Contracts at Work." *Psychology Today*, May 1978.

Judith Rosener, "Coping with Sexual Static," *New York Times Magazine*, December 7, 1986, 89ff.

Patricia H. Werhane, "Sexual Static and the Ideal of Professional Objectivity," in A.R. Gini and T.J. Sullivan, *It Comes with the Territory* (New York: Random House, 1989), 170.

Amanda T. Segal and Wendy Zeller, "Corporate Women," *Business Week*, June 8, 1992, 76.

"Breaking Through," *Business Week*, February 17, 1997, 64. Survey by Catalyst, Inc., a New York research firm that focuses on women in business.

Barbara Sullivan, "Women Cross 10% Barrier in Presence on Boards," *Chicago Tribune*, Dec. 12, 1996, Business section, 1-2.

"The State of the States for Women and Politics" (Washington, D.C.: Center for Policy Alternatives, n.d.), 2-3.

Mike Dorning, "Poll Details Global Role of Gender Bias," *Chicago Tribune*, March 27, 1996, 1.

Carol Kleiman, "Equal Pay for Work of Equal Value: A Gender-Free Gain," *Chicago Tribune*, September 17, 1996, Business section, 3.

Felice N. Schwartz, "Management Women and New Facts of Life," *Harvard Business Review*, January-February 1989, 65-76.

Betsy Morris, "Is your Family Wrecking Your Career?" *Fortune*, March 17, 1998, 71-72.

Arlie Russell Hochschild, *The Time Bind* (New York: Metropolitan Books, 1997), 249.

Al Gini, "Work, Time, and Hochschild," *Metropolis*, WBEZ, Chicago, May 21, 1997.

8. 시간을 쥐어짜며

Deborah Baldwin, "As buy as We Wanna Be," *Utne Reader*, 61, January-February 1994, 54.

Charles Handy, *The Age of Paradox* (Boston: Harvard Business School Press, 1994).

Nancy Gibbs, "How American Has Run Out of Time," *Time*, April 24, 1989, 59.

Juliet B. Schor, *The Overworked American* (New York: Basic Books, 1991).

Jerome McDonald, "World View: The Mid-Day Show," WBEZ, Chicago, July 17, 1996.

Neil Postman, *Amusing Ourselves to Death* (New York: Viking, 1985).

Lance Morrow, "Hooray for Bill Gates... I Guess," *Time*, January 13, 1997, 84.

Maxine Chernoff, *American Heaven* (Minneapolis: Coffee House Press, 1996).

Witold Rybczynski, *City Life* (New York: Scribner, 1995).

Stephanie Coontz, *The Way We never Were: American Families and the Nostalgia Trap* (New York: Basic Books, 1992).

Carol Kleiman, "Will Downsizing's Ultimate Loser Be the Company?" *Chicago Tribune*, July 21, 1996, Jobs section, 1.

Bradley K. Googins, *Work/Family Conflicts* (Westport, Conn.: Auburn House, 1991).

Arlie Russell Hochschild, *The Second Shift* (New York: Viking, 1989).

9. 일중독, 스트레스, 피로

Josef Pieper, *Leisure: The Basis of Culture* (New York: Mentor-Omega Books, 1963).

Daniel R. Rodgers, *The work Ethic in Industrial America*, 1850-1920 (Chicago: University of Chicago Press, 1978).

Nancy Gibbs, "How America Has Run Out of Time," *Time*, April 24, 1989, 58.

Daniel Fassel, *Working Ourselves to Death* (San Francisco: Harper, 1990).

Harold I. Kaplan, Benjamin J. Sadock, and Jack A. Grebb, *Synopsis of Psychiatry, 7th Edition* (Baltimore: Williams and Wilkins, 1994).

Jeffrey K. Salkin, *Being God's Partner: How to Find the Hidden Link between Spirituality and Your Work* (New York: Jewish Lights, 1994).

Martin C. Helldorfer, *Work Trap* (Mystic, Conn.: Twenty-Third Publ
ication, 1995).

Robert Bly, *Iron John* (Reading, Mass.: Addison-Wesley Publishing, 1990).

Bernard Baumohl, "When Downsizing Becomes Dumbsizing," *Time*, March
15, 1993, 55.

Carol Kleiman, "Will Downsizing's Ultimate Loser Be the Company?"
Chicago Tribune, July 21, 1996, Jobs section, 1.

Ralph Nader, *Morning Edition*, National Public Radio, August 15, 1996.

Mary Scott, "An Interview with Scott Adams," *Business Ethics*, July-August
1996, 27.

Scott Adams, *The Dilbert Principle* (New York: Harper Business, 1996).

Arlie Russell Hochschild, *The Time Bind* (New York: Metropolitan Books,
1997).

Juliet B. Schor, *The Overworked American* (New York: Basic Books, 1991).

Marilyn Macholowitz, "Workaholism: What It Is," in A.R. Gini and T. J.
Sullivan, eds., *It Comes with the Territory* (New York: Random House,
1989), 261.

Hannah Arendt, *The Human Condition* (New York: Anchor Books, 1959).

Ernest Becker, *The Deial of Death* (New York: Free Press, 1973).

Connie Lauerman, "The Duress of Success," *Chicago Tribune Magazine*,
July 12, 1992, 12, 14.

Bob Condor, "Beating the Clock," *Chicago Tribune*, August 28, 1996, Tempo
section, 1.

Bob Condor, "Life Is a Stress Test," *Chicago Tribune*, November 6, 1996,
Tempo section, 1, 9.

"Breaking Point," *Newsweek*, November 6, 1995, 56-62.

Arlie Russell Hochschild, *The Second Shift* (New York: Viking, 1989).

Chales R. Figley, "Compassion Fatigue as Secondary Traumatic Stress
Disorder," in Charles F. Figley, ed., *Compassion Fatigue* (New York:
Brunner Mazel, 1995), 1, 12.

Ronald E. Yates, "Japan Facing Its 'Work to Death' Syndrome," *Journal of
Business Ethics 12* (1993), 875.

Jeffrey K. Salkin, *Being God's Partner* (Woodstock, Vt.: Jewish Lights Press,
1994).

John Robinson and Geoffry Godbey, *Time for Life: The Surprising Way
Americans Use Their Time* (University Park: Pennsylvania State Press,
1997); Richard Wronski, "Time Warped," *Chicago Tribune*, June 15. 1997,

Perspective section, 1, 4.

Marc Peyser, "Time Bind? What Time Bind?" *Newsweek*, May 12, 1997, 69.

10. 일, 소비, 부채 증후군

Terry Sullivan and Al Gini, *Heigh-Ho! Heigh-Ho!* (Chicago: ACTA Publications, 1994).

Deborah Baldwin, "As Busy as We Wanna Be," *Utne Reader*, January-February 1994, 51ff.

Juliet B. Schor, *The Overworked American* (New York: Basic Books, 1991).

Michael Elliot, *The Day before Yesterday: Reconsidering America's Past, Rediscovering the Future* (New York: Simon and Schuster, 1996).

Daniel Bell, "Work and Its Discontents," in A. R. Gini and T. J. Sullivan, *It Comes with the Territory* (New York: Random House, 1989), 117.

Mark Sagoff, "The Ethics of Consumption," *Philosophy and Public Policy*, 15, 4 (fall 1995), 2.

David A. Crocker, "Consumption and Well-Being," *Philosophy and Public Policy*, 15, 4 (fall 1995), 13.

Adam Smith, *The Wealth of Nations* (New York: Modern Library, 1937[1776]), 625.

Gregory Baum, *The Priority of Labor* (New York: Paulist Press, 1982), 5.

Erich Fromm, *To Have or To Be?* (New York: Harper and Row, 1976).

Tibor Scitovsky, *The Joyless Economy* (New York: Oxford University Press, 1978).

HerBert Marcuse, *One-Dimensional Man* (Boston: Beacon Press, 1964).

W.H. Auden, "The Unknown Citizen" in Edward Mendelson, ed., *W. H. Auden: Selected Poems* (New York: Vintage International, 1989), 85-86.

Jon Anderson, "Shop till You Drop," *Chicago Tribune*, July 15, 1994, Tempo Section, 1.

Amanda Vogt, "It's a Mall, Mall World," *Chicago Tribune*, April 8, 1997, Kids News section, 1.

James Coates, "Expectations Ease for Business On-Line," *Chicago Tribune*, July 21, 1997, Business section, 2.

Matthew Fox, *The Reinvention of Work* (San Francisco: Harper, 1994).

Theodore Roszak, *Person/Planet* (Garden City, N.Y.: Anchor Press, 1979).

Christopher Lasch, *The Minimal Self: Psychic Survival in Troubles Times* (New York: W.W. Norton, 1984).

Peter F. Drucker, *Concept of the Corporation* (New York: John Day, 1946).

Thomas H. Naylor, William H. Willmon, and Rolf Osterberg, *The Search for Meaning in the Workplace* (Nashville, Tenn.: Abingdon Press, 1996).

Al Gini, *Working Ourselves to Death: A Play of Sorts* (Chicago: Chicago-Works-Production, 1997).

11. 도덕적 리더십의 시대

Steven Levy, "Working in Dilbert's World," *Newsweek*, August 12, 1996, 52-57. Also, Mary Scott, "Dilbert's Scott Adams," *Business Ethics*, 10, 4, July-August 1996, 26-29.

Scott Adams, *The Dilbert Principle* (New York: Harper Business, 1996).

Charles Handy, *The Age of Paradox* (Boston: Harvard Business School Press, 1994).

Carol Kleiman, "Morale Dilemma," *Chicago Tribune*, March 10, 1996, Jobs section, 1.

Sources and Consequences of Workplace Pressure: Increasing the Risk of Unethical and Illegal Business Practices (Bryn Mawr, Pa.: American Society of CLU and ChFC, 1997), 2-6.

Maynard M. Dolecheck and Caroly C. Dolecheck, "Ethics: Take It from the Top," *Business*, January-March 1989, 13.

James Patterson and Peter Kim, *The Day America Told the Truth* (New York: Prentice Hall, 1991).

"Quotable Quotes," *Chicago Tribune Magazine*, January 1, 1996, 17.

B.F. Skinner, *Beyond Freedom and Dignity* (New York: Knopf, 1971).

Stephen R. Covey, *The Seven Habits of Highly Effective People* (New York: Fireside, 1990).

John Dewey, *Theory of the Moral Life* (New York: Holt, Rinehart and Winston, 1960).

Jean-Paul Sartre, *Existentialism and Human Emotions* (New York: Wisdom Library, n.d.).

John Rawls, "Justice as Fairness: Political not Metaphysical," *Philosophy and Public Affairs* 14 (1985), 223-51.

Matthew Fox, *The Reinvention of Work* (San Francisco: Harper, 1994).

Mike Cowklin, "Book Tour," *Chicago Tribune*, February 1, 1995, Tempo section, 2.

Norman E. Bowie, "Challenging the Egoistic Paradigm," *Business Ethics*

Quarterly (1991), 1-21.

R. Edward Freeman, "The Problem of the Two Realms," Loyola University, Chicago, The Center for Ethics, spring 1992.

Henry Ford, Sr., quoted in Thomas Donaldson, *Corporations and Morality* (Englewood Cliffs, N.J.: Prentice Hall, 1982).

General Robert Wood Johnson, quoted in Frederick G. Harmon and Gary Jocobs, "Company Personality: The Heart of the Matter," *Management Review* (October 1985), 74.

Georges Enderle, "Some Perspectives of Managerial Ethical Leadership," *Journal of Business Ethics 6* (1987), 657.

Joseph C. Rost, *Leadership for the Twenty-First Century* (Westport, Conn.: Praeger, 1993).

Garry Wills, *Certain Trumpets* (New York: Simon and Schuster, 1994).

E. Hollander, *Leadership Dynamics* (New York: Free Press, 1978).

James MacGregor Burns, *Leadership* (New York: Harper Torchbooks, 1979).

Al Gini, "Moral Leadership: An Overview," *Journal of Business Ethics 16*(1997), 323-30.

James O'Toole, *Leading Change* (San Francisco: Jossey-Bass, 1994). Lynn Sharp-Paine, "Managing for Organizational Integrity," *Harvard Business Review* (March-April 1994), 106-17.

Peter M. Senge, *The Fifth Discipline* (New York: Double/Currency Books, 1990).

Christina Hoff Sommers, "Teaching the Virtures," *Chicago Tribune Magazine*, September 12, 1993, 16.

Tom Peters and Bob Waterman, *In Search of Exellence* (New York: Harper and Row, 1982).

William James, *The Will to Believe* (New York: Dover Publications, 1956).

Gail Sheehy, *Character: America's Search for Leadership* (New York: Bantam Books, 1990).

Abraham Zaleznik, "The Leadership Gap," *Academy of Management Executive* 4, 1 (1990), 12.

Howard S. Schwartz, *Narcissistic Process and Corporate Decay* (New York: New York University Press, 1990).

Howard S. Schwartz, "Narcissism Project and Corporate Decay: The Case of General Motors," *Business Ethics Quarterly* 1, 3 (July 1991), 250.

Thomas W. Norton, "The Narcissism and *Moral Mazes* of Corporate Life: A Commentary on the Writings of H. Schwartz and R. Jackall," *Business*

Ethics Quarterly 2, 1 (January 1992), 76.

Robert Jackall, Moral Mazes (New York: Oxford University Press, 1988).

Robert Jackall, "Moral Mazes: Bureaucracy and Managerial Work" *Harvard Business Review* (September-October 1983), 130. Also Jackall, *Moral Mazes*, 202-4.

Kathleen McCourt, "College Students in a Changing Society," *Discourse and Leadership: In Service to Other in Jesuit Higher Education* (The Proceedings of Heartland Conference, 1994), 5-22.

Michael Novak, *Business as a Calling: Work and the Examined Life* (New York: Free Press, 1996).

12. 노동의 종말: 리프킨은 옳았는가?

William Greider, *One World Ready or Not* (New York: Simon and Schuster, 1997).

Michael Hirsh, "The Evils of Markets," *Newsweek*, February 10, 1997, 67.

Jeremy Rifkin, *The End of Work* (New York: Putnam, 1995).

Keith H. Hammomds, Kevin Kelly, and Karen Thurston, "The New World of Work," *Business Week*, October 17, 1994, 80.

E.F. Schmacher, *Small Is Beautiful* (New York: Harper Colophon Books, 1973).

Lewis Mumford, *Technics and Civilization* (New York: Harcourt Brace & World, 1963).

"Jeremy Rifkin: An Interview," *Metropolis*, WBEZ Chicago, July 20, 1996.

A.J. Vogel, "A Future without Jobs," *Across the Board: The Conference Board Magazine*, July-August 1995, 43.

Edward E. Gordon, Ronald R. Morgan, and Judith A. Ponticell, *Future Work: The Revolution Reshaping American Business* (Westport, Conn.: Preager Books, 1994).

Matthew Fox, *The Reinvention of Work* (San Francisco: Harper 1994).

R.C. Longworth, "The World of Work," *Chicago Tribune*, September 4, 1994, Perspective section, 1.

Richard J. Barnet and John Cavanagh, *Global Dreams* (New York: Simon and Schuster, 1994).

Stephen Franklin, "Fast Track: Unions Do Slow Burn," *Chicago Tribune*, July 25, 1997, 1.

Charles Handy, *The Age of Paradox* (Boston: Harvard Business School Press,

1994).

Brad Edmondson, "Workers with Attitudes," *American Demographics*, April 1995, 2.

David Young, "Secretary Layoffs: Automation, Cost-Cutting Cited," *Chicago Tribune*, April 29, 1996, Business section, 3.

Deborah Baldwin, "As Busy as We Wanna Be," *Utne Reader*, January-February 1994, 55.

David Remnick, "Dr. Wilson's Neighborhood," *The New Yorker*, April 29-May 6, 1996, 97.

William Julius Wilson, *When Work Disappears: The World of the New Urban Poor* (New York: Knopf, 1996).

Laura S. Washington, "In Search of a Full-Time Job," *Chicago Tribune*, July 7, 1997, Section I, 13

Jack E. White, "Let Them Eat Brithday Cake," *Time*, September 2, 1996, 45.

Robert D. Putman, "Bowling Alone: America's Declining Social Capital," *Journal of Democracy*, January 1995, 65-78.

13. 무너지는 일터

Douglas W. Kmiec, "Overworked in America," *Chicago Tribune*, November 17, 1997, 17.

Benjamin Kline Hunnicutt, "The Way We Work," *Chicago Tribune*, May 18, 1997, Books, 1.

Richard Todd, "All Work, No Ethic," Worth, December-January 1996, 78.

Initiatives: A Publication of the National Center for the Laity, no. 78, January 1997, 5.

Robert Wuthnow, *Poor Richard's Principle: Rediscovering the American Dream Through the Moral Dimensions of Work, Business, and Money* (Princeton, N.J.:Princeton University Press, 1996).

Alan Wolfe, "The Moral Meanings of Work," *The American Prospect*, September-October 1997, 82-83.

Studs Terkel, *Working* (New York: Pantheon Books, 1974).

Neil Postman, *Amusing Ourselves to Death* (New York: Penguin Books, 1985).

John Paul II, *Centesimus Annus* (Boston: St. Paul Books, n.d.).

Richard T. DeGeorge, "The Right to Work: Law and Ideology," *Valparaiso University Law Review* 19 (Fall 1984), 15-16.

Alan Gerwirth, *The Community of Rights* (Chicago: University of Chicago Press, 1996).

Vincent J. Samar, "Positive Rights and the Problems of Social Justice," *Business Ethics Quarterly* 9, 2, April 1999, 361ff.

"The Economy: Human Dimensions: A Statement Issued by the Catholic Bishops of the United states," November 20, 1975, in David M. Byers, ed., *Justice in the Marketplace: A Collection of the Vatican and the U.S. Catholic Bishops on Economic Policy*, 1891-1984 (Washington, D.C.: U.S. Catholic Conference, 1985), 470-71.

Theodore Roszak, *Person/Planet* (Garden City, N.Y.: Anchor Books, 1979), 222ff.

Arlie Russell Hochschild, *The Second Shift* (New York: Viking, 1989).

Initiatives: A Publication of the National Center for the Laity, no. 80, March 1997, 5.

Matthew Fox, *The Reinvention of Work* (San Francisco: Harper, 1994).

Alan Wolfe, "The Moral Meaning of Work," *American Prospect*, September-October 1997, 82.

Robert Bellah et al., *Habits of the Heart* (New York: Harper and Row, 1986).

John Raines and Donna C. Day-Lower, *Modern Work and Human Meaning* (Philadelphia: Westminster Press, 1986).

Robert Kanigel, *The One Best Way* (New York: Viking, 1997).

Judy Peres, "Laying Off Older Workers, Legally," *Chicago Tribune*, December 8, 1997, 1, 13.

Eric Pooley, "The Great Escape," *Time*, December 8, 1997, 52-65.

Witold Rybzynski, *City Life* (New York: Scribner, 1995), 110ff.

Charles Handy, *The Age of Paradox* (Boston: Harvard Business School Press, 1994).

Robert Schmuhl, "So Long Civility," *Chicago Tribune*, October 26, 1997, Book section, 4.

Frederick Pohl, *Midas World* (New York: TOR Book, 1983).

Donald E. Westlake, *The Ax* (New York: Mysterious Press, 1997).

Larry Thall, "In Making Pictures with a Purpose, Lewis Hine Created Art," *Chicago Tribune*, September 7 and 15, 1989, 53.

Jeremy Rifkin, *The End of Work* (New York: Putnam, 1995).

14. 일의 미래

Edmund S. Phelps, *Rewarding Work* (Cambridge, Mass.: Harvard University Press, 1997).

Jeremy Rifkin, *The End of Work* (New York: Putnam, 1995).

Daniel McGuinn, "New Legs for a Bug," *Newsweek*, January 12, 1998. 48.

William Julius Wilson, *When Work Disappears* (New York: Knopf, 1996).

"A Special Report: America's 25 Most Influential People," *Time*, June 17, 1996, 57.

Steve Johnson, "Post-War Makeover," *Chicago Tribune*, October 22, 1997, Tempo section, 3.

Jonathan Alter, "Powell's New War," *Newsweek*, April 28, 1997, 30.

Charles Handy, *The Hungry Spirit* (New York: Broadway Books, 1998).

David Whitman et al., "The Forgotten Half," *U.S. News & World Report*, June 26, 1989, 45-48.

William Raspberry, "School Daze," *Chicago Tribune*, May 12, 1998, 13.

Theodore Roszak, *Person/Planet* (Garden City, N.Y.: Anchor Books, 1979).

Terry Sullivan and Al Gini, *Heigh-Ho! Heigh-Ho!* (Chicago: ACTA Publications, 1994).

후기

Matthew Fox, *The Reinvention of Work* (San Francisco: Harper, 1994).

Donald Hall, *Life Work* (Boston: Beacon Press, 1993).

Terry Sullivan and Al Gini, *Heigh-Ho! Heigh-Ho!* (Chicago: ACTA Publications, 1994).

Joseph Conrad, *Heart of Darkness* (New York: Dover Publications, n.d.).

Arthur Dobrin, *Spelling God with Two O's* (New York: Columbia Publishing, 1993).